高等院校"十二五"重点规划教材

会计专业精品系列　曲晓辉／总主编

财务管理

罗正英　权小锋／主编

立信会计出版社
LIXIN ACCOUNTING PUBLISHING HOUSE

图书在版编目(CIP)数据

财务管理/罗正英,权小锋主编. —上海:立信会计出版社,2015.2(2019.12重印)

高等院校"十二五"重点规划教材.会计专业精品系列

ISBN 978-7-5429-4477-1

Ⅰ.①财… Ⅱ.①罗… ②权… Ⅲ.①财务管理—高等学校—教材 Ⅳ.①F275

中国版本图书馆CIP数据核字(2015)第023394号

策划编辑 窦瀚修
责任编辑 赵志梅
封面设计 周崇文

财务管理

出版发行 立信会计出版社
地　　址 上海市中山西路2230号　　邮政编码 200235
电　　话 (021)64411389　　传　　真 (021)64411325
网　　址 www.lixinaph.com　　电子邮箱 lixinaph2019@126.com
网上书店 http://lixin.jd.com　　http://lxkjcbs.tmall.com
经　　销 各地新华书店

印　　刷 上海天地海设计印刷有限公司
开　　本 787毫米×1092毫米 1/16
印　　张 26.25　　插　　页 1
字　　数 503千字
版　　次 2015年2月第1版
印　　次 2019年12月第3次
印　　数 4 201—6 300
书　　号 ISBN 978-7-5429-4477-1/F
定　　价 45.00元

前　言

在现代企业管理当中，财务管理是一项涉及面广、综合性和制约性都很强的系统工程，它是通过价值形态对资金运动进行决策、计划和控制的综合性管理，是企业管理的核心内容。在实践领域，企业财务管理作为现代企业管理的重要领域和专门学科，得到了广大理论工作者和实务界人士的高度重视。伴随着21世纪全球经济和管理技术的飞速发展，传统的企业财务管理理论与方法已经难以适应面临着激烈竞争的企业的需要，因此迫切要求在理论和实务上不断总结和创新，并与我国企业的现实情况相结合。

当前财务管理作为高等教育和职业教育中经管类学生的必修课程，在教材体系上应该说书目繁多，内容丰富。那么如何在种类丰富的教材体系中突出我们编著的亮点，增加我们编著的边际贡献呢？这个问题曾经令我们编著团队非常困扰，还好我们编著团队中每位成员都是多年的专业授课教师。丰富的教学经验、厚实的专业基础以及多次有效的交流和沟通使我们的教材内容设计更加科学合理、特点更加突出鲜明。

本教材的主要特点如下：

第一，结构合理，逻辑清晰。

本教材结构设计上依据财务概述、财务基础、财务决策、财务分析和财务专题五篇展开。其中财务概述篇重点阐述企业财务管理的目标和环境。企业财务管理的目标是企业从事财务管理活动的终极宗旨，而环境对企业从事财务管理活动具有动态的影响和制约。财务基础篇重点介绍和分析企业进行财务决策的基础原理和方法体系，包括财务报表信息解读、资金时间价值、资金风险价值、资金使用价值（资金成本），以及资金内在价值（财务估价）的基本原理、分析思路和计算方法的介绍。财务决策篇是教材内容的重点，在财务环境篇和财务基础篇的基础上，依据资金的运动化过程建构教材的逻辑体系。资金是企业的“血液”，也是财务管理的对象。从资金运动过程看，企业财务管理必然经过筹资、投资、营运和资金分配（利润分配）等环节。本教材沿着企业资金管理的逻辑思维来设置教材内容体系，将有助于提高教材的可读性和可理解性。财务分析篇是财务决策绩效的评价模块，从基本分析和综合分析评估和反馈企业资金管理和决策的绩效，并引导企业根据财务分析的结果进行决策调整与修正。财务专题篇是后续和补充，本篇是考虑到企业会计假设受到挑战时，如企业并购、清算、集团归属时企业的重大财务决策问题。财务专题篇为前四个模块提供了良好的补充和完善。

第二，立足学生、简明易学。

编辑团队结合长期在本科生、研究生以及MBA学生教学经验的基础上，立足为学生提供简明易学的教材，全面和系统地研究和阐述了公司财务管理的结构和内容。本教材在编排体系上进行了创新，按照企业财务活动的先后顺序和重要程度构造各个章节。在知识点引入方式上，既吸收最新的财务管理理论知识，又结合国内外典型的财务管理案例与方法，力求为读者提供丰富的财务管理背景与知识介绍。在编写体例上，教材编写采用统一的格式化体例设计，每章均设有引导案例、案例讨论、思考题、单项选择题、业务题。教材后附有部分练习题参考答案。每章开篇前的引导案例引出每章内容在实际中的应用，每章末附有讨论案例和复习思考题，帮助学生消化所学的内容，锻炼学生综合分析问题和解决问题的能力。

第三，结合实践，应用创新。

财务管理是一门应用性很强的学科，伴随着财务环境的不断变化和财务制度的持续变革，财务管理的应用性要求也越来越高；同时，财务管理作为一门管理科学，财务理论也在不断发展和创新之中，特别是金融创新和资本市场的不断完善对财务理论产生了强大的外在推动力。可见，财务管理是个多学科交融的实用性学科，作为学生使用的初级教材，如何协调处理好教材的理论性与应用性的关系，显得尤为关键。为此，在教材编写过程中，我们力求能对西方财务管理的基本理论进行系统介绍，如资本结构理论、资本资产定价理论、投资组合理论、股利理论等。应用创新是本教材的特色，财务基础上很多方法都是近年来学术最新的发现和梳理，财务决策分析结合了我国资本市场相关法律、法规和制度的变迁，对财务决策的技术方法进行了相应更新。财务分析在传统盈利、营运、偿债能力分析的基础上，增添了发展和现金创造能力的分析，突出了财务分析“现金为王”的实践导向。特别是财务专题内容中补充了并购企业财务决策、破产企业财务决策以及集团企业财务决策的内容，对企业在特殊理财环境下的突出财务问题进行了系统的分析。编写组力图以实践应用引导理财理论和方法的介绍和创新。

本教材由罗正英教授负责总体教材内容统筹和实施进度控制，权小锋副教授负责教材大纲设计和工作方案安排。具体章节编写中罗正英教授负责第一、第二章以及第十六章内容的编写和修改，滕青副教授负责第六、第八章至第十一章、第十四、第十五章内容的编写和修改，王雪珍副教授负责第四、第五章以及第七章内容的编写和修改，权小锋副教授负责第三、第十二章以及第十三章内容的编写和修改。

由于编者的水平和业务能力有限，教材中难免存在一些问题和不足，非常欢迎各位学界同仁提出批评指正，你们的任何建议都有助于本教材的完善和更新。期望我们的努力能够为我国高等教育和职业教育中财务管理课程教学增砖添瓦，增加亮点。

作　者

目　录

第一篇　财务概述篇

第二篇　财务基础篇

第三篇　财务决策篇

第四篇 财务分析篇

第五篇 财务专题篇

附录

第一篇

财务概述篇

第一章　财务管理概述

引导案例

大连万达集团创立于1988年，形成商业地产、高级酒店、旅游投资、文化产业、连锁百货五大产业。2012年年底，全国已有68座万达广场、38家五星级酒店、6 000块电影银幕、57家百货店、63家量贩KTV。公司2015年目标为资产3 000亿元、年收入2 000亿元、年纳税300亿元。自1988年创立以来，公司把价值创造作为首要目标。2003年，万达花园别墅落成剪彩，公司逐步扩大在房地产行业的投资。2005年，公司管理提升项目使27个子公司整合设立为六大专业化公司，打造世界一流企业。随着万达集团的不断发展，2012年，万达集团成功收购全球第二大院线集团AMC，成为最大影院运营商。万达集团董事长王健林指出：万达集团上不上市，完全是自然而然的，企业发展到一定阶段该上市了，那就上，没任何刻意，也没必要刻意。上市后多了个融资渠道，是好事。目前，万达集团虽并未打包上市，但是2013年4月，万达商业地产将通过向公司主席陈长伟购入恒力商业地产18.56亿股以及其持有的可换股债券，成为公司控股股东，成功借壳上市。2014年4月，万达院线预披露IPO文件，这表明万达院线也走上了上市之路。

万达集团总裁尚吉永说："企业发展了，不要忘了回报社会，因为只有社会的和谐发展，才能为企业提供更大的发展空间。"万达集团在自身价值获得不断提升的同时，不仅在提供就业岗位、诚信纳税方面作出巨大贡献，而且在环保低碳、慈善捐助等方面发挥积极作用。万达集团2012年捐助现金达3.9亿元，累计现金捐助超31亿元，在全国民营企业中捐助数量处于前列。

思考与讨论

(1) 分析万达集团的发展历程，具体与企业财务管理的哪些方面相关？

(2) 万达集团的公司财务管理目标主要包括哪些内容？公司在设立财务管理目标时，需要考虑哪些因素？

第一节 财务管理的产生与发展

财务管理早期作为微观经济学的分支产生，是微观经济理论的应用学科之一。不少学者仍然认为财务管理学的理论基础来自微观经济学中的消费理论、生产理论、市场均衡理论及生产要素价格理论。财务管理理论在发展百余年的过程中，与人类经济活动一直紧密相关。本节将财务管理的发展分为初创期、调整期、过渡期、成熟期、深化期五个方面进行阐述。

一、初创期(20 世纪初至 20 世纪 30 年代以前)

20 世纪初，西方发达工业化国家先后进入垄断阶段，随着经济和科技的迅速发展，新兴行业大量涌现，普遍面临着如何为扩大企业生产经营规模和加速企业发展筹措所需资金的问题。因此这一时期，财务管理的重点就是如何利用普通股、债券和其他有价证券来筹集资金。1897 年，美国财务学者格林所著的《公司理财》，被学界认为是筹资财务理论的最早代表作。其后的代表作有 1910 年米德的《公司财务》和 1920 年斯通的《公司财务策略》。由于这一时期西方资本市场发育日趋完善，各种金融机构的出现和金融工具的使用，加上企业扩大规模的需要促使财务管理学研究企业如何利用普通股票、债券和其他证券来筹资，金融中介如投资银行、保险公司、商业银行及信托投资公司在公司筹资中的作用。当时财务管理侧重于对金融市场、金融机构和金融工具的描述和讨论。

二、调整期(20 世纪 30 年代)

20 世纪 30 年代，财务管理逐步走向理论化和规范化。西方经济大萧条，企业的破产、清偿和合并，以及对公司偿债能力的管理成为财务管理研究的主要问题，这一时期财务管理的重心是如何维持企业的生存。这为企业财务状况的系统分析及对资产流动性分析打下了基础。1929—1933 年的大萧条促使学者们开始转入探讨证券市场的价格变动规律和证券内在价值问题。这一时期，国家加强了对微观经济活动的干预，如美国政府分别于 1933 年和 1934 年颁布了《证券法》和《证券交易法》，要求企业公布财务信息，对财务管理的发展起到巨大推动作用。

三、过渡期(20 世纪 40 年代至 20 世纪 50 年代)

20 世纪 50 年代是财务管理划时代的分界线。1952 年，美国著名财务学家哈里·马可维兹在《财务杂志》上发表的《资产组合的选择》一文，奠定了投资财务理论发展的基石。该文连同其后陆续产生的资本资产定价理论、有效资本市场假设理论以及套利定价理论等，共同构成了当代投资财务理论的基本框架。

基于此，这一时期的财务管理焦点开始从外部转向内部，由描述型转为分析型，开始围绕企业利润、股票价值最大化来研究财务问题，并把一些财务模型引入财务管理中，同时注意资本的合理应用。而我们所熟悉的现金流折现方法用于资本预算分析及金融资产的定价就是由这个时期开始的。此外，计算机技术首度应用于财务分析和规划，以及现金、应收账款、存货、固定资产等的日常管理，各种计算模型得到了日益广泛的使用。另外，这一阶段的研究领域也扩展到现金和存货管理、资本结构及股息策略等问题。20 世纪 50 年代以前的资本结构理论被称为“早期资本结构理论”，而 50 年代以后形成的以 MM 理论和权衡理论为代表的资本结构理论则被称为“现代资本结构理论”。现代财务理论重要思想流派至此形成。

四、成熟期(20 世纪 60 年代至 20 世纪 70 年代)

到了 20 世纪 60 年代至 70 年代，随着第三次科技革命的兴起和发展，财务管理中应用了电子计算机等先进的方法和手段，财务分析方法向精确化发展，研究方法从定性向定量转化。统计学和运筹学优化理论等数学方法引入财务理论研究中。这一时期形成的“资产组合理论”、“资本资产定价模型”和“期权定价理论”为评价企业的价值，研究证券投资的风险和收益奠定了基础，形成了近代财务管理学的主要理论框架，并使财务管理中的投资决策、筹资决策、资本结构和股息策略决策均建立在可靠的实证理论之上。20 世纪 70 年代，新财务理论成立。

五、深化期(20 世纪 80 年代至今)

20 世纪 80 年代以来，财务管理学进一步研究不确定条件下的企业价值评估，以及通货膨胀对企业价值的影响。这一阶段主要是对已有的理论进行完善，并在实践的基础上加以修正，使之更好地服务于实践。通货膨胀及其对利率的影响；政府对金融机构放松控制以及由专业金融机构向多元化金融服务公司转化问题；电子通信技术在信息传输中和电子计算机在财务决策中的大量应用及资本市场上新的融资工具的出现，如衍生性金融工具和垃圾债券等，无不在推动财务管理的进一步发展和变化，产生了更为细分的财务管理，如：通货膨胀财务管理、企业集团财务管理、国际企业（跨国企业）财务管理、企业并购财务管理等都是在此时发展的。随着世界范围内新技术革命浪潮的冲击，传统的财务管理正日益受到挑战。与此相适应，一些新的财务领域正逐渐被开辟出来，如通货膨胀财务、国际财务、电算化财务等。今后企业财务的发展方向将在传统财务的基础上，吸收兼容一些宏观经济的理论与方法，使财务管理的空间进一步扩大，形式、内容和方法更加充实和完善。由此形成的企业财务，不仅从微观层次上讨论资金的筹措、使用和分配问题，而且还将从宏观的角度探索关于组织财务活动、处理财务关系等一系列问题，使其成为在更高层次上和更大范围内发挥作用的新型管理科学。

改革开放后，随着市场经济体制的逐步建立，企业的投融资自主权逐步扩大，企业投资所需的资金也不再简单地由国家财政无偿拨款，而是越来越多地按市场经济规则，由企业自己通过金融市场筹措。随着我国证券市场及其他资本市场的不断发展完善，投融资决策在企业财务管理中具有越来越重要的地位。

20 世纪 90 年代，行为财政学出现，斯坦在 1996 年发表的"非理性世界里的理性资本预算"一文标志着公司行为财务的形成。到了 21 世纪初，企业财务作为一门用来控制资金运动的科学，正以系统论、信息论和控制论等横断科学的新成就来重新武装自己，特别是运用电脑辅助决策系统进行财务决策，使财务管理的发展更加科学和完善。

总之，财务管理从以描述为主转向严格的分析和实证研究，从单纯的筹资发展到财务决策的一整套理论和方法，已形成独立、完整的学科体系。财务管理必将不断深入发展，其内容日趋复杂，范围逐渐扩大，研究手段和方法更加科学。

我国财务管理的发展主要是由改革开放前政府在企业财务管理体系的建立和发展中具有直接管理的性质和起着强大推动作用逐渐过渡到遵照市场经济规则，企业自主开展投融资行为。在吸取改革中的经验教训，冷静思考"巨人集团"如何倒下，"太阳神"为何覆水难收，"健力宝"为何黯然落幕等问题时，我们发现除了法人权责不明确之外，盲目投资，未对项目进行科学财务预测和产品有效控制等是主要原因。这些原因归根结底在于缺乏科学的管理制度，其中包括重要的财务管理制度。

第二节 财务管理的基本概念与内容

一、财务管理的概念

财务管理(financial management)也称企业理财，简单来说就是企业组织财务活动，处理财务关系的一项经济管理工作。具体而言，财务管理是企业在自身目标下，关于资产的购置(投资)，资本的融通(筹资)和经营中现金流量(营运资金)，以及利润分配的管理。

财务管理是企业管理的一个重要组成部分，它是根据财经法规相关制度，按照财务管理的原则，组织企业财务活动，处理企业财务关系的一项经济管理工作。随着管理的科学化和现代化的发展，学习企业财务管理，已经越来越重要。

1. 财务管理是企业财务管理的基础

财务管理渗透在企业的一系列经济活动中，企业资金的筹集、使用和分配以及在这些方面所涉及的财务关系都属于财务管理的管理范围。而企业的生产、经营、运作的每个环节都离不开财务的反映和调控。所以财务管理是所有管理活动的基础。

2. 财务管理可以改善企业经营管理，提高经济效益

财务管理帮助企业对未来的财务指标作出分析和预测，从而制订财务计划，帮助企业有效地管理各项财务工作、实施各项财务计划，并对企业的各项生产经营活动实施监督，促进企业加强管理，挖掘潜力，提高经济效益。

3. 财务管理可以实现企业与外部环境的交流

企业的外部环境包括企业的投资人、企业的消费者、银行、税务机关等，企业通过财务管理对企业各项经济活动分析、评价和预测，从而能向外部及时、准确地提供具有可比性的信息，有助于企业与外部环境之间的交流沟通。

在现代社会中，任何一个组织都需要财务管理，但是营利组织与非营利组织的财务管理有较大的区别，本书主要讨论营利组织的财务管理。

二、财务管理的内容

企业财务管理的内容就是企业财务管理对象的具体化，它反映了企业财务管理行使职能、发挥作用的范围。

企业的财务管理是对企业组织财务活动，处理财务关系的一项经济管理工作，而企业的财务活动主要包括资金筹集的财务活动、资金使用的财务活动以及资金分配的财务活动。所以企业财务管理的内容主要包括：资金筹集管理、资金投资管理、资金分配管理以及日常资产管理。

（一）资金筹集管理

企业筹资是指企业通过一定渠道、采取适当方式筹措资金的财务活动，是企业整个经营活动的基础和前提，也是财务管理的首要环节。筹资决策要解决的问题是如何取得企业所需要的资金，包括向谁、在什么时候、筹集多少资金。

可供企业选择的资金来源有许多，我国习惯上称“资金渠道”。

1. 按照资金来源可以分为权益资金和负债资金

权益资金是企业股东提供的资金。它不需要偿还，筹资的风险较小，但其期望的报酬率高，即筹集的成本较高。股权资本的筹集方式主要有吸收直接投资、发行股票、留存收益等。

负债资金是债权人提供的资金。它需要按期归还，有一定的风险，但其要求的报酬率比权益资金低。负债筹资方式有发行债券、银行借款、融资租赁、商业信用等。

2. 按照资金期限长短分为中长期资金和短期资金

中长期资金是企业可长期使用的资金（1 年以后归还），一般包括长期负债和权益资金。中长期资金的筹集方式有：吸收直接投资、发行股票、发行长期债

券、长期银行借款、融资租赁等。

短期资金一般是指在1年内要归还的短期借款。短期资金的筹集应主要满足企业的临时资金需要。短期资金的筹集方式有:发行短期债券、短期银行借款、商业信用等。

科学的财务管理有助于企业科学地安排筹资时间,通过预算手段完成资金需求量和需求时间的测定,使资金的筹措量与需要量达到平衡,防止因筹资不足而影响生产经营或因筹资过剩而增加财务费用;科学的财务管理有助于企业降低资金成本,有助于企业考察各种筹资渠道和筹资方式的难易程度、资金成本和筹资风险,研究各种资金来源的构成,求得资金来源的最优组合,以降低筹资的综合成本;科学的财务管理有助于企业降低筹资风险,有助于企业在筹资过程中合理选择和优化筹资结构,做到长短期资本、债务资本和自有资本的有机结合,有效地规避和降低筹资中各种不确定性因素给企业带来损失的可能性。

(二) 资金投资管理

投资是指企业将资金投入企业、项目或经济活动,以获取经济回报的商业行为或过程。企业的投资决策,按不同的标准可以分为以下两种。

1. 项目投资和证券投资

项目投资是把资金直接投放于生产经营性资产,以便获取营业利润的投资。项目投资具有投资内容独特(每个项目都至少涉及一项固定资产投资)、投资数额多、影响时间长(至少1年或一个营业周期以上)、发生频率低、变现能力差和投资风险大的特点。

证券投资是把资金投放于金融性资产(股票、债券、基金等有价证券以及有价证券的衍生品),以便获取红利、股息和资本利得的投资。证券投资有利于调节资金投向,提高资金使用效率,从而引导资源合理流动,实现资源的优化配置;证券投资有利于提高企业经济效益和社会知名度,促进企业的行为合理化;证券投资为中央银行进行金融宏观调控提供了重要手段,对国民经济的持续、高效发展具有重要意义。

2. 长期投资和短期投资

长期投资是影响所及超过1年的投资。长期投资又称资本性投资。用于股票和债券的长期投资,在必要时可以出售变现,而较难以改变的是生产经营性的固定资产投资。长期投资有时专指固定资产投资。

短期投资是影响所及不超过1年的投资,短期投资又称为流动资产投资或营运资产投资。

通过对企业资金投资进行科学合理的管理,企业可以对投资项目进行前期财务评价,从而选取最大价值的投资项目;同时资金的投资管理可以完成金融分析、资产筛选、股票筛选、计划实现及长远投资监控等,有助于企业规避风险,获取最大收益。

（三）资金分配管理

企业的利润分配，首先，需依法向国家缴纳所得税，这一部分资金的分配具有强制性；其次，依法提取各种公积金，用于企业风险金；最后，将利润在所有者之间进行分配，这是企业收益分配中的重点，也是资金分配管理的重点。即资金分配管理主要是指在公司赚得的利润中，有多少作为股利发放给股东，有多少留在公司作为再投资。

企业应在遵循国家分配政策的前提下，对企业资金分配进行管理，合理确定收益分配的规模和分配方式，使企业获得最大的长远利益。

（四）日常资产管理

筹资、投资和分配是企业主要的财务活动，它们之间相互依存、相互作用，共同作用于生产经营过程，促使资金不断运动，最终取得最大的利润。这三者构成了财务管理的主要内容，但除此以外，财务管理还包括日常资产的管理。日常资产管理是指企业对各类资产所进行的经常性的管理，包括现金收支的预算、材料采购计划的制订、存货的管理、固定资产的维修管理等。加强日常资产的管理，是保证生产经营活动的正常进行，提高资产使用效率的前提条件和必要工作。

资金的筹集制约着企业的规模和发展；资金的投放决定着企业的发展方向和潜力；资金的耗费关系着企业的生产成本和竞争能力；资金的回收影响企业的偿债信誉和资金周转；资金的分配决定企业的消费和积累，以及投资者、经营者、员工等各方利益。由此可见，财务管理工作关系到企业的生存和发展。而且，加强财务管理，对于实现资本的保值增值具有其他部门不可替代的作用。所以，抓住了财务管理，就抓住了企业管理的关键，就可带动企业其他方面的管理，就能提高企业绩效。

第三节　财务管理目标

财务管理的最终目标的理解有不同的观点：一是实现企业利润最大化；二是实现资本市场价值的最大化，即实现股东财富的最大化；三是实现企业价值最大化。

一、企业利润最大化

财务管理目标的利润最大化观点认为：企业是营利性的经济组织，利润代表企业财富的增加，利润越多表明企业的财富增加越多，越接近企业的目标。在西方经济理论中，利润最大化的观点流传甚久且根深蒂固。企业想要在市场竞争中获得生存和发展，就必须创造更多的利润，保证企业在市场中的地位。

以利润最大化作为财务管理目标，有其合理性和优点：

（1）利润最大化观点在经济学理论层面上是合理的。企业参与经营活动，就是为了创造剩余价值,而且通常是用利润的多少来衡量剩余价值。

(2) 利润是综合性的财务指标。利润是企业一定时期内的收入减去成本费用后得到的差额,是衡量企业经营绩效的重要指标。它反映了企业经营活动中投入与产出的关系,也反映了公司运用各种资源的综合能力。

(3) 利润指标是最容易被接受的财务概念。利润指标与财务报表体系是吻合的,容易计算和理解,方便目标考核。

然而,以利润最大化作为企业生产经营的目标还存在许多不足之处:

(1) 利润最大化目标的概念是模糊的。当前对利润的定义是模糊的,利润有短期和长期之分,也有税前利润和税后利润之分,还有总利润、投资利润率和每股利润之分。在概念不清楚的情况下,以利润最大化为目标来衡量,必然存在偏差。

(2) 没有考虑货币时间价值。投资决策需要考虑货币资金的时间价值,但利润最大化目标仅仅考虑本年度利润,忽略了以后年度的利润,这是不合理的。而且,利润最大化目标关注利润的数值大小,忽视了利润的时间价值,不利于企业作出正确的经营决策。

(3) 没有考虑风险因素。设想企业在进行投资决策时有两个项目可选。这两个项目的预期利润是相同的,但是风险水平却相差甚远,其中一个项目的风险要远远高于另一个项目。如果企业仅仅以预期利润作为投资决策的衡量目标,而忽视可能导致的风险,很有可能导致错误的决策。

(4) 诱发企业的短期行为。由于利润最大化目标关注企业近期利润,可能会导致企业忽略长期发展战略,损害企业的长远利益。

(5) 利润指标容易被操控。企业管理层可以通过各种方式对利润指标进行操控,致使利润无法真实反映企业经营状况,不利于企业的发展。

(6) 在现有资本市场下,利润与企业价值之间的关系并不明确。

二、股东财富最大化

在现代企业,所有权和经营权是分离的。经营者作为代理人,应最大限度地努力工作,为所有者谋求财富。在股份制企业中,股东财富由发行在外的普通股数量和和股票市价来决定,表现为每股市价最大化。公司股票价格受到多种因素影响.本期和预期每股收益、风险因素、公司股利政策等。所以,股票市价能够很好地反映企业未来的盈利能力和风险控制能力,是企业经营状况的晴雨表。

以股东财富最大化作为企业财务管理目标,具有如下优点:

(1) 考虑了货币时间价值和投资风险价值,有利于选择投资方案,统筹安排长短期规划,有效筹措资金,合理制定股利政策等。

(2) 反映公司资产保值增值的要求,从某种意义上说,股东财富越多,公司资产的市场价值就越大,追求股东财富最大化的结果可促使公司资产保值或增值。

(3) 克服了管理上的片面性和短期行为。股东财富最大化观点考虑了时间价值和风险因素,全面考虑公司未来现金流分布,在一定程度上避免公司片面追求眼前利润,减少经营管理中的短期行为。

(4) 有利于社会资源合理配置,社会资本通常流向公司价值最大化或股东财富最大化的企业或行业,从而实现社会效益最大化。

不过,股东财富最大化目标也存在一些缺陷,主要表现在以下方面:

(1) 适用性有限。对上市公司而言,可以方便地用股票市价来衡量最近和未来的经营效果,衡量股东财富。对于非股票上市公司,这一目标值不能依靠股票市价作出评判,而需通过资产评估方式进行,出于评估标准和评估方式的影响,这种估价不易客观和准确。

(2) 股票价格是企业内外因素综合影响的结果,并非公司所能控制,其价值波动与公司财务状况变动并非完全一致,这对公司实际经营业绩的衡量也带来了一定的困难。

三、企业价值最大化

企业价值是指企业资产的市场价值。企业价值最大化关注企业的总体价值,通过对企业财务的合理经营,选用最优的财务决策,促使企业长期稳定发展,使企业总价值达到最大。企业价值最大化目标,能使得各利益相关者都从中得到实惠,让利益最大化。衡量企业价值,主要取决于企业所控制资产的未来获利能力,而且只有在企业的报酬和风险达到均衡时才能实现。

企业价值最大化观点认为,企业现金流是至高无上的,要想实现良好的财务管理,达到企业价值最大化的目标,需要重点关注现金流。这是因为经营活动创造现金流量的能力,是决定企业价值大小的根本因素。现金流之于企业,就像血液之于人体,良性的现金流可以促进企业健康成长,是企业经营的动力,决定企业的价值。而且,财务管理活动,无论是投资决策还是融资决策,都必须关注于这些决策对企业未来经营活动现金流量的影响。能够创造足够现金流量的决策是好决策,应当采纳;反之,则应予以否决。

企业价值最大化观点还认为,财务管理目标与企业多个利益集团相关,财务管理目标是这些利益集团共同作用和相互妥协的结果。在某一特定时期和环境下,某个利益集团可能会起到主导作用,但是从长期来看,不能只强调某个集团利益,也要考虑其他集团。因为,各个利益集团都对企业长期发展和总价值的提高有影响,企业总价值的提高也有利于各利益集团实现自身的目标。因此,以企业价值最大化为目标,能够帮助企业实现长期稳定发展,并满足各方面的利益关系。

以企业价值最大化为财务管理目标有如下优点:

（1）强调风险与报酬的平衡，把风险控制在可承受的范围内。

（2）继承了股东财富最大化目标的优点，有助于协调与股东之间的利益关系。

（3）企业价值最大化着眼于企业长远的获利能力，能够帮助避免追求近期利润的短期行为。

不过，企业价值最大化目标在计量方面存在缺陷。理论上对企业价值的衡量有两种方法：一种是未来现金流量贴现方法，不过如何对未来现金流量进行估算以及对贴现率选择比较困难；另一种是财务资本构成确定方法，用股权资本价值与债务资本价值之和来计算企业价值，由于非上市企业的股权价值难以确定，这一方法的实施也存在困难。

总的来说，企业价值最大化理念符合企业长远利益，但是缺乏可操作性。

四、财务管理的目标与企业社会责任

（一）财务管理目标与企业社会责任本质是一致的

财务管理目标是企业管理的核心部分，对企业的发展至关重要。在当前经济全球化背景下，企业社会责任成为社会对企业关注的焦点，并逐渐成为企业发展的重要环节。从财务管理和社会责任的本质来看，两者具有一致性。在实现财务管理目标的同时，也要重视企业社会责任。

企业社会责任是在 20 世纪 20 年代，资本的不断扩张导致环境恶化、贫富分化、社会贫困、劳工问题和劳资冲突等一系列问题的背景下提出的。美国学者谢尔顿(1923)最早提出社会责任的概念，认为企业应该为其影响到的实体、社会和环境的所有行为负责。多德(1923)认为，企业对财产的支配不仅受到股东的影响，也受到其他利益相关者的影响，需要对雇员、消费者和社会公众的利益负责。美国著名的管理学大师彼得德鲁克在《管理——任务、责任、实务》中提出："企业如果忽视其行为对社会产生的不良影响就要为此付出高昂的代价。"

从以上学者的观点可以看出，企业社会责任意味着企业与社会存在密切联系。企业存在于社会中，企业的产生、发展、消亡都离不开社会中人的决定，并对社会造成影响。这就催生了企业社会责任概念的产生。企业作为社会中的重要组成部分，应该履行社会责任，参与经济活动，促进资源优化配置，实现国民财富效率的增长。

财务管理在企业管理中至关重要。作为一个营利组织，企业创造经济效益赚取利润是天经地义的。有远见的企业财务管理者认为，企业存在社会中，创造良好的社会环境，主动承担社会责任，帮助提高总体经济效益，有利于企业的生存和发展，得到社会的认同。企业主动承担社会责任，对企业发展有正面影响，可以帮助企业提高经济效益、实现财务管理目标。

综上，企业财务管理的目标与企业社会责任具有一致性。企业财务管理的目标应该与社会整体利益保持一致，在实现企业价值最大化的同时，实现社会利益的最大化。

（二）企业所承担的社会责任

1. 保护消费者权益

随着经济的发展，消费者的购买行为成为一种力量，每个人手中的钱币其实都是自己对生活方式的一种选择，对责任行为的一张"投票"，深谙其中奥妙的企业开始回应这些消费者的意愿，他们开创"先于购买之思考"的理念。因此，有机、绿色、环保产品消费、反浪费消费等责任消费行动得到了越来越多的消费者、企业的认可，并开始付诸实践。

2. 向雇员支付薪金

人力资源是社会的宝贵财富，也是企业发展的支撑力量。确保职工的工作与收入待遇，这不仅关系到企业的持续健康发展，而且也关系到社会的发展与稳定。企业要坚决遵守国家的各项法律、法规，爱护企业的员工，搞好劳动保护，不断提高工人的工资水平并保证按时发放。企业要与员工沟通，多为员工着想。

3. 保护生态环境

随着全球和我国的经济发展，环境日益恶化，特别是大气、水、海洋的污染日益严重。野生动植物的生存面临危机，森林与矿产过度开采，给人类的生存和发展带来了很大威胁，环境问题成了经济发展的瓶颈。为了人类的生存和经济持续发展，企业一定要担当起保护环境维护自然和谐的重任。

而且，中国是一个人均资源特别紧缺的国家，企业的发展一定要与节约资源相适应。企业不能顾此失彼，不顾全局。作为企业家，一定要站在全局立场上，坚持可持续发展，高度关注节约资源，并要下决心改变经济增长方式，发展循环经济、调整产业结构，尤其要响应中央号召，实施"走出去"的战略，用好两种资源和两个市场，以保证经济的运行安全。这样，我们的发展才能持续，再翻两番的目标才能实现。

4. 支持社会文化教育和福利事业

医疗卫生，公共教育与文化建设，对一个国家的发展极为重要。特别是公共教育，对一个国家的脱除贫困、走向富强就更具有不可低估的作用。医疗卫生工作不仅影响全民族的身体健康，也影响社会劳力资源的供应保障。文化建设则可以通过休闲娱乐，陶冶人的情操，提高人的素质。我们的国家，由于前一个时期对这些方面投入较少，欠债较多、存在问题比较严重。而公共产品和文化事业的发展固然是国家的责任，但在国家对这些方面的扶植较困难、财力不足的情况下，企业应当分出一些财力和精力担当起发展医疗卫生、教育和文化建设的责任。

（三）股东财富最大化与企业所承担的社会责任并不矛盾

在股份制或公司制企业，采用股东财富最大化的财务管理目标，有利于企业克服严重的短期行为。尽管股东财富最大化目标要求实现股东收益的最大化，但是企业是个理性人，企业所有者也是理性人。企业并不会在追求财富最大化的道路上走向极端，单纯地追求股东财富最大化。股东们会意识到，片面追求股东财富最大化不可能带来企业的正常运作和协调持续发展。而且，企业不仅是单纯的经济组织，它身处社会中，对现代社会的影响越来越大，同时也要从社会中获取各项资源，取得更大发展。社会各界也希望企业的行为需要符合社会道德规范，能够担负起伦理责任。因此，股东在面临诸多选择时，会自觉遵守商业道德，承担社会责任。股东财富依赖于其承担的社会责任。

目前，国内环境污染日益严重，假冒伪劣产品充斥市场，食品安全事件频频发生，农民工问题反映强烈等的存在，无不与部分企业缺乏社会责任有关。虽然，我国制定了关于劳动者、消费者、环境资源等保护方面的法律、法规，但是这些立法都是从各自不同的角度来保护非股东群体的利益，而不是激励企业主动承担社会责任，促使企业与利益相关者建立可持续发展的法律关系。企业对其他群体利益和环境资源的关注是迫于政府和舆论的压力，而不是来自市场利益的正常博弈。对企业社会责任进行专项立法，以强制的方式让市场中的企业承担社会责任，是对现有法律的重大补充。而且，对社会责任的强制立法促使公司在法律约束下开展经济活动，实现企业价值最大化。这也从另一个方面反映了财务管理目标与社会责任的一致性。

思 考 题

1. 简述西方财务管理的产生与发展历程。
2. 简述财务管理的具体内容。
3. 股东财富最大化的内涵是什么？
4. 简述“利润最大化”目标的优点和缺陷。
5. 简述实现财务管理目标与履行社会责任之间的关系。

单项选择题

1. 财务管理的对象是（ ）。

A. 资金运动及财务关系　　B. 财务关系

C. 货币资金　　D. 企业资产

2. 企业财务管理的对象是（ ）。

A. 财务计划　　B. 现金及其流转

C. 财务监督　　D. 投资、融资、分配等财务决策

3. 下列各项中，不属于企业财务管理基本内容的是（ ）。

A. 筹资管理　　B. 投资管理

C. 营运管理　　D. 财务分析

4. 企业发行股票和债券的行为属于(　　)。

A. 筹资活动　　B. 投资活动

C. 营运活动　　D. 分配活动

5. 作为财务管理的目标,利润最大化与股东财富最大化相比,其特点是(　　)。

A. 考虑了风险与报酬的关系　　B. 利用时间价值原理进行计量

C. 有利于克服追求短期利益行为　　D. 按照收入费用配比原则计算

6. 现代企业财务管理的最优目标是(　　)。

A. 每股盈余最大化　　B. 利润最大化

C. 市盈率最大化　　D. 企业价值最大化

7. 企业承担的社会责任不包括(　　)。

A. 提供平等的就业机会

B. 保护生态环境

C. 保护消费者权益,提供安全可靠的产品

D. 给企业创造更多的利润

第二章　财务管理的组织与环境

引导案例

金融危机期间，国内通胀预期较强、原材料等要素价格刚性上涨等因素使得企业生产困难增多，针对此情况，中山市政府坚持以政府扶持和公共服务为保障，营造有利于转型升级的优良环境，该市在贯彻落实广东省政府2012年扶持中小企业发展的若干政策措施外，又结合当地企业的实际困难，从增加财政投入、减免税费负担、加大融资支持、帮助开拓市场、强化公共服务等层面出台了31条补充措施，力争做好"加减乘除"法，大力扶持企业发展。

思考与讨论

从以上案例我们可以看出，企业的财务管理会在很大程度上受到环境的影响和制约。那么，对企业财务管理产生影响的主要有哪些环境因素呢？它们的影响机制是什么？有哪些表现？本章我们就来学习企业财务管理环境的相关知识。

第一节　企业财务管理环境

财务管理环境是指对企业财务管理产生影响作用的各种内部和外部因素。企业作为经济社会中的一个经济系统，财务管理是在各种环境因素作用下实现财务活动及其财务关系的协调平衡，在很大程度上受到环境的影响和制约。研究财务管理环境现状和发展趋势，有助于把握开展财务活动的有利条件和不利条件，为企业正确制定财务管理战略及其财务决策提供可靠的依据，保障企业更好地实现财务管理目标。财务管理环境涉及范围很广，其中最重要的是法律环境、金融环境、经济环境、社会文化环境以及企业组织及内部环境。

一、财务管理环境的概念与分类

（一）财务管理环境的概念

财务管理的环境又称理财环境，是指对企业财务活动和财务管理有影响作用的一切不确定因素的总和。它是企业财务管理赖以生存的土壤,也是企业开展财务管理活动的舞台,企业进行财务管理活动必须以财务管理环境为依据,正确地制定财务管理策略。

（二）财务管理环境的分类

1. 根据环境的层次性,可以分为宏观环境和微观环境

宏观财务管理环境是指在宏观范围内普遍作用于各个部门、地区的各类企业财务管理活动的各种因素,通常存在于企业外部,包括经济、政治、社会、自然条件等各种因素。从经济角度来看主要包括国家经济发展水平、产业政策、市场状况等。微观财务管理环境是指在某一特定范围内对某种财务管理活动产生重要影响的各种因素,一般包括企业的组织形式、结构、生产状况、会计核算制度等。

2. 根据环境的稳定性,可以分为相对稳定环境和相对动态环境

稳定的财务管理环境一般变化不大,如企业的地理环境、生产方向、国家产业政策、税收政策等。相对动态环境则是指处于显著变动状态,对企业的财务状况有重要的影响,如产品销量、原材料来源、市场物价、资金供求状况等。

3. 按其与企业的关系,可分为企业内部财务环境和企业外部财务环境

企业内部财务环境是指企业内部影响财务活动的各种因素。例如,企业的生产技术状况、经营范围和规模等。企业外部财务环境是指企业外部影响财务活动的各种因素,例如,国家的政治经济形势,法律、法规等。

二、企业面临的财务环境

（一）法律环境

法律环境是指企业在与外部发生经济关系时所应遵循的各种法律、法规和规章。法律环境对企业来说犹如一把“双刃剑”,它一方面为企业经营提供了限制的空间,另一方面也为企业在相应空间内自由经营提供了法律上的保护。法律环境主要包括以下三个因素。

1. 企业组织形式的法律规范

企业组织必须依法成立,并依不同的法律规范组建不同的企业。《中华人民共和国企业法》、《中华人民共和国所有制工业企业法》、《中华人民共和国外资企业法》、《中华人民共和国中外合资经营企业法》、《中华人民共和国中外合作经营企业法》、《中华人民共和国私营企业法》、《中华人民共和国合伙企业法》等既是企业的组织法,也是企业的行为法。

2. 财务会计法规

财务会计法规主要是企业财务通则和行业财务制度。

《企业财务通则》是各类企业进行财务活动、实施财务管理的基本规范。《企业财务通则》经由国务院批准财政部发布,对建立资本金制度、固定资产的折旧、

成本的开支范围、利润的分配等问题作出了规定。

行业财务制度是根据《企业财务通则》的规定，为适应不同行业的特点和管理要求由财政部制定的行业规范。

3. 税收法规

税收法规是国家处理税收分配关系的规范，任何企业都有依法纳税的义务。税收法律、法规按征税对象的不同可分为所得税类、流转税类、资源税类、财产税类和行为税类。

税负是企业的一种费用，会增加企业的现金流出，对企业理财有重要影响，所以企业都希望在不违反税法的前提下尽量减少税收负担。这就要求企业财务人员学习税法、精通税法，在税法许可的范围内，通过对企业经营活动和财务活动的合理安排，达到规避或减轻税收负担的目的。

除上述法律规范外，与企业财务管理有关的其他经济法律规范还有很多，包括各种证券法律规范、结算法律规范、合同法律规范等。财务人员要熟悉这些法律规范，在守法的前提下完成财务管理的职能，实现企业的财务目标。

(二) 经济环境

财务管理的经济环境是指企业进行财务管理活动的宏观经济状况以及影响财务活动的各种因素，包括经济周期、经济发展水平、经济政策和通货膨胀等。

1. 经济周期

经济周期是指国民经济发展状况的阶段特征和规律，即经济发展与运行出现的波动性，包括复苏、繁荣、衰退和萧条几个阶段的循环。在经济周期的不同阶段要采取相应的经营财务管理策略，归纳如表 2-1 所示。

表 2-1

不同经济周期应采取的财务管理策略

复 苏	繁 荣	衰 退	萧 条
① 增加厂房设备 ② 实行长期租赁 ③ 建立存货 ④ 开发新产品 ⑤ 增加劳动力	① 扩充厂房设备 ② 继续建立存货 ③ 提高价格 ④ 开展营销规划 ⑤ 继续增加劳动力	① 停止扩张 ② 处置闲置设备 ③ 停产不利商品 ④ 停止长期采购 ⑤ 停止库存存货 ⑥ 停止增加雇员	① 建立投资标准 ② 保持市场份额 ③ 缩减管理费用 ④ 放弃次要利益 ⑤ 继续减少库存存货 ⑥ 裁减雇员

2. 经济发展水平

企业财务管理的发展水平与经济发展水平也是密切相关的，经济发展水平越高，财务管理水平一般也就越好。因为在经济发达国家或地区的经济生活中存在许多新的经济内容、复杂的经济关系和完善的生产方式，使财务管理的内容不断创新，并创造出越来越多的先进财务管理方法。

3. 经济政策

经济政策包括财税体制、金融体制、外汇体制、外贸体制、计划体制、投资体制等方面。这些方面的变化将深刻地影响着企业财务管理系统的运行。顺应经济政策的导向,会给企业带来一定的经济利益。因此财务人员应该认真研究政府的经济政策,按照正常导向行事,这样就能趋利除弊。当然,由于政府的经济政策可能会因经济状况的变化而变化,因此企业在进行财务决策时,也要为这种变化而留有余地,甚至预见到政策的变化趋势,这样会更好地实现企业的理财目标。

4. 通货膨胀

通货膨胀不仅降低了消费者的购买力,也给企业理财带来了很大困难。通货膨胀对企业财务活动的影响通常表现在以下几个方面:①引起资金占用的大量增加,从而增加企业的资金需求;②引起企业的利润虚增;③引起利率上升,增加企业的资金成本;④引起有价证券价格下降;⑤引起资金供应紧张,增加企业的筹资难度。

企业对通货膨胀本身无能为力,只有政府才能控制通货膨胀的速度。鉴于上述因素,财务人员需要分析通货膨胀对资金成本的影响以及对投资报酬率的影响。为了实现预期的报酬率,企业应该调整收入和成本。同时,使用套期保值等方法尽量减少损失,如买进现货、卖出期货或相反的办法等。

(三) 社会文化环境

社会文化环境包括教育、科学、文学、艺术、世界观、理想、信念、道德、习俗,以及同社会制度相适应的权利义务观念、道德观念、价值观念、劳动态度等。企业的财务活动不可避免地受到社会文化的影响。社会文化对财务管理的影响程度是不尽相同的,有的具有直接影响,有的只有间接影响,有的影响比较明显,有的影响微乎其微。

例如,随着财务管理工作的内容越来越丰富,社会整体的教育水平将显得非常重要。事实证明,在教育落后的情况下,为提高财务管理水平所做的努力往往收效甚微。又如,科学的发展对财务管理理论的完善也起着至关重要的作用。经济学、统计学、数学、计算机科学等诸多学科的发展,都在一定程度上促进了财务管理理论的发展。另外,像社会的资信程度等,也在一定程度上影响着财务管理活动。当社会资信程度较高时,企业间信用往来会加强,会促进彼此之间的合作,并减少企业的坏账损失。

同时,处于不同的文化背景中的企业,需要对现有员工进行文化差异方面的培训,并且在可能的情况下雇佣文化方面的专家。忽略社会文化对企业财务活动的影响,将给企业的财务管理带来意想不到的问题。

(四) 企业组织及内部环境

企业组织形式是指企业存在的法律形式。从理论上讲,企业的组织形式有独资企业、合伙企业、有限责任企业和股份有限企业等。企业的财务管理活动是在一定的企业组织形式下进行的，势必受到企业采用的组织形式的影响，具有不同组织形式的企业将面临不同的法律环境和政策环境，在资金来源渠道、税收、投资、利润分配等方面享受着不尽相同的待遇。这些都是企业财务管理过程中必须考虑的因素，我们需要考虑企业采取何种组织形式才能在各自的经济体制中运转得最好，才能最大限度地满足企业的发展。

企业内部环境指的主要是生产特征、技术条件及人力资源状况等。企业内部这些方面条件的改善，需要得到财务支持，但他们也反过来制约企业的财务管理。生产的劳动密集型抑或资金密集型，很大程度上决定了企业所需投入资本的数量，以及企业的财务绩效特征；技术条件则会影响企业新产品的开发、产品质量及产品成本，继而对财务绩效产生严重影响；企业的人力资源状况，决定了企业财务管理人员及其他相关人员的实际工作能力。所有这些，都会制约和影响企业的财务管理。

第二节 金融市场

市场是联系供方与买方，通过交换产品、服务和资源达到有效地配置和利用资源的目的。市场可分为要素市场、产品市场和金融市场。金融市场是指进行资金融通的场所，即指资金双方通过运用一定信用工具进行资金融通的市场。金融市场是公司开展财务活动的重要场所。

一、金融市场概述

（一）金融市场的含义

金融市场有广义和狭义之分，广义的金融市场是指一切资本活动的场所，包括实物资本和货币资本的流动，其交易对象有货币借贷，票据承兑和贴现、有价证券的买卖、黄金和外汇买卖、办理国内外保险、生产资料的产权等。狭义的金融市场一般是指有价证券买卖市场，即股票和债券发行和买卖市场。一般意义上的金融市场是指狭义的金融市场。在金融市场，资金被作为一种“特殊商品”来交易，即交易的是资金使用权而非所有权。

（二）金融市场的构成

一个完善的金融市场由金融市场的主体、客体、金融工具、组织形式和作用机制五个部分组成，称为金融体系。

1. 金融市场的主体：市场参与者

金融市场的市场参与者是指金融市场客体的需求者和供应者，包括企业、个人、政府部门、各种金融机构等。这群主体可分为筹资者、投资者、中介机构和监管机构等。筹资者通常为企业，通过金融市场筹得生产经营所需资金；投资者通常是企业、其他机构、个人，期望通过金融市场将多余或闲置资金的使用权进行让渡以获得利息或股利；中介机构如证券公司、银行等，拟通过服务于筹资者与投资者获取手续收入；而监管机构则通过有关法律手段、经济手段和行政手段对金融市场进行监管，保证金融市场的有序运行和确保社会价值最大化。

2. 金融市场的客体：货币资金

金融市场的客体是指金融市场参与者进行交易的标的物或交易对象，通常是指货币资金。如前所述，在金融市场交易的只是货币资金的使用权而不是所有权。

3. 金融工具：信用工具

在金融市场交易的货币资金以各种形式表现出来，如商业票据、政府或公司债券、公司股票、可转让大额存单等，所有这些，称为金融工具。它是金融市场的基本构成要素，能够证明金融交易的金额、期限、价格等。货币资金的供需双方就是通过这些信用工具达到资金融通的目的。金融工具可使资金供需双方的债权债务关系明晰，并受法律保护，使金融市场资金的融通更为便捷、有序。

作为证明信用交易内容的书面凭证，金融工具一般具有下列基本特征：

(1) 期限性。理论上，各种金融工具都是有期限的。偿还期限指的是债务人必须全部归还本金之前所经历的时间。各种金融工具的期限特征不尽相同。特殊情形有两种：零期限和无穷期限。前者如活期存款，后者如股票。

(2) 流动性。流动性亦即变现性，是指金融工具在不受损失的情况下迅速转变为现金的能力。现金和活期存款的流动性为百分之百；政府公债、信誉较好的公司签发的商业票据等具有较强的流动性；上市交易的股票也具有较好的流动性；而定期存款、不能上市交易的证券等则流动性较弱。

(3) 风险性。风险性是指购买金融工具所付出的本金损失的可能性。购买金融工具的风险主要表现在两个方面：一是信用风险；二是市场风险。前者是指债务人不履行合约，不按期归还本金的风险；后者是指由于金融工具市场价格下跌带来的风险。

(4) 收益性。收益性是指金融工具能给它的持有者带来收益的特征，一般以收益率表示。金融工具的收益率是指持有金融工具所得的收益与本金的比率。

4. 组织形式：交易方式

所谓金融市场组织方式是指在金融市场上资金供需双方所采取的交易形式，其主要包括交易所交易方式、柜台交易方式和中介交易方式等。

交易所交易方式是在特定的交易所内如证券交易所等进行的由买卖双方通过公开竞价进行交易的一种方式。柜台交易方式是在金融机构的柜台上进行金融交易活动的一种方式。中介交易方式是通过中介人如经纪人等进行的一种交易方式。

5. 作用机制:交易价格

金融市场交易活动的顺利进行还有赖于有效的作用机制,这一作用机制是指反映市场资本供求情况的货币资金(或金融工具)的交易价格,称为利息率。利息率是资金增值额与资金投入价的比,是衡量资金增值程度的定量指标。

(三)金融市场的工具

目前我国市场上常见的金融工具有以下几种。

1. 商业汇票

商业汇票是指由商业信用的债权人签发的,要求债务人按约定的期限向指定的收款人或持票人支付一定金额的无条件支付命令。承兑若是由企业作出的,即为商业承兑汇票;承兑若是由银行或其他金融机构受债务人委托作出的,即为银行承兑汇票。

2. 商业本票

商业本票是商业信用的又一种工具,是企业之间发生商业信用关系时,由债务人签发,承诺到期付款的票据。由于商业本票是由债务人签发的,故无需承兑。

商业票据经背书后可以转让流通,未到期的商业票据还可以向银行申请贴现。申请贴现的票据必须是经过承兑的票据。背书的意义在于对票据的清偿负责。因转让票据给他人而进行背书者即为背书人,背书人一经背书即为票据的债务人。若票据的出票人或承兑人不能按期支付款项,票据持有人有权向背书人要求付款。因此,背书人又称第二债务人。

3. 银行汇票

银行汇票是由银行签发的一种汇款凭证。在汇款业务中,汇款人将款项交存当地银行后,由银行签发信用凭证,交给汇款人自带或寄给异地收款人,并据以向指定银行兑取款项。很多汇票的出票人和受票人都是银行,信誉较高。

4. 银行本票

银行本票是由银行签发并由银行付款的票据,可以代替现金流通。按票面是否记载收款人姓名,银行本票可分为记名本票和不记名本票;按票面有无规定到期日,银行本票又可分为即期本票和远期本票。

5. 银行支票

银行支票是活期存款户对其存款银行签发的,要求从其存款账户中支付一定金额给持票人或指定人的票据。银行支票按是否限定收款人可分为记名支票和不记名支票;按是否可兑取现金又可分为现金支票和转账支票。存款人开具的票面金额超过其存款金额或透支限额的支票,称为空头支票,不能生效。

6. 信用证

信用证包括商业信用证和旅行信用证。商业信用证是在商品交易中银行根据买方信用的申请向卖方开立保证付款的信用凭证，是建立在银行信用基础上的一种支付方式。它广泛运用于国际贸易的货款结算。旅行信用证是银行为便利旅行对在国外支取款项所发给的信用凭证。

7. 股票

股票是股份有限公司发给股东作为入股凭证并借以取得股息收入的一种有价证券。股票的基本特点是不能退股，但可以转让流通。按照股东享有的权利和承担风险的不同，股票可分为普通股和优先股。

8. 债券

债券是政府、金融机构及企业等经济主体为筹集资金按法定程序发行，承诺一定利率和一定日期支付利息，并在规定日期偿还本金的一种债务凭证。按发行主体不同，债券可分为政府债券、金融债券和公司债券三类。一般而言，政府债券的风险最小，接着是金融债券，公司债券的风险最大。债券风险越大，其利率一般也越高。

二、金融市场与公司财务

（一）金融市场的分类

金融市场主要是指金融工具的发行及流通的市场。由于长期金融市场与短期金融市场的分类更具普遍意义，以下将从这两个方面展开介绍。

1. 长期金融市场

长期金融市场，即资本市场；是引导长期投资的市场。这类市场融资期限长，一般在1年以上，融资数量大。它主要由股票市场和长期债券市场组成。两者在发行及流通过程中特点各异。

1）股票市场

股票市场是金融市场中最为活跃的一个组成部分，无论是国内，还是国外，股票市场在金融市场中占据着非常重要的地位。股票市场是公司发行股票筹集权益资本的场所，具有筹资数额大，可以满足公司数额巨大的资金需求以及不需到期还本的特点，因此成为上市公司筹资的重要渠道。

2）长期债券市场

与股票市场一样，长期债券市场也是金融市场的一个重要组成部分，是市场经济体系有序运转的重要保证。长期债券市场是企业筹集资金的重要渠道，对于筹资者而言，由于债券的筹资成本一般低于股票筹资成本，可以利用财务杠杆的作用获得更大的收益。就债券购买者而言，由于债券具有按时还本付息的规定，因此，投资风险小，并且在债券市场上，债券可以随时用于交易变现。可见，债券市场为债券的流通提供了场所，增加了债券的弹性。与股票市场一样，债券市场也可以优化资源配置。债券投资者选择、购买债券的过程，实际上就是引导资金合理流向的过程。

2. 短期金融市场

短期金融市场即货币市场，是指融通期限在 2 年以内的短期市场。这种市场具有融资期限短、流动性强、价格平稳、风险较小的特点。短期金融市场主要有拆借市场、票据市场、大额定期存单市场和短期债券市场等。

1）拆借市场

拆借市场也称拆放市场，是指金融机构之间相互融通短期性资本的借贷活动。这种交易活动一般没有固定的场所，主要是通过电话、电传等现代化通讯手段成交。

拆借的产生最初源于银行间相互调剂存在中央银行的存款准备金的余缺；之后，各家银行为了轧平票据交换差额也进行同业拆借；现在，各金融机构之间因业务经营需要，暂时短缺的资金也进行同业拆借，拆借市场分头寸拆借和同业拆借。

头寸拆借是指金融机构同业之间为了轧平头寸、补足存款准备金或减少超额准备进行的短期资金融通活动。同业拆借是指金融机构之间因临时性或季节性的资金余缺而相互融通资金的借贷活动。同业拆借与头寸拆借不同：第一，同业拆借是因季节性或临时性资金余缺而产生的资金融通；而头寸拆借却是因轧平票据头寸、补足存款准备。因此，两者的用途不同。第二，同业拆借的金额往往较大；而头寸拆借的金额较小。第三，同业拆借的时间较长。

2）票据市场

票据是由于商品交易而产生的，是商业信用的一种信用工具，它是以出票人为付款人的本票，由出票人承诺在一定时间、地点，支付给收款人一定金额的票据，它是出票人出具的无担保的债务凭证。票据由收款人持有，到期向付款人收取款项，也可在到期之前到票据市场贴现取得款项。

票据可采用直接销售方式发行，也可采用经纪人代销方式发行。直接销售方式发行是指票据发行人直接将融资券销售给最终投资者的发行方式。一般金融机构采用直接销售方式发行票据，这样可以节省发行费用。经纪人代销方式也称间接销售方式，是指由融资券发行人先将融资券卖给经纪人，然后由经纪人再卖给投资者的发行方式。采用这种发行方式，需要向经纪人支付一定比例的发行手续费。

3）大额定期存单市场

大额定期存单是由银行发行可在货币市场上买卖的可转让的定期存单。大额定期存单市场是指进行大额可转让定期存单交易的场所。大额定期存单对银行而言具有定期性质，对客户或投资者而言；它既具有较高的利息收入，又可以及时变现。因此，大额定期存单具有定期和活期存款的特点。

4）短期债券市场

短期债券市场主要买卖 2 年期以内的短期企业债券和政府债券。短期债券的转让可以通过贴现或买卖方式进行。短期债券的特点是信誉好、期限短、汇率优惠。

（二）金融市场的功能

金融市场是市场经济体系的重要组成部分，通过其自身功能作用的发挥，使得市场经济得以有效地运转。金融市场的功能主要有以下几方面。

1. 融通资金

金融市场的首要功能就是进行资金的融通。金融市场是随着融通资金的需要而产生的，并随着对资金融通的各种需求而呈现出多种资金融通形式。通过金融市场，资金的供给者将其资金的使用权有偿地转让给资金的需求者；金融市场为资金的供给者提供了多种的投资形式；与此同时，也为资金的需求者提供了形式多样的筹资方式。

供给者可根据自己对投资回报的期望并权衡风险，选择投资方式；同样地，资金需求者可根据所需资金的时间，并考虑筹资成本，选择筹资的方式来满足所需资金。金融市场就是这样来发挥其资金融通的功能，充分利用社会闲散资金，提高资金的利用效率。

2. 优化资源配置

资本的本质是能够带来价值的增值，也即资本具有逐利性质。从资本的供给者——投资者而言，任何的理性投资者都是追求投资回报最大化。资本的属性和理性的投资者对价值增值或利润的追求，导致资本从利润低的行业流向利润高的行业，从经济效益差的行业流向经济效益好的行业，从而实现资源优化配置。金融市场为这种资本的流动配置提供了交易的场所，使资金被高效利用。

3. 信息传递

金融市场除具有资金融通、优化资源配置和分散投资风险的功能外，还具有信息传递金融市场与公司财务的功能。首先它可以传递各种股票、债券、基金、期货等交易信息；与此同时，它还可以传递整个国家经济政策及国民经济发展状况的信息。微观的企业财务状况均可通过金融市场得到反映。

（三）金融市场与财务管理

发达的金融市场，为资本的需求者与资本的供应者提供自由交易的场所，从而为整个社会资本的融通提供了便利的条件；同时，也有利于将有限的资本引导到最有利的投资场所，可以说，没有发达的金融市场就没有现代公司理财活动。公司在理财过程中，资产结构与资本结构的调整与协调都需要借助于金融市场。

1. 发达的金融市场是现代企业投资和筹资的场所

如前所述，金融市场是资本融通的场所。在发达的金融市场上有许多融资的方式，并且相当灵活。当企业发展需要资本时，可以根据企业的资本结构，随时到金融市场上去选择适合本企业的融资方式来筹集资本。

2. 发达的金融市场增强现代企业的资产流动性

企业持有其他行业的股票或债券是一种长期投资，当公司资本短缺时，通过发达的金融市场，可以随时转手变现，转化为短期资金；远期的票据则可以通过贴现变成现金；大额可转让定期存单，可以在金融市场上卖出，成为短期资金。与此相反，短期资金也可以通过金融市场转化为股票或债券等长期资产。总之，发达的金融市场为企业的长短期限资金互相转化提供可能，有利于企业保持合理而灵活的资本结构，增强现代企业资产的流动性。

3. 发达的金融市场为现代企业理财活动提供相关信息

金融市场是资金融通的场所，在这里，资本的需求者和供应者联系在一起，它们的交易活动决定了资本的"价格"——利率水平。因此，金融市场上的利率水平变动反映了资本的供求关系。而证券市场的行情则反映了投资者对企业的生产经营情况、盈利水平和风险等级的综合评价。同时，资本需求者与供应者的风险收益观念在发达金融市场上得到全面的显示。如前所述，金融市场是各种市场中的市场，发达的金融市场是整个国家经济发展情况的"晴雨表"，企业通过发达的金融市场所提供的信息，可以了解资本的供求关系，衡量风险与收益水平，正确地作出投资决策和筹资决策。

金融市场与企业财务活动关系如图 2-1 所示。

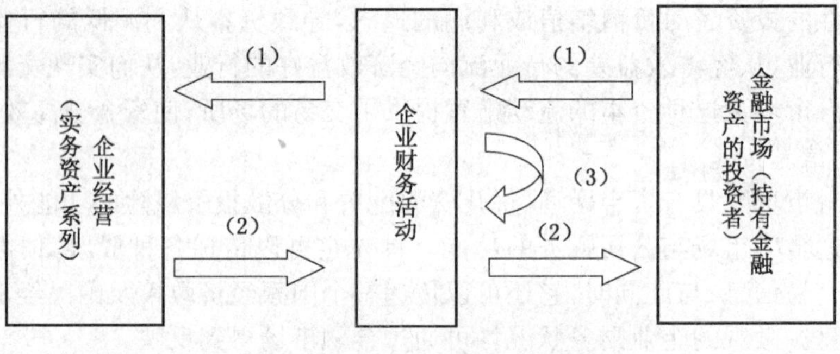

图 2-1 金融市场与企业财务活动关系

注：(1) 企业发行股票或债券流入的现金流。
(2) 企业支付股利或利息流出的现金流。
(3) 企业从利润中留存的现金流。

三、金融市场的有效性理论

资本市场的功能就是有效地实现资金在出借人（储蓄者）与借款人（生产者）之间的转移。个人或公司很可能有着预期报酬率超过市场借款利率的投资机会，但缺乏资金充分地利用这些有利的投资机会。然而，如果存在着资本市场，那么，他们就可以借到所需的资金。那些在满足了他们自己所有投资需要之后仍有资金剩余的资金出借人，将愿意把剩余资金借给别人，因为借贷利率高于他们放弃的资金机会成本。因此，如果有效的资本市场能够有助于促进资金的转移，这对借贷双方都有利。这个借贷利率将成为生产者判别投资项目最低可接受报酬率的一项重要信息。因此，当所有生产者和储蓄者的边际报酬率(经风险调整)均衡时，我们就说市场是有效的。在一个有效市场中，有限的资金被最有效地分配给各个生产投资项目，并使各方——生产者和储蓄者都有利可图。

为了描述有效资本市场，首先就有必要将其与完善的资本市场进行对比。就完善的资本市场而言，下列条件是必须具备的：①市场无摩擦。例如，没有交易成本或税收，所有资产都可细分和流通，没有任何限制性规章。②生产及证券市场存在着完全竞争。在生产市场上，这意味着所有生产者以最低平均成本提供产品和劳务；在证券市场上，这意味着所有参与者都是价格接受者。③市场在信息方面是有效的。例如，信息是没有成本的，信息能够为所有人同时获得。④所有人都是理性的预期效用最大者。

较之于上述完善的资本市场概念，资本市场效率概念的限制就要少得多。在一个有效的资本市场中，价格完全且即时地反映所有可获得的相关信息。这意味着，当资产进行交易时，价格是资本分配的一个准确信号。

美国财务学家法码(1970 和 1976)曾在资本市场效率概念上做过大量研究。他定义了三种类型的效率，每一种都是基于“什么样的信息被理解为相关信息”这一特定概念。这三种类型的效率为：①弱型效率。没有投资者能基于历史价格或历史报酬率信息开发交易规则而获得超额报酬。换言之，过去价格或报酬信息对于获取超额报酬而言是没用的，或者说是不相关的。②半强型效率。没有投资者能基于任何公开可获得的信息开发交易规则而获得超额报酬。公开可获得的信息包括公司年度报告、有关报纸杂志上的投资咨询信息等。③强型效率。没有投资者能利用任何信息无论是公开可获得的信息还是公开不可获得的信息，来获取超额报酬。显然，最后一种类型的市场效率事实上是非常强的。如果市场是强型效率的话，价格将完全反映所有信息，即使这种信息仅为公司内部人士所掌握。

事实上，几乎没有人承认强型市场效率的存在。对公司经理和董事进行的合法交易的研究也表明，当这些人卖股票时，此种股票的行市就可能看跌；反之，则看涨。此外，内幕知情者根据未公开的内幕消息(诸如研究开发的突破、收购公司的报价等)从事非法交易牟取暴利的情况亦可谓比比皆是。

有效市场假设的意义在于：由于证券市场确实反映全部的公开市场信息，故大多数证券的价格是合理的，是处于均衡状态下的均衡价格。加之，许多职业证券分析师时刻关注着公司的一举一动，公司任何一个新动向，市场都会立即作出反应。因此，在正常的证券投资中，投资者只能根据其风险之大小而得到相应的报酬。

第三节 财务管理体制与机构设置

一、财务管理体制

企业在财务管理的过程中要处理各种财务关系。对于这些财务关系的处理要遵循一定的规则,这些规则相互联系和配合,最终形成一套财务管理体制。财务管理体制是用来划分企业内部财务管理权责关系的一套规则,同时也是对财务关系的具体表现。如何通过企业内部各种财权和财务责任的分配来妥善处理各方经济利益关系,就是财务管理体制的核心要义。

(一) 财务关系的分类

企业的各种财务关系大致可以分为两类:一类是企业经营者与企业外部人之间的关系;另一类是企业内部的各种关系。相应地,企业财务管理体制也包括企业外部人与经营者之间的财务管理体制和企业内部的财务管理体制两个层次。企业的外部人通常包括了投资者、债权人、监管机构等主体。这些主体有不同的利益诉求,因此与企业之间也会形成不同的财务关系。投资者要承担企业经营和财务上的风险,企业的业绩也会直接影响到他们的收益。因此为了能够维护自身的权益,投资者们会要求企业按照一定的制度进行财务管理,依据主要有企业的章程等。企业的债权人虽然不能直接管理企业的财务和参加财务成果分配,但是也会通过借款和利息的支付等行为与企业形成一定的财务关系。其他的监管机构,如税务、工商等,也会在各自的职能范围内发生与企业的财务关系。而企业内部的财务关系更为繁杂、多变,因此企业需要针对这些关系形成一套固定的财务管理体制,将责权利关系规范化、制度化,使得企业内部各个层级、部门以及企业与职工之间的财务关系得到合理的安排。

(二) 财务组织架构

一般企业的财务组织架构大致可以分为三个层级:财务战略决策层、财务战略执行层和财务战术操作层。但是,这三个层级并不是一成不变、相互割裂的。在现实商业背景下,各个层级之间存在着权责的交叉。要顺利实现企业的财务功能,必须使得三个层级通力配合。在相互配合的过程中,随着具体情况的变化,三个层级之间的职能分工也会产生一定的转化,例如在财务战略执行层具体执行决策提出的战略时,可能会按照当时的具体背景和条件决定采用不同的战术,这也能体现出执行层参与决策的现实需要。

(三) 财务管理体制的分类

在社会经济生活中存在着大大小小各种组织,任何组织都需要财务管理,但是不同规模、不同存在目的的组织在财务管理方面也会有很大的区别。企业作为一种以营利为主要存在目的的组织,其财务管理体制根据企业的规模、文化、机构设置、竞争环境等条件的不同也会被具体划分为集权式财务管理体制、分权式财务管理体制和混合式财务管理体制。

1. 集权式财务管理体制

集权式财务管理体制就是指集团或者企业的高级决策层将重大财务决策掌控在自己的层级，对战略执行层和下属企业实行较为严格的管理，将下级组织的决策权力限制在一定的范围内。集权式财务管理体制的优点在于：首先，通过统一的决策和较为规范的运作可以使得企业的运作不偏离其使命和愿景；其次，高层或者集团公司在进行决策时，会更多地从全局考虑，统筹协调企业内部的各种资源，使得在企业内部产生较好的协同效应。但是，集权式财务管理体制也会存在一定缺陷，例如决策反应时间过长、对决策层素质的要求很高、决策与现实情况的脱节以及影响下级积极性等问题。

2. 分权式财务管理体制

分权式是指高级决策层将许多重大的决策权下放给下级管理层或者子公司，高级管理层或者总公司主要采用以间接管理方式为主的财务管理体制。这种财务管理体制也具有一定的优点：首先，可以充分调动企业各个管理层级的积极性；其次，决策反应更加灵敏，使得企业的各项财务决策能够更好地适应现实商业竞争环境的需要；再次，分权模式可以节省高级财务管理层的精力和时间，让他们能够更多地着眼于企业未来的长期发展。但是，分权也会带来一定的管理问题。财务管理权力的分散使得企业内部很难进行统一的指挥，各部门或子公司可能会出现本位主义，缺乏相互合作的激励和引导，最终影响企业的整体利益。

3. 混合式财务管理体制

混合式是一种试图通过将集权和分权进行结合，实现最佳财务管理效果的财务管理体制。这种分权和集权的权衡、调配具有相当的困难，需要企业经营者的智慧和经验，因此如何将这种财务管理体制落实是很大的难题。但是，混合式的财务管理体制一方面可以维护高级管理层或者母公司的管理权威；另一方面还能充分发挥其他财务职能层面的积极性和创造性，从而实现企业利益的最大化。

企业的财务管理体制中，不同的财务管理层级之间并不能简单、严格地进行区分，企业经营者需要站在企业整体角度去考虑权责利的关系，用战略眼光和大局思维处理集权和分权的关系。只有充分考虑现实背景的需要和企业自身条件，才能制定出合理、高效的企业财务管理体制。

二、组织财务管理活动的基本原则

财务管理是企业管理的重要方面，其所依据的基本原则与企业管理类似。企业的财务管理活动大致可以分为两个方面：一方面是对财务活动的管理；另一方面是对财务人员的管理。企业通过一定的制度安排将内部的财务人员进行一定的控制和协调，借助统一调配的指挥系统和平台使得财务人员的行为沿着实现企业经营目标的轨道进行。随着时代的发展，在企业经营的过程中越来越讲究“以人为本”的经营哲学。因此，企业在组织财务管理的过程中，越来越重视人的作用，注重对财务人员的激励和协调，从而更好地实现企业财务目标。为了能够统一和协调企业财务人员的行为，企业对于财务管理活动的组织需要满足以下基本要求。

（一）要有明确的使命和目标

企业是以营利为主要目的的经济组织，并且根据自身的经营理念和历史沿革拥有不同的使命和愿景。在这些企业方向的框架下，企业财务领域的具体目标也得以确立。如果没有明确的使命和目标，就会导致企业财务管理的组织和实施缺乏统一的思想指导，使得企业内部的财务管理陷入一片混乱之中，最终影响企业的生存和发展。因此，只有在遵循企业使命的前提下，明确企业财务管理的基本目标，才能使财务管理的组织获得一定的依据，保证企业财务活动的有效开展。

（二）科学划分企业各部门和各岗位的权责分工

要使企业的财务管理运行顺畅，必须根据企业经营的客观实际对各部门和各岗位的责任和权力进行合理划分，否则难免会出现内部财务机构以及人员之间推诿、扯皮的现象。对岗位职责的确定，要求企业对每一个岗位应该承担的责任进行明确，并通过一定的形式传达给相应的工作人员。对权力的划分，要求企业按照业务流程，在一定的范围内给予该岗位的工作人员独立进行判断和处理财务问题的权力。责任和权力要相互匹配，不能出现上下级或同级工作人员之间权责冲突的现象。权责的划分十分重要，一方面它是企业财务管理得以有效进行的重要基础；另一方面也是未来进行业绩考评和追责的重要依据。

（三）建立有效的相互监督和内部控制机制

企业财务管理的顺畅运作离不开权责的划分，但是仅有权责的划分还不能保证财务管理组织的有效。因此，企业内部必须建立一定的监督和控制机制，让不同财务业务链条上或者同一财务链条上不同环节之间相互监督和制约，从而保证这些经过精心设计的财务组织制度得到充分的发挥。例如，企业财务管理中常见的费用审批流程就是一种监督和内控机制。在企业费用报销的整个业务流程中，审批、核对、付款等环节分别由不同的财务人员承担，这样的分工可以形成一种相互监督，从而保证报销申请的合理、报销金额的准确。

（四）实施适当的激励机制

激励机制也是企业财务管理组织的重要方面。若激励机制不到位，会使得财务人员的收入与岗位业绩相互脱节，最终影响到他们的积极性；若激励过于优厚，又会使得股东的利益受到损失，同时也会成为以后激励机制完善的障碍。一家企业激励机制的成功实施主要取决于两个重要的方面：一是业绩评价是否公平、公正；二是激励的方式是否合理、恰当。对于激励方式的选择，主要依据不同激励方式可能产生的效果。而激励效果的衡量不仅仅包含被激励者在物质方面的满足，还应该包括其在精神层面的需要。通过适当的激励机制，可以使得财务人员的行为在企业使命的大前提下得到协调和统一，保证企业财务职能的顺利运行。

三、财务管理组织结构

财务管理的组织结构是指企业内部财务管理机构的设立和协调，这是一项具有系统性和全局性的工作。与财务管理体制强调企业内部联系不同，企业的财务管理组织结构更加强调的是组织形式上的划分。财务管理的组织结构，主要取决于企业管理的特征。在进行财务组织结构设计的时候，高层管理者要综合考虑企业的行业特征、运行模式、经营业务范围、经营规模和经营地理分布等多方面的因素。并且，随着企业外部条件的变化和企业自身经营目标的改变，会产生一定的调整需要来重新适应新的内外部形势。财务管理组织机构从狭义上看主要包含了财务管理和财务会计两条职能主线。从广义上看，在大型企业的内部，还应当包含了董事会、审计机构、内部控制机构等职能部门。值得说明的是，不仅就企业整体而言，存在设立财务管理组织机构的需要，企业内部的各个部门和不同业务层次也可以按照具体需要设立相应的财务管理机构。

以传统的工业制造类企业为例，典型的财务管理组织机构设置如图 2-2 所示。

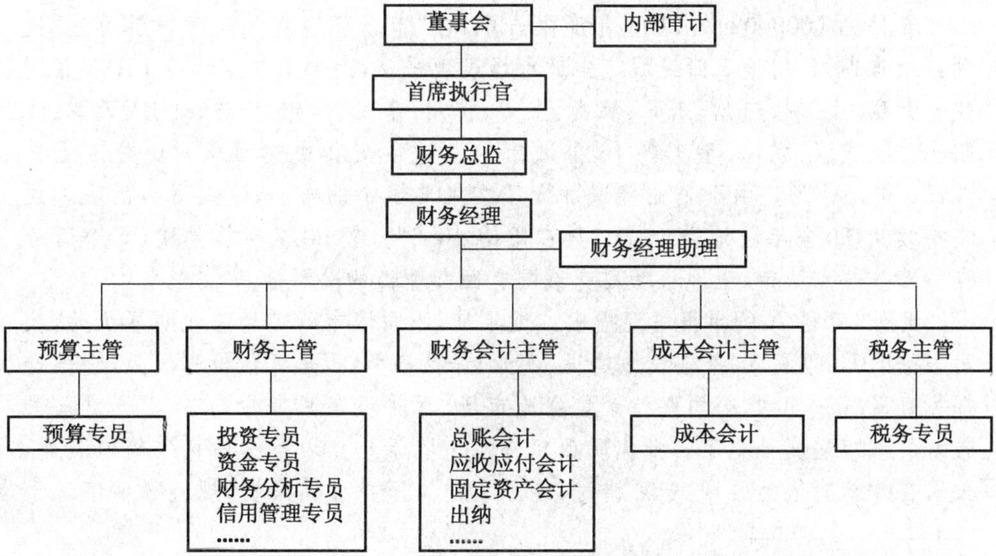

图 2-2　典型的财务管理组织机构设置

从图 2-2 可以看出,首席执行官主要对董事会负责,并且其直接领导了财务总监。财务经理在助理的配合下,依照财务总监的相关要求对下属的各个财务职能进行管理和协调。在一家以工业制造为主的企业,财务相关的工作大致可以分为:预算、财务管理、财务会计、成本核算和税务五个板块。这些职能的划分体现了企业不同财务工作所属的专业领域,也显示出了财务管理组织中权责明确的基本原则。但是,这些职能之间也相互联系,只有通力配合,才能真正实现财务目标。在现实背景下,一些规模较小的企业并不会设立如此分工明确的岗位,因此各个主管之间的职责划分并不一定如此分明。事实上,不存在最佳的财务管理组织机构设置,只有适合本企业实际情况的职能划分和岗位安排才是最合理的选择。

案例讨论一

财务环境对万科 A 融资决策的影响①

企业的财务管理会受到内外部环境的重大影响,因此,在财务管理的计划、执行和评价过程中都离不开对企业内外部环境的考虑。

在上市公司年报中,"董事会报告"是极其重要的章节,内容主要包括了"市场环境变化与管理层看法"、"公司经营情况"、"公司财务状况分析"、"公司投资情况"和"公司未来发展计划"等方面。投资者可以从这份报告中得知上市公司在上一年度中取得的经营成果、经营理念、财务状况、投资方向和面临的内外部环境等,是上市公司向外界传递信息的重要渠道。

万科 A (000002)的 2013 年度报告中,在"市场环境变化与管理层看法"提到:"报告期内,内地三四线城市土地市场表现平淡,而部分热点城市土地竞拍则较为激烈。深圳、广州、东莞、佛山、上海、杭州、南京、苏州、宁波、北京、天津、沈阳、大连、武汉、成都、重庆等 16 个城市的土地供应和成交面积同比分别上升 9.1%和 15.8%。由于企业普遍加大了在主要城市的布局,这些城市的土地成交持续活跃,全年土地溢价成交数占比约 40.6%,较 2012 年提高 14.5 个百分点。部分热点城市,土地市场成交氛围有回归理性的必要性。"

此外,万科 A 的年报中还提出:"近年来,不同城市的市场分化明显加大,公司根据 PIE(即人口、基础设施建设、就业)评估模型,严格评估投资风险,理性选择投资区域。期内,公司坚持聚焦主流市场、深耕现有城市的策略,在开发前景较好的城市适度补充了一批优质项目资源。鉴于热点城市土地竞争较为激烈,公司在拿地时依然强调'宁可错过,绝不拿错',坚持谨慎投资,规避了估值过于

① 本案例资料来源于万科 A (000002)2013 年度报告。

乐观的地块。”在此思想的指导下，万科 A 在“2014 年的发展展望”中提出，在新项目拓展方面公司仍然会坚持审慎的策略，科学研判，理性投资，“不拿地王”，择机获取可满足未来持续经营需要的土地资源。同时在新获取项目中，进一步深化合作开发，探索“小股操盘”的轻资产运营模式。通过输出管理和品牌，这种轻资产模式有利于提升公司的净资产收益率。也意味着在同等的资产规模下可以支持更大的经营规模，获得更大的市场份额。进而意味着可以摆脱增长对股权融资的依赖，提高分红派息、回馈股东的能力。

在万科 A 的经营理念中十分重视人才，在董事会报告中也提到，公司致力于为优秀人才提供充足的发展空间，创造良好的工作氛围。2013 年，公司成立了管理学院，尝试突破行业限制，推进企业间的跨界学习。同时，公司将员工的健康也作为评估管理成效的一个重要指标，以健康运动为主题，鼓励员工参与运动。年内，公司在各地组织发起了包括城市乐跑运动在内的系列活动，在增强团队凝聚力的同时，也向外界传递出万科积极向上、阳光、快乐的企业文化。

要求回答以下问题：

(1) 案例中的信息反映出哪些内外部环境可能对万科 A 的财务管理产生影响？分别产生什么样的影响？

(2) 如果你是该上市公司的财务决策者，你会根据这些内外部环境因素作出怎样的财务计划和决策？

案例讨论二

中国多层次资本市场的发展

在资本市场上，不同的投资者与融资者都有不同的规模大小与主体特征，存在着对资本市场金融服务的不同需求。投资者与融资者对投融资金融服务的多样化需求决定了资本市场应该是一个多层次的市场体系。

我国资本市场从 20 世纪 90 年代发展至今，资本市场已由场内市场和场外市场两部分构成。其中场内市场的主板（含中小板）、创业板（俗称二板）和场外市场的全国中小企业股份转让系统（俗称新三板）、区域性股权交易市场、证券公司主导的柜台市场共同组成了我国多层次资本市场体系（见图 2-3）。

主板市场也称为一板市场，指传统意义上的证券市场（通常指股票市场），是一个国家或地区证券发行、上市及交易的主要场所。主板市场对发行人的营业期限、股本大小、盈利水平、最低市值等方面的要求标准较高，上市企业多为大型成熟企业，具有较大的资本规模以及稳定的盈利能力。

2004 年 5 月，经国务院批准，中国证监会批复同意深圳证券交易所在主板市场内设立中小企业板块。从资本市场架构上也从属于一板市场。

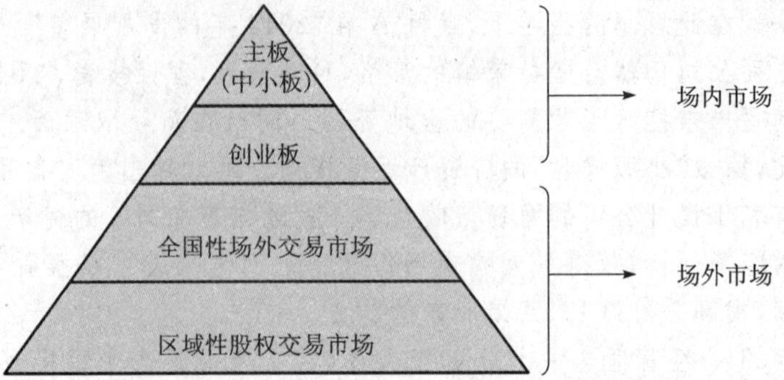

图 2-3 中国多层次资本市场架构图

中国大陆主板市场的公司在上交所和深交所两个市场上市。主板市场是资本市场中最重要的组成部分,在很大程度上能够反映经济发展状况,有"国民经济晴雨表"之称。

创业板市场又被称为二板市场,是地位次于主板市场的二级证券市场,以NASDAQ市场为代表,在中国特指深圳创业板。在上市门槛、监管制度、信息披露、交易者条件、投资风险等方面和主板市场有较大区别。其目的主要是扶持中小企业,尤其是高成长性企业,为风险投资和创投企业建立正常的退出机制,为自主创新国家战略提供融资平台,为多层次的资本市场体系建设添砖加瓦。2012年4月20日,深交所正式发布《深圳证券交易所创业板股票上市规则》,并将于5月1日起正式实施,将创业板退市制度方案内容,落实到上市规则之中。

全国中小企业股份转让系统和区域性股权交易市场被称为新三板市场,也称为三板市场。

前者是经国务院批准设立的全国性证券交易场所,全国中小企业股份转让系统有限责任公司为其运营管理机构。2012年9月20日,公司在国家工商总局注册成立,注册资本为30亿元。上海证券交易所、深圳证券交易所、中国证券登记结算有限责任公司、上海期货交易所、中国金融期货交易所、郑州商品交易所、大连商品交易所为公司股东单位。

后者是为特定区域内的企业提供股权、债券的转让和融资服务的私募市场,一般以省级为单位,由省级人民政府监管。它是我国多层次资本市场的重要组成部分,亦是中国多层次资本市场建设中必不可少的部分。它对于促进企业特别是中小微企业股权交易和融资,鼓励科技创新和激活民间资本,加强对实体经济薄弱环节的支持,具有积极作用。

要求回答以下问题:

公司融资面临多层次的资本市场体系,如何选择公司的融资结构,才能使融资结构和公司财务活动政策相匹配?

思 考 题

1. 简述财务管理的环境及种类。
2. 企业财务管理的宏观环境包括哪些内容?
3. 什么是金融市场? 金融市场对企业财务管理有何意义?
4. 请问针对不同经济周期应采取的财务管理策略有哪些?
5. 组织企业财务管理活动的基本原则有哪些?
6. 简述企业财务关系的具体表现。
7. 企业财务管理组织机构有何特点?
8. 什么是集权式财务管理体制? 它的优缺点分别是什么?

单项选择题

1. 在资本市场上向投资者出售金融资产,如借款、发行股票和债券等,从而取得资金的活动是(　　)。

A. 筹资活动　　B. 投资活动
C. 收益分配活动　　D. 扩大再生产活动

2. 下列各项中,不属于企业财务管理内部环境的因素是(　　)。

A. 组织体制　　B. 税收政策
C. 管理水平　　D. 经营状况

3. 下列各项中,不属于企业财务管理外部环境的因素是(　　)。

A. 经济体制　　B. 税收政策
C. 管理水平　　D. 金融市场

4. 企业与股东之间的财务关系属于(　　)。

A. 所有权关系　　B. 债权关系
C. 资金结算关系　　D. 债务关系

5. 企业与债权人之间的财务关系在性质上是一种(　　)。

A. 所有权关系　　B. 债权债务关系
C. 委托代理关系　　D. 投资与被投资关系

6. 国际惯例将金融市场分为两类:一类是货币市场;另一类是(　　)。

A. 期货市场　　B. 资本市场
C. 流通市场　　D. 现货市场

7. 公司内部以资金管理为中心的财务工作,最有可能被安排给(　　)。

A. 预算主管　　B. 会计主管
C. 财务管理主管　　D. 税务主管

8. 下列各项中，不属于财务管理体制中组织架构的三个层级之一的是（　　）。

A. 财务战略决策层　　B. 财务战略执行层

C. 外部监管机构　　D. 财务战术操作层

第二篇

财务基础篇

第三章　解读财务报表

引导案例

2013 年 5 月，资本市场查出万福生科财务造假案，万福生科 2012 年半年报显示预付账款增加了 2 632 万元，余额达到 1 亿多元。作为一家粮食精加工企业，万福生科采购的生产原材料是稻谷。通常来讲，这类企业与农户进行结算时采取现结方式，而财报中出现那么大数额的预付账款，便显得十分不符合常理，预付账款成为万福生科第一个很大的财务疑点。除了预付账款外，另一个财务疑点是在建工程款余额。2012 年上半年，万福生科"在建工程"科目的账面余额从 8 675 万元增加至 1.80 亿元，这个过于巨大的数字，与万福生科往年的经营活动规模相比，愈发令人不解。

思考与讨论

(1) 什么是财务报表？财务报表提供了哪些信息？

(2) 如何理解财务报表中的信息？

(3) 财务报表中的信息与企业经营活动之间有何关系？

第一节　解读资产负债表

一、资产负债表简介

资产负债表是反映企业在某一特定日期某一时点上资产、负债和所有者权益的总量、构成及其相互关系的财务报表。该表的主要作用是揭示企业的财务状况，包括财务实力、财务结构、财务风险、财务效率等方面。

编制资产负债表的基本公式：

资产＝负债＋所有者权益

二、资产负债表的格式和内容

按照我国《企业会计准则》，资产负债表的格式和内容如表 3-1 所示。

表 3-1

资 产 负 债 表

编制单位:××××公司　　2013 年 12 月 31 日　　单位:元

资　产	期末余额	年初余额	负债和所有者权益	期末余额	年初余额
流动资产:			**流动负债:**		
货币资金			短期借款		
交易性金融资产			交易性金融负债		
应收票据			应付票据		
应收账款			应付账款		
预付款项			预收款项		
应收利息			应付职工薪酬		
应收股利			应交税费		
其他应收款			应付利息		
存货			应付股利		
一年内到期的非流动资产			其他应付款		
其他流动资产			一年内到期的非流动负债		
流动资产合计			其他流动负债		
非流动资产:			流动负债合计		
可供出售金融资产			**非流动负债:**		
持有至到期投资			长期借款		
长期应收款			应付债券		
长期股权投资			长期应付款		
投资性房地产			专项应付款		
固定资产			预计负债		
在建工程			递延所得税负债		
工程物资			其他非流动负债		
固定资产清理			非流动负债合计		
生产性生物资产			负债合计		
油气资产			**所有者权益:**		
无形资产			实收资本(或股本)		
开发支出			资本公积		
商誉			减:库存股		
长期待摊费用			盈余公积		
递延所得税资产			未分配利润		
其他非流动资产			所有者权益合计		
非流动资产合计					
资产总计			负债和所有者权益总计		

三、资产负债表各项目的分析

（一）资产类项目的分析

在资产负债表中，资产按照其流动性分类分项列示，包括流动资产和非流动资产。非流动资产主要包括长期资产、固定资产、无形资产和长期待摊费用等。

1. 流动资产

流动资产是指企业控制的能在1年内变现或耗用的资产。一个企业流动资产越多，在总资产中所占比重越大，说明该企业资产的流动性就越强。在报表上，流动资产主要包括货币资金、交易性金融资产、应收票据、应收账款、预付款项、其他应收款、存货、一年内到期的非流动资产和其他流动资产等项目。

2. 长期资产

长期资产是指企业持有的不准备在1年内变现的投资，包括长期股权投资和长期债权投资两部分。企业持有这部分投资的主要目的是保持对被投资企业的控制权。

3. 固定资产

固定资产是指使用年限在1年以上或单项价值在规定标准以上的资产。固定资产在使用中是逐渐地消耗的，周期较长。因此，一个企业所拥有的固定资产越多，在总资产中所占比重越大，则资产的流动性和变现能力就越差，可容许的适度资产负债也就越低。固定资产的规模和结构，与企业所处的行业性质相关。

4. 无形资产

无形资产是企业为生产商品、提供劳务、出租他人或为了管理的目的持有的、没有实物形态的非货币性长期资产，包括专利权、商标权、特许权、土地使用权、著作权、非专利技术和商誉权等。

5. 长期待摊费用

长期待摊费用是企业已发生的需要在以后若干个会计年度分期摊销的费用，包括租入固定资产的改良支出和固定资产的大修理费用等。因此，它实际上是一笔递延费用，这类项目，数额越少越好。

（二）负债类项目的分析

负债是由过去的交易或事项形成的而在目前负担的义务。由于或有事项而形成的潜在义务，不能确认为负债。报表上的负债数字，是衡量企业负债经营水平的基本指标，因此也就是判断企业财务风险的重要依据。

1. 流动负债

流动负债是需要企业在1年内偿还的负债，这部分负债在全部负债中的比重越高，企业当前还债的压力越大，理财和经营的风险也就越大。一个理想的负债结构，应当是流动负债比重较低的结构。在报表上，流动负债类的项目主要包括短期借款、应付票据、应付账款、预收款项、其他应付款、应付职工薪酬、应交税费、应付股利和预计负债等。

2. 长期负债

长期负债类项目是企业借入的期限在1年以上的债务，包括长期借款、长期应付债券和其他应付款等。与流动负债相比，长期负债的风险和压力较小。在负债的结构方面，企业应力求长期化和多元化。

（三）所有者权益类项目的分析

所有者权益表明企业的产权关系，即企业归谁所有。所有者权益体现企业投资者自有的对净资产的所有权，它是企业生存和持续发展的基础，也是企业维护债权人权益的基本保证。

1. 实收资本（或股本）

实收资本（或股本）就是企业实际收到投资者投入的资本额，包括国家资本、法人资本、个人资本和外商资本。在股份制企业，就是股本。通常占企业全部所有者权益的绝大部分比重，是企业所有者权益的主要组成部分。

2. 资本公积

资本公积包括资本溢价或股票溢价、财产重估增值准备、接受捐赠资产价值等。

3. 盈余公积

盈余公积是企业按规定从税后净利润中提取的积累资金，包括按净利润的10％计算提取的法定盈余公积金和企业自主确定的任意盈余公积金两部分。

4. 未分配利润

未分配利润反映企业各年累积的尚未分配给投资者的利润。按规定，当年未分配的利润，可以并入以后年度进行分配。

四、资产负债表的解读

资产负债表又称财务状况表，用于表达一个企业在特定时期的财务状况。财务状况是指企业的资产、负债、所有者权益及其相互关系。资产负债表是以“资产＝负债＋所有者权益”这一等式为理论基础的，据此可以分析公司的财务状况。

（一）揭示公司的资产及其分布结构

从流动资产，可了解公司在银行的存款以及变现能力，掌握资产的实际流动性与质量。而从长期投资，可掌握公司从事的是实业投资还是股权债权投资及是否存在新的利润增长点或潜在风险；通过了解固定资产工程物资与在建工程及与同期比较，掌握固定资产消长趋势；通过了解无形资产与其他资产，可以掌握公司资产潜质。比如，山川股份（600714）2001年年报显示，流动资产期末货币资金比期初减少193万元、期末存货却增加3 200万元，流动资产总额期末比期初减少1 648.3万元，结合公司自1996年上市募集到一大笔资金以后，基本按募集资金投入使用,但从募资到如今已有 5 年了,从本报告期所能反映的结果,不过使期末固定资产比期初增加了 2 244 万元,却超过公司资产总额期末比期初增加额 1 738.91 万元,说明公司资产的流动性明显下降,资产的变现能力在下降,同时也意味着资产的质量有所下降。

(二) 揭示公司的资产来源及其构成

根据资产、负债、所有者权益之间的关系,如果公司负债比重高,相应的所有者权益即净资产就低,说明主要靠债务"撑大"了资产总额,真正属于公司自己的财产(即所有者权益)不多。还可进一步分析流动负债与长期负债,如果短期负债多,若对应的流动资产中货币资金与短期投资净额与应收票据、股利、利息等可变现总额低于流动负债,说明公司不但还债压力较大,而且借来的钱成了被他人占用的应收账款与滞销的存货,反映了企业经营不善、产品销路不好、资金周转不灵。

(三) 有助于评价公司的盈利能力

在通常情况下,资产负债率应当控制在适度的比例,如工业生产类企业应低于 60%为宜,不过,过低(如低于 40%)也不好,说明公司缺乏适度负债经营的创新勇气。结合资产收益率,可以评价公司的资产创利、盈利能力。还以山川股份为例,资产负债率期初是 40.83%、期末是 37.38%,虽然在下降,但净资产收益率没有提高,而且期末股东权益较期初增加 2 249.08 万元,尚不如存货增加数,说明公司产品的市场并不乐观,盈利能力一般。

(四) 其他

通过期初数与期末数的对比,有助于投资者对资产与负债进行动态的比较,进一步分析公司经营管理水平及发展前景与后劲。

第二节 解读利润表

一、利润表简介

利润表是用于反映公司在一定期间利润实现(或发生亏损)的财务报表。它是一张动态报表。损益表可以为报表的阅读者提供作出合理的经济决策所需要的有关资料,可用来分析利润增减变化的原因、公司的经营成本,作出投资价值评价等。

利润表的项目,按利润构成和分配分为两个部分。其利润构成部分先列示销售收入,然后减去销售成本得出销售利润;再减去各种费用后得出营业利润(或亏损);再加减营业外收入和营业外支出后,即为利润(亏损)总额。利润分配部分先将利润总额减去应交所得税后得出税后利润;其下即为按分配方案提取的公积金和应付利润;如有余额,即为未分配利润。利润表中的利润分配部分如单独划出列示，则为“利润分配表”。

二、利润表的格式

利润表是根据“利润＝收入－费用”的基本关系编制的。在实际编制时，有两种方法可供选择：一是以企业一定时期的全部收入总和减去全部费用支出的总和；二是根据企业收入和费用的性质分类，尽可能相互配比，以计算出不同业务所取得的利润，将各种利润加起来就是利润总额，然后再减去所得税费用，即为净利润。相应地，利润表的格式也有两种，按照第一种方法计算净利润的格式称为单步式利润表；按照第二种方法计算净利润的格式称为多步式利润表。在我国，企业利润表采用的基本上是多步式格式。

利润表一般由表头、表身和补充资料三部分构成。

利润表的表头，主要填制编制单位、报表日期、货币计量单位等，由于利润表说明的是某一时期的经营成果，因而利润表的表头必须注明“某年某月份”或“某会计年度”。

表身是利润表的主体部分，主要反映收入、费用和利润各项目的具体内容及其相互关系。为了使报表使用者通过比较不同期间利润的实际情况，判断企业经营成果的未来发展趋势，企业需要提供比较利润表，利润表还就各项目再分为“本期金额”和“上期金额”两栏分别填列。

补充资料列示或反映了一些在主体部分中未能提供的重要信息或未能充分说明的信息，这部分资料通常在报表附注中列示。

三、利润表的内容

按照我国《企业会计准则》，利润表的内容如表 3-2 所示。

表 3-2

利　润　表

编制单位：　　　　　　　　____年____月　　　　　　　　单位：元

项　目	本期金额	上期金额
一、营业收入		
减：营业成本		
营业税金及附加		
销售费用		
管理费用		
财务费用		
资产减值损失		

（续表）

项　　目	本期金额	上期金额
加:公允价值变动收益(损失以“－”号填列)		
投资收益(损失以“－”号填列)		
其中:对联营企业和合营企业的投资收益		
二、营业利润(亏损以“－”号填列)		
加:营业外收入		
减:营业外支出		
其中:非流动资产处置损失		
三、利润总额(亏损总额以“－”号填列)		
减:所得税费用		
四、净利润(净亏损以“－”号填列)		
五、每股收益:		
(一)基本每股收益		
(二)稀释每股收益		

四、利润表各项目的分析

(一) 营业收入

这里的营业收入是指企业在销售商品、提供劳务及他人使用本企业资产等日常活动中形成的经济利益的总流入。

在对企业的营业收入进行分析时,应从以下几个方面入手。

1. 企业营业收入的品种构成

企业大多从事多种商品或劳务的经营活动。在从事多品种经营的条件下,企业不同品种的商品或劳务的营业收入构成对信息使用者有着十分重要的意义:占总收入比重大的商品或劳务是企业过去业绩的主要增长点。此外,信息使用者还可以通过对体现企业过去主要业绩的商品或劳务的未来发展趋势进行分析,从而判断企业的未来发展前景。

2. 企业营业收入的地区构成

在企业为不同地区提供产品或劳务的情况下,企业在不同地区的商品或劳务的营业收入构成对信息使用者也具有重要价值:占总收入比重大的地区是企业过去业绩的主要地区增长点。从消费者的心理与行为表现来看,不同地区的消费者对不同品牌的商品具有不同的偏好。不同地区的市场潜力在很大程度上制约着企业的未来发展。

3. 与关联方交易的收入在总收入中的比重

在企业形成集团化经营的条件下，集团内各个企业之间就有可能发生关联方交易。由于关联方之间的联系密切，关联方之间有可能为了“包装”某个企业的业绩而人为地制造一些业务。当然，关联方之间的交易也有企业间正常交易的成分。但是，信息使用者必须关注以关联方销售为主体形成的营业收入在交易价格、交易的实现时间等方面的非市场化因素。

4. 部门或地区行政手段对企业业务收入的影响

在我国社会主义市场经济的发展过程中，部门或地区行政手段对企业营业收入的影响也不容忽视。应该说，那些新兴产业，在其发展的初期阶段，是很需要部门或地区的行政手段的支持的。但是，在企业处于稳定的发展阶段，或者企业所处的行业已经发展成熟的条件下，部门或地区行政手段的影响应当逐步淡化。然而，我国仍有一部分企业的业绩是靠部门或地区行政手段来实现的。部门或地区行政手段对企业营业收入影响较大的企业，其形成的利润虽然在过去较大，但其未来发展前景却不一定乐观。

（二）营业成本

营业成本是指与营业收入相关的已经确定了归属对象的成本。营业成本有不同的表现形式：在制造业或工业企业，营业成本表现为已售产品的生产成本；在商品流通企业，营业成本表现为已销商品的成本。

从企业利润的形成过程来看，企业的营业收入减去营业成本后的余额为毛利，企业必须有毛利，才有可能形成营业利润。因此，追求一定规模的毛利和较高的毛利率是企业的普遍心态，也是企业信息使用者的普遍心理期望。

但是，必须指出的是，企业的营业成本水平的高低，既有企业不可控的因素（如受市场因素的影响而产生的价格波动），也有企业可以控制的因素（如在一定的市场价格水平条件下，企业可以通过选择供货渠道、采购批量等来控制成本水平），因此，对营业成本降低和提高的质量评价，应结合多种因素来进行。

（三）销售费用

销售费用是指企业从事一定时期的经营活动而发生的费用。

从销售费用的基本构成来看，有的与企业的业务活动规模有关（如运输费、装卸费、整理费、包装费、保险费、销售佣金、差旅费、展览费、委托代销手续费、检验费等），有的与企业从事销售活动人员的待遇有关（如营销人员的工资和福利费），也有的与企业的未来发展、开拓市场、扩大企业品牌的知名度等有关。从企业管理层对上述各项费用的有效控制来看，尽管管理层对广告费、营销人员的工资和福利费等可以采取控制或降低其规模等措施，但是，这种控制或降低或者对企业的长期发展不利，或者影响有关人员的积极性。因此，在企业业务发展的条件下，企业的销售费用不应当降低。片面追求在一定时期的费用降低，有可能对企业的长期发展不利。

（四）管理费用

与销售费用一样，从企业管理层对上述各项费用的有效控制来看，尽管管理层可以对管理费用中诸如业务招待费、技术开发费、董事会会费、职工教育经费、涉外费、租赁费、咨询费、审计费、诉讼费、修理费、管理人员工资及福利费等采取控制或降低其规模等措施，但是，这种控制或降低或者对企业的长期发展不利，或者影响有关人员的积极性。

另外，折旧费、摊销费等是企业以前各个会计期间已经支出的费用，不存在控制其支出规模的问题，对这类费用的处理更多地受企业会计政策的影响。

（五）财务费用

在我国目前的条件下，财务费用是指企业资金筹集和运用中发生的各项费用。其内容主要包括：企业生产经营期间发生的利息净支出、汇兑净损失、金融机构手续费以及筹资发生的其他财务费用。其中，经营期间发生的利息支出构成了企业财务费用的主体。

企业贷款利息水平的高低，主要取决于三个因素：贷款规模、贷款利息率和贷款期限。

1. 贷款规模

概括地说，如果因贷款规模的原因以致计入利润表的财务费用下降，则企业会因此而改善盈利能力。

2. 贷款利息率和贷款期限

从企业融资的角度来看，贷款利息率的具体水平主要取决于以下几个因素：一定时期资本市场的供求关系、贷款规模、贷款的担保条件以及贷款企业的信誉等。在利率的选择上，可以采用固定利率、变动利率或浮动利率等。

可见，在贷款利息率中，既有企业不可控制的因素，也有企业可以选择的因素，在不考虑贷款规模和贷款期限的条件下，企业的利息费用将随着利率水平的升降而波动。

从总体上来说，贷款期限对企业财务费用的影响，主要体现在利率因素上。

应该说，企业的利率水平主要受一定时期资本市场上利率水平的影响。我们不应对企业因贷款利率的宏观下调而出现的财务费用降低给予过高的评价。

（六）投资收益分析

市场经济的发展为企业不断地拓展其生产经营业务提供了条件。企业对外投资活动的开展，不仅为资金的运用提供了场所，也使企业可以从中获取企业经营活动以外的收益，使企业资金的利润效果大大增加，经营风险相对降低。

对投资收益的分析，一般是先对投资收益总额的完成情况作总括分析，可将本年实际投资收益总额与计划投资收益总额或上年投资收益总额进行对比，然后根据有关投资收益的明细资料（如投资收益明细表）进行具体分析，找出影响本年投资增减变动的原因。

（七）营业外收支分析

营业外收入和营业外支出是与企业正常经营业务没有直接关系的收入与支出，对该项目的分析主要是通过各具体项目的比较，说明营业外收支净额变动究竟是由哪些项目引起的。营业外收支的分析，可以补充说明企业的管理水平对于促进和加强财务管理、减少不必要的损失有着重要意义。

营业外收支分析的详细程度，应视实际发生的情况而定。分析时，应根据营业外收支明细表以及有关具体核算资料，按照有关文件规定，分析其合法性和合理性。在分析时要特别注意一些项目是否有异常变化。

营业外收支中除一些固定项目，如教育费附加返还款、职工子弟学校经费、技工学校经费等，其他项目都是偶然发生的，有些是应尽量避免发生的项目。分析时，应通过其增减变化情况揭露企业在生产管理（如停工损失）、财务管理（如赔偿金、违约金）、安全管理（如非常损失）、资产管理（如固定资产的盘盈与盘亏）等方面存在的问题。

营业外收支分析主要根据营业外收支明细表提供的资料进行。

（八）所得税

利润表中的所得税，在不考虑时间性差异和永久性差异的条件下，应当与企业的利润总额呈正比关系。在考虑时间性差异和永久性差异的条件下，利润表中的所得税与企业的利润总额呈现出比较复杂的关系。企业在所得税方面的节约，属于企业税务筹划的范畴，与企业常规的费用控制明显不同。

（九）营业利润

按现行制度规定，营业利润是企业营业收入减去营业成本、营业税金及附加、销售费用、管理费用和财务费用等得出的余额。

企业营业利润的多少，代表了企业的总体经营管理水平和效果。通常营业利润越大的企业，效益越好。下面进行具体分析。

1. 营业利润额较大

当企业营业利润额较大时，通常认为该企业经营管理水平较高，经营效果良好。但在分析中，应注意如下问题：①因为营业利润也包括了其他业务利润，所以企业多元化经营、多种经营业务开展得较好时，其他业务利润会弥补主营业务利润低的缺陷。如果企业其他业务利润长期高于主营业务利润，企业应适当考虑产业结构调整问题。②应注意其他业务利润的用途——是用于发展主营业务，还是用于非生产经营性消费（如购买小汽车、高档装修）。如果是前者，企业的盈利能力会越来越强；如果是后者，企业会缺乏长远盈利能力。

2. 营业利润额较小

当企业营业利润较小时，应着重分析主营业务利润的大小、多种经营的发展情况和期间费用的多少。如果企业主营业务利润和其他业务利润均较大，但其期间费用较高，也会使得营业利润较小。这就要重点分析销售费用、管理费用和财务费用——分析三项费用的构成，找出三项费用居高的原因，严格控制和管理，通过降低费用，提高营业利润。

（十）利润总额和净利润

企业的利润总额是由营业利润加上投资收益、补贴收入、营业外收支净额等非营业利润组成。净利润的数额等于利润总额减去所得税后的余额。

在正常情况下，企业的非营业利润都是较少的，所得税也是相对稳定的，因此，只要营业利润较大，利润总额和净利润就会较高，在分析时应注意如下问题：

（1）如果一个企业的利润总额和净利润主要源于非营业利润，则该企业利润实现的真实性和持续性应引起报表分析人员的重视。

（2）如果企业在营业利润方面亏损，而靠投资收益盈利，企业应肯定以前的投资决策是正确的，但要分析内部经营管理存在的问题，提高企业内部生产经营活动的创新能力。

五、利润表的解读

通过利润表，可以反映公司在一定期间内的收入情况和费用消耗情况。比如说，主营业务的收入情况及经营主营业务所消耗的成本也就是费用情况，最终业务能获得多少收入，是赔了还是赚了。这些都可以在利润表中显示出来。利润表也可以反映公司生产经营活动的成果，即，净利润的实际情况，据以判断资本保值、增值情况。结出净利润的过程，会计上称为配比。其目的是为了衡量公司在特定时期或特定业务中所取得的成果，以及为取得这些成果所付出的代价，为考核经营效益和效果提供数据。比如分别列示营业收入和营业成本、营业税金及附加并加以对比，从而掌握一个公司主营业务活动的成果。配比是一项重要的会计原则，在利润表中得到了充分体现。在一般情况下，利润表并不能全面地显示出公司的盈利情况和利润分配情况，这就需要我们看一下它的附表。通过将利润表中的信息与资产负债表中的信息相结合，可以提供进行财务分析的基本资料，还可以体现公司资金周转情况以及公司的盈利能力和水平，便于财务报表使用者判断公司未来的发展趋势，作出经济决策。通常，利润表主要反映以下几方面的内容。

1. 可以看出构成营业利润的各项内容

营业利润主要是毛利润，来自营业收入减去营业成本，其表现可以用毛利率，即营业毛利÷营业收入来衡量。毛利率越高，说明公司扩大再生产的能力越强；而一个微薄的毛利率则会限制公司收入和业绩扩张的能力，并且增加业绩波动的风险。从营业收入出发，减去为取得营业收入而发生的相关费用、成本、税金后得出营业利润。营业收入或称销售收入，反映了公司在某段期间内所产生的收入。在大多数情况下，公司主营业务收入持续增长才是提升公司利润的最根本办法。所以，那些在主营业务收入上徘徊不前的公司，即使通过其他什么办法让利润保持增长，都不是正常现象。

营业成本是公司为产生营业收入需要直接支出的成本和费用，其中主要包括原材料采购成本和固定资产折旧费用。其中折旧部分一般变动不大，投资者更多需要关注原材料成本的变化。

2. 可以看出构成营业利润的各项内容

营业利润主要是营业收入减去营业成本和三项费用后得来的，营业利润率是反映公司业务盈利能力的关键指标。公司不仅要尽可能压低营业成本，还需要在三项费用上挖潜增效，如此营业利润率才能表现得优秀，公司最终的业绩才能得以最大化。

3. 了解公司的利润总额情况

利润总额由于它就是人们通常所说的盈利，有时也叫做亏损总额，是衡量公司经营业绩的十分重要的经济指标。

如果一家公司的利润总额为负，那么它 1 年经营下来，其收入还抵不上成本开支及应缴的营业税，这就是通常所说的盈亏。如果利润总额为零，1 年的收入正好与支出相等，企业经营不亏不赚，这就是通常所说的盈亏平衡。如果利润总额大于零，企业 1 年的收入大于支出，这就是通常所说的公司盈利。自然盈利是所有公司、企业经营的最终目的。

4. 净利润

净利润(或净亏损)是在利润总额的基础上，减去本期计入损益的所得税费用后得出的。这一概念是利润的最终体现，但由于掺杂了非主营业务收入带来的利润，持续性和可比性可能会降低，一份“干净”的净利润成绩单最好全部是由主营业务产生的利润所构成。

在这个利润表中它们是相互依存，相互关联的。其中存在的会计等式是：

$$\text{营业利润}=\text{营业收入}-\text{营业成本}-\text{营业税金及附加}-\text{期间费用}-\text{资产减值损失}+\text{公允价值变动收益}-\text{公允价值变动损失}+\text{投资收益(-投资损失)}$$

第三节 解读现金流量表

一、现金流量表简介

现金流量表是反映一定时期内(如月度、季度或年度)企业经营活动、投资活动和筹资活动对其现金及现金等价物所产生影响的财务报表。这份报告显示资产负债表及利润表如何影响现金和现金等价物，以及从公司的经营、投资和融资角度作出分析。作为一个分析的工具，现金流量表的主要作用是决定公司短期生存能力，特别是缴付账单的能力。

现金流量表是反映一家公司在一定时期现金流入和现金流出动态状况的报表。其组成内容与资产负债表和利润表相一致。通过现金流量表，可以概括反映经营活动、投资活动和筹资活动对企业现金流入流出的影响，在评价企业实现利润、财务状况及财务管理方面，要比传统的利润表更好。

现金流量表是原先财务状况变动表或者资金流动状况表的替代物。它详细描述了由公司的经营、投资与筹资活动所产生的现金流。现金流量表为大家提供了一家公司经营是否健康的证据。如果一家公司经营活动产生的现金流无法支付股利与保持股本的生产能力，从而它得用借款的方式满足这些需要，那么这就给出了一个警告，这家公司从长期来看无法维持正常情况下的支出。现金流量表通过显示经营中产生的现金流量的不足和不得不用借款来支付无法永久支撑的股利水平，揭示了公司内在的发展问题。

二、现金流量表的格式

现金流量表的基本格式与各国对现金流量的类别认识和特定国家在《企业会计准则第 31 号——现金流量表》制定过程中想要披露的信息结构密切相关。但是，不论如何变化，现金流量表的基本结构不会有大的变化。我国企业现金流量表的格式以采用直接法编制为基础。

三、现金流量表的内容

按照我国《企业会计准则第 31 号——现金流量表》，现金流量表的内容如表 3-3 所示。

表 3-3

现金流量表

编制单位：　　　　　　　　　　　　____年____月　　　　　　　　　　　　单位：元

项　目	本期金额	上期金额
一、经营活动产生的现金流量：		
销售商品、提供劳务收到的现金		
收到的税费返还		
收到其他与经营活动有关的现金		
经营活动现金流入小计		
购买商品、接受劳务支付的现金		
支付给职工以及为职工支付的现金		

（续表）

项　　目	本期金额	上期金额
支付的各项税费		
支付的其他与经营活动有关的现金		
经营活动现金流出小计		
经营活动产生的现金流量净额		
二、投资活动产生的现金流量：		
收回投资收到的现金		
取得投资收益收到的现金		
处置固定资产、无形资产和其他长期资产收到的现金净额		
处置子公司及其他营业单位收到的现金净额		
收到其他与投资活动有关的现金		
投资活动现金流入小计		
购建固定资产、无形资产和其他长期资产支付的现金		
投资支付的现金		
取得子公司及其他营业单位支付的现金净额		
支付其他与投资活动有关的现金		
投资活动现金流出小计		
投资活动产生的现金流量净额		
三、筹资活动产生的现金流量：		
吸收投资收到的现金		
取得借款收到的现金		
收到其他与筹资活动有关的现金		
筹资活动现金流入小计		
偿还债务支付的现金		
分配股利、利润或偿付利息支付的现金		
支付其他与筹资活动有关的现金		
筹资活动现金流出小计		
筹资活动产生的现金流量净额		
四、汇率变动对现金流量的影响		
五、现金及现金等价物净增加额		
加：期初现金及现金等价物余额		
六、期末现金及现金等价物余额		

四、现金流量表各项目的分析

现金流量表是以收付实现制为编制基础，反映企业在一定时期内现金收入和现金支出情况的报表。对现金流量表的分析，既要掌握该表的结构及特点，分析其内部构成，又要结合利润表和资产负债表进行综合分析，以求全面、客观地评价企业的财务状况和经营业绩。因此，现金流量表的分析可从以下几方面着手：

企业的现金流量由经营活动产生的现金流量、投资活动产生的现金流量和筹资活动产生的现金流量三部分构成。分析现金流量及其结构，可以了解企业现金的来龙去脉和现金收支构成，评价企业经营状况、创现能力、筹资能力和资金实力。

（一）经营活动产生的现金流量分析

（1）将销售商品、提供劳务收到的现金与购进商品、接受劳务付出的现金进行比较。在企业经营正常、购销平衡的情况下，两者比较是有意义的。比率越大，说明企业的销售利润大，销售回款良好，创现能力越强。

（2）将销售商品、提供劳务收到的现金与经营活动流入的现金总额比较，可大致说明企业产品销售现款占经营活动流入的现金的比重有多大。比重大，说明企业主营业务突出，营销状况良好。

（3）将本期经营活动现金净流量与上期比较，增长率越高，说明企业成长性越好。

（二）投资活动产生的现金流量分析

当企业扩大规模或开发新的利润增长点时，需要大量的现金投入，投资活动产生的现金流入量补偿不了流出量，投资活动现金净流量为负数，但如果企业投资有效，将会在未来产生现金净流入用于偿还债务，创造收益，企业不会有偿债困难。因此，分析投资活动现金流量，应结合企业的投资项目进行，不能简单地以现金净流入还是净流出来论优劣。

（三）筹资活动产生的现金流量分析

一般来说，筹资活动产生的现金净流量越大，企业面临的偿债压力也越大，但如果现金净流入量主要来自企业吸收的权益性资本，则不仅不会面临偿债压力，资金实力反而增强。因此，在分析时，可将吸收权益性资本收到的现金与筹资活动现金总流入作比较，所占比重大，说明企业资金实力增强，财务风险降低。

（四）现金流量构成分析

首先，分别计算经营活动现金流入、投资活动现金流入和筹资活动现金流入占现金总流入的比重，了解现金的主要来源。一般来说，经营活动现金流入占现金总流入比重大的企业，经营状况较好，财务风险较低，现金流入结构较为合理。其次，分别计算经营活动现金支出、投资活动现金支出和筹资活动现金支出占现金总流出的比重，它能具体反映企业的现金用于哪些方面。一般来说，经营活动现金支出比重大的企业，其生产经营状况正常，现金支出结构较为合理。

五、现金流量表的解读

要正确理解现金流量表，需要从以下几个方面综合把握：

第一，要与企业资产负债表、利润表相互对照阅读。我们知道，现行会计制度是按权责发生制为基础确认收入和费用的，企业的资产负债表和利润表的编制也遵循这一原则。这一制度的缺点是不能直观地反映企业现金及现金等价物的流动情况，而现金流量表正好弥补了这一不足。

第二，应当研究现金流量表的分类结构，仔细分析各类构成要素对现金流量总量的最终影响结果。一般而言，经营活动产生的现金净流量应为正值，因为企业现金的取得主要还应从经营活动中取得。若经营活动现金净流量为负值，就要引起我们的高度重视，应当追根溯源。如阅读咸阳偏转年报中的现金流量表时，发现经营活动现金净流量为－58 687 776.91 元，通过仔细分析及与资产负债表对照，我们可以发现该企业应收账款、应收票据及预付账款与上年相比均有较大幅度的增加，应收账款增加 1 倍多，远超过业务收入的增幅，说明企业的大量营运资金滞留在应收账款上，这也是造成经营活动资金"入不敷出"的主要原因。对于投资活动产生的现金净流量，需结合企业实际情况具体分析，一般企业处于扩张时期，其投资活动产生的现金净流量可以为负值，只要企业有好的项目作为投资对象，能给企业未来带来更好的收益就行。筹资活动产生的现金净流量一般也应为正值。通过对现金流量表这三个大的构成要素的分析，我们便可得到企业较为全面的资金增减变动的印象。仍以咸阳偏转为例，该企业经营活动产生的现金净流量为－58 689 776.91 元，投资活动产生的现金净流量为－9 251 679.86元，本期现金及现金等价物净增加额为 17 071 454.05 元。造成最终现金净流量增加的原因是筹资活动现金净值增加了 85 010 497.17 元(主要是借款筹得)。这一状况结合资产负债表和利润表可以看出，该企业主营业务收入、主营业务利润及利润总额与去年相比增长均在 50%以上，反映企业具有良好的成长性，但同时应收账款、营业成本也均有大幅增加，且增幅大于收入、利润的增幅，说明该企业财务状况尚有可以改进的地方。

第三，要将企业的现金流动情况放在企业持续经营活动的过程中以历史地判断。企业经营是一个持续不断的过程，因此企业的财务状况也总处于一个不断变化的过程之中。某一企业某段时间的状况不佳，通过努力是可以改变的。像上述咸阳偏转的报表，只要企业加大清欠力度，就可以增加经营活动现金流入；该公司有 10:3 的配股预案有待批准，如能顺利实施，也会改变筹资活动单纯依靠借款的局面。

最后，现金流量表的阅读还应结合其他资料进行，如阅读报表报告及附注，了解行业情况及公司相关背景，了解传媒中关于公司的其他信息等，这样可以直接加深对现金流量表的理解。比如，企业投资活动现金为负，我们可以通过阅读上市公司的财务报表以外的其他披露的信息，进一步审查其是否可带来良好效益的项目投资、项目进展情况和其发展前景如何等等，以进一步判断企业的整体经营素质和管理水平。

案例讨论

影视传媒企业的财务报表结构分析

近几年，政府相关政策的出台促进文化创意产业飞速发展，影视传媒行业作为其中一员也受到了积极影响，是众人关注的焦点行业之一。华谊兄弟和华策影视作为影视传媒业的龙头企业，对这两家企业的利润表、资产负债表和现金流量表的结构进行分析，具有重要的意义。

首先，对华谊兄弟和华策影视的利润表结构分析。由表3-4可见，两家公司的营业成本占营业收入的平均比重相近，并且均有波动。相比之下，华谊兄弟的营业成本占营业收入比重波动相对较小，最高为2010年的53%，最低为2011年的42%。华策影视的营业成本占营业收入比重基本呈上升趋势，最高为2013年的54%，最低为2011年的39%。华谊兄弟的营业利润比重呈波动状态，华策影视的营业利润比重逐年下降，主要是由于成本控制不好导致毛利率下降。然而公司方面对此的解释是部分剧集播放时被删减导致公司收入下滑，并非电视剧制作成本升高。华策影视对期间费用，特别是销售费用的控制更为出色。2010—2013年，华策影视销售费用占营业收入的平均比重仅为4%，而华谊兄弟销售费用占营业收入的比重高达20%，高出华策影视16%。华谊兄弟的财务费用由2010年、2011年的净收入变成2012年、2013年的净支出。华策影视的财务费用均为净收入。从期间费用来看，华谊兄弟的三项费用较高，公司应该对销售费用、财务费用施加更大的控制力度，以免费用侵蚀掉大部分收入。

表3-4

华谊兄弟和华策影视2010—2013年利润表项目结构分析

单位：亿元

公司	项目	2010年	2011年	2012年	2013年	平均值
华谊兄弟	营业收入	1	1	1	1	1
	营业成本	0.53	0.42	0.49	0.45	0.47
	销售费用	0.22	0.17	0.20	0.19	0.20
	管理费用	0.05	0.09	0.06	0.05	0.06
	财务费用	−0.01	−0.01	0.04	0.04	0.02
	营业利润	0.17	0.27	0.18	0.41	0.26
	EBIT	0.17	0.30	0.28	0.48	0.31
	税前利润	0.18	0.31	0.23	0.45	0.29
	税后利润	0.14	0.23	0.18	0.33	0.22

（续表）

公司	项目	2010年	2011年	2012年	2013年	平均值
华策影视	营业收入	1	1	1	1	1
	营业成本	0.43	0.39	0.46	0.54	0.46
	销售费用	0.04	0.04	0.03	0.04	0.04
	管理费用	0.07	0.07	0.11	0.08	0.08
	财务费用	−0.01	−0.05	−0.01	−0.01	−0.02
	营业利润	0.42	0.48	0.36	0.33	0.40
	EBIT	0.45	0.47	0.38	0.37	0.42
	税前利润	0.46	0.52	0.41	0.39	0.45
	税后利润	0.34	0.38	0.30	0.28	0.33

其次，对华谊兄弟和华策影视的资产负债表结构进行分析（如表3-5所示）。从资产结构来看，华谊兄弟负债占总资产比例近4年平均为37%，2010—2012年逐年上升，2012年上升幅度较大，因为公司开始进行债务融资，2013年有所下降。华策影视2010—2013年，负债占总资产比重平均为10%。从资产项目结构分析，华谊兄弟2010—2013年流动资产比重逐年下降，从82%下降到47%，主要原因是货币资金比重下降；非流动资产比重逐年上升；说明公司将资金投入到非流动资产中。公司应收账款较少。华策影视近4年流动资产比重较稳定，平均为89%，其中，货币资金比重逐年下降；应收账款、存货比重持续上升，增加了公司的运营成本。从负债项目结构分析，华谊兄弟2010—2012年流动负债比重逐年上升，2013年有所下降，其中2012年开始产生非流动负债和有息负债，主要原因是公司开始利用债务融资。华策影视近4年流动负债比重较低，几乎没有非流动负债和有息负债，相比之下，华策影视的财务政策相对保守，没有合理利用财务杠杆，在一定程度上会降低资产的盈利能力。

表3-5

华谊兄弟和华策影视2010—2013年资产负债表项目结构分析

单位.亿元

公司	项目	2010年	2011年	2012年	2013年	平均值
华谊兄弟	总资产	1	1	1	1	1
	流动资产	0.82	0.77	0.68	0.47	0.68
	货币资金	0.42	0.22	0.16	0.16	0.24
	应收款项	0.02	0.03	0.02	0.02	0.02
	存货	0.11	0.22	0.17	0.08	0.15

(续表)

公司	项目	2010年	2011年	2012年	2013年	平均值
华谊兄弟	非流动资产	0.18	0.23	0.32	0.53	0.32
	总负债	0.22	0.31	0.49	0.45	0.37
	流动负债	0.22	0.31	0.39	0.31	0.31
	应付款项	0.13	0.08	0.12	0.07	0.10
	非流动负债	0.00	0.00	0.09	0.14	0.06
	有息负债	0.00	0.00	0.24	0.23	0.12
	所有者权益	0.78	0.69	0.51	0.55	0.63
	投入资本	0.78	0.69	0.75	0.78	0.75
华策影视	总资产	1	1	1	1	1
	流动资产	0.98	0.88	0.85	0.84	0.89
	货币资金	0.80	0.52	0.35	0.20	0.47
	应收款项	0.03	0.10	0.19	0.25	0.14
	存货	0.07	0.09	0.16	0.24	0.14
	非流动资产	0.02	0.12	0.15	0.16	0.11
	总负债	0.02	0.11	0.14	0.14	0.10
	流动负债	0.02	0.11	0.14	0.13	0.10
	应付款项	0.00	0.02	0.05	0.06	0.04
	非流动负债	0.00	0.00	0.00	0.01	0.00
	有息负债	0.00	0.00	0.00	0.01	0.00
	所有者权益	0.98	0.89	0.86	0.86	0.90
	投入资本	0.98	0.89	0.86	0.87	0.90

最后,分析华谊兄弟和华策影视的现金流量表结构。从表 3-6 可见,从 4 年的平均值来看,华谊兄弟将经营活动产生的 158%左右净现金用于公司投资活动支出,华策影视的经营性净现金基本为负值,并不断扩大投资。可见两家影视

表 3-6

华谊兄弟和华策影视 2010—2013 年现金流量表项目结构分析

单位:亿元

公司	项目	2010 年	2011 年	2012 年	2013 年	平均值
华谊兄弟	经营净现金	1	−1	−1	1	1
	投资净现金	−2.55	−1.37	−1.60	−0.82	−1.58
	筹资净现金	−0.90	1.00	3.04	0.79	0.98
	本年总净现金	−2.45	−1.36	0.44	0.97	−0.60
	年末现金余额	9.27	2.30	2.58	2.22	4.09
华策影视	经营净现金	1	−1	−1	−1	1
	投资净现金	−0.81	−1.56	−2.35	−2.39	−1.78
	筹资净现金	32.22	−1.41	−1.35	0.09	7.39
	本年总净现金	32.41	−3.97	−4.70	−3.30	5.11
	年末现金余额	34.87	15.67	18.31	6.99	18.96

公司采取对外积极扩张的经营策略。与此同时,两家公司都在不断融资以填补经营活动和投资扩张所需的资金。这与影视公司行业处于扩张时期有关,应当关注在以后的发展中,影视公司能否找到一条合理的通过经营活动创造现金流量的道路,实现公司平稳发展。

根据上述案例请思考与讨论以下问题:

(1) 不同公司之间的财务报表应如何进行比较?

(2) 不同公司财务报表的比较应注意哪些问题?

思 考 题

1. 什么是资产负债表?资产负债表有何特性?其主要项目有哪些?
2. 简述资产负债表的作用。
3. 什么是利润表?利润表有何特性?其主要项目有哪些?
4. 简述利润表的作用。
5. 什么是现金流量表?现金流量表有何特性?其主要项目有哪些?
6. 简述现金流量表的作用。
7. 财务报表与企业财务活动之间有何关系?
8. 财务报表与企业会计核算有何关系?

单项选择题

1. 下列资产负债表项目中，需要根据几个总账科目余额计算填列的项目是(　　)。

A. “货币资金”

B. “交易性金融资产”

C. “短期借款”

D. “实收资本”

2. “应收账款”科目明细账中若有贷方余额，应将其记入资产负债表中的(　　)项目。

A. “预付款项”

B. “预收账款”

C. “应付账款”

D. “其他应收款”

3. “预付账款”科目明细账中若有贷方余额，应将其记入资产负债表中的(　　)项目。

A. “应收账款”　　B. “预收款项”

C. “应付账款”　　D. “其他应付款”

4. 利润表中，营业成本是指(　　)。

A. 主营业务成本

B. 其他业务成本

C. 主营业务成本+其他业务成本

D. 生产成本+制造费用

5. 下列项目中，不需要在利润表中直接列示的是(　　)项目。

A. “其他业务利润”　　B. “营业利润”

C. “资产减值损失”　　D. “投资收益”

6. 下列项目中，需要在利润表中单独列示的是(　　)项目。

A. “主营业务收入”　　B. “主营业务成本”

C. “其他业务利润”　　D. “资产减值损失”

7. 现金流量表是以现金为基础编制的，下列各项中，不作为现金流动表中现金的是(　　)。

A. 银行存款　　B. 其他货币资金

C. 定期存款　　D. 库存现金

8. 下列项目中，不属于经营活动产生的现金流量的是(　　)。

A. 收到的税费返还

B. 处置固定资产收到的现金

C. 支付给职工以及为职工支付的现金

D. 接受劳务支付的现金

业 务 题

1. 表3-7是苏宁和国美利润表的结构，试通过该表中的数据对苏宁和国美的利润表进行结构分析。

表3-7

苏宁和国美利润表

单位:亿元

公司	项目	2008年	2009年	2010年	2011年	2012年	平均值
苏宁	营业收入	1	1	1	1	1	1.00
	营业成本	0.83	0.83	0.82	0.81	0.82	0.82
	销售费用	0.10	0.09	0.09	0.10	0.12	0.10
	管理费用	0.02	0.02	0.02	0.02	0.02	0.02
	营业利润	0.06	0.07	0.07	0.07	0.03	0.06
	税前利润	0.06	0.07	0.07	0.07	0.03	0.06
	EBIT	0.06	0.07	0.08	0.07	0.03	0.06
	税后利润	0.05	0.05	0.05	0.05	0.03	0.05
国美	营业收入	1	1	1	1	1	1.00
	营业成本	0.90	0.90	0.88	0.87	0.87	0.89
	销售费用	0.10	0.10	0.10	0.12	0.14	0.11
	管理费用	0.02	0.02	0.02	0.02	0.03	0.02
	营业利润	0.04	0.04	0.05	0.03	0.02	0.04
	税前利润	0.03	0.04	0.05	0.04	0.01	0.04
	EBIT	0.04	0.05	0.06	0.05	0.02	0.05
	税后利润	0.02	0.03	0.04	0.03	0.01	0.03

2. 某制造企业 2013 年 6 月 30 日资产负债表(简表)如表 3-8 所示。

表 3-8

资产负债表(简表)

单位:万元

资产		负债和所有者权益	
项目	金额	项目	金额
流动资产	201 970	流动负债	97 882
其中:速动资产	68 700	长期负债	80 043
固定资产净值	237 000	负债合计	177 925
无形资产	138 955	所有者权益	400 000
总计	577 925	总计	577 925

假定行业流动资产结构的平均值为 30%。

要求:对该企业的资产负债表进行分析,并对其资产结构及负债结构作出评价。

第四章　资金时间价值

引导案例

资金的时间价值是现代财务管理的基础观念之一。任何财务管理活动的经济实质都体现为资金的运动，由于产生的时点不同，因此在运动中体现资金现金流量的价值也就不尽相同。企业为使财务管理决策具有可比性，盈利预测较为客观，就需要还原未来各个时点上的现金流，以便将资本投入与相应的收益放在同一时点上进行比较和评价。

单利计算和复利计算有很大的不同，有时相差极大。1626 年，英国人 Peter Minuit 花了大约价值 $24 的首饰品从当地印第安土著人手中换得了曼哈顿岛。到 1986 年，曼哈顿岛的地价为 $86/平方英尺，与当初购入价相比，增值惊人。

思考与讨论

(1) 什么是资金时间价值？为什么资金会产生时间价值？

(2) 什么是单利？什么是复利？两者有何区别？

(3) 资金时间价值对企业财务管理有何意义？

第一节　资金时间价值概述

一、资金时间价值的概念

资金时间价值实际上就是一定量的资金周转使用后由于时间因素而产生的差额价值。

一定量的资金在不同的时点间的价值差额，即指资金经历一段时间的投资和再投资所增加的价值。

(1) 资金时间价值是衡量企业内在价值的重要依据。

例如，年初的 1 元钱与年末的 1 元钱具有不同的经济价值。即使不考虑通货膨胀因素，年初 1 元钱在投入企业运营后，经过 1 年时间的生产经营，企业生产出了新产品,创造出了新价值,原有的 1 元钱也同样产生了增值,其最终价值超过了 1 元钱。

(2) 资金在不同的时间具有不同的价值,但并不是推迟消费就能获得所持资金的增值。

资金时间价值的产生必须同时具备两个前提条件:一是资金必须投入生产经营的周转使用中;二是有一定的时间间隔。

(3) 对资金所有者来说,资金的时间价值表现为让渡资金使用权应得到的报酬;对资金的使用者来说,资金的时间价值表现为使用资金而必须支付给资金所有者的成本。

因此,如果资金使用者是从资金所有者那里借入的资金,资金所有者要分享一部分增值额,其表现形式为利息,利息额的大小表现为利息率。这里的利息率就是资金的时间价值。

例如,新星制衣厂在年初将 1 元钱存入银行,假定银行以 10%计算利息,年末企业能拿到的不是 1 元钱,而是 1.10 元钱,这多出来的 0.10 元钱就是资金的时间价值。

企业在借入资金时,特别要注意预期的资金利润率不能低于资金的时间价值,这样企业才能获利。

(4) 由于资金时间价值广泛应用于计算利息的各种方法,但时间价值不能与利率混为一谈。事实上,利率不仅包括时间价值,还包括风险价值和通货通货膨胀因素。在实践中,购买政府证券是风险最低的投资行为。

如果通货膨胀率很低,就可以用政府债券来表现资金的时间价值。政府债券的利率近似等于纯利率,即时间价值。

(5) 资金时间价值是衡量企业经济效益、考核经营成果的重要依据,因此在财务管理中树立资金时间价值观念具有非常重要的意义。

因为企业的各项财务收支不可能都在同一时点上发生,只有利用资金时间价值的观念和具体计算,才能正确估量不同时期的财务收支,正确评价企业的盈亏。

另外,资金时间价值还是进行投资、筹资和股利分配决策的重要条件。在投资决策中,要正确评价其投入产出的经济效益,作出科学的可行性分析,就必须根据资金时间价值的原理,把不同时点上的投资额和不同时点上的投资收益,折算成某一时点上的现值。

在筹资和股利分配中同样是这个道理。可见,资金时间价值观念贯穿于财务管理活动的始终,是企业进行决策的重要条件。

二、资金时间价值的衡量:现值和终值

资金时间价值的计算通常是采用利息的各种计算方法。资金时间价值的指标也是采用利息的形式来表达,主要是单利的终值和现值、复利的终值和现值、

各种年金的终值和现值。

1. 资金时间价值计算的相关概念

(1) 终值。终值(future value,简称 FV),也称将来值或未来值,是指现在的一笔资金在将来某一时间的价值,是现值的对称。

(2) 现值。现值(present value,简称 PV),是指将来某一时间的一笔资金相当于现时的价值,是终值的对称。

(3) 单利计算。单利计算是指在计算资金时间价值时只对本金计算利息,而不将以前计算期的利息累加到本金中去,即利息不再生息。

(4) 复利计算。复利计算是指对本金与以前计算期的累计利息的总和计算利息,即利息再生利息,利上滚利,逐期滚利。

(5) 计息期数。计息期数用 n 表示。这里的 n 不一定是指年,可能指月或半年等。

(6) 利率。利率用 i 表示。表示资金增值的速度或程度。在财务管理中不同的计算有不同的含义。

2. 单利终值和现值的计算

单利是计算利息的一种方式,是指在计算利息时,只对本金计算利息,每次计算的利息并不转入本金中计息。即无论资金流转多长时间,只有本金生息,利息不生息。

现值,顾名思义就是指资金现在的价值,也称为本金,通常用字母 P 表示;终值就是指资金未来的价值,也称为本利和,用字母 F 表示。资金的时间价值就是这两者之间的差额。

以本金 100 元为例,年利率 10%,从第 1 年到第 3 年,各年年末的单利终值计算如下:

$$1\text{年后的终值} = 100 \times (1 + 10\% \times 1) = 110(\text{元})$$
$$2\text{年后的终值} = 100 \times (1 + 10\% \times 2) = 120(\text{元})$$
$$3\text{年后的终值} = 100 \times (1 + 10\% \times 3) = 130(\text{元})$$

由此可得出单利终值计算的一般公式为:

$$F = P \cdot (1 + i \cdot n)$$

式中 F 为终值;

P 为现值;

i 为利率;

n 为计息期数。

【例 4-1】 假设新星制衣厂将销售收入 20 万元存入银行,年利率为 5%,以单利计算,5 年后的终值为多少?

$$F = 20 \times (1 + 5\% \times 5) = 25(\text{万元})$$

3. 复利终值和现值的计算

复利是计算利息的另一种说法，这种方式就是通常所说的“利滚利”，注意：除非特别指明，计息期为 1 年，要将上个计息期所产生的利息加入本金中再计算利息。

随着计息次数不断增加，利息也不断增多。复利终值是资金未来的价值（已知 P，求 F），复利现值是资金现在的价值（已知 F，求 P）。

1）复利终值的计算

复利终值是指在一定的利率及计息方式下，所计算出的资金在将来某一时间的价值，或者说是现在的本金按复利计算在将来某一时间的本金和利息之和。

以本金 100 元为例，年利率为 10%，每年复利计算一次，从第 1 年年末到第 3 年年末，各年年末的终值计算如下：

$$1\text{ 年后的终值} = 100 \times (1 + 10\%) = 110(\text{元})$$
$$2\text{ 年后的终值} = 110 \times (1 + 10\%) = 100 \times (1 + 10\%)^2 = 121(\text{元})$$
$$3\text{ 年后的终值} = 121 \times (1 + 10\%) = 100 \times (1 + 10\%)^3 = 133.10(\text{元})$$

由此可得出复利终值的一般计算公式为：

$$F = P \times (1 + i)^n$$

式中 $(1+i)^n$ 为复利终值系数或 1 元的复利终值系数，用符号 $(F/P,\ i,\ n)$ 表示。可以查 1 元的复利终值系数表得到。

【例 4-2】 张某借给林某 1 000 元，双方商定年利率 5%，3 年后归还，按复利计算利息。则张某 3 年后应得的本利计算如下：

$$F = 1\,000 \times (1 + 5\%)^3 = 1\,157.625(\text{元})$$

2）复利现值的计算

复利现值是复利终值的对称概念，指将来的一笔收付款按复利计算额相当于现在的价值，或者说是为取得将来一定本利和现在所需要的现金。

以终值 100 元为例，年利率 10%，每年复利计算一次，从第 1 年到第 3 年，各年年末终值 100 元，其复利现值计算如下：

$$\text{第 1 年年末 100 元的现值} = 100 \times [1 \div (1 + 10\%)] = 90.9(\text{元})$$
$$\text{第 2 年年末 100 元的现值} = 100 \times [1 \div (1 + 10\%)^2] = 82.6(\text{元})$$
$$\text{第 3 年年末的 100 元现值} = 100 \times [1 \div (1 + 10\%)^3] = 75.1(\text{元})$$

由此可以得出复利现值的一般计算公式为：

$$P = F \times [1 \div (1 + i)^n]$$

式中 $1 \div (1+i)^n$ 为复利现值系数或 1 元的复利现值，用符号 $(P/F,\ i,\ n)$

表示。

【例 4-3】 新星制衣厂拟在 5 年后获得本利和 100 万元。假设投资报酬率为 10%，则现在应投入多少万元？

$$P = F \cdot (P/F, 10\%, 5) = 100 \times (P/F, 10\%, 5) = 100 \times 0.6209 = 62.09(\text{万元})$$

因此新星制衣厂现在应投入 62.09 万元，才能在 5 年后获得本利和 100 万元。

4. 复利利息的计算

本金 P 的 n 期复利利息计算公式为：

$$I = F - P$$

【例 4-4】 本金 100 元，投资 5 年，利率 10%，每年复利一次，其复利息为：

$$I = F - P = 100 \times (1 + 10\%)^5 - 100 = 61.051(\text{元})$$

注意：比较单利和复利的计算思路和假设，可以看出复利的依据更为充分，更为现实。因为如果贷款人是一个理性人，就应该追求自身资金价值的最大化，当然会在每次收到贷款利息时重新将这部分利息贷出去生息。因此，在财务管理中，大部分决策都是在复利计算方式下考虑投资收益和成本。

在本金、利率、期数均相同的情况下：

复利终值 − 单利终值 = 利息再生的利息

单利现值 − 复利现值 = 从终值中扣除的利息再生的利息

我国银行储蓄系统的利息计算采用单利方式，但这并不影响复利计算方式的科学性，因为储户一旦在储蓄存款利息到期后，总会将其取出使用或继续存款，从而保证了资金的继续运转。

从这个角度可以说，即使银行采用单利计算利息，我们在现实生活中仍然按复利安排生活。

第二节 名义利率、期间利率与实际利率

一、名义利率和实际利率的概念

名义利率是银行等金融机构提供的利率，在提供利率的同时应提供每年的复利次数（或计息期的天数）。

期间利率是指借款人每期支付的利息。此期间可以是年，也可以是 6 个月、每季度、每月或每日等。

期间利率 = 名义利率 ÷ 每年复利次数

实际利率是指按给定的期间利率每年复利 m 次时，能够产生相同结果的年利率。

二、名义利率和实际利率的关系

名义利率和实际利率的关系可以用以下公式表示为：

$$实际利率 = \left(1+\frac{名义利率}{m}\right)m-1$$

$$i=\left(1+\frac{r}{m}\right)^{m}-1$$

式中 i 为实际利率；

r 为名义利率；

m 为每年复利次数。

【例 4-5】 年利率为 12%，要求：

(1) 如果每季度复利 1 次，则年实际利率为多少？

(2) 如果每半年复利 1 次，则年实际利率为多少？

(1) $i=\left(1+\frac{12\%}{4}\right)^{4}-1=12.55\%$

(2) $i=\left(1+\frac{12\%}{2}\right)^{2}-1=12.36\%$

从以上计算可以得出：名义利率为 12%，每季度复利 1 次，年实际利率为 12.55%，每半年复利 1 次，年实际利率为 12.36%，1 年内复利次数越多，年实际利率越高。

【例 4-6】 A 公司从银行贷款 100 万元，年利率 10%，每半年复利一次，期限 5 年，5 年年末应归还银行多少钱？

先计算出年实际利率：

$$i=\left(1+\frac{10\%}{2}\right)^{2}-1=10.25\%$$

再计算 5 年年末复利终值：

$$5 年年末复利终值 = 100\times(1+10.25\%)^{5}=12.36\%=162.89(万元)$$

[例 4-6]还可以按每年复利一次的复利终值公式计算。

先将年利率 10% 换算为半年利率 5%，5 年中复利次数为 10 次，再计算 5 年的复利终值：

$$5 年年末复利终值 = 100\times(1+10\%\div 2)^{5\times 2}=162.89(万元)$$

第三节 年金终值和现值

在日常经济生活中，经常会存在企业或个人在一段时期内定期支付或收取一定量资金的现象。

例如,企业每月需要支付大致相同的水电费、每季度需要支付定额的房屋租赁费、每年需要支付大致相同的信息系统使用费、分期支付工程款等。

一、年金的概念和种类

1. 年金的概念

财务管理学中把这种定期等额收付款的形式称为年金。它与一次性收付款相比有两个明显的特点:①定期支付;②金额相等。

可见,年金就是指间隔期相等、金额相等的系列收支款项。

2. 年金的种类

(1) 普通年金:指在每期期末收款或付款的年金,又称后付年金。

(2) 期首年金:指在每期期初收款或付款的年金,又称先付年金。

(3) 递延年金:指第一次收付款发生时间不一定在第一期期初或第一期期末,而是间隔若干年后才开始发生的系列等额收付款项。

(4) 永久年金:是指无限期地连续收款或付款的年金,又称永续年金。

二、年金的计算

(一) 普通年金

普通年金又称后付年金,顾名思义就是指在各期期末收付的相等金额的款项。后付年金的收付形式如图 4-1 所示。

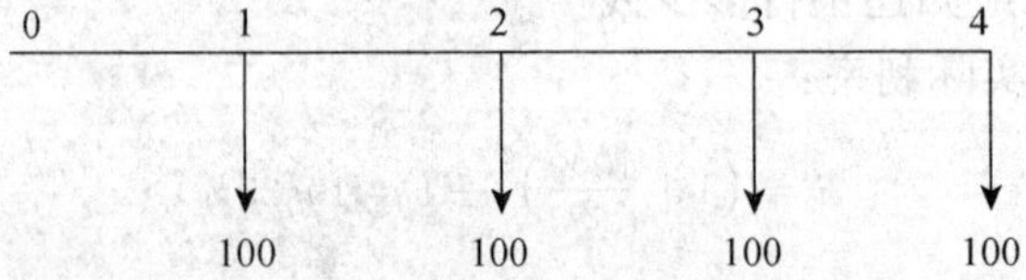

图 4-1 普通年金或后付年金图

横线表示时间的延续,用数字标出各期的顺序号。竖线的位置表示支付的时刻,竖线下端数字表示支付的金额。除 0 点以外,从 $1\sim n$ 期期末的现金流量都相等,即为后付年金。

1. 普通年金的终值

后付年金终值实际上就是截至最后一次支付时的本利和,即一定时期内每期期末收付款项的复利终值之和。

例如,每年支付 100 元,年利率为 10%,经过 4 年,后付年金终值计算如图 4-2所示。

若用 A 代表每期支付的金额,i 为利率,n 为期数,则按复利计算的普通年金终值 F 为:

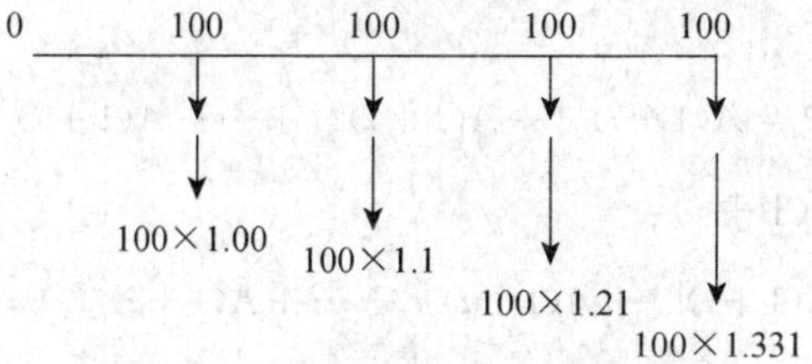

图 4-2 100 元普通年金 4 年的终值图

$$F = A + A(1+i) + A(1+i)^2 + \cdots + A(1+i)^{n-1}$$

等式两边同乘$(1+i)$，再两式相减，得：

$$(1+i)F - F = A\,(1+i)^n - A$$

$$F = \frac{[A\,(1+i)^n - A]}{i}$$

$$F = \frac{A[(1+i)^n - 1]}{i}$$

式中 $\frac{(1+i)^n - 1}{i}$ 为普通年金终值系数，反映的是 1 元年金在利率为 i 时经过 n 期的年金终值，记作 $(F/A,\ i,\ n)$，可据以编制"年金终值系数表"，以供查阅。

与年金终值相反的计算是偿债基金的计算。偿债基金是指为使年金终值达到某一既定金额，而在每年年末支付的年金数额。即在已知年金终值，在利率一定、期数一定的情况下，相应地可求出年金 A。

在平时定期等额地存入一笔资金，到期一次性地提取以用于大额支付的情形，称作偿债基金。建立偿债基金的目的是为了企业不至于到期支付一笔很大的金额而影响企业当期的正常生产经营所需的流动资金的供应。大多数的做法是，企业定期支付偿债基金给担保人或信托管理人（如银行等），企业不再负责还本付息的工作，而由担保人或信托管理人负责。

2. 普通年金的现值

普通年金现值是为在每期期末取得相等金额的款项，现在需要投入的金额，即一定时期内每期期末收付款项的复利现值之和。普通年金的现值计算在现实生活中也比较常见。

这个问题可以表述为：每年支付 100 元，年利率 10%，期限 4 年，其年金现值如图 4-3 所示。

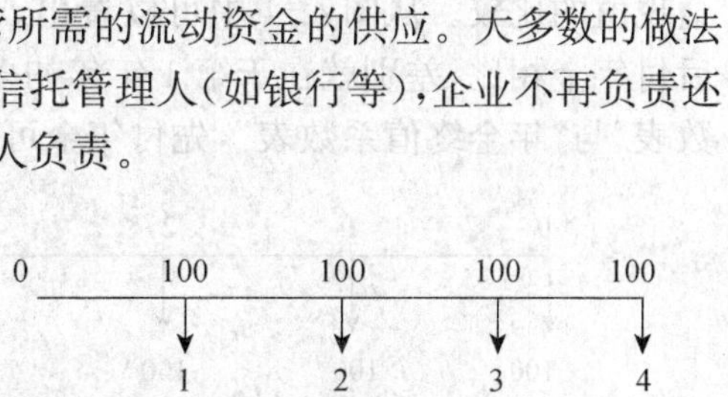

图 4-3 100 元普通年金 4 年的现值图

若用 A 代表每期支付的金额，i 为利率，n 为期数，则按复利计算的后付年金

现值 P 为：

$$P=A(1+i)^{-1}+A(1+i)^{-2}+\cdots+A(1+i)^{-n}$$

等式两边同乘 $(1+i)$：

$$(1+i)P=A+A(1+i)^{-1}+A(1+i)^{-2}+\cdots+A(1+i)^{-3}+\cdots+A(1+i)^{-(n-1)}$$

上述两式相减，得：

$$(1+i)P-P=A-A(1+i)^{-n}$$

$$P=\frac{[A-A(1+i)^{-n}]}{i}$$

$$P=\frac{A[1-(1+i)^{-n}]}{i}$$

式中 $\frac{1-(1+i)^{-n}}{i}$ 为普通年金现值系数，反映的是普通年金为 1 元、在利率为 i 时、经过 n 期的年金现值，记作 $(P/A, i, n)$，可根据编制“年金现值系数表”，以供查阅。

（二）期首年金

1. 期首年金现值

期首年金又称先付年金，与普通年金不同，先付年金是指每次收付款的时间不是在年末或期末，而是在年初或期初。可见在期数相同的情况下，比普通年金各期都提前一期，因此先付年金的价值高于后付年金的价值。先付年金在现实生活中也有很多。

例如，租房户每月在月初时支付房租，学生在学期开学时支付学费等。先付年金现值是各期期初等额收付款项现值之和。图 4-4 是先付年金现值与后付年金现值的比较。从图 4-4 中可以看出，5 年期 100 元先付年金与 4 年期 100 元后付年金相比，差别就在于第 1 年年初多 100 元，因此，为便于使用“年金现值系数表”与“年金终值系数表”，先付年金可在后付年金的基础上调整求得。

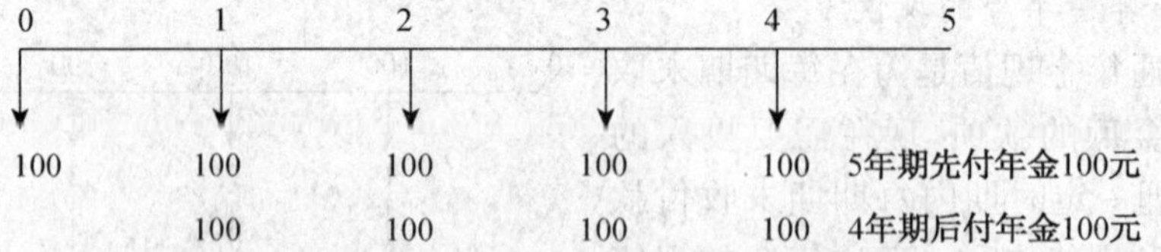

图 4-4 先付年金现值与后付年金现值的比较

可以用 4 年期 100 元后付年金现值再加上一个 100 元求得。即调整后付年金现值系数，期数减 1，系数加 1，可记作 $[(P/A, i, n-1)+1]$。

可利用“年金现值系数表”查得 $(n-1)$ 期的系数值，然后加 1，得出 1 元钱的先付年金现值。计算公式为：

$$P = A \cdot [(P/A, i, n-1)+1]$$

2. 期首年金终值

先付年金终值与后付年金终值的计算相似，都是将每次收付款折算到某一时点的终值，然后再将这些终值求和。不同的是，先付年金终值是每期期初等额收付款项在最后一期期末的终值之和。

图 4-5 是先付年金终值与后付年金终值的比较。

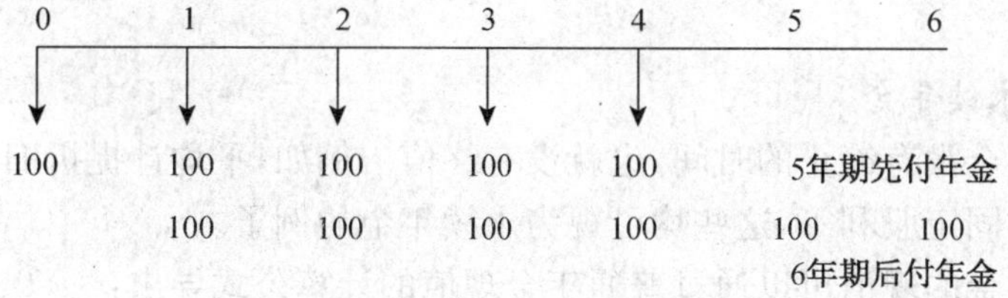

图 4-5 先付年金终值与后付年金终值的比较

从图 4-5 中可以看出，对于 5 年期 100 元先付年金而言，其终值要计算到第 5 年年末，如果将先付年金向后递延 1 年，即成为后付年金，其终值需要计算到第 6 年年末。

因此，在第 6 年期末若加上一个 100 元，即成为一个标准的 6 年期 100 元后付年金，其终值比 5 年期 100 元先付年金多一个 100 元。先付年金终值按后付年金终值计算时应作出如下调整：期数加 1，系数减 1，可记作 $[(F/A, i, n+1)-1]$。

可利用“年金终值系数表”查得 $(n+1)$ 期的系数值，然后减 1，得出 1 元钱的先付年金终值。计算公式为：

$$F = A \cdot [(F/A, i, n+1)-1]$$

（三）递延年金

之前所介绍的年金形式都有一个有限的期限，但在现实生活中，有些年金很难确定它的收付款何时结束。

递延年金是指第 1 期支付发生在第 2 期或第 2 期以后的年金。图 4-6 为递延年金的支付形式。$m=2$，$i=10\%$，$n=4$。

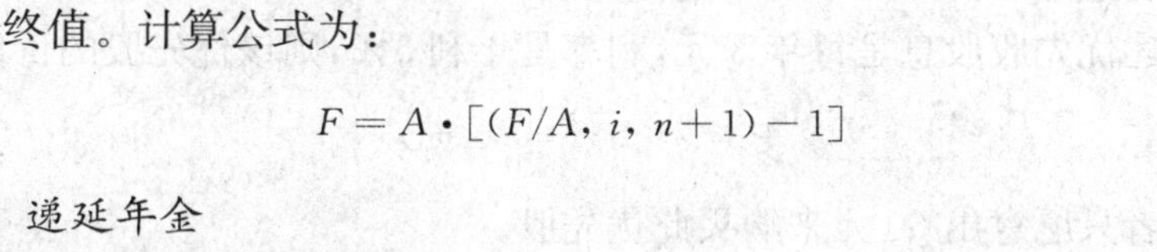

图 4-6 递延年金的支付形式

从图 4-6 中可以看出，前两期没有发生支付，一般用 m 表示递延期数，本例

的 $m=2$。第一次支付在第 3 期期末，连续支付 4 次，即 $n=4$。表示的就是一个递延期为 2 年、4 年期的 100 元递延年金。

递延年金的现值是自若干期后开始每期款项的现值之和，其计算公式为：

$$P = A \times \left[\frac{1-(1+i)^{-(m+n)}}{i} - \frac{1-(1+i)^{-m}}{i}\right]$$
$$= A \times [PVIFA_{i,(m+n)} - PVIFA_{i,m}] \quad (1)$$

或：
$$P = A \times \frac{1-(1+i)^{-n}}{i} \times (1+i)^{-m} \quad (2)$$

（四）永续年金

永续年金没有终止的时间，也就没有终值。例如，平均计提折旧、固定工资、优先股票的固定股利等，这些均可视为永续年金的例子。

永续年金的现值可以通过普通年金现值的计算公式导出：

$$P = A[1-(1+i)^{-n}]/i$$

当 $n \to \infty$ 时，$(1+i)^{-n}$ 的极限为 0，故上式可写为：

$$P = A \cdot 1/i$$

【例 4-7】 如果 1 股优先股，每季分得股息 3 元，而利率是年利 5%。对于一个准备购买该股票的人来说，他愿意出多少钱来购买此优先股？

$$P = A \cdot 1/i = 1 \times 3 \div (5\% \div 4) = 240(\text{元})$$

投资者愿意出 240 元来购买此优先股。

若上述优先股股息是每年 3 元，利率是年利 5%，则该优先股的价值为：

$$P = 3 \div 5\% = 60(\text{元})$$

投资者只愿意出 60 元来购买此优先股。

第四节 资金时间价值的应用

一、年金计算举例

【例 4-8】 新星制衣厂决定将一项专利技术进行公开拍卖，各有意向的企业纷纷进行投标，其中天天制衣厂和友谊制衣厂最具竞争力。天天制衣厂的投标书显示，该公司如取得该项专利技术，从获得该专利使用权的第 1 年起，每年年末向新星制衣厂交纳 10 万元，直到 10 年后结束。友谊制衣厂的投标书显示，该公司如取得该项专利技术使用权，则直接支付给新星制衣厂 40 万元，在 8 年结束后，再付给 60 万元。如新星制衣厂要求该项专利技术投资回报率达到

15%，问应接受哪个企业的投标？

上述问题主要是比较两个公司给新星制衣厂专利技术拍卖收入的大小。但由于两个公司支付费用的时间不同，因此无法直接比较，而应比较这些支出在第10年终值的大小。现分析如下：

天天制衣厂的方案对新星制衣厂来说是一笔年收入10万元的10年年金，其终值计算如下：

$$\begin{aligned} F &= A[(1+i)^n - 1]/i \\ &= 10 \times [(1+15\%)^{10} - 1] \div 15\% \\ &= 10 \times 20.304 \\ &= 203.4(\text{万元}) \end{aligned}$$

友谊制衣厂的方案对新星制衣厂来说是两笔收款，分别计算其终值。

第1笔收款(40万元)的终值 $= 40 \times (1+15\%)^{10} = 40 \times 4.0456 = 161.824$(万元)

第2笔收款(60万元)的终值 $= 60 \times (1+15\%)^2 = 60 \times 1.3325 = 79.35$(万元)

合计终值241.174万元。

根据以上计算结果，新星制衣厂应接受友谊制衣厂的投标。

【例4-9】 新星制衣厂进行设备改造，每年可增加收益80 000元，按年利率8%计算，若设备还可以继续使用10年，其投资额不高于多少才合算？

$$\begin{aligned} P &= \frac{A[1-(1+i)^{-n}]}{i} \\ &= 80\,000 \times (P/A, 8\%, 10) \\ &= 80\,000 \times 6.710 = 536\,800(\text{元}) \end{aligned}$$

【例4-10】 新星制衣厂为了在5年后还清10万元债务，从现在开始每年等额存入银行一笔款项。假设银行存款利率为10%，每年需要存入多少钱？

根据年金终值计算公式：

$$F = A[(1+i)^n - 1]/i$$

$$A = F \cdot i/[(1+i)^n - 1]$$

式中 $i/[(1+i)^n - 1]$ 为年金终值系数的倒数，称为偿债基金系数，它可以把年金终值折算为每年需要支付的金额。

将[例4-7]中的数据代入公式得：

$$\begin{aligned} A &= 100\,000 \times 10\% \div [(1+10\%)^5 - 1] \\ &= 100\,000 \times 0.1638 \\ &= 16\,380(\text{元}) \end{aligned}$$

因此，在银行利率为10%时，每年存入16 380元，5年后就可以得到10万元偿还债务。对固定资产的折旧，有一种方法称为偿债基金法，就是根据偿债基金系数乘以固定资产原值的金额提取折旧，这样可在使用期满时得到设备原值，用于重新购置新设备，其理论依据就是“折旧的目的是保持简单再生产”。

【例 4-11】 新星制衣厂采购一台生产设备，采取 10 年期分期付款方式，10 年中每年年初支付 20 000 元，设银行利率为 10%，则该设备分期付款相当于一次现金支付的购价是多少？

$$\begin{aligned} P &= A \cdot [(P/A,\ i,\ n-1)+1] \\ &= 20\,000 \times [(P/A,\ 10\%,\ 9)+1] \\ &= 20\,000 \times (5.759+1) \\ &= 135\,180(\text{元}) \end{aligned}$$

【例 4-12】 新星制衣厂拟购买一台生产用机器设备，设备生产厂家提供两种付款方式供选择：一次性支付 50 万元或分次支付，每年年初支付 20 万元，分 3 年支付。假设目前银行贷款年利率为 5%，那么新星制衣厂应选择一次支付还是分次支付更为有利呢？

如果一次支付，则相当于付现值 50 万元；若分次支付，则相当于一个 3 年的先付年金，应把这个先付年金折算为 3 年后的终值，再与 50 万元的 3 年终值进行比较，才能发现哪个方案更有利。

如果分次支付，则其 3 年终值为：

$$\begin{aligned} F &= A \cdot [(F/A,\ i,\ n+1)-1] \\ &= 20 \times [(F/A,\ 5\%,\ 4)-1] \\ &= 20 \times (4.310-1) \\ &= 66.20(\text{万元}) \end{aligned}$$

如果一次支付，则 3 年终值为：

$$F = P \times (1+i)^n = 50 \times (1+5\%)^3 = 50 \times 1.158 = 57.90(\text{万元})$$

相比之下，一次支付更为有利。

二、不等额现金流的计算

在实际工作中，很多情况下每次收入或付出的金额并不相等，经常需要计算不等额现金流入量或流出量的终值之和或现值之和。

已知 A_1 为第 1 年年末的收入，A_2 为第 2 年年末的收入，……，A_n 为第 n 年年末的收入，利率为 i，求 F。

$$\begin{aligned} F &= A_1(1+i)^{n-1} + A_2(1+i)^{n-2} + A_3(1+i)^{n-3} + \cdots + A_n(1+i)^0 \\ &= \sum_{t=1}^{n} A_t(1+i)^{n-1} \end{aligned}$$

上述公式是不等额现金流终值的计算公式。

已知 A_0 为第 0 年年末的付款，A_1 为第 1 年年末的付款，A_2 为第 2 年年末的付款，……，A_n为第 n 年年末的付款，利率为 i，求 P。

$$P = A_0[(1/1+i)^0] + A_1[(1/1+i)^1] + A_2[(1/1+i)^2] + \cdots + A_n[(1/1+i)^n]$$
$$= \sum_{t=0}^{n} A_t\left[\frac{1}{(1+i)^t}\right]$$

上述公式是不等额现金流现值的计算公式。

三、内插法的原理

前面介绍的各种计算，都涉及通过查终值表或现值表的方式以求得有关系数的问题，然而一个系数表无论编制得多么精确，也不可能在利率 i 以及期限 n 两个方面是完全连续的，总有一些系数是表上查不到的，这时就需要借助内插法。

所谓内插法，实际上就是依据线性比例关系将介于这两个已知系数之间的待查系数求出来。

首先在表上查出相邻的两个系数，并假设该种系数与利率 i 或期限 n 之间呈线性关系，其次依据线性比例关系将介于这两个已知系数之间的待查系数求出。

【例 4-13】 现在向银行存入 8 000 元，按复利计算，在利率为多少时，才能保证在以后 10 年中每年得到 1 200 元？

$$(P/A,\ i,\ n) = P/A = 8\,000 \div 1\,200 = 6.667$$

查年金现值系数表得到，当利率为 8%时，年金现值系数为 6.710；当利率为 9%时，年金现值系数为 6.418。所以，只能采用内插法，计算出利率在 8%～9%之间时的具体利息率。假设 X 为超过 8%的利息率，计算如下：

$$\left.\begin{array}{l}\text{利率}\\ \left.\begin{array}{l}8\%\\ ?\%\end{array}\right\}X\\ 9\%\end{array}\right\}1 \qquad \left.\begin{array}{l}\text{年金现值系数}\\ \left.\begin{array}{l}6.710\\ 6.667\end{array}\right\}0.043\\ 6.418\end{array}\right\}0.292$$

$$X/1 = 0.043 \div 0.292$$
$$X = 0.147$$

则：

$$i = 8\% + 0.147\% = 8.147\%$$

注意：在使用内插法计算系数时，在表中查出的两个系数必须符合以下条件：分别位于待查系数的左右，使待查系数介于两者之间；两个系数应相距较近，以使误差控制在允许的范围内。

四、计算期短于1年的复利计算

在实际工作中，计息的周期并不一定是年，也可能是季度、月份或日。例如，某些债券半年计息一次；银行间拆借资金每天计息一次。

在单利计息的条件下，由于利息不再生利，所以不管是按年计息还是按月计息，效果是一样的，但是在复利计息的情况下。由于每个计息期所得的利息还要再次生息，所以按月（半年、季、日等）计算所得利息将多于同利率下按年计算所得利息。因此。当使用的利率是年利率而计息期又短于1年时，利率及计息期数均应按下式进行换算：

$$r_m = \frac{r}{m}$$

$$t = m \cdot n$$

式中 r_m为计息期利率；

r为年利率；

m为每年计息次数；

n为年数；

t为换算后的计息次数。

五、企业内在价值估计时必须考虑的风险和报酬

资金时间价值是在没有考虑风险和通货膨胀下的投资收益，不涉及风险问题。但事实上，市场经济就是风险经济。

企业的经济活动大都是在风险和不确定的情况下进行的。讨论风险和报酬的关系，目的是解决估价时如何确定折现率的问题。折现率应当根据投资者所要求的必须报酬率来确定。实践证明，必要报酬率的高低取决于投资的风险，风险越大要求的必要报酬率就越高。

风险报酬均衡观念，揭示风险与收益之间的关系。它同资金时间价值观念是一样的，是财务决策的基本依据。

案例讨论

瑞士田纳西镇巨额账单

纽约布鲁克林法院判决田纳西镇应向美国投资者支付1 260亿美元。如果你突然收到一张事先不知道的1 260亿美元的账单，你一定会大吃一惊。而这样的事件却发生在瑞士田纳西镇的居民身上。田纳西镇的问题源于1966年的一笔存款。斯兰黑不动产公司在内部交换银行（田纳西镇的一家银行）存入一笔

6 亿美元的存款。存款协议要求银行按每周 1%的利率(复利)付息。1994 年,纽约布鲁克林法院作出判决:从存款日到田纳西镇对该项银行进行清算的 7 年中,这笔存款应按每周 1%的复利计息,而在银行清算后的 21 年中,每年按 8.54%的复利计息。

最初田纳西镇的居民以为这是一件小事,但当他们收到账单时还是被这张巨额账单惊呆了。他们的律师指出,若高级法院支持这一判决,为偿还债务,所有田纳西镇的居民以后的生活就艰难了。

请回答下列问题:

(1) 1 260 亿美元是如何计算出来的?

(2) 如果利率为每周 1%复利计息,6 亿美元增加到 12 亿美元需要多长时间?

(3) 如果利率为每周 1%复利计息,6 亿美元增加到 1 000 亿美元需要多长时间?

(4) 本案例对你有何启示。

思考题

1. 什么是资金时间价值? 为什么会产生资金时间价值?
2. 什么是单利计息? 什么是复利计算?
3. 什么是年金? 年金可分为哪几种?
4. 什么是先付年金? 什么是后付年金?
5. 什么是递延年金? 什么是永续年金?
6. 什么是偿债基金? 偿债基金有何意义?
7. 什么是名义利率? 什么是有效年利率? 两者有何区别?
8. 资金时间价值在财务管理中有何作用?

单项选择题

1. 资金时间价值的真正来源是(　　)。

A. 工人创造的剩余价值　　B. 放弃流动偏好的报酬

C. 牺牲现时消费所得的报酬　　D. 价值时差的贴水

2. 年金的收付款方式有多种,其中每期期末收付款的年金是(　　)。

A. 普通年金　　B. 先付年金

C. 递延年金　　D. 永续年金

3. 下列各项年金中,无法计算出确切终值的是(　　)。

A. 后付年金　　B. 先付年金

C. 递延年金　　D. 永续年金

4. 下列各项资金时间价值系数中，与偿债基金系数互为倒数关系的是(　　)。

A. 年金终值系数　　B. 复利终值系数

C. 复利现值系数　　D. 年金现值系数

5. 对于年金现值系数而言，若其他条件不变，当 i 越高时，年金现值系数的数值(　　)。

A. 越大　　B. 越小

C. 没有关系　　D. 无法确定

6. 对于复利终值系数而言，若其他条件不变，当 n 值越小时，复利终值系数的数值(　　)。

A. 越大　　B. 越小

C. 没有关系　　D. 无法确

7. 在利率和计息期相同的条件下，下列表达式中，正确的是(　　)。

A. 普通年金终值系数×普通年金现值系数=1

B. 普通年金终值系数×偿债基金系数=1

C. 普通年金终值系数×资本回收系数=1

D. 普通年金终值系数×先付年金现值系数=1

8. 企业发行债券，在名义利率相同的情况下，对企业比较有利的复利计息期是(　　)。

A. 1年　　B. 半年

C. 1个季度　　D. 1个月

业 务 题

1. 现在向银行存入10 000元，按复利计算，在利率为多少时，才能保证在以后10年中每年得到1 600元?

2. 天天制衣厂采购一台生产设备，采取5年期分期付款方式，5年中每年年初支付25 000元，设银行利率为5%，则该设备分期付款相当于一次现金支付的购价是多少?

3. 天天制衣厂进行设备改造，每年可增加收益120 000元，按年利率6%计算，若设备还可以继续使用8年，其投资额不高于多少才合算?

4. 新星制衣厂为了在6年后还清120万元债务，从现在开始每年等额存入银行一笔款项。假设银行存款利率为6%，每年需要存入多少钱?

5. 新星制衣厂有一个投资项目，建设期2年，从第3年开始，连续5年每年获得收益15万元，要求最低投资收益率为10%，则投资额不高于多少才合算?

第五章　投资风险价值

引 导 案 例

1993年，世界闻名的诺贝尔基金会的总资产滚动至2亿多美元。每年发布奖项必须支付高达500万美元以上的奖金。为什么诺贝尔基金会产生这么多的钱呢？事实上，诺贝尔基金会的成功，除了诺贝尔本人在100年前捐献一笔庞大的基金外，更重要的原因是诺贝尔基金会理财有方。诺贝尔基金会成立于1896年，负责管理由诺贝尔捐献的980万美元资产。由于该基金会成立的目的是支付奖金，管理上不允许出现任何的差错。因此，基金会成立初期，其章程中明确规定基金的投资范围，应限制在安全且收益固定的项目上，如银行存款与公债。这种保本重于报酬率、安全至上的投资原则，的确是稳定的做法。然而，随着每年奖金的发放与基金运作的支出，历经50多年后，到1953年该基金会的资产只剩下300多万美元。眼看基金的资产将消耗殆尽，诺贝尔基金会的理事们及时觉醒，意识到投资报酬率对财富积累的重要性，于是在1953年更改基金管理章程，将原来只存放银行与买公债的无风险投资观变为以投资股票、房地产为主的风险投资观。资产投资观念的改变，扭转了基金会的命运。

思考与讨论

(1) 什么是无风险投资？什么是风险投资？为什么要进行风险投资？

(2) 风险如何衡量？风险与报酬之间有何关系？

(3) 企业如何进行风险投资？

资金时间价值是在没有考虑风险和通货膨胀下的投资收益，他不涉及风险问题。但事实上，市场经济就是风险经济。企业的经济活动大都是在风险和不确定的情况下进行的。讨论风险和报酬的关系，目的是解决估价时如何确定折现率的问题。折现率应当根据投资者所要求的必要报酬率来确定。实践证明，必要报酬率的高低取决于投资的风险，风险越大要求的必要报酬率就越高。投资风险价值观念或风险报酬均衡观念，揭示风险与收益之间的关系。它同资金时间价值观念一样，是财务决策的基本依据。

第一节 风险的定义和分类

一、风险的定义和特征

在市场经济条件下，任何决策都有风险，风险广泛存在于企业的财务活动中，对于企业实现财务管理目标产生重要的影响，这就使得风险观念在理财中更具有普遍意义。简单地说，在财务学中，风险就是预期结果的不确定性。

1. 不确定性包括负面效应和正面效应

从经济学意义上讲，风险的不确定性不仅包括负面效应，也包括正面效应。

(1) 危险专指负面效应，是指发生损失及其程度的不确定性。人们对危险进行管理，通过识别、衡量、防范和控制使损失程度降到最低。

(2) 风险的另一部分是正面效应，可以称为“机会”。对其进行识别、衡量、选择和获取可以增加企业的价值。

2. 风险的不确定性分为外生和内生

外生的不确定性是由经济系统外部因素决定的。例如，消费者的偏好或厂商的生产技术等。内生的不确定性则是经济行为者的决策，因而是许多经济学家研究和分析的对象。从严格意义上讲，风险与不确定性是有区别的。风险是可以通过数学分析方法来计量的，而不确定性则指决策者没有任何可供依据的资料和历史数据对可能发生的结果作出预测。大多数的学者将概率型的不确定性称为风险，将非概率型的不确定性称为不确定性。

3. 风险具有的特征性

(1) 客观性。它不以人们的意志为转移。

(2) 不确定性。风险的发生难以琢磨，虽然整体风险可以通过概率计算，但某一特定风险何时发生、怎么发生，却难以预计。

(3) 风险与收益在一般情况下具有对等性。即风险大，如果成功则收益，如果失败则损失大；反之亦然。

二、风险的分类

从财务管理的角度看，风险广泛存在于财务管理的全部活动中。按照不同的划分标准，可以定义很多种风险，我们主要从财务管理内容和投资主体的角度对风险进行分类。

1. 从财务管理内容的角度看，风险包括五类风险

(1) 经营风险。经营风险是指企业在经营活动中遇到一些影响企业正常运作的不确定性因素。例如，产品需求的变动，产品售价的变动，单位产品变动成本的变化以及经营杠杆等。

（2）投资风险。投资风险是指企业将所筹集到的资本投向某项活动所具有的不确定性。投资风险主要由投资行业和投资时间的长短来决定。通常长期投资的风险总是大于中短期投资的风险，而每种行业的利润率不同，也决定了其投资风险不同。

（3）筹资风险。筹资风险是指企业在筹集资本的过程中受筹资时间、筹资数量、筹资方式和筹资渠道等因素的影响所具有的不确定性。筹资时间越长，不确定性因素越多，筹资风险越大。从筹资数量上看，筹资的数量越大，则风险越大。另外，筹资渠道与筹资方式的不同，也会影响筹资风险，如股票筹资与债券筹资其风险就显著不同。一般来说，企业负债经营后产生的到期不能还本付息的风险称为筹资风险。

（4）营运资金风险。营运资金风险是指企业财务状况和财务成果会因为营运资金不足而产生负面影响，从而存在造成经济损失的可能性。他在企业日常经营活动中主要表现为存货风险、应收账款风险、现金风险和流动性风险。

（5）收益分配风险。收益分配风险是指企业在收益的形成和分配上所具有的不确定性。从收益形成上看，如果企业产品质量低劣，无法适应市场需求，势必影响企业收益的形成，使收益形成面临风险。另一方面，就是企业如何分配收益的问题。即收益对投资者分配的时间、形成和金额的把握不当所产生的风险。

总之，如果企业在资本紧张时期还以现金形式对外分配，则必然降低企业的偿债能力；如果企业不分红利，又会挫伤投资者的积极性，对企业今后的发展带来不利影响。

2. 从投资的角度看，风险分为市场风险和公司特有风险

（1）市场风险。市场风险是指那些会对所有的公司产生影响的因素引起的风险。比如，战争、国家政策、通货膨胀等。由于这类风险涉及所有的投资对象，因此它不能通过分散投资来加以分散。市场风险又分为不可分散风险和系统风险。市场风险主要包括：经济周期风险、利率风险、购买力风险等。

（2）公司特有风险。公司特有风险是指发生于个别公司的特有事件造成的风险，如罢工、诉讼失败等。它通常由某一特殊因素引起，只对个别或少数证券收益产生影响，而与全局没有系统、全面的联系。这类风险是随机发生的，可以通过多元化投资来分散。公司特有风险可以分为经营风险、财务风险、违约风险、流动风险、再投资风险等。

三、风险管理策略

风险管理的策略主要有以下几种。

1. 接受风险策略

这种策略是企业采取自我保护的接受风险策略，对可能发生的风险提前做好准备，以应付风险带来的损失。例如，提取坏账准备、长期财产保值，用作将来

发生风险给企业带来损失的补偿。

2. 回避风险策略

这是一种保守的风险管理策略,是以无风险或低风险作为衡量各种备选方案优劣的标准。这种策略尽管较为稳健,但并不经常采用。因为风险与收益总是并存的,风险的大小与风险价值率成正比,没有风险也就没有丰厚的收益。

3. 减少风险策略

这种策略在实践中经常采用,在风险管理中,采取相应的措施,减少因发生风险可能给企业带来的损失。还可以进一步将减少风险策略按风险控制目的分为预防性控制和抑制性控制,按控制风险的方式,可分为技术控制和行为控制,前者是采用相应的工程技术控制措施,减少可能发生的风险;后者是强化对有关人员的管理,减少可能发生的风险。

4. 转移风险策略

这种策略是指对某些可能发生风险损失的财产或项目,采用转移的方式转出企业,并换回较为保险的财产或项目。例如,以参加保险方式,通过支付保险费用,把风险转移给保险公司。

总之,风险管理的目的不在于一味地追求降低风险,而在于在收益和风险之间作出恰当的选择。

第二节 单项资产的风险和报酬

在财务管理中,任何决策都是根据对未来事件的预测作出的,而未来的情况往往是不确定的。由于不确定性的存在,将来出现的结果可能与我们预期的结果不一样,这样实际结果与预测结果的偏离程度往往被用于衡量风险。风险报酬原理正确地揭示风险和报酬之间的关系,是财务决策的基本依据。

1. 概率概念与案例

要理解概率的含义,首先要了解什么是随机事件。在经济活动中,某一事件在相同的条件下可能发生也可能不发生,这类事件称为随机事件。

概率是某一事件发生的机会可能性大小的数值。通常,必然发生的概率为1,不可能发生的概率为0,而一般随机事件的概率是介于0～1之间的一个数,概率越大就表示该事件发生的可能性越大。

概率必须符合以下两条规则:

(1) $0 \leqslant P_i \leqslant 1$;也就是说,每一个随机变量的概率最小为0,最大为1,不可能小于0,也不可能大于1。

(2) $\sum_{i=1}^{n} P_i = 1$ (n 为可能出现的结果个数)。

【例 5-1】 解读投资报酬率中的概率。

新星公司的一项投资，估计未来的投资报酬如表 5-1 所示，有 3 种可能。

表 5-1

不同客观状态下预期的投资报酬情况

客观状态	概率	投资报酬(元)
市场需求较高	0.3	5 000
市场需求正常	0.4	4 000
市场需求较低	0.3	3 000

以上表明市场需求较高时投资报酬产生的可能性为 30%。市场需求正常时投资报酬产生的可能性为 40%，市场需求较低时投资报酬产生的可能性为 30%。

概率是对发生某一客观状态可能性大小的表达，是建立在经验、市场研究或数学模型基础之上的，概率数据之间并不一定具有线性关系。

2. 期望值概念与案例

随机变量的预期值通常也称为数学期望值或均值，它是将随机变量的各个取值，以相应的概率为权数进行加权平均后所得的数据，它反映随机变量取值的平均化。

期望报酬率是各种可能的报酬率按其概率进行加权平均得到的报酬率，它可以按照下列公式计算。

$$K=\sum_{i=1}^{n}K_iP_i$$

式中 K 为期望报酬率；

K_i 为第 i 种可能的结果的报酬率；

P_i 为第 i 种可能结果的概率；

n 为可能结果的个数。

【例 5-2】 期望报酬率的计算方法。

表 5-2 中列出了 A、B 两个项目的报酬率及其概率分布情况，计算两个项目的期望报酬率。

表 5-2

A 项目和 B 项目报酬率的概率分布

项目情况	A 项目		B 项目	
很好	0.3	15%	0.3	25%
一般	0.5	10%	0.4	10%
较差	0.2	−5%	0.3	−10%

根据期望报酬率分别计算A项目和B项目的期望报酬率：

$$\begin{aligned}A\text{项目的期望报酬率} &= K_1P_1+K_2P_2+K_3P_3\\ &=0.3\times15\%+0.5\times10\%+0.2\times(-5\%)\\ &=8.5\%\end{aligned}$$

$$\begin{aligned}B\text{项目的期望报酬率} &= K_1P_1+K_2P_2+K_3P_3\\ &=0.3\times25\%+0.4\times10\%+0.3\times(-10\%)\\ &=8.5\%\end{aligned}$$

A、B两个项目期望报酬率相同，都是8.5%，如果不考虑其他因素，这两个项目在报酬率上相同，投资价值也相同。但如果要在两个项目之间作出决策，应当通过计算，比较其风险的大小。

相比之下，A项目在不同经济情况下报酬率相对集中，而B项目的投资报酬率却比较分散，这意味着A项目的风险较小，而B项目的风险较大。

3. 离散程度概念与案例

在[例5-2]中已述及，概率分布越集中，风险就越小；概率分布越分散，风险就越大。那么如何衡量分布的集中程度呢？实践中采用方差和标准差来衡量随机变量的离散程度。

方差是用来表示随机变量和预期值之间离散程度的一个量。把期望报酬率与每一个结果相减，得到每一种可能结果与期望报酬率的差异。计算每个差异的平方，再乘以与其有的结果发生的概率，并把这些乘积汇总，得到概率分布的方差。其计算公式为：

$$\sigma^2=\sum_{i=1}^{n}[(K_i-K)^2\times P_i]$$

标准差也叫均方差或标准离差，是方差的平方根。它同样反映各种收益可能值与期望的综合偏离程度。

标准差可以看作是投资风险大小的具体标志，可以说明某个投资方案风险的大小，也可以比较期望值相同的不同方案的风险程度。

其计算公式为：

$$\sigma=\sqrt{\sum_{i=1}^{n}[(K_i-K)^2\times P_i]}$$

【例5-3】 通过分析概率离散程度评估项目风险。

沿用[例5-2]，为了比较两个项目的风险，可以计算比较A、B两个项目的方差与标准差。

A项目的方差：

$$\sigma_A^2 = \sum_{i=1}^{n}[(K_i - K)^2 \times P_i]$$
$$= 0.3\times(15\% - 8.5\%)^2 + 0.5\times(10\% - 8.5\%)^2 + 0.2\times(-5\% - 8.5\%)^2$$
$$= 0.5025\%$$

A 项目的标准差：

$$\sigma_A = \sqrt{\sum_{i=1}^{n}[(K_i - K)^2 \times P_i]}$$
$$= 7.09\%$$

B 项目的方差：

$$\sigma_B^2 = \sum_{i=1}[(K_i - K)^2 \times P_i]$$
$$= 0.3\times(25\% - 8.5\%)^2 + 0.4\times(10\% - 8.5\%)^2 + 0.3\times(-10\% - 8.5\%)^2$$
$$= 1.8525\%$$

B 项目的标准差：

$$\sigma_B = \sqrt{\sum_{i=1}^{n}[(K_i - K)^2 \times P_i]}$$
$$= 13.61\% > 7.09\%$$

可见，B 项目的标准差大于 A 项目的标准差，说明 B 项目的风险高于 A 项目的风险。但标准差的大小与投资报酬率的绝对水平有关，必须是在期望值相等或接近相等的情况下比较标准差的大小，才能确定风险的程度，这就需要比较不同的标准离差率。

4. 标准离差率概念与案例

标准离差率是标准差与期望值的比值，它是从相对角度观察的差异和离散程度，在比较相关事物的差异程度时较之直接比较标准差要好些。标准离差率又称变异系数或变化系数。其计算方法为：

$$Q = \sigma / K$$

式中 Q 为标准离差率；

σ 为标准差；

K 为预期报酬率。

【例 5-4】 标准离差率的应用。

沿用[例 5-2]和[例 5-3]的资料，分别计算 A 项目和 B 项目的标准离差率。

A 项目的标准离差率 $= 7.09\% \div 8.5\% = 83.41\%$

B 项目的标准离差率 $= 13.61\% \div 8.5\% = 160.12\%$

因为项目 B 的标准离差率大于项目 A，所以项目 B 的风险更大些。

注意：衡量风险大小的原则是标准离差率越小，风险越小。在期望值相同的情况下，用标准差大小来衡量风险；在期望值不同的情况下，用标准离差率来衡量风险。因为标准离差率是相对数，它避免了报酬绝对值大小对标准差的影响，同时也避免了因投资项目使用单位不同而不便比较的缺点。

5. 风险收益均衡概述

标准离差率虽然能够正确评价投资风险的大小程度，但还是无法将风险与报酬结合起来分析。

风险和收益是相对均衡的，整个投资的理论与实战技巧都是围绕着如何处理这两者之间的关系而展开的。

假设面临的决策不是评价与比较两个项目的风险水平，而是要决定是否对某一投资项目进行投资。此时，就需要计算出该项目的风险报酬率。因此，我们就需要一个指标将对风险的评价转化为报酬率指标。

企业的预期收益率包括如下两项：

（1）无风险收益率。

（2）风险补偿率或风险收益率。

无风险收益率通常以国家发行的公债为准，是最低的社会平均报酬率。风险补偿率则是承担风险而获得的额外收益，通常用风险报酬率来表示。风险越大，报酬率越大，获得的补偿就越多。

它们之间的关系可以用以下公式表示：

$$\text{预期收益率} = \text{无风险收益率} + \text{风险补偿率}$$

$$\text{风险补偿率} = \text{风险价值系数} \times \text{标准离差率}$$

风险收益均衡观念贯穿于日常财务活动中，它要求财务活动必须考虑收益与风险的价值对称性，就是以财务活动所面临的风险大小来确定其预期收益率。

第三节 投资组合的风险和报酬

一、投资组合理论概述

在实际生活中，投资者进行投资时，一般并不把其所有资金投资于单一证券，而是同时持有多种证券。

1. 投资活动的黄金法则

这是进行投资活动时的一种黄金法则，即“不要把鸡蛋放在同一个篮子里”，“但是放鸡蛋的篮子不要太多”。这种同时投资多种证券的行为简称证券组合或投资组合。

投资者进行投资组合的目的是分散风险，追求在一定的收益水平下伴随的最小风险，或在一定风险水平下获取的最大收益。

2. 证券组合的理论

证券组合理论是由美国著名经济学家哈利·马克维茨于1952年在《金融杂志》上发表的《证券组合的选择》一文中首次提出的。该理论成为现代投资理论的起源，为现代金融投资定价理论的建立和发展奠定了基础。该理论主要解决投资者如何衡量不同金融投资的投资风险，以及如何合理组合自由资金以取得最大的收益问题。

3. 证券组合理论的假设条件

哈利·马克维茨在对投资组合进行研究时，对证券组合理论提出多种假设条件：

(1) 投资者追求其每期财富期望效用的极大化。

(2) 投资者具有单周期投资视野。

(3) 投资者是厌恶风险的。

(4) 投资者根据基于收益的均值与标准差来选择最优投资组合。

(5) 市场是完美的，不存在交易费用和税收，投资者是价格接受者，证券是无限可分的，以至于必要时可以购买部分股权。

因此，投资组合理论认为若干种证券组成的投资组合，其收益是这些证券收益的加权平均数，但其风险不是这些证券的加权平均风险，投资组合能降低风险。

二、两种证券组合风险与报酬

1. 证券组合的风险

证券组合的风险可以分为系统风险与非系统风险。系统风险是由影响整个经济市场的风险因素引起的，而非系统风险则是由某一种特定原因对某一特定资产报酬率造成影响的可能性。

投资组合理论认为若干种证券组成的投资组合，其收益是这些证券收益的加权平均数，但其风险不是这些证券的加权平均风险，投资组合能降低风险。

2. 两种证券组合的投资比例与有效集

【例5-5】 预期报酬率及标准差在证券投资中的应用。

假设某投资组合由A、B两种证券组成，等比例投资于两种证券，即投资额各占50%，其预期报酬率和标准差如表5-3所示。

表5-3

A、B两种证券的预期报酬率和标准差

项　目	A证券	B证券
预期报酬率	10%	18%
标准差	12%	20%
相关系数	0.2	

该组合的预期报酬率 =（预期报酬率 × 投资比重）之和

$R_P = 10\% \times 0.50 + 18\% \times 0.50 = 14\%$

A、B 证券完全负相关：一个变量的增加值永远等于另一个变量的减少值，组合的风险被完全抵销。

A、B 证券完全正相关：一个变量的增加值永远等于另一个变量的增加值，组合的风险不减少也不扩大。

各种股票之间不可能完全负相关，也不可能完全正相关，所以，不同股票的投资组合可以降低风险，但又不能完全消除风险。

如果两种证券的相关系数等于 1，没有任何抵销作用，在等比例投资的情况下该组合的标准差等于两种证券各自标准差的简单算术平均数，即 16%。如果两种证券之间的预期相关系数为 0.2，组合的标准差会小于加权平均的标准差，其组合标准差为：

$$\sqrt{a^2\delta_A^2 + 2ab\delta_A\delta_B r + b^2\delta_B^2}$$

$$= \sqrt{0.5^2 \times 12\%^2 + 2 \times 0.5 \times 0.5 \times 12\% \times 20\% \times 0.2 + 0.5^2 \times 20\%^2}$$

$$= 12.65\%$$

从这个计算过程可以看出，只要两种证券之间的相关系数小于 1，证券组合的预期报酬率和标准差就小于各证券报酬率标准差的加权平均数。

在[例 5-5]中，两种证券的投资比例是相等的。但如果投资比例发生变化，证券组合的预期报酬率和标准差也会发生变化。

对于这两种证券其他投资比例的组合，其计算结果如表 5-4 所示。

表 5-4

不同投资比例的组合

组合	对 A 证券的投资比例	对 B 证券的投资比例	组合的预期报酬率	组合的标准差
1	1	0	10.00%	12.00%
2	0.8	0.2	11.60%	11.11%
3	0.6	0.4	13.20%	11.78%
4	0.4	0.6	14.80%	13.79%
5	0.2	0.8	16.40%	16.65%
6	0	1	18.00%	20.00%

图 5-1 描绘随着对两种证券投资比例的改变，预期报酬率与风险之间的关系。图 5-1 中黑点与表 5-4 中的 6 种投资组合一一对应。连接这些黑点所形成

的曲线称为机会集，它反映出风险与预期报酬率之间的权衡关系。

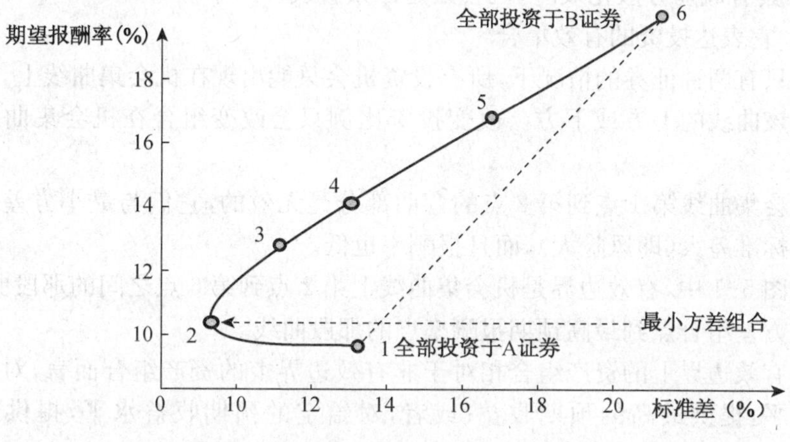

图 5-1　投资于两种证券组合的机会集

3. 投资于两种证券组合的机会集分析

图 5-1 有几项特征是非常重要的，如下所述。

1）它揭示分散化效应

比较曲线和以虚线绘制的直线的距离可以判断分散化效应的大小。该直线是由全部投资于 A 和全部投资于 B 所对应的两点连接而成的。

它是当两种证券完全正相关(无分散化效应)时的机会集曲线。曲线则代表相关系数为 0.2 时的机会集曲线。从曲线和直线间的距离，可以看出本例的风险分散效果是相当显著的。投资组合的抵销风险效应可以通过曲线 1～2 的弯曲看出来。

从第 1 点出发，拿出一部分资金投资于标准差较大的 B 证券会比将全部资金投资于标准差小的 A 证券的组合标准差还要小。

这种结果与人们的直觉相反，揭示风险分散化的内在特征。一种证券的未预期变化往往会被另一种证券的反向未预期变化所抵销。

尽管从总体上看，这两种证券是同向变化的，但抵销效应还是存在的，在图 5-1 中表现为机会集曲线有一段从第 1 点到第 2 点的弯曲。

2）它表达最小方差组合

曲线最左端的第 2 点组合称为最小方差组合，它在持有证券的各种组合中有最小的标准差。

在图 5-1 中，最小方差组合是 80％的资金投资于 A 证券、20％的资金投资于 B 证券。离开此点，无论增加或减少投资于 B 证券的比例，都会导致标准差的小幅上升。

机会集曲线向点 A 左侧凸出的现象并非必然伴随着分散化投资发生，它取决于相关系数的大小。相关系数越小,越弯曲,风险分散化效应越强。相关系数为 1,不具有风险分散化效应,机会集是一条直线。

3）它表达投资的有效集合

在只有两种证券的情况下,所有投资机会只能出现在机会集曲线上,而不会出现在该曲线的上方或下方。改变投资比例只会改变组合在机会集曲线上的位置。

机会集曲线第 1 点到第 2 点的弯曲部分是无效的,它们与最小方差组合相比不但标准差大(即风险大),而且报酬率也低。

在图 5-1 中,有效边界是机会集曲线上第 2 点到第 6 点之间的那段曲线,即从最小方差组合点到最高预期报酬率点的那段曲线。

在有效边界上的资产组合相对于非有效边界上的资产组合而言,对给定的风险水平,提供最高的预期收益;或者,对给定的预期收益水平,提供最小的风险。

4. 相关性对风险的影响

图 5-1 中只列示了相关系数为 0.2 和 1.0 的机会集曲线,如果增加一条相关系数为 0.5 的机会集曲线,就成为图 5-2 所示的曲线。

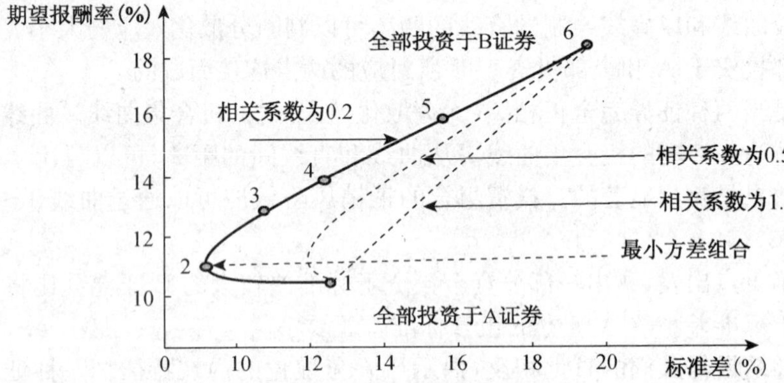

图 5-2 相关性对风险的影响

由图 5-2 可知:

相关系数为 0.5 的机会集曲线与完全正相关的直线的距离缩小了,并且没有向后弯曲的部分。

最小方差组合是 100%投资于 A 证券。将任何比例的资金投资于 B 证券,所形成的投资组合的方差都会高于将全部资金投资于风险较低的 A 证券的方差。因此,有效边界就是整个机会集。

总之,证券报酬率的相关系数越小,机会集曲线就越弯曲,风险分散化效果也就越强。证券报酬率之间的相关性越高,风险分散化效果也就越弱,完全正相关的投资组合不具有风险分散化效应，其机会集是一条直线。

5. 证券投资组合策略

在证券组合理论的发展过程中，最常见的组合策略有以下几种：

(1) 稳健型策略。这种策略又称保守型策略。其目的是尽量降低风险，只求得到与市场平均报酬率相等的报酬。因此，这种组合通常选择政府公债与股票搭配。这种组合不需要高深的证券投资专业知识，投资管理费较低，并且能分散掉全部可分散的风险。

(2) 适中型策略。这种策略是选择风险程度不同的证券组合，常见的有"三分法"，即在全部投资中，无风险证券(如政府债券)占 1/3，风险小的证券或优先股占 1/3，高风险证券(如成长企业的普通股票)占 1/3。这种组合风险不太大，报酬却较高。

(3) 进攻型策略。这种策略是冒险型策略，在这种组合中，预期盈利高、销路好的成长型股票较多，而低风险、低报酬的证券不多，并且这种组合变动频繁。因此，这种组合风险很大，但能取得远远高于市场平均报酬率的高额报酬。

第四节 CAPM 模型：确定有效风险资产组合

从对投资组合风险的分析中可以看出，无论资产之间的相关系数如何，投资组合的收益不低于单项资产的收益，同时，投资组合的风险往往要小于单项资产的风险。也就是说，组合投资可以用于分散风险。

那么，对于投资组合来说，投资组合的期望报酬率与组合的风险之间有什么样的关系呢？为解决这个问题，夏普提出资本资产定价模型(以下简称 CAPM 模型)。

有了这个模型，在不需要知道每个证券期望报酬率的情况下，就能够确定风险资产的有效投资组合。

一、资本资产定价模型的定义

资本资产定价模型是财务学形成和发展中最重要的里程碑。它第一次使人们可以量化市场的风险程度，并且能够对风险进行具体定价。其研究对象是充分组合情况下风险与要求的收益率之间的均衡关系。

资本资产定价模型是一种描述风险与收益之间关系的模型。在这一模型中，某种证券的期望报酬率就是无风险报酬率加上这种证券的系统风险溢价。其计算公式为：

$$E(R_i) = R_F + \beta_i \times (R_M - R_F)$$

式中 $E(R_i)$ 为第 i 种股票或第 i 种投资组合的期望报酬率；

R_F 为无风险报酬率；

β_i 为第 i 种股票或第 i 种投资组合的 β 系数；

R_M 为市场组合的平均报酬率。

资本资产定价模型表达的是一项资产要求的收益是无风险收益与一项资产的风险溢价的和。资产的风险溢价取决于市场风险价格及与市场投资组合共同变化的那些资产的收益。

二、资本资产定价模型的假设

资本资产定价模型是建立在一系列假设条件的基础上的。它与投资者的行为及投资集合的特征有关。CAPM 模型对投资者的行为作出了七点假设：

(1) 所有投资者均追求单期财富的期望效用最大化,并以各备选组合的期望收益和标准差为基础进行组合选择。

(2) 所有投资者均可以无风险利率、无限制地借入或贷出资金。

(3) 所有投资者拥有同样预期,即对所有资产收益的均值、方差等,投资者均有完全相同的主观估计。

(4) 所有的资产均可以被完全细分,拥有充分的流动性且没有交易成本。

(5) 不存在税金。

(6) 所有投资者均为价格接受者。即任何一个投资者的买卖行为都不会对股票价格产生影响。

(7) 所有资产的数量是给定的和固定不变的。

在以上假设的基础上,提出具有奠基意义的资本资产定价模型。随后,每一个假设逐步被放开,并在新的基础上进行研究,这些研究成果都是对资本资产定价模型的突破与发展。

多年来,资本资产定价模型经受住大量的经验上的证明,尤其是 β 系数概念。

三、β 系数

从投资者的角度看,投资组合的风险可以分为系统风险和非系统风险两类。不可分散风险对投资者来说是无法消除的,但是这种风险对于不同企业来说影响程度存在差别,对于这种风险的计量,可以通过 β 系数来衡量。

1. 系统风险的衡量——β 系数

β 系数被定义为某个资产或者某个证券组合的收益率与市场组合之间的相关性,它反映系统风险的程度,用于衡量个别证券报酬率对证券市场组合报酬率变化的敏感性。其计算公式为：

β 系数 =（某股票标准差 ÷ 股票市场组合标准差）× 该股票与股票市场的相关性

或 β 系数 = 协方差 ÷ 市场组合方差

【例 5-6】 分析 β 系数的计算过程,有关资料见表 5-5。

表 5-5

β 系数计算过程表

年份	股票收益率 y_j	市场收益率 x_j	$(x_j-x)(y_j-y)$	$(x_j-x)^2$	$(y_j-y)^2$
1	1.8	1.5	−0.02	0.062 5	0.006 4
2	−0.5	1	0.595	0.062 5	5.664 4
3	2	0	−0.15	1.562 5	0.014 4
4	−2	−2	12.61	10.562 5	15.054 4
5	5	4	8.58	7.562 5	9.734 4
6	5	3	5.46	3.062 5	9.734 4
合计	11.3	7.5	27.075	22.875	40.208 4
平均数	1.88	1.25			
样本标准差	2.835 8	2.138 9			

$$\text{样本标准差}=\sqrt{\frac{\sum_{i=1}^{n}(K_i-\overline{K})^2}{n-1}}$$

$$\text{股票收益率样本标准差}=\sqrt{\frac{40.208\,4}{6-1}}=2.835\,8$$

$$\text{市场收益率样本标准差}=\sqrt{\frac{22.875}{6-1}}=2.138\,9$$

$$\text{相关系数}=\frac{\sum(X_I-\overline{X})(Y_I-\overline{Y})}{\sqrt{\sum(X_I-\overline{X})^2}\sqrt{\sum(Y_I-\overline{Y})^2}}$$

$$\text{相关系数}=\frac{27.075}{\sqrt{40.208\,4}\times\sqrt{22.875}}=0.892\,7$$

$$\beta\text{系数}=(2.835\,8/2.138\,9)\times 0.892\,7=1.18$$

2. 投资组合 β 系数

证券投资组合中的 β 系数是个别证券 β 系数的加权平均数,它可以反映特定投资组合的风险,即该证券组合的报酬率相对整个市场组合的变异程度。其计算公式为:

$$\beta=\sum_{i=1}^{n}W_i\beta_i$$

式中 β 为证券组合的 β 系数;

W_i 为第 i 中证券在组合时的比重；

β_i为第 i 中证券的 β 系数；

n 为投资组合证券总数。

β 系数可以为正值，也可以为负值。当 $\beta=1$ 时，表示该证券组合为市场平均风险证券组合；$\beta<1$ 时，表示证券组合报酬率的波动小于整个市场的平均波动水平，为低风险组合；当 $\beta>1$，表示证券组合报酬率的波动大于整个市场的平均波动水平，为高风险组合。

【例 5-7】 星光公司持有 A、B、C、三种股票组成的投资组合，权重分别为 20%、30%和 50%，三种股票的 β 系数分别为 2.5、1.2 和 0.5，市场平均报酬率为 10%，无风险报酬率为 5%。计算确定该投资组合的 β 系数。

$$\text{投资组合的}\ \beta\ \text{系数} = 20\% \times 2.5 + 30\% \times 1.2 + 50\% \times 0.5 = 1.11$$

此时 β 系数>1，为高风险组合。可见，当一个高 β 系数的证券加入原有的投资组合中，会使原投资组合的 β 系数上升，投资组合风险增加。

同理，当一个低 β 系数的证券加入原有的投资组合中，会使原投资组合的 β 系数下降，投资组合风险降低。

四、证券市场线

按照资本资产定价模型理论，单一证券的系统风险可由 β 系数来度量，而且其风险与收益之间的关系可由证券市场线来描述。

即资本资产定价模型的图示形式称为证券市场线。

证券市场线是表明一项资产的预期报酬率与其 β 系数之间关系的一条直线，如图 5-3 所示。

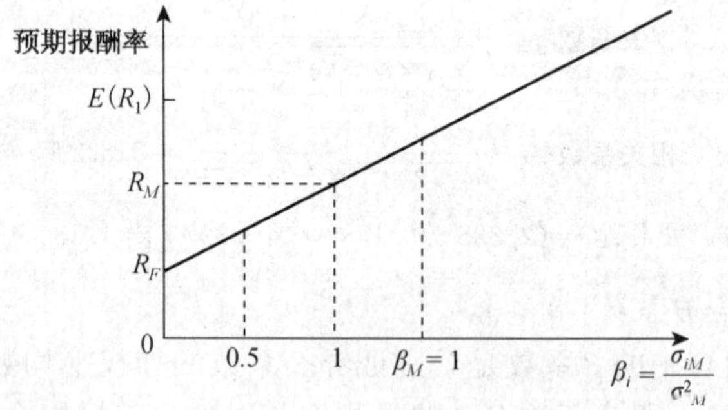

图 5-3 证券市场线

证券市场线很清晰地反映风险投资的预期报酬率与其所承担的系统风险 β 系数之间呈线性关系。如图 5-3 中，纵轴为要求的收益率，横轴则是以 β 值表示的风险。

证券市场线的倾斜表示经济系统中风险厌恶感的程度。一般来说,投资者对风险的厌恶感越强,证券市场的倾斜越大,对风险资产要求的风险补偿越大,对风险投资要求的收益率越高。

证券市场线和公司股票在线上的位置将随着一些因素的变化而变化,主要有以下几方面:

(1) 通货膨胀的影响。无风险报酬率从投资者的角度来看,是其投资的报酬率,但从筹资者的角度来看,则是其支出的无风险成本。市场的无风险利率有无通货膨胀的报酬率和通货膨胀贴水。这样:

$$无风险报酬率 = 真实报酬率 + 通货膨胀贴水率$$

(2) 风险回避程度的变化。证券市场线反映了投资者回避风险的程度——直线的倾斜度越陡峭,投资者越回避风险。

(3) 股票β系数的变化。β系数可能会因为一个企业的资产组合、负债结构等因素的变化而改变,也会因为市场竞争的加剧、专利权的期满等情况而改变。β系数的变化会使公司股票的报酬率发生变化。

案例讨论

华安现金富利投资基金

2001年9月21日,中国首只开放式基金华安创新成长混合型基金成立。至此中国开放式基金已然走过10年风雨岁月。现如今,作为公募基金主体的开放式基金早已飞入云长百姓家,成为投资者理财配置的首选。

12年前,相较于封闭式基金首募二三十亿元左右的份额,作为国内第一只开放式基金的华安创新首次公开募集份额即达到50亿份,规模近乎翻倍。与封闭式基金不同,由于开放式基金业绩好坏直接决定申购和赎回,流动性问题成为运作过程中必须随时注意的一块"暗礁",华安创新的成立,亦使得基金公司投资理念随之发生根本性的变革。

紧随其后,2002年11月8日,国内第一只开放式指数型资金——华安上证180指数增强型基金成立,成为华安基金在中国基金史上创造的又一个第一只。华安上证180指数增强型基金作为国内基金投资理念从主动到被动转变的里程碑,开创了国内基金采用被动投资策略的先河。

之后,华安创新的脚步并没有就此停滞。2003年12月30日,中国首支准货币市场基金华安现金富利投资基金成立。货币基金因其"准储蓄"的特征,刚刚面世即成为低风险爱好者的宠儿。2006年11月,A股牛市到来前夕,国内首只QDII基金华安国际配置基金正式成立,开放式基金迈出国际化和海外投资的重要一步。

10多年开放式基金跌宕的历史长河中，华安基金管理公司一直坚持注重基金业绩，而非单纯追求旗下产品的数量和规模的增加。投资层面，华安基金管理公司在坚持公司“精选个股”特长的基础上，进一步加大了“自上而下”的行业配置。同时，近几年公司投研人员亦进入新一轮扩充期，更好地实现最佳配置，挖掘出优秀的投资对象。

从封闭式基金到开放式基金，从主动型投资到被动型投资，从资本市场跨越到货币市场，从境内投资走向全球投资，华安基金管理公司几乎参与了中国基金业的历次历史性突破。在开放式基金十周年取得的成就基础上，华安基金管理公司将继续秉承“锐意创新，稳健前行”的理念，用优秀的业绩回报每一个投资者。

根据以上资料思考以下问题：

(1) 基金有很多种类，华安基金管理公司从混合型基金到货币基金以及国际配置基金，其风险有何不同？

(2) 华安基金管理公司为什么要投资多种基金？

(3) 基金的业绩如何衡量？它和风险之间有何关系？

思 考 题

1. 什么是风险？财务管理中的风险与日常生活中所说的风险有何不同？
2. 从财务管理角度看，风险分为哪几种类型？
3. 风险管理的策略有哪几种？
4. 相关系数如何影响两项风险资产组合的可行集？
5. β系数的含义是什么？它用来衡量什么性质的风险？β系数的影响因素主要有哪些？
6. 简述证券组合的理论。
7. 简述资本资产定价模型的内容。
8. 简述证券市场线的特征。
9. 简述证券投资组合策略。

单项选择题

1. 甲项目收益率的期望值为10%，标准差为10%，乙项目收益率的期望值为15%，标准差为10%，则可以判断(　　)。

A. 由于甲、乙项目的标准差相等，所以两个项目的风险相等

B. 由于甲、乙项目的期望值不等，所以无法判断两者的风险大小

C. 由于甲项目的期望值小于乙项目的，所以甲项目的风险小于乙项目的

D. 由于甲项目的标准离差率大于乙项目的，所以甲项目的风险大于乙项目的

2. 下列投资中，风险最小的是（　　）。

A. 购买政府债券　　B. 购买公司债券

C. 购买股票　　D. 投资开发新项目

3. 投资者甘冒风险进行投资的诱因是可获得（　　）。

A. 利润　　B. 报酬

C. 社会平均资金利润率　　D. 风险报酬率

4. 无风险收益率为5%，股票市场平均风险收益率为14%，公司β系数为1.5，则投资者要求的最低收益率为（　　）。

A. 18.5%　　B. 18%

C. 16.5%　　D. 13.5%

5. 下列关于β系数的说法中，不正确的是（　　）。

A. $\beta<1$时，表示证券组合报酬率的波动小于整个市场的平均波动水平，为低风险组合

B. $\beta<1$时，表示证券组合报酬率的波动小于整个市场的平均波动水平，为高风险组合

C. 证券投资组合中的β系数是个别证券β系数的加权平均数，它反映了组合的系统风险

D. β系数＝协方差÷市场组合方差

6. A、B证券组合时，一个变量的增加值永远等于另一个变量的增加值，则A、B证券（　　）。

A. 完全正相关　　B. 可以减少组合的风险

C. 相关系数等于0　　D. 以上都不正确

7. 投资者选择政府公债与股票搭配进行组合投资，这种组合不需要高深的证券投资专业知识，投资管理费较低，并且能分散掉全部可分散风险，称为（　　）策略。

A. 进攻型　　B. 冒险型

C. 适中型　　D. 稳健型

8. 投资组合理论认为若干种证券组成的投资组合，则下列说法中，不正确的是（　　）。

A. 其收益是这些证券收益的加权平均数

B. 其风险是这些证券的加权平均风险

C. 投资组合能降低风险

D. 相关系数越小，风险越小

业 务 题

1. 企业投资100万元于A项目,风险价值系数为10%,$Rf=8\%$,A项目投资收益情况如表5-6所示。

表5-6

A项目投资收益情况表

可能的市场状况	预计收益(万元)	概率(%)
好	100	30
一般	80	50
不好	50	20

计算:

(1) 项目收益期望值。

(2) 项目收益标准离差。

(3) 计算标准离差率。

(4) 计算风险收益率。

(5) 计算风险收益额。

(6) 计算投资收益率。

2. 星光公司持有A、B、C三种股票共100 000元,其中A股票20 000元,B股票30 000元,C股票50 000元,三种股票的β系数分别为0.5、0.8和1.5。

要求:

(1) 该投资组合的β系数为多少?

(2) 如果将D股票替换A股票,D股票β系数为1.2,投资比重保持不变,该投资组合的β系数为多少?

3. A、B两个项目的概率及其报酬率分布情况见表5-7,比较两个项目的风险程度。

表5-7

A项目和B项目报酬率的概率分布

实施项目情况	A项目		B项目	
	概　率	报酬率	概　率	报酬率
好	0.2	15%	0.3	20%
一般	0.6	10%	0.4	15%
差	0.2	0	0.3	−10%

4. A、B两种证券的预期报酬率和标准差如表5-8所示。

表 5-8

A、B 两种证券的预期报酬率和标准差

项　目	A 证券	B 证券
投资比重(1)	20%	80%
投资比重(2)	40%	60%
预期报酬率	15%	20%
标准差	10%	22%
相关系数	0.4	

要求：分析 A、B 两种证券的组合预期报酬率和组合标准差。

5. 星星公司的 6 年股票收益率和市场收益率资料如表 5-9 所示。

表 5-9

星星公司股票资料表

年份	股票收益率 Y_j	市场收益率 X_j
1	1.5	1.2
2	−0.5	1.5
3	1.4	0.5
4	−2.2	−4.6
5	5	4.5
6	7.4	3.5

要求：

(1) 列表分析股票收益率样本标准差和市场收益率样本标准差。

(2) 计算相关系数和 β 系数。

第六章　资本成本与资本结构

引导案例

“给我一个支点，我能撬起地球。”阿基米德这句脍炙人口的名言形象地描述了自然科学中的杠杆作用。杠杆能产生神奇的力量，而杠杆作用在财务管理中同样存在，请看下面的例子。

王先生的华源公司和李先生的海天公司规模相当，其资产总额均为1 000万元。王先生从小接受的祖训是最好不要借钱，因而华源公司的资产负债率很低仅10%，而李先生知道负债经营的好处，且具有冒险精神，李先生的海天公司资产负债率较高达到70%。若两家公司的资本回报率都是20%，债务利息率均为10%，则两家公司的财务状况及经营成果如表6-1所示。

表6-1

华源公司和海天公司的财务状况和经营成果

金额单位：万元

项　目	华源公司	海天公司
资产总额	1 000	1 000
负债总额	100	700
所有者权益总额	900	300
息税前利润	200	200
利息费用	10	70
税前利润	190	130
所得税费用(20%)	38	26
税后利润	152	104
股本报酬率	16.89%	34.67%

思考与讨论

(1) 什么是股本报酬率？它和资本回报率有何不同？

(2) 为什么华源公司的税前利润和税后利润均比海天公司高，但股本报酬率却比较低？

(3) 在什么情况下海天公司的股本报酬率会低于华源公司？

以上案例说明，负债经营会对企业的经营结果产生不同的影响，为了便于筹资管理与决策，企业在筹资时需要在资本成本和财务风险之间寻求最佳平衡点。本章作为财务管理的基础理论介绍资本成本的概念与计算、杠杆作用的原理与运用以及资本结构的概念与决策方法。

第一节　资　本　成　本

一、资本成本概述

（一）资本成本的概念

资本成本是指企业为筹集和使用资本而付出的代价。资本成本是资本所有权与资本使用权分离的结果。对于出资者而言，由于让渡了资本使用权，必须要求取得一定的补偿，资本成本表现为让渡资本使用权所带来的投资报酬。对于筹资者而言，由于取得了资本使用权，必须付出一定的代价，资本成本表现为取得资本使用权所付出的代价。

资本成本与资金时间价值既有联系，又有区别。资本成本的基础是资金时间价值，但两者在数量上是不一致的。资本成本既包括资金时间价值又包括投资风险价值，此外还受资金供求关系等因素的影响。

（二）资本成本的构成

从绝对量的构成来看，资本成本包括筹资成本和用资成本。

1. 筹资成本

筹资成本是指企业在筹集资本过程中支付的各项费用。如向银行支付的借款手续费，因发行股票、债券而支付的发行费等。筹资成本通常在筹集资本时一次性发生，在资本使用过程中不再发生，在计算资本成本时，可作为筹资金额的减项扣除。

2. 用资成本

用资成本是指企业在资本使用过程中付出的代价。如向银行等债权人支付的利息，向股东支付的股利等。用资成本是因为占用他人资本而给资本所有权的报酬，它与资本使用时间的长短有关，是资本成本的主要内容。

资本成本可以用绝对数表示也可以用相对数表示，但在财务管理中一般用相对数表示。相对数表示的资本成本即资本成本率，资本成本率一般也简称为资本成本。在计算资本成本时，由于筹资成本与用资成本性质不同，应区别对待。筹资成本可从筹资总额中一次性扣除，而用资成本则可用1年的用资成本，也即计算的是年资本成本率，其计算公式为：

$$资本成本=\frac{年用资成本}{筹资总额-筹资成本}=\frac{年用资成本}{筹资总额\times(1-筹资费率)}$$

（三）资本成本的形式

资本成本有多种形式，按照用途可分为个别资本成本、综合资本成本和边际资本成本。

个别资本成本是指企业各种长期资本的成本。如长期借款的成本、债券成本、优先股成本、普通股成本和留用利润成本。其中前两种为债务资本成本，后三种为权益资本成本。个别资本成本一般用于比较和评价各种筹资方式，其水平高低与资本性质密切相关。

综合资本成本是指企业全部长期资本的加权平均成本。其权数可以通过账面价值法、市场价值法和目标价值法进行选择。

边际资本成本是指企业追加长期资本的成本。它是在已确定目标资本结构的情况下，考察资本成本随筹资规模变动而变动的情况。

（四）资本成本的作用

1. 资本成本在企业筹资决策中的作用

(1) 个别资本成本是企业选择筹资方式的重要依据。企业的筹资方式有多种，但它们的资本成本各不相同。在评价各种筹资方式时，一般会考虑的因素包括对企业控制权的影响、对投资者吸引力的大小、融资的难易和风险、资本成本的高低等，其中资本成本是一重要因素。选择资本成本低的筹资方式，能提高企业的经济效益。

(2) 综合资本成本是企业进行资本结构决策的依据。不同筹资组合的综合资本成本的高低，可以用来比较各筹资组合的优劣，作出合理的资本结构决策。

(3) 边际资本成本是企业选择追加筹资方案的依据。企业为了扩大生产经营规模，常常需要追加筹资，而追加筹资金额的高低不同其相应的资本成本也是不同的，因此企业可比较边际投资收益与边际资本成本来作出决策。

2. 资本成本在企业投资决策中的作用

(1) 资本成本可作为投资项目的基准报酬率。一个投资项目只有在投资报酬率高于资本成本时，在经济上才是可行的。因此，资本成本通常被视为一个投资项目的“最低报酬率”或“必要报酬率”。

(2) 资本成本可作为投资项目决策的折现率。在企业投资项目分析评价中，以资本成本作为折现率，计算投资项目的净现值、现值指数，并进行投资决策。

3. 资本成本是衡量企业经营成果的尺度

资本成本可作为衡量企业整个经营业绩的基准。将企业全部资金的利润率与资本成本相比较。如果资金利润率高于资本成本，可认为经营有利；反之，则认为企业经营不利，需要改善经营管理，提高利润率和降低成本水平。

二、个别资本成本

（一）长期借款成本

长期借款成本主要是银行利息和银行手续费用。银行利息税前支付，具有抵减所得税作用，因此，在不考虑资金时间价值的情况下，长期借款成本的计算公式为：

$$K_L = \frac{I_L(1-T)}{L(1-f_L)}$$

式中　I_L为借款年利息（$L \times i_L$，i_L为借款年利率）；

T 为所得税税率；

L 为借款金额；

f_L为筹资费率（筹资成本÷筹资金额）。

【例 6-1】　某企业向银行取得长期借款 500 万元，期限 3 年，借款年利率 8%，每年付息一次，到期一次还本，借款手续费率 0.5%，企业所得税税率为 25%。长期借款成本计算如下：

$$长期借款成本 = \frac{500 \times 8\% \times (1-25\%)}{500 \times (1-0.5\%)} = 6.03\%$$

（二）债券成本

债券成本包括债券的利息费用和债券的发行费用，发行费用包括申请发行债券的手续费、注册费、印刷费、上市费以及摊销费等。债券的利息费用也是在税前支付的，同样具有抵减所得税作用。债券的发行价格有等价、溢价和折价三种，债券的筹资额应按照发行价格计算。债券成本的计算公式为：

$$K_b = \frac{I_b(1-T)}{B(1-f_b)}$$

式中　I_b为债券年利息（面值×票面利率）；

T 为所得税税率；

B 为筹资金额（以发行价格计算）；

f_b为筹资费率（筹资成本÷筹资金额）。

【例 6-2】　某企业委托某金融机构代为发行面值为 2 000 万元的 5 年期长期债券，发行总额 2 500 万元，票面年利率 10%，每年支付一次利息，发行费用占发行总额的 4%，企业所得税税率 25%。该债券成本计算如下：

$$债券成本 = \frac{2\,000 \times 10\% \times (1-25\%)}{2\,500 \times (1-4\%)} = 6.25\%$$

（三）优先股成本

优先股是享有某些优先权利的股票，优先股筹资需支付筹资费用和优先股股利。但股利支付须在所得税后进行，不具有抵减所得税的作用。因此，优先股成本的计算公式为：

$$K_p = \frac{D_p}{P_p(1-f_p)}$$

式中 D_p为优先股年股利；

P_p为筹资金额；

f_p为筹资费率(筹资成本÷筹资金额)。

【例 6-3】 某公司发行面额为 1 元的优先股 1 000 万股，每股发行价格 5 元，筹资费用为全部发行筹资额的 5%，预计未来每股股利为 0.4 元。该优先股成本计算如下：

$$优先股成本 = \frac{1\,000 \times 0.4}{1\,000 \times 5 \times (1-5\%)} = 8.42\%$$

（四）普通股成本

在资本成本计算中，普通股资本成本是最难估算的。从理论上说，普通股资本成本可以被看作在保持公司普通股市价不变的条件下，公司必须为股权投资者创造的最低收益率。普通股成本的计算方法有以下三种。

1. 股利固定增长模型

这种方法以普通股股东所期望获得的投资收益率就是公司应该付出的代价为前提，并且假设公司的股利固定增长。普通股成本的计算公式为：

$$K_s = \frac{D_1}{P_s(1-f_s)} + g$$

式中 D_1为第 1 年股利额；

g 为股利增长率；

P_s为筹资金额；

f_s为筹资费率。

【例 6-4】 某公司发行面额为 1 元的普通股 1 000 万股，每股发行价格为 5 元，筹资费用为全部发行筹资额的 5%，预计第 1 年的股利为每股 0.4 元，以后股利以 3%的增长率固定增长。该普通股成本的计算如下：

$$普通股成本 = \frac{1\,000 \times 0.4}{1\,000 \times 5 \times (1-5\%)} + 3\% = 11.42\%$$

2. 资本资产定价模型

根据资本资产定价模型，普通股的资本成本被视为普通股股东对股票投资的期望收益率。其计算公式为：

$$K_s = R_f + \beta(R_m - R_f)$$

式中 R_f为无风险投资收益率；

R_m为证券市场上平均收益率；

β为该股票的风险系数。

3. 风险溢价模型

此方法是根据“风险和收益相配合”的原理来确定普通股资本成本的。由于普通股股本投资风险大于债券的投资风险，可在债券投资收益率的基础上加上一定的风险溢价，具体计算公式为：

$$K_s = K_b + RP_c$$

式中　K_b为债券成本；

RP_c为风险溢价。

用风险溢价模型计算普通股成本，最大的问题是风险溢价较难准确确定。一般风险溢价大约在4%～6%。

（五）留用利润成本

留用利润是公司税后利润形成的，它属于普通股股东。从表面上看，公司使用这部分资金好像不需要任何代价，但实际上股东愿意将其留在公司而不投资别处，是要求与普通股同样的报酬，因此，一般可将留用利润视同为普通股东对公司的再投资，并参照普通股的方法计算它的资本成本，只是不需考虑筹资费用。留用利润成本的计算公式为：

$$K_c = \frac{D_1}{P_c} + g$$

式中　K_c 为留用利润成本；

D_1 为第1年股利；

P_c 为留用利润数额；

g 为股利年增长率。

【例6-5】　某企业当年留用利润500万元，若当年股利率为10%，股利以后每年固定增长3%，则留用利润成本的计算如下：

$$\text{留用利润成本} = \frac{500 \times 10\%}{500} + 3\% = 13\%$$

三、综合资本成本

由于企业在进行筹资时受多种因素影响，不可能采用单一筹资方式，而需要多种方式进行资本筹集。为了反映企业整体资本成本水平，需要计算综合资本成本。综合资本成本是以各种资本占全部资本的比重为权数，对个别资本成本加权平均确定的，故又称其为加权平均资本成本。计算公式为：

$$K_w = \sum_{i=1}^{n} W_j K_j$$

式中 K_w为综合资本成本；

K_j为第 j 种个别资本成本；

W_j为第 j 种个别资本在全部资本中的比重。

【例 6-6】 某公司长期资本的账面价值为 10 000 万元，有关资料如表 6-2 所示。

表 6-2

某公司资料表

资本来源	账面金额(万元)	权数(%)	资本成本(%)
长期借款	800	8	7
公司债券	2 500	25	8.5
普通股	5 000	60	14.5
留用利润	700	7	14
合　计	10 000	100	

该公司综合资本成本计算如下：

$$K_w = 8\% \times 7\% + 25\% \times 8.5\% + 60\% \times 14.5\% + 7\% \times 14\% = 12.37\%$$

上述综合资本成本计算中的权数是按资本的账面价值来计算的，其资料可以很方便地从会计报表中获得。当资本的账面价值与市场价值发生严重背离时，其计算结果与实际有较大差异，容易导致筹资决策失误，这时可以按市场价值或目标价值来确定权数。

四、边际资本成本

（一）边际资本成本的含义

一般来说，企业无法以某一固定的资本成本筹集无限的资本，当企业筹集的资本超过一定的限度时，原来的资本成本就会增加。在企业追加筹资时，需要知道筹资额在什么数额上会引起资本成本的变化，这就要用到边际资本成本的概念。

边际资本成本是指资本每增加一个单位而增加的成本，它就是新增资本的加权平均资本成本。边际资本成本主要受三个因素的影响：①目标资本结构；②个别资本成本发生变化的筹资额；③不同筹资规模的个别资本成本。

（二）边际资本成本的计算

【例 6-7】 某公司目标资本结构为：债务资本占 40%，股权资本占 60%。根据测算，在不同的筹资规模条件下，有关资本成本的资料如表 6-3 所示。

表 6-3

某公司不同筹资规模条件下有关资本成本资料表

资本来源	资本结构	筹资规模	资本成本(%)
债券	40%	500 万元以内(含 500 万元)	5
		500 万～1 600 万元	6
		1 600 万元以上	8
普通股	60%	1 200 万元以内(含 1 200 万元)	10
		1 200 万～6 000 万元	12
		6 000 万元以上	14

边际资本成本的计算过程如下：

(1) 计算筹资总额分界点如表 6-4 所示。

$$筹资总额分界点 = \frac{某一特定成本率筹集到的特定项资本的限额}{该项资本在资本结构中的既定比重}$$

表 6-4

资本来源	筹资总额分界点	筹资总额规模	资本成本(%)
债券	500÷0.4=1 250(万元)	1 250 万元以内(含 1 250 万元)	5
	1 600÷0.4=4 000(万元)	1 250 万～4 000 万元	6
		4 000 万元以上	8
普通股	1 200÷0.6=2 000(万元)	2 000 万元以内(含 2 000 万元)	10
	6 000÷0.6=10 000(万元)	2 000 万～10 000 万元	12
		10 000 万元以上	14

(2) 确定筹资总额范围，并计算边际资本成本如表 6-5 所示。

表 6-5

筹资总额范围	资本来源	资本结构	资本成本	边际资本成本
1 250 万元以内	债券 普通股	40% 60%	5% 10%	40%×5%+60%×10% =8%
1 250 万～2 000 万元	债券 普通股	40% 60%	6% 10%	40%×6%+60%×10% =8.4%
2 000 万～4 000 万元	债券 普通股	40% 60%	6% 12%	40%×6%+60%×12% =9.6%
4 000 万～10 000 万元	债券 普通股	40% 60%	8% 12%	40%×8%+60%×12% =10.4%
10 000 万元以上	债券 普通股	40% 60%	8% 14%	40%×8%+60%×14% =11.6%

第二节 杠杆原理

财务管理中存在着类似于自然界的杠杆效应，表现为：当某一财务变量变动时，另一相关的财务变量会发生更大幅度的变动。财务管理中的杠杆效应分为经营杠杆、财务杠杆和复合杠杆三种，了解这些杠杆原理，有助于企业合理防范风险，提高财务管理水平。

一、经营杠杆

（一）经营杠杆的概念

1. 经营杠杆的基本假设

（1）公司仅生产和销售一种产品，且销售价格不变。

（2）企业的生产成本可以分为固定成本和变动成本两类。在一定的生产能力范围内，固定成本总额不受产销量的影响；而变动成本则与产量成正比例变化即单位变动成本不变。

（3）产量＝销量。

假设：Q 为产品销售数量；P 为单位产品价格；V 为单位变动成本；F 为固定成本总额；$EBIT$ 为息税前利润，则：

$$EBIT=(P-V)\times Q-F$$

【例 6-8】 某企业只生产一种产品，该产品的单位价格为 100 元/件，生产该产品的单位变动成本为 60 元/件，企业的固定成本总额为 200 000 元。假设该产品的销售量为 10 000 件，试计算息税前利润。如果该产品的销售量增长了 10%，那么息税前利润又增长多少？

$$\text{息税前利润 } EBIT=(P-V)\times Q-F=(100-60)\times 10\,000-200\,000=200\,000(\text{元})$$

若销售量增长了 10%，则：

$$EBIT=(100-60)\times 10\,000\times(1+10\%)-200\,000=240\,000(\text{元})$$

$$\text{息税前利润的增长率}=(240\,000-200\,000)\div 200\,000=20\%$$

2. 经营杠杆的含义

经营杠杆是指在固定成本的作用下，销售量（或销售额）的变动会引起息税前利润更大幅度的变动，这种现象就是经营杠杆效应。

经营杠杆效应产生的原因是：由于固定成本的存在，使得销售量的变化与息税前利润并不呈比例变化。由于固定成本在一定销售量范围内不随销售量的增加而增加，所以随着销售量增加，单位销售量所负担的固定成本会相对减少，从而给企业带来额外的收益。相反，随着销售量的下降，单位销售量所负担的固定成本会相对增加，从而给企业带来额外的损失。

（二）经营杠杆系数

经营杠杆作用的大小可以用经营杠杆系数（DOL）来表示，经营杠杆系数是指销售量变动所引起的息税前利润变动的程度。经营杠杆系数的定义式如下：

$$DOL=\frac{\Delta EBIT/EBIT}{\Delta Q/Q}$$

式中　DOL 为经营杠杆系数；

$EBIT$ 为息税前利润；

Q 为销售量；

$\Delta EBIT$ 为息税前利润变动额；

ΔQ 为销售量变动值。

通常直接利用定义式来计算经营杠杆系数比较困难，可以将定义式简化为计算式来进行计算。推导过程如下：

假设本期销售量为 Q，下期销售量为 Q_1，则 $\Delta Q=Q_1-Q$；本期息税前利润为 $EBIT$，下期息税前利润为 $EBIT_1$，则 $\Delta EBIT=EBIT_1-EBIT$。于是：

$$DOL=\frac{\Delta EBIT/EBIT}{\Delta Q/Q}=\frac{(EBIT_1-EBIT)/EBIT}{(Q_1-Q)/Q}$$

又 $EBIT=(P-V)\times Q-F$，代入上式，得：

$$DOL=\frac{\{[(P-V)\times Q_1-F]-[(P-V)\times Q-F]\}/[(P-V)\times Q-F]}{(Q_1-Q)/Q}$$

$$=\frac{(P-V)\times(Q_1-Q)/[(P-V)\times Q-F]}{(Q_1-Q)/Q}$$

化简可得：

$$DOL=\frac{(P-V)\times Q}{(P-V)\times Q-F}$$

【例 6-9】　计算[例 6-8]的经营杠杆系数。

若用定义式计算，则有：

$$DOL=\frac{\Delta EBIT/EBIT}{\Delta Q/Q}=\frac{20\%}{10\%}=2$$

若用计算式计算，则有：

$$DOL=\frac{(P-V)\times Q}{(P-V)\times Q-F}=\frac{(100-60)\times 10\ 000}{(100-60)\times 10\ 000-200\ 000}=2$$

经营杠杆系数表明了销售变动所引起的息税前利润变动的幅度，在其他因素不变的情况下，固定成本越大，则经营杠杆系数就越大；销售量（或销售额）越大，则经营杠杆系数越小。当销售额达到盈亏平衡点时，经营杠杆系数趋向于无穷大。

（三）经营杠杆与经营风险

经营风险是指由企业生产经营活动而产生的未来收益的不确定性或可能的变动程度。引起经营风险的因素很多，主要有：①产品需求；②市场售价；③产品变动成本；④企业研发能力；⑤固定成本比重等。

经营杠杆系数是销售的变动所引起的息税前利润的变动程度，该变动程度大，则说明企业的经营风险就大。因此，可以用经营杠杆系数的大小来度量企业经营风险的大小。

但是，经营杠杆系数本身并不是经营风险产生的来源，如果企业保持固定的销售水平和成本水平，再高的经营杠杆系数也是没有意义的。事实上是销售和成本水平的变动，引起了息税前利润的变化，而经营杠杆只不过是放大了息税前利润的变化，也就是放大了企业的经营风险。因此，经营杠杆系数应仅被看作是对“潜在风险”的衡量，这种潜在风险只有在销售和成本水平变动的条件下才会被“激活”。

二、财务杠杆

（一）财务杠杆的概念

财务杠杆又称融资杠杆，它是指企业息税前利润的变动所引起的普通股每股收益的变动程度。当企业负债经营时，无论企业息税前利润多少，固定性的资本成本，如债务利息、优先股股息是固定不变的。当息税前利润增加时，每 1 元息税前利润所负担的债务利息（或优先股股息）就会降低，属于普通股的每股收益就会增加，从而给所有者带来额外的收益。相反，当息税前利润减少时，每 1 元息税前利润所负担的债务利息（或优先股股息）就会上升，属于普通股的每股收益就会减少，从而给所有者带来额外的损失。息税前利润与每股收益有如下关系：

$$EPS=\frac{(EBIT-I)\times(1-T)-D}{N}$$

式中 EPS 为普通股每股收益；

I 为利息费用；

T 为所得税税率；

D 为优先股股息；

N 为普通股股数。

表 6-6 为不同负债水平下，息税前利润与每股收益之间的关系。

表 6-6

不同负债水平下息税前利润与每股收益之间的关系

方　　案	A	B	C
资产总额	1 000	1 000	1 000
其中:普通股	1 000	500	200
负债	0	500	800
息税前利润(*EBIT*)	200	200	200
减:利息(8%)	0	40	64
税前利润	200	160	136
减:所得税(25%)	50	40	34
税后利润	150	120	102
减:优先股股息	50	50	50
普通股净收益	100	70	52
普通股股数(每股 5 元)	200	100	40
每股收益(元/股)	0.5	0.7	1.3

上述计算结果表明:企业负债程度越高,属于普通股股东的每股收益就越大,这就是财务杠杆效应。当然,如果企业经营不善,息税前利润为负值,则普通股的每股收益负得越多,也即亏损越大。

(二) 财务杠杆系数

财务杠杆作用的大小可以用财务杠杆系数(*DFL*)来表示,财务杠杆系数是指息税前利润变动所引起的每股收益变动的程度。财务杠杆系数的定义式为:

$$DFL=\frac{\Delta EPS/EPS}{\Delta EBIT/EBIT}$$

式中　*DFL* 为财务杠杆系数;
　　EBIT 为息税前利润;
　　EPS 为每股收益;
　　Δ*EBIT* 为息税前利润变动额;
　　Δ*EPS* 为每股收益变动额。

和经营杠杆系数一样,上述定义式不方便计算,可根据息税前利润与每股收益的关系式,化简为计算式,推导过程如下:

$$\Delta EPS=\frac{[(EBIT_1-I)\times(1-T)-D]-[(EBIT-I)\times(1-T)-D]}{N}$$

$$=\frac{(EBIT_1-EBIT)\times(1-T)}{N}$$

将 $EPS=\dfrac{(EBIT-I)\times(1-T)-D}{N}$ 代入定义式，并化简得到：

$$DFL=\frac{EBIT}{EBIT-I-D/(1-T)}$$

若不存在优先股，即 $D=0$ 时，上述计算式还可简化为：

$$DFL=\frac{EBIT}{EBIT-I}$$

从上式可以看出：债务利息越高（或优先股股息越多），财务杠杆系数则越大；而息税前利润越大，财务杠杆系数则越小。

【例 6-10】 某企业全部资本为 5 000 万元，债务资本比率为 40%，债务利率为 8%。试计算当息税前利润分别为 300 万元、400 万元、500 万元时的财务杠杆系数。

该企业利息费用 $I=5\,000\times40\%\times8\%=160$（万元）

(1) $EBIT=300$ 万元时；$DFL_1=300\div(300-160)=2.14$

(2) $EBIT=400$ 万元时；$DFL_2=400\div(400-160)=1.67$

(3) $EBIT=500$ 万元时；$DFL_3=500\div(500-160)=1.47$

（三）财务杠杆与财务风险

财务风险又称筹资风险，是指企业举债经营而给未来收益带来的不确定性。也即企业使用债务筹资（包括优先股筹资），由于要承担固定的资本成本而对普通股每股收益产生的影响。财务风险是企业使用财务杠杆所导致的，财务杠杆系数则是对财务风险的量化。一般来说，企业财务杠杆系数越大，则财务风险越大；反之，企业财务杠杆系数越小，则财务风险就越小。

三、复合杠杆

（一）复合杠杆的概念

复合杠杆又称联合杠杆或总杠杆，是指经营杠杆和财务杠杆的共同效应。一个企业由于固定成本的存在会产生经营杠杆效应，如果企业负债经营（或发行优先股）则又会产生财务杠杆效应。这样两种杠杆同时起作用，就会使得销售量的变动引起普通股每股收益更大幅度的变动，这就是复合杠杆效应。

（二）复合杠杆系数

复合杠杆作用的大小可以用复合杠杆系数（DTL）来表示，复合杠杆系数是指销售量（或销售额）的变动所引起的每股收益变动的程度。复合杠杆系数的定义式为：

$$DTL=\frac{\Delta EPS/EPS}{\Delta Q/Q}$$

复合杠杆系数的计算式有两个公式：

$$DTL = \frac{Q(P-V)}{EBIT - I - D/(1-T)}$$

$$DTL = DOL \times DFL$$

【例 6-11】 某企业每年销售额为 9 000 万元，变动成本率为 70%，年固定成本总额为 1 500 万元(不包括利息)。企业资本总额为 6 000 万元，其中普通股股本 4 000 万元，债务资本为 2 000 万元，年利息率为 8%。试计算该企业的复合杠杆系数。若要使企业的每股收益增长 50%，那么企业的销售额应增长到多少？

(1) 计算复合杠杆系数：

息税前利润 $EBIT = 9\,000 \times (1-70\%) - 1\,500 = 1\,200$(万元)

利息费用 $I = 2\,000 \times 8\% = 160$(万元)

复合杠杆系数 $DTL = \frac{Q(P-V)}{EBIT - I - D/(1-T)} = \frac{9\,000 \times (1-70\%)}{1\,200 - 160} = 2.6$

(2) 由于复合杠杆系数 $DTL = 2.6$，$\Delta EPS/EPS = 50\%$

则

$$\Delta S/S = 50\% \div 2.6 = 19.23\%$$

销售额应增长到：

$$S = 9\,000 \times (1 + 19.23\%) = 10\,730.7(\text{万元})$$

(三) 复合杠杆与总风险

企业的总风险是指在经营风险和财务风险共同作用下普通股每股收益的不确定性。复合杠杆系数反映了经营杠杆系数和财务杠杆系数之间的关系，可用来评价企业总风险的水平。复合杠杆系数越大，企业的总风险就越大。

企业可以通过多种方式对经营杠杆和财务杠杆进行组合，以获得一个理想的复合杠杆系数和企业总风险。一般当企业的经营杠杆系数较高时，可以在较低的程度上使用财务杠杆；反之，当企业的经营杠杆系数较低时，可以在较高的程度上使用财务杠杆，这样来控制企业的总风险。

第三节 资 本 结 构

一、资本结构的概念

(一) 资本结构的含义

资本结构是指企业资本总额中各种资本的构成及其比例关系。在财务管理中，资本结构的含义有广义和狭义之分。广义的资本结构是指全部债务与股东权益的构成比例关系，它不仅包括长期债务，还包括短期债务。广义的资本结构又称为财务结构，它通常用资产负债率表示。狭义的资本结构是指长期债务与股东权益的构成比例关系，在狭义资本结构下，短期债务作为营运资本来管理。本书的资本结构是指狭义的资本结构，它的表示方式有两种：一是负债比率，是指长期负债与公司价值之间的比率；二是杠杆比率，是指长期负债与股东权益之间的比率。

不同的资本结构会给企业带来不同的结果，举债经营具有双重作用，既可以发挥财务杠杆效应，又可能带来财务风险。因此，企业应寻求最佳资本结构。所谓最佳资本结构是指能使企业价值最大或综合资本成本最低时的资本结构。

（二）影响资本结构的因素

企业的资本结构受诸多因素影响，主要有以下几个方面。

1. 企业的资产结构

不同行业，由于其生产经营的特点不同，其配置的资产差异很大。一般拥有大量固定资产的企业，资产可抵押取得贷款，其负债水平往往较高；而以技术研发为主的高科技行业往往负债水平较低。

2. 企业投资者和管理当局的态度

从企业投资者的角度看，如果企业为少数股东控制，股东比较重视控股权问题，为防止股权稀释，企业一般避免股权融资。从企业管理当局的角度看，如果管理当局喜欢冒风险，则会选择较高的负债比率；反之，保守的经营管理者，则注重财务稳健性，规避财务困境，选择较低的负债比率。

3. 债权人和评价机构的态度

债权人从自身安全角度考虑，一般反对企业过度负债。债权人即便愿意为企业提供资本，也一定会考虑企业的财务状况、获利能力以及现金流状况。即只有企业财务状况好、信誉等级高、经营能力强的企业才能获得债权人资本。

4. 企业经营状况的稳定性和成长性

企业的经营状况比较稳定，经营风险较小时，企业可适当多举债，以获取财务杠杆利益。同样企业的成长性较好，销售能够以较快速度增长，企业可以采取高负债比率的资本结构，提高普通股每股收益。

5. 企业的获利能力

获利能力强的企业，一般拥有较多留用利润，企业可利用留用利润来满足对资本的需求，这样就无需通过债务筹资；反之，获利能力弱的企业，既不能通过留用利润来满足资本需求，又难以通过股权融资来获取资本，只能通过发行较高利率的债券或银行贷款筹资。

6. 企业所处的发展阶段

企业在不同的发展阶段，资本结构的安排会不同。一般企业在初创期，由于经营风险较高，企业应控制负债比率；企业在发展成熟期，由于业务持续稳定增长，经营风险较小，可提高负债比率；企业在衰退期，经营风险逐步加大，应逐步降低负债比率。

7. 货币政策和税收法规

当国家执行紧缩的货币政策时，企业取得银行借款不易，且市场利率也较高，这时企业应减少负债，选择低负债比率的资本结构。当企业所得税税率较高时，由于债务资本成本的抵税作用，企业可以提高负债比率，获得减税利益，从而提高企业价值。

二、资本结构理论

资本结构理论是关于企业资本结构与企业价值和综合资本成本之间关系的理论。它是财务理论的重要内容，也是资本结构决策的重要理论基础。美国学者把 20 世纪 50 年代之前的资本结构理论归纳为“早期资本结构理论”，把 20 世纪 50 年代之后的称为“现代资本结构理论”。

（一）早期资本结构理论

1. 净收益理论

净收益理论假设负债的资本成本和权益的资本成本均固定不变，且企业能无限制地以低于权益资本成本的债务资本成本取得所需的全部债务资本。根据这样的假设，债务和权益的资本成本均不受财务杠杆的影响，只要债务资本成本低于权益资本成本，那么负债越多，企业的综合资本成本越低，企业的净收益就越大，从而企业价值就越大。

按照该理论，企业应该最大限度地利用债务资本，不断降低综合资本成本。当企业负债达到 100%时，企业的综合资本成本最低如图 6-1(a)所示，其企业价值最大如图 6-1(b)所示。

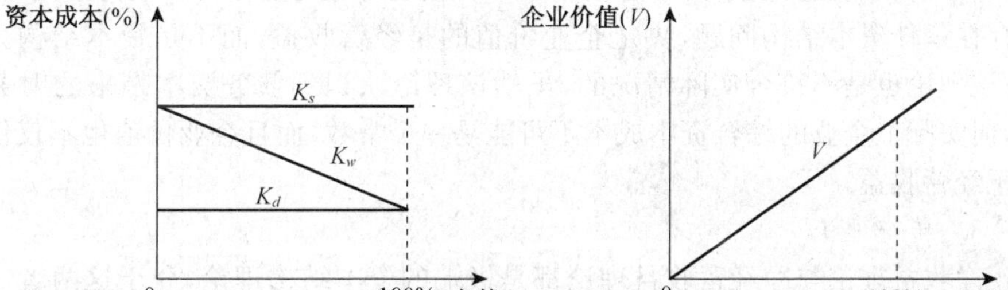

图 6-1　净收益理论下的资本成本与企业价值

图中　K_s 为权益资本成本；
K_d 为债务资本成本；
K_w 为综合资本成本；
V 为企业价值。

净收益理论的观点显然是不符合实际情况的，该理论只考虑了财务杠杆利益，而忽略了财务风险。当企业负债比率较高时，财务风险较大，债权人和股东要求的收益率会随之提高,而不是不变。

2. 净经营收益理论

净经营收益理论的主要观点是:不论企业负债比率如何变化,企业的综合资本成本都是固定不变的,企业的价值也是固定不变的。该理论认为:企业利用财务杠杆时会带来风险,即使债务成本固定不变,但企业增加债务资本时加大了权益资本的风险,也即权益资本成本会上升。这样一升一降,综合资本成本不会因负债比率的提高而降低,而是保持不变,企业价值也保持不变,如图 6-2(a)和(b)所示。

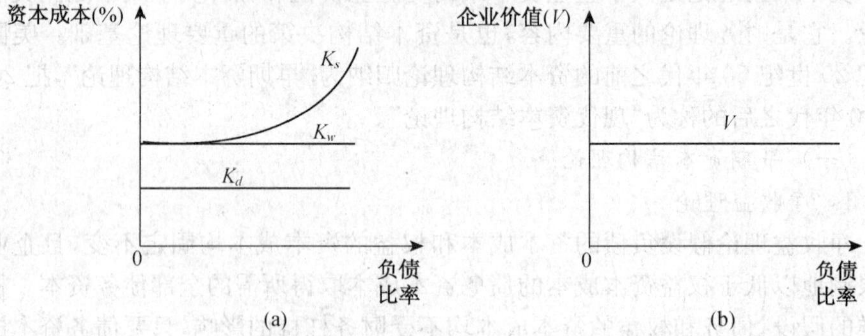

图 6-2 净经营收益理论下的资本成本与企业价值

图中 K_s 为权益资本成本;
K_d 为债务资本成本;
K_w 为综合资本成本;
V 为企业价值。

净经营收益理论认为:综合资本成本及企业价值与企业资本结构无关,企业不存在最佳资本结构问题,决定企业价值的是经营收益,而不是资本结构。显然,该理论也是不符合实际情况的,虽然该理论认识到债务资本带来的财务风险,但实际上企业的综合资本成本不可能是一个常数,而且企业价值也不仅仅取决于经营收益。

3. 传统理论

净收益理论与净经营收益理论都是极端的资本结构理论,介于这两者之间有一种折中的理论,称为传统理论。传统理论认为:企业利用财务杠杆尽管会导致权益资本成本上升,但在一定程度内并不会明显增加企业的财务风险,债务资本成本保持相对稳定。因此,利用债务资本会使综合资本成本下降,企业价值上升。但是当债务比率超过一定程度时,企业财务风险加大,权益资本成本的上升就不再被债务的低成本所抵销,这时综合资本成本便会上升,企业价值就会下降,如图 6-3(a)和(b)所示。

图 6-3 中综合资本成本的最低点,即企业价值的最大点所对应的负债比率就是企业的最佳资本结构。传统理论考虑到了财务风险及风险价值等因素,得

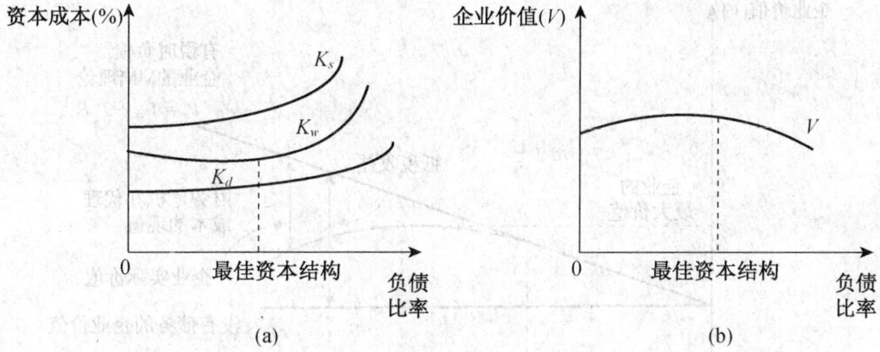

图 6-3 传统理论下的资本成本与企业价值

图中 K_s 为权益资本成本；
K_d 为债务资本成本；
K_w 为综合资本成本；
V 为企业价值。

出了比较符合实际的结论。

（二）现代资本结构理论

1. MM 理论

现代资本结构理论的开端中 MM 理论。MM 理论是美国著名经济学家莫迪格利安尼(Franco Modigliani)和米勒(Merton Miller)(简称 MM)提出的一系列资本结构理论。该理论第一次用科学严密的语言，在严格的条件下研究了资本结构和企业价值之间的关系。这一理论的发展主要分三个阶段：

第一阶段是最初的 MM 理论，于 1958 年由莫迪格利安尼和米勒在不考虑企业所得税的情况下，提出了 MM 模型，该模型建立在一系列假设基础之上，得出了企业价值与资本结构无关的结论。

第二阶段是修正的 MM 理论，于 1963 年由莫迪格利安尼和米勒提出，他们考虑了企业所得税，修正了原来的模型，推论得出存在所得税情况下，企业负债比率 100%时，综合资本成本最低，企业价值最大的结论。

第三阶段是均衡模型，于 1977 年由米勒提出，他是受税差学派相关理论的影响，导致了经典米勒模型的诞生。

2. 权衡理论

在 MM 理论基础上，发展出了权衡理论。债务给企业带来了抵税收益，但同时也给企业带来了陷入财务困境的风险。权衡理论就是强调对债务成本(财务困境成本和代理成本)和债务利息的抵税收益进行权衡，以确定企业价值最大时的最佳资本结构，如图 6-4 所示。

由于债务利息的抵税收益，负债增加会增加企业价值，这是负债的第一效应；随着债务比率的上升，财务危机成本和代理成本的现值也增加，这是负债的

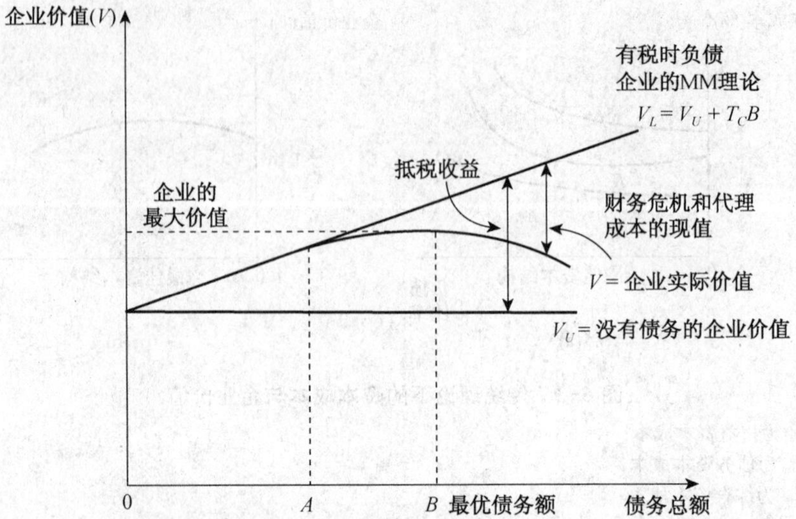

图 6-4 权衡理论

第二效应。负债总额达到 A 点前，第一效应完全起主导作用；达到 A 点后，第二效应的作用逐渐加强，直到 B 点，企业价值达到最大，B 点的债务额所占资本比率即为最佳资本结构。

三、资本结构决策

（一）比较资本成本法

比较资本成本法是通过计算不同资本结构的综合资本成本，并以此为标准，选择综合资本成本最低的资本结构为最佳资本结构。

【例 6-12】 某公司拟筹资 8 000 万元，现有 A、B、C 三个方案可供选择，各方案的筹资额和资本成本如表 6-7 所示，试作出筹资决策。

表 6-7

备选筹资方案

金额单位：万元

筹资方式	A 方案		B 方案		C 方案	
	筹资额	资本成本	筹资额	资本成本	筹资额	资本成本
长期借款	200	6%	500	7%	800	7.5%
债券	1 000	8%	2 500	9%	3 000	9.5%
优先股	800	12%	1 000	12%	1 200	12%
普通股	6 000	14%	4 000	14.5%	3 000	15%
合计	8 000		8 000		8 000	

计算各方案的综合资本成本：

$$K_w(\mathrm{A})=\frac{200}{8\,000}\times 6\%+\frac{1\,000}{8\,000}\times 8\%+\frac{800}{8\,000}\times 12\%+\frac{6\,000}{8\,000}\times 14\%=12.85\%$$

$$K_w(\mathrm{B})=\frac{500}{8\,000}\times 7\%+\frac{2\,500}{8\,000}\times 9\%+\frac{1\,000}{8\,000}\times 12\%+\frac{4\,000}{8\,000}\times 14.5\%=12\%$$

$$K_w(\mathrm{C})=\frac{800}{8\,000}\times 7.5\%+\frac{3\,000}{8\,000}\times 9.5\%+\frac{1\,200}{8\,000}\times 12\%+\frac{3\,000}{8\,000}\times 15\%=11.74\%$$

通过计算结果的比较，C 方案的综合资本成本最低，所以应选择 C 方案。

比较资本成本法的优点是通俗易懂，计算过程比较简单，是确定资本结构的一种常用方法。该方法仅以综合资本成本最低作为决策标准，而没有考虑风险等其他因素，可能导致企业市场价值的波动。

（二）无差别点分析法

无差别点分析法也称息税前利润（*EBIT*）—每股收益（*EPS*）分析法，它是计算不同筹资方案下每股收益相等（无差别）时的息税前利润或业务量水平，再依据每股收益大者为优的原则，作出筹资决策。

无差别点分析法是基于息税前利润（*EBIT*）和每股收益（*EPS*）之间的如下线性关系：

$$EPS=\frac{(EBIT-I)\times(1-T)-D}{N}$$

当有不同筹资方案存在时（如股权筹资和债务筹资），计算不同筹资方案的每股收益，不同筹资方案的每股收益相等时的息税前利润即为无差别点。也即根据以下等式，计算等式中的 *EBIT*。

$$\frac{(EBIT-I_1)\times(1-T)-D_1}{N_1}=\frac{(EBIT-I_2)\times(1-T)-D_2}{N_2}$$

【例 6-13】 某公司原有资本 7 000 万元，其中债务资本 2 000 万元（每年负担利息 160 万元），普通股资本 5 000 万元（发行普通股 5 000 万股，每股面值为 1 元）。由于扩大业务，需追加筹资 3 000 万元，其筹资方式有二：方案一，全部发行普通股，增发 1 000 万股，每股发行价格为 3 元；方案二，平价发行债券 3 000 万元，债券利率为 10%。假设企业所得税税率为 25%，试作出筹资决策。

根据题中数据，计算两个方案每股收益无差别点如下：

$$\frac{(EBIT-160)-(1-25\%)}{5\,000+1\,000}=\frac{(EBIT-160-300)\times(1-25\%)}{5\,000}$$

求得：　　$EBIT=1\,960$（万元）

筹资决策：

（1）当企业的息税前利润大于 1 960 万元时，选择发行债券筹资。

（2）当企业的息税前利润小于 1 960 万元时，选择发行股票筹资。

（3）当企业的息税前利润等于 1 960 万元时，选择发行债券和股票筹资每股收益一样。

以上结果如图 6-5 所示。

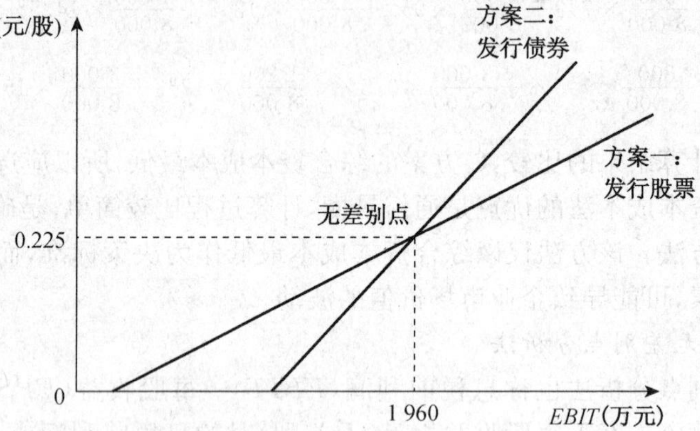

图 6-5 无差别点分析示意图

无差别点分析是以每股收益最大为确定最佳资本结构的方法，它是假设每股收益最大时，股票价格也最高即企业价值最大。这一假设有一定的局限性，单纯运用无差别点分析进行决策，有时可能作出错误的决策。

案例讨论

我国房地产行业的资本结构与财务杠杆效应

房地产作为国民经济支柱产业，是典型的资金密集型产业，房地产企业融资渠道畅通与否关系到房地产业能否持续健康地发展。资本结构问题是上市公司需要首要面对的问题，它关系到公司资金的融资构成及比例分配问题，影响着企业的生存和发展。根据上市公司公开的信息，5 家房地产上市公司 2009—2013 年度的有关财务指标如表 6-8 至表 6-11 所示。

表 6-8

资产负债率(年末数)

上市公司 \ 年份	2009	2010	2011	2012	2013
万科	67.00%	74.69%	77.10%	78.32%	78.00%
华远地产	73.29%	77.55%	72.29%	76.52%	78.89%
招商地产	61.79%	64.65%	69.53%	73.04%	70.97%
中粮地产	51.36%	69.61%	78.17%	78.26%	77.91%
保利地产	69.99%	78.98%	78.43%	78.19%	77.97%

表 6-9

流动负债占负债总额的百分比(年末数)

上市公司 \ 年份	2009	2010	2011	2012	2013
万科	73.82%	80.50%	87.89%	87.59%	88.00%
华远地产	53.79%	60.12%	78.56%	90.76%	82.51%
招商地产	80.12%	73.72%	71.64%	81.81%	78.67%
中粮地产	61.02%	65.10%	75.46%	75.52%	77.91%
保利地产	60.81%	57.27%	64.46%	71.53%	68.07%

表 6-10

总资产利润率

上市公司 \ 年份	2009	2010	2011	2012	2013
万科	4.67%	4.10%	3.92%	4.13%	3.82%
华远地产	5.26%	4.62%	6.01%	4.55%	4.85%
招商地产	3.66%	4.15%	4.16%	3.92%	4.11%
中粮地产	2.83%	2.75%	2.25%	1.95%	2.26%
保利地产	4.46%	3.61%	3.78%	3.97%	3.78%

表 6-11

净资产收益率

上市公司 \ 年份	2009	2010	2011	2012	2013
万科	14.26%	16.47%	18.17%	19.05%	19.66%
华远地产	19.94%	19.47%	19.20%	19.03%	19.18%
招商地产	10.10%	11.05%	12.69%	14.18%	15.72%
中粮地产	6.29%	9.92%	9.46%	10.81%	9.89%
保利地产	14.03%	16.56%	18.52%	19.86%	20.76%

根据以上数据资料,请回答下列问题:

(1) 房地产上市公司的资本结构有何特点?其合理性如何?

(2) 为什么房地产上市公司选择流动负债作为负债的主要来源?

(3) 试分析房地产上市公司的财务杠杆效应。

思考题

1. 什么是资本成本？其在财务管理中有何作用？
2. 什么是边际资本成本？为什么要计算边际资本成本？
3. 什么是经营杠杆？为什么存在经营杠杆效应？
4. 简述经营杠杆与经营风险之间的关系。
5. 什么是财务杠杆？为什么存在财务杠杆效应？
6. 简述财务杠杆与财务风险之间的关系。
7. 什么是资本结构？影响资本结构的因素有哪些？
8. 简述早期资本结构理论及其观点。
9. 现代资本结构理论对财务管理工作有何意义？
10. 什么是无差别点分析？为什么要进行无差别点分析？

单项选择题

1. 下列个别资本成本中，通常资本成本最低的是（　　）。

A. 债券成本　　B. 优先股成本
C. 银行借款成本　　D. 普通股成本

2. 在个别资本成本的计算中，不用考虑筹资费用影响的是（　　）。

A. 长期借款成本　　B. 长期债券成本
C. 留存收益成本　　D. 优先股成本

3. 在个别资本成本的计算中，需要考虑所得税影响的是（　　）。

A. 普通股成本　　B. 债券成本
C. 留存收益成本　　D. 优先股成本

4. 调整企业资金结构并不能（　　）。

A. 降低资金成本　　B. 降低财务风险
C. 降低经营风险　　D. 增加融资弹性

5. 不存在财务杠杆作用的筹资方式是（　　）。

A. 发行普通股　　B. 发行优先股
C. 发行债券　　D. 长期银行借款

6. 下列关于经营杠杆系数的说法中，正确的是（　　）。

A. 在其他因素一定时，产销量越小，经营杠杆系数也越小
B. 在其他因素一定时，固定成本越大，经营杠杆系数越小
C. 当固定成本趋近于0时，经营杠杆系数趋近于1
D. 经营杠杆系数越大，反映企业的风险越大

7. 经营杠杆给企业带来的风险是指(　　)。

A. 成本上升的风险

B. 利润下降的风险

C. 业务量变动导致息税前利润更大变动的风险

D. 业务量变动导致息税前利润同比例变动的风险

8. 复合杠杆是(　　)变动会使每股收益产生更大的变动。

A. 销售额　　B. 息税前利润

C. 固定成本　　D. 每股利润

9. 当固定成本存在时,只要企业息税前利润水平不等于0,那么经营杠杆系数值总是(　　)。

A. 小于1　　B. 大于1

C. 等于1　　D. 大于0小于1

10. 无差别点分析法是以企业(　　)为分析判断标准来确定企业的最佳资本结构的一种决策方法。

A. 每股利润最大　　B. 经营杠杆最大

C. 内部收益率最大　　D. 净现值最大

业　务　题

1. 某公司需筹集资本6 000万元,拟采用三种方式筹资。

(1) 向银行借款1 000万元,期限为3年,年利率为10%,借款费用忽略不计。

(2) 按面值发行5年期债券1 500万元,票面年利率为12%,筹资费用率为2%。

(3) 按面值发行普通股3 500万元,筹资费用率为4%,预计第1年股利率为12%,以后每年增长5%。假设该公司适用的所得税税率为25%。

要求:

(1) 分别计算三种筹资方式的个别资本成本。

(2) 计算新筹措资金的综合资本成本。

2. 某公司目前的资本结构为:长期债券600万元,年利率为8%;银行借款400万元,年利率为5%;优先股200万元,年股利率为9%;普通股1 000万元,年股利率为10%,年增长率为2%。该公司现需筹资500万元,有以下两个方案可供选择:方案一:银行借款500万元,年利率为6%,此时普通股年股利率增加到12%,股利年增长率为3%。方案二:发行优先股400万元,该股的年股利率为10%;另外向银行借款100万元,该借款的年利率为5.5%。若公司所得税税率为25%,试选择最佳筹资方案。

3. 某公司现有资本结构为：25%的长期债券，15%的长期借款，60%的普通股。公司准备筹措一笔资金进行追加投资，现有A、B、C、D四个投资项目可供选择，有关资料如表6-12和表6-13所示。

表6-12

不同资本来源的筹资临界点及资本成本

资本来源	筹资数量	资本成本
发行债券	20万元以内	10%
	20万～40万元	11%
	40万元以上	12%
长期借款	4.5万元以内	3%
	4.5万～9万元	5%
	9万元以上	7%
普通股	30万元以内	13%
	30万～60万元	14%
	60万元以上	15%

表6-13

不同投资项目的投资额及投资报酬率

投资项目	投资报酬率	投资额(万元)
A	15%	30
B	16%	60
C	12%	40
D	13.5%	50

要求：假设企业追加投资仍保留原有资本结构，投资项目可任选，试根据上述资料为企业作出正确投资决策。

4. 某公司本年的资产总额为1000万元，资产负债率为40%，负债的年利率为8%，全年固定成本总额为400万元，利息保障倍数为2.5倍。

试根据以上资料计算：

(1) 该公司本年的息税前利润。

(2) 该公司的经营杠杆系数。

(3) 财务杠杆系数。

(4) 复合杠杆系数。

5. 某公司目前的资本来源包括每股面值1元的普通股800万股和平均利

率为10%的3 000万元债务。该公司现在拟投产一个新产品,该项目需要投资4 000万元,预期投产后每年可增加营业利润(息税前利润)400万元。该项目备选的筹资方案有三个:方案一:按11%的利率发行债券;方案二:按面值发行股利率为12%的优先股;方案三:按20元/股的价格增发普通股。该公司目前的息税前利润为1 600万元,公司适用的所得税税率为20%,证券发行费用可忽略不计。

要求:

(1) 计算按不同方案筹资后的普通股每股收益。

(2) 计算增发普通股和债券筹资的每股收益无差别点,以及增发普通股和优先股筹资的每股收益无差别点。

(3) 计算筹资前的财务杠杆和按三个方案筹资后的财务杠杆。

(4) 根据以上计算结果分析,该公司应当选择哪一种筹资方式?理由是什么?

(5) 如果新产品可提供1 000万元或4 000万元的新增营业利润,在不考虑财务风险的情况下,公司应选择哪一种筹资方式?

第七章　财务估价理论与应用

引导案例

巴菲特1988年买入可口可乐股票5.93亿美元，1989年大幅增持近1倍，总投资增至10.24亿美元。1991年就升值到37.43亿美元，2年涨了2.66倍，连巴菲特也大感意外。1994年继续增值，总投资达到13亿美元，此后持股一直稳定不变。1997年年底，巴菲特持有的可口可乐股票市值上涨到133亿美元，10年赚了10倍，仅仅一只股票就为巴菲特赚取了100亿美元，这是巴菲特最传奇最成功的股票投资案例。

随后全球金融危机爆发，美股大跌，2009年3月6日标普500最低跌到666点，1年多暴跌68%。但同期可口可乐股价只下跌到38.36美元，5年只下跌29%，相对明显跑赢大盘。

回首过去21年，从1987年年底到2009年8月31日，可口可乐从3.21美元上涨到48.77美元，累计上涨14.19倍，标普500从247点上涨到1020点，累计上涨3.13倍，总的来看，可口可乐股票21年来远远跑赢大盘。巴菲特早已公开声称永久持有可口可乐股票，死了也不卖。

巴菲特如何能做到几轮大涨大跌后坚持持有可口可乐股票21年一股不卖呢？

思考与讨论

(1) 根据上述资料分析股神巴菲特坚持持有可口可乐股票21年一股不卖的原因。

(2) 总结股票估价的方法。

证券是各类财产所有权或债权凭证的通称，是用来证明证券持有人有权依票面所载内容，取得相应权益的凭证。证券包括股票、债券、基金及衍生金融资产等，证券估价的目的就是为了证券投资决策。

第一节 股票估价与应用

一、股票的收益率

（一）股票投资收益的来源及影响因素

股票收益是指投资者从购买股票开始到出售股票为止的持有股票期间的全部收入，其收益包括股利和资本利得。股票收益主要取决于股份公司的经营业绩和股票市场的价格变动及股份公司的股利政策，同时与投资者的经验与技巧关系重大。

（二）股票的收益率

股票收益率主要有本期收益率与持有期收益率两种。

1. 本期收益率

本期股利收益率是指股份公司以现金派发股利与本期股票价格的比率。用下列公式表示：

$$本期收益率=\frac{年现金股利}{本期股票价格}\times 100\%$$

本期股票价格是指证券市场上该股票当日的收盘价；年现金股利是指发放的上年每股股利。

2. 持有期收益率

持有期收益率是指投资者买入股票持有一定时期后又卖出该股票，在投资者持有该股票期间的收益率。若投资者持有股票时间不超过1年，不用考虑资金的时间价值，其持有期收益率可按如下公式计算：

$$持有期收益率=\frac{(股票出售价-股票买入价)+持有期间获得的现金股利}{股票的买入价}\times 100\%$$

$$持有期年平均收益率=\frac{持有期收益率}{持有年限}$$

【例7-1】 某投资者于2014年1月1日，以每股25元的价格购买A公司股票18 000股，2014年6月10日收到A公司分派的现金股利1.5元/股，2014年7月31日将全部股票以每股30元出售，计算其股票投资持有期收益率。

$$持有期收益率=\frac{(30-25)+1.5}{25}\times 100\%=14\%$$

$$持有期年均收益率=\frac{14\%}{7\div 12}=24\%$$

如投资者持有股票时间超过1年，需要考虑资金时间价值，其持有期收益率可按如下公式计算：

$$V=\sum_{t=1}^{n}\frac{D_t}{(1+t)^t}+\frac{F}{(1+i)^n}$$

式中 V 为股票的购买价格；

F 为股票的出售价格；

D_t 为股票的投资报酬(各年获得的股利)；

n 为投资年限；

i 为股票持有期收益率。

【例 7-2】 新星公司在 2011 年 4 月 1 日投资 510 万元购买 B 公司股票 100 万股，在 2012 年、2013 年、2014 年的 3 月 31 日每股各分得现金股利 0.5 元、0.6 元和 0.8 元，并于 2014 年 3 月 31 日以每股 6 元的价格将股票全部出售，试计算该项投资的投资收益率。

现采用插值法来进行计算，详细情况见表 7-1。

表 7-1

采用插值法的计算

金额单位：万元

年份	股利及出售股票的现金流量	测试 20%		测试 18%		测试 16%	
		系数	现值	系数	现值	系数	现值
2012	50	0.833 3	41.67	0.847 5	42.38	0.862 1	43.11
2013	60	0.694 4	41.66	0.718 2	43.09	0.743 2	44.59
2014	680	0.578 7	393.52	0.608 6	413.85	0.640 7	435.68
合计	—	—	476.85	—	499.32	—	523.38

$$\left.\begin{array}{l}\left.\begin{array}{l}16\% \\ K\end{array}\right\} X \\ 18\%\end{array}\right\} 2\% \qquad \left.\begin{array}{l}\left.\begin{array}{l}523.38 \\ 510.00\end{array}\right\} 13.38 \\ 499.32\end{array}\right\} 24.06$$

$$\frac{X}{0.02}=\frac{13.38}{24.06},\ X=1.11\% \quad K=16\%+1.11\%=17.11\%$$

该项股票投资的收益率为 17.11%。

二、股票的估价

普通股的内在价值是由普通股带来的未来现金流量的现值决定的，股票给持有者带来的未来现金流量包括两部分：现金股利收入和出售时的收入。其基本公式为：

$$P=\sum_{t=1}^{n}\frac{D_t}{(1+K)^t}$$

式中 P 为股票现值；

D_t 为股票第 t 年带来的现金流量(包括股利收入、出售股票收入)；

K 为折现率(股票的必要报酬率);

n 为持有年限。

这是股票股价的一般模式,无论具体形态如何(递增、递减、固定或随机变动),此模型均有效。

(一) 长期持有、股利固定不变的股票估价模型

如果长期持有股票,且各年股利固定,其支付过程是一个永续年金,股票价值计算公式为:

$$P=\sum_{t=1}^{\infty}\frac{D}{(1+K)^t}=\frac{D}{K}$$

式中 D 为各年收到的固定利息;

其他符号的含义与基本公式相同。

【例 7-3】 某公司股票每年分配股利 2.5 元,若投资者要求的最低报酬为 10%,要求计算该股票的价值。

$$股票的价值\ P=\frac{2.5}{0.10}=25(元)$$

当该股票的市场价格低于 25 元时,应该购买股票;反之,当该股票的市场价格高于 25 元时,不应该购买股票。

(二) 长期持有、股利按照固定的增长率 g 增长的股票估价模型

实际上企业股票的股利不一定是固定不变的,投资者希望每年的股利是不断增长的。投资者的投资期限趋于无穷大,此时若上年现金股利为 D_0,每年股利按照固定的增长率 g 增长,则股票的价值计算公式为:

$$P=\sum_{t=1}^{\infty}\frac{D_0\times(1+g)^t}{(1+K)^t}$$

经过进一步求 t 趋向于无穷大时的极限可得股票的价值 P:

$$P=\frac{D_0\times(1+g)}{(K-g)}=\frac{D_1}{K-g}$$

式中 D_1 为第 1 年预期现金股利。

【例 7-4】 新星公司准备购买 A 公司的股票,已知该股票上年每股股利为 2.5 元,预计以后每年以 5% 的增长率增长,新星公司要求的投资报酬率为 15%,计算当股票的市场价格多少时,才能购买该股票。

该股票的内在价值为:

$$P=\frac{D_0\times(1+g)}{K-g}=\frac{D_1}{K-g}=\frac{2.5\times(1+0.05)}{0.15-0.05}=26.25(元)$$

当股票的市场价格低于 26.25 元时,新星公司才能进行该股票的投资。

(三) 分阶段(非固定增长股票)的估价模型

非固定增长股票是指发行公司未来股利的增长分成几个阶段,不同阶段的

股利增长率是不同的，在公司成立以后的前段时间高速增长，随后转入正常增长，此时股票价值的计算必须分阶段进行。

【例 7-5】 某投资者拟投资于B公司股票，要求的最低报酬率为15%。预计B公司未来3年股利将按照每年20%递增。在此之后转为正常增长，增长率为12%。公司最近支付的股利为2元，股票的市场价格为90元。要求计算该股票的内在价值并判断是否购买？

首先，计算非正常增长期的股利现值，见表7-2。

表 7-2

非正常增长期的股利现值

年次	股利(D_t)/元	现值系数(15%)	现值(P)/元
1	2×1.2=2.4	0.870	2.088
2	2.4×1.2=2.88	0.756	2.177
3	2.88×1.2=3.456	0.658	2.274
3年股利的现值计算			6.539

其次，计算第3年年末的普通股内在价值：

$$P_3 = \frac{D_{3\times(1+g)}}{K-g} = \frac{D_4}{K-g} = \frac{3.456\times 1.12}{0.15-0.12} = 129.02(\text{元})$$

计算其现值：

$$P = 129.02\times(P/F, 15\%, 3) = 129.02\times 0.658 = 84.90(\text{元})$$

最后，计算股票目前的内在价值：

$P_0 = 6.539 + 84.9 = 91.439(\text{元}) > 90$ 元，可以购买。

股票投资是一种最具挑战性的投资，其收益和风险都比较高。股票投资的优点主要有：一是能够获得较高的投资收益；二是能适当降低购买力风险；三是拥有一定的经营控制权。因此，欲控制一家企业，最好是收购该家企业的股票。股票投资同时也有一定的缺点，主要是投资的风险大，具体表现在：一是求偿权居后；二是股票价格不稳定；三是股利收入不稳定。

第二节 债券估价与应用

一、债券的收益率

(一) 债券收益的来源及影响因素

债券的投资收益包含两方面内容：一是债券的年利息收入；二是资本损益，即债券买入价与卖出价或偿还额之间的差额。衡量债券收益水平的尺度为债券收益率。决定债券收益率的主要因素有债券票面利率、期限、面值、持有时间、购买价格和出售价格，其他相关因素有债券的可赎回条款，税收待遇、流动性及违约风险等。一般来说，当债券被赎回时，投资收益率降低，作为补偿，易被赎回的债券票面利率比较高，不易被赎回的债券票面利率比较低；享受税收优惠待遇的债券的收益率比较低，无税收优惠待遇的债券的收益率相对较高；流动性强的债券的收益率比较低，流动性弱的债券收益率相对较高；违约风险高的债券其要求的收益率较高，而违约风险较低的债券其收益率较低。

（二）债券收益率的计算

1. 票面利率

票面利率又称名义利率或息票率，是印制在债券票面上的固定利率，其值为年利息收入与债券面值之比率。其计算公式为：

$$\text{票面收益率} = \frac{\text{债券年利息}}{\text{债券面值}} \times 100\%$$

票面收益率只适用于投资者按面值买入债券、持有至到期并按面值收回本金的情况。它没有考虑债券发行价格与票面金额不一致的情况，也没有考虑中途出售债券的情况。

2. 本期收益率

本期收益率又称为直接收益率，是指债券年利息收入与买入债券的实际价格之比率。因为债券的发行价格有平价发行、溢价发行和折价发行三种，所以，债券的买入价既可以是发行价格，也可以是市场交易价格，可以等于面值，也可能高于或者低于面值。其计算公式为：

$$\text{本期收益率} = \frac{\text{债券年利息}}{\text{债券买入价}} \times 100\%$$

本期收益率不能全面反映投资者的实际收益，它只考虑了利息收入而没有考虑买卖债券的价差收益，因而不够全面。

3. 持有期收益率

持有期收益率是指投资者购买债券且持有一段时间后将债券在到期前出售所获得的收益率。它包括持有期间获得的利息收入及债券买卖价差收入。根据债券持有期长短和计息方式的不同，债券持有期收益率的计算存在着差异，其计算方法如下：

（1）持有期在1年以内时，持有期收益率为债券持有期间的收益额除以买入价格。

$$\text{持有期收益率} = \frac{\text{持有期间的利息收入} + (\text{卖出价} - \text{买入价})}{\text{债券买入价}} \times 100\%$$

$$\text{持有期年收益率} = \frac{\text{持有期收益率}}{\text{持有年限}}$$

$$持有年限 = \frac{实际持有天数}{360}$$

【例 7-6】 甲投资者 2 月 1 日以每张 105 元价格购买新光公司上市债券 100 张，该债券面值为 100 元，票面利率为 10%，半年付息一次，期限为 5 年，当年 7 月 1 日收到上半年利息 5 元，8 月 31 日将债券以每张 108 元价格出售。要求计算该债券的持有期收益率。

$$持有期收益率 = \frac{100 \times 10\% \div 2 + (108 - 105)}{105} \times 100\% = 7.62\%$$

$$持有期年收益率 = 7.62\% \times \frac{12}{7} = 13.06\%$$

（2） 当持有期在 1 年以上时，应按复利一次计算持有期年收益率（即计算使债券带来的现金流入量净现值为零时的折现率，与计算项目投资的内含报酬率 IRR 相同）。

第一，单利计息、利随本清的债券（即到期一次还本付息债券）：

$$持有期年收益率 = \sqrt[t]{\frac{M}{P}} - 1$$

式中 P 为债券买入价；

M 为债券到期兑付的金额或者提前出售时的售价；

t 为债券实际持有年限。

【例 7-7】 某企业于 2011 年 1 月 1 日以 90 000 元价格购入 A 公司同日发行的面值为 100 000 元的债券，为期 3 年，票面年利率为 6%，单利计息、利随本清，若企业持有至到期，计算该债券投资持有期收益率。

$$持有期年收益率 = \sqrt[3]{\frac{100\ 000 + 100\ 000 \times 6\% \times 3}{90\ 000}} - 1 = 9\%$$

若企业持有 2 年后即在 2012 年 12 月 31 日将债券以 106 000 元出售，计算其持有期收益率。

由于该债券是单利计息，利随本清，债券投资者在债券没有到期前出售，不能获得利息收入。

$$持有期年收益率 = \sqrt[2]{\frac{106\ 000}{90\ 000}} - 1 = 8.5\%$$

第二，每年年末付息，到期还本的债券：

持有期年收益率计算过程与计算内含报酬率 IRR 相同。

$$\begin{aligned} P &= \sum_{t=1}^{n} \frac{I}{(1+K)^t} + \frac{M}{(1+K)^n} \\ &= I(P/A,\ K,\ n) + M(P/F,\ K,\ n) \end{aligned}$$

式中 P 为债券买入价；

M 为债券到期兑付的现金或者提前出售时的售价；

t 为债券实际持有的年限；

K 为债券持有期年均收益率。

【例 7-8】 甲投资者于 2014 年 1 月 1 日以 11 000 元的价格购入 B 公司同日发行的面值为 10 000 元的债券，票面利率为 10%，期限为 3 年，每年年末付息、到期还本，并持有至到期。计算其持有年均收益率。

根据长期债券的持有年均收益率公式，相关计算为：

$$11\,000=\sum_{t=1}^{3}\frac{10\,000\times 10\%}{(1+K)^t}+\frac{10\,000}{(1+K)^3}$$
$$=1\,000\times(P/A,\ K,\ 3)+10\,000\times(P/F,\ K,\ 3)$$

当 $K=8\%$ 时：

$$1\,000\times(P/A,\ 8\%,\ 3)+10\,000\times(P/F,\ 8\%,\ 3)=2\,577.1+7\,938.3=10\,515.4(\text{元})$$

当 $K=6\%$ 时：

$$1\,000\times(P/A,\ 6\%,\ 3)+10\,000\times(P/F,\ 6\%,\ 3)=2\,673.01+8\,396.2=11\,069.01(\text{元})$$

按照内插法，计算当现值 = 11 000 元时：

利率	现值
6%	11 069.01
K	11 000
8%	10 515.4

计算得 $K=6.25\%$

即债券投资持有期年均收益率为 6.25%。

二、债券估价

债券价值是指债券未来现金流入量的现值。债券未来现金流入量包括债券的利息收入和债券到期归还的本金或者中途出售债券的售价。一般情况下，当债券的价值大于债券的市场价格时，投资者应选择购买债券；反之，当债券的价值小于债券的市场价格时，投资者不应投资该债券。因此，债券的价值是评价债券投资决策方案的重要指标。

根据债券持有期长短和计息方式的不同，债券的估价可分为下列几种。

（一）每年年末付息，到期还本的债券

$$P=\sum_{t=1}^{n}\frac{M\times i}{(1+K)^t}+\frac{M}{(1+K)^n}=M\times i\times(P/A,\ K,\ n)+M\times(P/F,\ K,\ n)$$

式中 P 为债券价值；

M 为债券面值；

i 为债券的票面利率；

K 为市场利率或投资人要求的必要报酬率；

n 为债券的付息期数。

【例 7-9】 某债券面值为 10 000 元，票面利率为 10%，期限为 5 年，每年年末付息，到期还本。当前市场利率为 8%，计算债券的价值。

根据公式计算如下：

$$\begin{aligned}P &= 10\,000 \times 10\% \times (P/A,\ 8\%,\ 5) + 10\,000 \times (P/F,\ 8\%,\ 5)\\ &= 1\,000 \times 3.992\,7 + 10\,000 \times 0.680\,6\\ &= 10\,798.7(\text{元})\end{aligned}$$

该债券价值为 10 798.7 元，当市场价格小于 10 798.7 元时，投资者应购买该债券；反之，不应投资该债券。

（二）单利计息、利随本清的债券

由于该债券本金及利息均在债券到期时一次性偿还，其到期值为债券的面值加上到期利息 $(M+M\times i\times n)$。要计算其现值可直接按照复利现值公式一次性计算。

$$P = \frac{M+M\times i\times n}{(1+K)^n} = M\times(1+n\times i)\times(P/F,\ K,\ n)$$

【例 7-10】 某债券面值为 10 000 元，票面利率为 10%，期限为 3 年，单利计息、利随本清，当前市场利率为 8%，求债券的价值。

$$\begin{aligned}\text{债券的价值 } P &= 10\,000 \times (1+3\times 10\%) \times (P/F,\ 8\%,\ 3)\\ &= 13\,000 \times 0.793\,83\\ &= 10\,319.79(\text{元})\end{aligned}$$

只有当现行市场价格低于 10 319.79 元时，投资者才能购买该债券。

（三）零票面利率(折现发行)债券的估价

该种债券没有票面利率，以折现的方式发行，到期支付债券面值。其估价模型为：

$$P = \frac{M}{(1+K)^n} = M\times(P/F,\ K,\ n)$$

【例 7-11】 某公司债券面值为 10 000 元，期限为 5 年，以折现方式发行，到期按面值偿还，市场利率为 10%，求其价值。

$$P = 10\,000 \times (P/F,\ 10\%,\ 5) = 10\,000 \times 0.620\,9 = 6\,209(\text{元})$$

该债券的价值为 6 209 元，当市场价格低于 6 209 元时，投资者方能投资该债券。

债券投资和股票投资相比，有一定的优势：一是本金安全性高。与股票相比，债券投资的风险小。二是收入稳定性强。债券一般具有固定的票面利率，正常情况下，债券投资者可以获得比较稳定的利息收入。三是市场流动性好。债券一般都可以在金融市场上迅速变现，流动性非常强。同样，债券投资有劣势。一是购买力风险大。债券的面值和利息率在发行债券时就已经锁定，若债券持有期通货膨胀率较高时，则本金和利息的购买力将不同程度受到侵蚀，购买力下降。二是没有经营管理权。债券投资人有到期要求债券发行人还本付息的权利，但不能参与公司的经营与管理，无权对债券发行人施加影响和控制。

第三节　股东价值衡量

一、股东价值的概念

（一）股东价值的含义

股东价值是指股东对公司未来收益的所有权。简单地说，它是指将股东需求作为管理决策的核心。有人认为，股东对企业进行投资的目的是将与其准备承担风险有关的财务报酬最大化。当股东要求经理人为了他们的利益服务时，管理决策和行动都应该反映出股东回报最大化的关注。尽管企业还有其他“利益相关者”群体（如员工、客户、供应商等），但股东应该被视为最重要的利益集团。

企业财务管理目标中常以股东价值最大化作为财务管理目标，对企业管理者来说，个人利益也许是企业管理者全力实现股东价值最大化的最大动力，因为如果他们做不到这一点，就会面临自己被解雇或者企业被并购的风险（而并购企业的管理者能够满足股东价值最大化）。

股东价值的经济意义如图 7-1 所示。

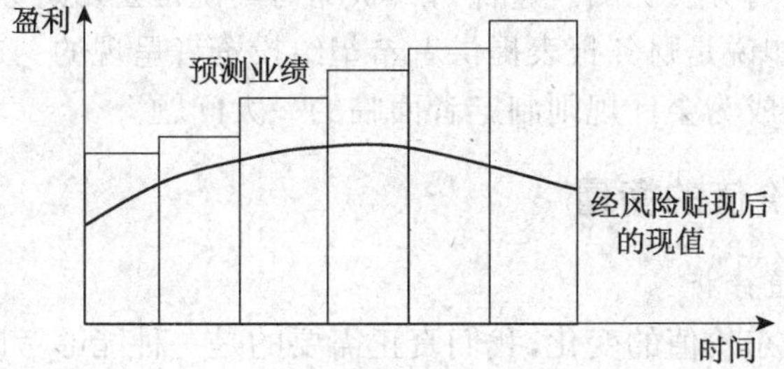

图 7-1　股东价值的经济意义

(二) 传统股东价值衡量的缺陷

一旦确定了股东价值最大化为目标，就需要寻找一种适合的方法来评估股东在一定时间内的回报。而传统的股东价值衡量方法存在严重缺陷，主要是管理者一般使用会计利润或一些基于会计利润的比率(如股东资金回报率或每股收益)来衡量股东价值。传统的股东价值衡量方法有以下几点不足。

1. 存在短期行为倾向

利润计量的是较短时期(通常是 1 年)的利润。然而，当我们提到股东回报最大化时，我们更关注长期。使用利润作为主要衡量指标会使管理者注重提高短期经营业绩而损害企业的长远利益，例如，通过减少员工培训费和研发费用可以提高短期利润，而这些支出对于企业的长远发展却非常重要。

2. 没有考虑到风险

我们在前面的章节中介绍过，股东回报与为了取得该回报所承担的风险水平之间存在线性关系，回报要求越高，必须承担的风险也越大。如果利润增加额与提高的风险水平不相称，一项增加利润的战略反而可能会降低股东回报。因此，仅仅用利润作为衡量指标是不够的。

3. 没有充分考虑到股权资本成本

计算利润时，扣除了债权资本成本(即利息费用)，但未扣除股权资本成本(在计算利润数据时未扣除股息，而且，股息只是股东总回报的一部分)。批评者指出，从经济学意义上说，除非补偿包括股权资本成本在内的所有资本成本，否则公司无法获得利润，如果不按上述办法计算，公司可能会亏损，股东价值则会减少。

4. 报表利润会随着选用的特定政策变化而变化

有些公司可能采用保守的会计政策，如无形资产(研发费用等)快速摊销、余额递减折旧法(采用这种方法早期对固定资产提取的折旧更多)等。而那些采用相对不太保守会计政策的公司则会更快报告利润。因此，延长无形资产的摊销年限(或者可以根本不摊销无形资产)、使用直线折旧法等意味着能更快报告利润。此外，有些公司可能采用特殊的会计政策或者用特殊方法安排交易，从而描绘出一幅健康的财务状况图。这种财务状况与其说是公司财务状况和经营成果的公允表达，不如说是财务报表提供者希望给投资者呈现的。这种操作叫做“寻机性会计”，已经成为会计规则制定者面临的一大问题。

二、股东价值的衡量

(一) 净现值分析

为了衡量股东价值的变化，我们真正需要的是一种能够考虑到长期性，考虑风险及股权资本成本，并且不会受会计政策选择影响的衡量方法。

我们可以采用净现值分析，如果要知道一项资产(不管是机器设备等有形资

产还是股票等金融资产)的净现值,我们应该将这项资产在整个使用期内的未来现金流进行贴现,计算公式为:

$$NPV = C_1 \frac{1}{(r+1)^1} + C_2 \frac{1}{(r+1)^2} + C_3 \frac{1}{(r+1)^3} + \cdots$$

式中　C 为某一时间 t 的现金流($t=1, 2, 3\cdots$);

　　　r 为必要报酬率。

必要报酬率是股东要求的报酬率。为了实现这一报酬率,企业管理者应该为每股股票努力创造长期现金流(体现为股利或股票出售获得的收益)。如果净现值为负,则说明现金流不能够满足股东要求的最低报酬率。如果企业的目的是为其股东创造价值,那么它必须创造超过必要报酬的现金流。换句话说,现金流产生的净现值必须为正。

1. 采用净现值分析股东价值的理由

(1) 净现值分析考虑了长期性。一项投资(如股票)的回报包含了整个投资生命期。

(2) 净现值分析考虑到了资本成本和风险。未来的现金流用投资者(包括长期贷款债权人的股东)必要报酬率进行了贴现。并且,这里必要报酬率反映了与投资相关的风险,风险水平越高,必要报酬率也越高。

(3) 净现值分析对会计政策的选择不敏感。公式中使用的现金流与利润不同,它在计算股东回报时更加客观。

2. 扩展的净现值分析:股东价值分析

通过前面净现值分析我们知道,评估一个投资项目时,如果该项目产生的现金流净现值最大,那么股东价值就最大。可以把公司简单地视为由投资项目组成的一个证券投资组合,所以同样的原理也可以用来计算公司的整体价值。股票价值分析(shareholder value analysis,简称 SVA)正是建立在这个基本概念基础上的。

股东价值分析根据项目能够使股东价值或股东财富最大化的能力进行战略决策评估。在进行评估时,用贴现现金流量代替传统的评估方法。通过前面的讨论我们已经知道,一个项目的净现值代表着该项目的价值。假设一个企业可以视为有若干项目组成的一个投资组合,那么,作为一个整体,企业价值可以视为其产生现金流的净现值。股东价值分析试图通过计算企业整体的贴现现金流,得到属于企业股东的那部分价值。

如果企业产生的未来现金流的净现值代表了企业整体价值,那么我们怎么样才能推导出属于股东的那部分价值呢?

企业资本由债务资本和普通股股权资本组成。因此,债务资本所有人(即企业的债权人)对企业的总价值也拥有部分求偿权。所以,在企业总价值中减去未偿债务的市场价值就可以得到属于普通股股东的那部分价值：

股东价值＝企业总价值－未偿债务的市场价值

(二) 经济增加值

1. 经济增加值的含义和公式

经济增加值(economic value added,简称 EVA)是美国管理咨询公司思腾思特(SternStewart)公司提出并注册的商标,但它却是建立在应用了很多年的经济利润概念基础上的。这个指标反映了早期的观点,即一个企业从经济意义上讲应该盈利,它必须能够创造超过投资者必要报酬率的收益。由于会计利润并未充分考虑到所有投资者要求的回报,所以简单地使用会计利润这个指标不够。EVA 表示企业创造的收益是否超过了投资者要求的必要报酬,其计算公式为：

$$EVA = NOPAT - R \times C$$

式中 $NOPAT$ 为税后净利润；

R 为投资者必要报酬率(即加权平均资本成本)；

C 为投资资本(即企业净资产)。

只有当 EVA 为正时才可以说企业增加了股东价值。为了使股东价值最大化,管理者必须尽量提高 EVA。

用 EVA 衡量企业创造的股东价值需要依靠传统的财务报表,不过,财务报表中税后净利润和投资资本只能作为一个起点,因为传统指标存在的问题和限制,需要对这些数据进行调整。按照思腾思特公司的说法,主要问题是保守偏好使利润和投资资本被低估。由于对研发费用等随意贬值和一些过分的规定(如对应收账款打折),利润被低估。资本成本也被低估,因为资产在财务报表上一般按初始成本(略有贬值)列示,造成报表数据明显低于市场价值。另外,有些资产由于没有发生外部交换(如自创商誉和商标),在财务报表上没有体现。

思腾思特公司已经确定了100多种为消除保守性倾向而需要对传统财务报表进行调整。不过,该公司相信,在实践中,对于某一个特定公司来说,只需要对会计数据进行少数几项调整即可。只有当一项调整对计算 EVA 有重大影响时才值得做。所做的调整应该反映具体公司的特点,每个公司都独一无二,所以必须根据具体环境设计 EVA 的计算(你可以将 EVA 这个特点视为灵活性的反映,也可以视为操作的开放性)。

2. 经济增加值计算时需调整的项目

一般必须做的调整包括：

(1) 研发费用和营销成本。这些费用应该在其受益期内进行摊销。然而在实践中，这些费用经常在其发生当期予以转销。这一调整意味着任何在发生时立即转销的费用应该增加财务报表上资产的价值，从而增加资本额，然后在资产寿命期限内摊销。

（2）重置成本。这可以视为未来的投资而不是需要转销的费用。*EVA* 观点的支持者认为，通过重置，企业可以更好地应对未来的挑战，所以任何重置成本都应该增加投资资本。

（3）可供出售投资。股票和债权投资并没有包含在企业投资资本中，这是因为在计算营业利润时不包括可供出售投资收益（如前所述，这种来源的收入在利润表中位于营业利润之后）。

除了上述会计调整之外，还应该对税费进行调整，使其与当年营业利润相对应，即应该扣除与非营业收入（如投资收益）相关的税费，以及应付利息的税收抵减。

3. 经济增加值举例分析

下面我们通过一个简单的例题说明如何计算 *EVA*。

【例 7-12】 天成有限公司 2 年前成立，其第 2 年年末的财务状况和利润如表 7-3 和表 7-4 所示。

表 7-3

第 2 年年末财务状况

单位：百万元

资　产	金　额	负债和所有者权益	金　额
非流动资产		所有者权益	
厂房及设备	80.0	股本	60.0
机动车辆	12.4	留存收益	23.7
可供出售投资	6.6		83.7
	99.0	非流动资产	
流动资产		应付债券	50.0
存货	34.5	流动负债	
应收账款	29.3	应付账款	30.3
现金	2.1	税金	0.9
	65.9		31.2
资产总额	164.9	负债和所有者权益	164.9

表 7-4

第 2 年的利润

单位:百万元

项 目	金 额	项 目	金额
销售收入	148.6	投资收益	0.4
销售成本	(76.2)		8.4
毛利	72.4	应付利息	(0.5)
工资	(24.6)	税前利润	7.9
厂房设备折旧费	(12.8)	重置成本	(1.9)
销售费用	(22.5)	税前利润	6.0
应收账款坏账准备	(4.5)	税金	(1.5)
营业利润	8.0	本年利润	4.5

通过与企业财务主管的交流得到以下信息:

销售费用与企业投放的一种新产品有关,预计市场推广活动的受益期为 3 年(包括刚刚过去的 1 年)。

应收账款坏账准备在本年提取,其数值过大,更真实的数据应该是 200 万元。

重置成本是由于某一特定产品市场衰退所产生的,通过重置,企业可以无限期获取收益。

投资者必要报酬率为 10%。

企业所得税税率为 25%。

计算 *EVA* 时,第一步是根据与财务主管讨论所反映的各种因素调整企业税后净营业利润,计算如表 7-5 所示。

表 7-5

调整税后净利润

单位:百万元

项 目	金额一	金额二	项 目	金额一	金额二
营业利润		8.0	销售费用(2÷3×22.5)	15.0	
税金(附注 1)		(2.0)	超额坏账准备	2.5	17.5
税后营业利润		6.0	调整后的税后净利润		23.5
EVA 调整(利润增加)					

第二步是根据上述事项调整净资产(等于所有者权益加债券)如表 7-6

所示。

表 7-6

调整净资产(或投资资本)

单位:百万元

项　目	金额一	金额二	项　目	金额一	金额二
净资产(来自财务状况表)		133.7			153.1
销售费用(附注 2)	15.0		可供出售投资(附注 4)		(6.6)
应收账款坏账准备	2.5		调整后净资产		146.5
重置成本(附注 3)	1.9	19.4			

附注:

(1) 税金等于营业利润的 25%,即 200 万元(不考虑由于非流动资产和会计折旧与应交所得税之间的差异等问题)。

(2) 销售费用等于两年受益期内分摊的费用(2÷3×22.5)。

(3) 因为重置成本会使企业无限期获利,所以增加净资产值(注意:重置成本并不是加回到营业利润,因为该成本在利润表中位于营业利润之后)。

(4) 可供出售投资并不是企业营业资产的组成部分,其收益也不是营业利润的组成部分。

你能否计算[例 7-12]中企业第 2 年的 *EVA*?

EVA 可以按下列计算:

$$EVA = NOPAT - R \times C = 23.5 - 10\% \times 146.5 = 8.9(\text{百万元})$$

可以看到 *EVA* 为正,所以企业本年增加了股东价值。

这种股东价值衡量方法的主要优点是企业管理者必须遵守这样一条准则:在确认股东价值提高之前,使用企业资源必须计算适当的费用。因此,*EVA* 激励管理者有效地利用企业资源。如果管理者只是专注于提高利润,可能会不考虑为此而需要使用的资源。

不过,从短期观点看,*EVA* 方法的优势可能会被削弱。

(三) 附加市场价值(*MVA*)

设计 *EVA* 的初衷是激励管理人员实现股东价值,它实际上是用于内部报告的目的。不过,思腾思特咨询公司已经开发了一种更先进的衡量方法以补充 *EVA* 方法的不足,这种方法使股东可以随着时间推移监测股东价值的变化。附加市场价值试图通过计算公司市场价值与多年来投资总额之间的差异来衡量股东价值的增减。通常认为,公司的市场价值等于股票市场价值与债务资本之和。总投资等于长期资本投资,由所有者权益(股本加留存收益)和债务资本组成。附加市场价值的计算过程:

$$附加市场价值 = 总市场价值 - 总投资资本$$

【例 7-13】 ABC公司自10年前开始营业，其普通股每股账面价值1元，共200万股，目前其股票的市场价值为每股5元。当初公司成立的时候，股票是按票面价值发行的。公司还有600万元的负债，利息率为10%，负债账面价值与其市场价值相等。此外，公司的留存收益为300万元。

附加市场价值计算过程如表7-7所示。

表 7-7

附加市场价值计算过程

单位：百万元

项　目	金额一	金额二	项　目	金额一	金额二
投资的市场价值			投资总额		
普通股(2×5)		10	普通股(2×1)	2	
负债		6	留存收益	3	
		16	负债	6	11
			附加市场价值		5

可以看到，附加市场价值其实是一个非常简单的概念。比较投资的货币价值和投资的现金，如果投资的货币价值大于投入的现金，则股东价值增大。如果投资的货币价值小于投入的现金，则股东价值减小。但是，由于会计计量的谨慎性原则，在计算投入现金时会产生困难。因此，计算附加经济价值时对财务状况表进行的调整在计算附加市场价值时也同样需要。

投资资本货币价值的计算很明确，股票的市场总价值等于每股市场价值乘以发行的普通股股数。如果股票没有上市，那么实际上不太可能计算 *MVA*，除非有买家出价收购公司。

在[例 7-13]中，假设负债的市场价值等于其账面价值，这在实践中是常用假设，有了这个假设，*MVA* 的计算就简化为股票的市场价值减去股票面值与留存收益之和。

在[例 7-13]中，我们计算了企业整个存续期的 *MVA*。对一家已经成立的公司来说，这样做的问题在于不清楚这个价值是何时产生的，而企业创造价值的模式对评估过去及未来的表现很有帮助。不过，通过比较企业任何一段时间期初和期末的财务状况，可以很好地计算企业这段时间的 *MVA* 变化。

附加市场价值和经济增加值的联系：思腾思特咨询公司提出，*MVA* 和 *EVA* 之间联系很紧密，这种联系的理论基础很清楚。我们在前面看到，公司价值等于未来预计 *EVA* 的现值加上投资资本，于是：

$$公司价值 = 投资资本 + 未来\ EVA\ 的现值$$

这个公式可以重写为：

$$\text{未来 } EVA \text{ 的现值} = \text{公司价值} - \text{投资资本}$$

我们还知道附加市场价值等于公司价值减去投资资本：

$$MVA = \text{公司价值} - \text{投资资本}$$

比较上面两个公式，可以得到：

$$\text{未来 } EVA \text{ 的现值} = MVA$$

思腾思特咨询公司认为上面描述的关系在理论上和实践中同样成立，该公司已经提出了证明 *MVA* 与 *EVA* 相关性比 *MVA* 与其他企业业绩衡量方法(如每股收益、股东资金回报、现金流等)相关性更强的证据。

假设 *MVA* 反映了公司未来的预期 *EVA*，那么使用这种方法的投资者就可以判断公司是否创造了超过其投资资本成本的回报。如果管理人员提供的回报仅仅等于资本成本，那么 *EVA* 将等于零，所以不会有附加市场价值。因此，*MVA* 可以像 *EVA* 那样用来对管理人员施加资本约束。

案例讨论

云天化集团有限责任公司债券

云天化集团有限责任公司是中国 20 世纪 70 年代引进国外成套设备建成的 13 家大型化肥企业之一，目前已经发展成为以化肥为主业，以有机化工、玻纤新材料、精细磷化工、盐及盐化工为重要发展方向的母子公司体制的企业集团。2006 年发行云天化集团有限责任公司债券(简称“06 云天化债”)，发行规模为 10 亿元。本期债券为 15 年期固定利率债券，票面年利率为 4.05%，在本期债券期限内固定不变。本期债券采用单利按年利息，不计复利，逾期不另计息。债券面值 100 元，平价发行，以 1 000 元为一个认购单位，认购金额必须是人民币 1 000元的整数倍且不少于人民币 1 000 元。本期债券的形式为实名制记账式公司债券，投资人认购的本期债券在中央国债登记公司开立的一级托管账户或在本期债券的二级托管人开立的二级托管账户中托管记载。债券的发行范围及对象是，本期债券通过承销团成员设置的发行网点和在北京市、云南省设置的零售营业网点公开发行。持有中华人民共和国居民身份证的公民(军人持军人有效证件)及境内机构(国家法律、法规另有规定者除外)均可购买。2006 年 4 月 28 日为债券的首发日，发行期限为 3 个工作日。计息期限：自 2006 年 4 月 28 日至 2021 年 4 月 27 日。每年付息一次，到期一次还本，最后一期利息随本金的兑付一起支付。年度付息款项自付息首日起不另计利息，本金自兑付首日起不另计利息。本期债券由中国农业银行授权中国农业银行云南省分行提供全额、无条件、不可撤销的连带责任保证担保。经上海远东资信评估有限公司综合评定，本期债券信用级别为AAA级；经大公国际资信评估有限公司综合评定，本期债券信用级别为AAA级。

针对上述案例，回答以下问题：

(1) 债券的发行价格与债券的票面利率、市场利率有何关系？

(2) 债券估价理论对债券发行有何意义？

(3) 对06云天化债发行规模、发行期限、发行利率、发行价格以及还本付息方式进行分析。

思考题

1. 什么是股票投资目的？
2. 什么是债券投资目的？
3. 什么是基金投资目的？
4. 债券的估价模型公式有哪些？
5. 股票的估价模型公式有哪些？
6. 投资者进行债券投资将会面临的主要风险有哪些？
7. 什么是股东价值？为什么要衡量股东价值？
8. 什么是经济增加值(*EVA*)？什么是附加市场价值(*MVA*)？

单项选择题

1. 投资者以10元的价格购入A公司的股票，持有8个月之后以10.5元的价格售出，在持有期间共获得1.5元的现金股利，则股票的持有期收益率是(　　)。

A. 35%　　B. 15%

C. 30%　　D. 20%

2. 根据题1的资料，投资股票的年均收益率是(　　)。

A. 35%　　B. 15%

C. 30%　　D. 20%

3. A公司股票每年分配股利1.5元，若投资者要求的最低报酬率为15%，则该公司股票的价值是(　　)元。

A. 10　　B. 15

C. 20　　D. 25

4. A公司股票去年分配股利1.5元，预计每年股利将以12%的增长率增长，投资者要求的最低报酬率为15%，则股票的价值是(　　)元。

A. 63　　B. 56

C. 42　　D. 34

5. A公司发行5年期债券，债券的面值为1 000元，票面利率为5%，每年付息一次，到期还本，投资者要求的必要报酬率为10%，则债券的价值是(　　)元。

A. 825.67　　B. 1 100.50

C. 810.46　　D. 1 000

6. 当债券的票面利率低于市场利率时，一般按(　　)发行。

A. 平价　　B. 面值

C. 折价　　D. 溢价

7. 在*EVA*计算中，将研究开发费用、广告费用等进行调整以计算税后净营业利润，是出于(　　)的考虑。

A. 谨慎性　　B. 公司破产时，这些资产一文不值

C. 很难计量　　D. 这些费用的发出会带来未来回报

8. *EVA*计算中的资本成本是指(　　)。

A. 权益资本成本　　B. 债务资本成本

C. 实际支付的资本成本　　D. 权益和债务的加权平均资本成本

业　务　题

1. 某投资者于2012年3月1日，以每股20元价格购买甲股票10 000股，2012年6月10日，收到股份公司分派的现金股利0.5元/股，2012年7月31日，将全部股票以每股21元出售。

要求：

(1) 计算其股票投资持有期收益率。

(2) 如果在2012年2月1日投资210万元购买乙公司股票100万股，在2013年和2014年的1月31日每股各分得现金股利0.6元、0.5元，并与2014年1月31日以每股3元的价格将股票全部出售，试计算该项投资的投资收益率。

2. 新星公司股票每年分配股利2元，若甲投资者要求的最低报酬为10%，股票的市场价格等于25元。

要求：

(1) 计算该股票的价值并判断是否购买？

(2) 已知该股票上年每股股利为2元，如果预计以后每年以5%的增长率增长，乙投资者要求的投资报酬率为15%，计算当股票的市场价格为多少时，才能购买该股票。

3. 丙投资者拟投资于B公司股票，要求的最低报酬率为15%。预计公司未来3年股利将按照每年20%递增。在此之后转为正常增长，增长率为10%。公司最近支付的股利为1.5元，股票的市场价格为40元。

要求：计算该股票的内在价值并判断是否购买。

4. 甲投资者于2014年1月1日以每张108元价格购买A公司上市债券1 000张，该债券面值为100元，票面利率为8%，半年付息一次，期限为5年。当年6月1日，收到上半年利息5元；8月31日，将债券以每张112.5元价格出售。

要求：计算该债券的持有期收益率。

5. 甲投资者于2012年1月1日以11 000元的价格购入B公司同日发行的面值为10 000元的债券，票面利率为12%，期限为3年，每年年末付息、到期还本，并持有至到期。

要求：

(1) 计算其持有年均收益率。

(2) 如果市场利率为10%，甲投资债券的价值为多少？

(3) 如果市场利率为14%，甲投资债券的价值为多少？

第三篇

财务决策篇

第八章　筹资管理与决策

引导案例

双钱集团股份有限公司2014年6月10日向中国证监会上报了公开发行A股可转换公司债券的申请材料。本次可转换债券发行方案于2014年12月实施完毕，并于2015年6月全部转股。本次可转债的转股价格为12.24元/股(2014年6月9日前20个交易日交易均价与2014年6月9日前一交易日交易均价较高者)，本次可转债转股价格高于公司每股净资产，故转股完成后，预计公司2015年年底的每股净资产将由3.53元提高至4.28元，每股净资产增加0.75元，增长比例为21.25%。同时，本次可转债转股完成后，公司资产负债率将下降，有利于增强公司财务结构的稳定性和抗风险能力。本次可转债转股完成后，公司净资产将大幅增加、总股本亦相应增加，但项目建设周期较长及项目建成投产产生的效益需要一定的过程和时间，因此，每股收益和净资产收益率有可能在本次可转债转股期内出现下降。未来，募集资金投资项目的完成将有助于公司每股收益和净资产收益率的提升。

思考与讨论

1. 什么是可转换债券？它和普通股股票、公司债券有何异同？
2. 公司发行可转换债券应注意哪些问题？
3. 发行可转换债券对公司财务状况会产生哪些影响？

筹资活动是企业资金运动的起点，也是企业整个经营活动的基础。通常企业有哪些筹资渠道和筹资方式？各筹资方式又有何特点？企业如何预测资金的需求量并作出合理的筹资决策等，本章将进行详细介绍。

第一节　企业筹资概述

一、企业筹资的动机和基本要求

（一）企业筹资的动机

企业筹资的基本目的是为了自身的生存和发展。企业从设立开始，在持续的发展过程中，因其经营的目的不同会产生不同的筹资动机，有时筹资动机是单一的，有时是复合的，归纳起来主要有以下四种。

1. 设立性筹资动机

设立性筹资动机是企业为了满足设立企业的需要产生的筹资动机，它筹集的是资本金。资本金是指企业在设立时向企业所有者筹集的，并在工商行政管理部门登记的注册资金。由于资本金是向企业所有者筹集的，故其为股权性资金。按照提供资金的所有者不同分为：国家资本金、法人资本金、个人资本金和外商资本金。且所有者可以现金、实物、无形资产等作为资本金向企业投资。

2. 扩张性筹资动机

扩张性筹资动机是企业为了满足扩大生产经营或对外投资的需要产生的筹资动机。它既可向企业所有者筹集资金，也可向金融机构或债券购买者等筹集债务性资金。扩张性筹资动机是企业最主要的筹资动机，尤其是处于成长时期，具有良好发展前景的企业，对资金的需求量比较大。

3. 调整性筹资动机

调整性动机是企业为了调整现有资本结构的需要而产生的筹资动机。权益资金与债务资金、长期资金与短期资金构成都是重要的资金结构。当资金结构不合理时，可以通过筹集资金来调整资金结构。当企业债务资金比重偏大时，应增加权益资金的筹集；反之，应增加债务资金的筹集。当长期资金比重偏大时，应增加短期资金的筹集；反之，应增加长期资金的筹集。

4. 混合性筹资动机

混合性筹资动机是企业为了生存发展等多种原因而产生的筹资动机。一方面可能因扩张性需求筹资，另一方面又可能需要调整资本结构甚至需求偿还债务等，在此动机下企业需要考虑多个因素综合进行筹资决策。

（二）企业筹资的基本要求

企业筹资的基本要求是分析和评价影响筹资的各种因素，根据企业的自身特点和筹资环境，作出合理的筹资决策，具体来讲有以下几点。

1. 合理确定资金需用量，努力提高筹资效果

企业在生产经营的各个时期、各个阶段对资金的需要量不完全相同，企业筹集资金首先要确定的是资金的需要量，使筹资的数量与资金的需要量达到平衡，既要防止筹资不足而影响企业的生产经营活动，又要避免筹资过剩而造成资金的闲置浪费。

2. 周密研究投资方向，努力提高投资效益

企业筹资的目的是为了投资，而投资效益的高低直接影响企业是否筹资及筹资的多少等。因此，必须进行周密详尽的投资项目可行性研究，选择有利的资金投向，使所筹资金取得最大的经济效益。

3. 认真选择筹资渠道和方式，力求降低资本成本

企业有多种筹资渠道和筹资方式，无论什么筹资渠道和筹资方式，企业筹资

资金都要为此付出代价,即资本成本。不同的筹资渠道和筹资方式其资本成本是不同的,它直接影响企业的经济效益和筹资决策。

4. 适时取得资金来源,保证资金投放需要

企业筹资不仅要考虑资金的需要量,同时还要考虑何时需要资金,如果不能按时取得资金,很可能就错过投资机会;反之,如果过早筹集资金就会造成资金的闲置,降低资金使用效益。

5. 合理安排资本结构,控制筹资风险

企业筹集资金可以向股东筹集,也可以向银行借款,还有其他多种方式,不同筹资方式企业承担的筹资风险是不同的,筹资风险过大会使企业面临财务危机的风险。而企业不同资金来源所构成的资金结构还会影响企业经营业绩,因此,筹资决策中要考虑资金结构以控制筹资风险。

6. 遵守国家的有关法规,维护各方合法权益

企业的筹资活动必须遵循国家的有关法律、法规和政策的规定,合法筹资是对企业筹资的最基本要求,离开了合法性,再高效的筹资都是不值的。目前我国金融市场不断发展,国家的金融政策也不断变化,因此,企业要筹资先要了解国家的法律、法规以及金融政策等。

二、企业筹资的类型

按照不同的分类标准,可将企业筹资分为以下几种类型。

(一) 按资本的使用期限分类

企业的筹资活动按照时间期限可分为长期筹资和短期筹资。

长期筹资是指筹集可供企业长期(一般为1年以上)使用的资本。长期筹资的资本主要用于企业新产品、新项目的开发与推广,生产规模的扩大,设备的更新与改造等,因此这类资本的回收期较长,成本较高,对企业的生产经营有较大的影响。长期筹资一般采用吸收直接投资、发行股票、发行债券、长期借款、融资租赁和留存收益等方式。

短期筹资是指筹集可供企业短期(一般为1年以内)使用的资本。短期筹资的资本主要用于日常现金开支、商品采购、发放工资、支付税款等。与长期资本相比,这类资本的回收期较短,成本较低,偿债压力较小。短期筹资通常采用短期银行借款、商业信用、经营租赁、票据贴现、应收账款让售等方式。

(二) 按筹资活动是否通过金融机构分类

企业的筹资活动按照是否通过金融机构可分为直接筹资和间接筹资。

直接筹资是指企业不通过银行等金融机构中介直接向资本供应者发售"本源证券"来筹集资本的方式。这里的"本源证券"也称"初级证券",是指股票、公司债券、股权证和商业票据等。这种直接筹资方式使资本通过合法的手段从资本所有者手中转移到资本使用者手中,可利用的筹资渠道和筹资方式较多,但是

其是否能有效地实现要依赖于资本市场是否具有完善的定价机制和风险机制。

间接筹资是指企业借助于银行等金融机构为中介进行的筹资。在这种筹资方式下，金融机构参与企业的筹资活动，其目的是为了自身盈利的需要。金融机构以自己的名义发行一种"辅助证券"，如存单、银行汇票、支票等，换取资本所有者的资本，再以"辅助证券"换取资本使用者的"本源证券"。

直接筹资与间接筹资的区别就在于有无"辅助证券"的出现。相对于直接筹资而言，间接筹资的效率较高，费用较低，但是筹资的渠道和方式较为单一，主要表现为银行和非银行机构的借款。

（三）按筹集资本的性质分类

企业的筹资活动按照筹集资本的性质可分为股权性筹资、债务性筹资和混合性筹资。

股权性筹资是指可供企业长期拥有、自主调配使用，不需归还的一种筹资方式。这种方式所筹集的资本在会计上表现为股东权益，代表着投资者对企业的所有权，其性质是企业的自有资本。股权筹资一般采用吸收直接投资、发行股票、留存收益等方式筹集，其特点是：①资本的提供者以企业所有者的身份参与企业管理并取得收益，同时承担相应的责任；②股权资本属于企业的永久性资本，资本的所有者一旦提供了资本，除依法转让外，不得以任何方式从企业中抽回；③企业无须还本付息，财务风险较小，但是通常投资者要求的资本收益率较高，因此资本成本也较高。

债务性筹资是指企业按约定代价和用途取得且需要按期还本付息的一种筹资方式。就其性质而言，是不发生所有权变化的单方面资本使用权的临时让渡。债务筹资一般通过银行借款、发行债券、商业信用、租赁等方式筹集，其特点是：①债权人与企业仅是债权债务关系，他们有权按期索取利息并到期收回本金，但无权参与企业的经营管理，对企业经营不承担责任；②债务筹资具有期限性，在债务合约下，出资人可以退出，并享有固定收益；③企业可以在约定的期限内使用债务筹资，但必须履行按期还本付息的偿债责任，财务风险较高，由于债权人要求的是固定收益，因此资本成本较低。

混合性筹资是指兼有股权和债务双重属性的筹资。它是企业通过发行优先股、可转换债券和认股权证等方式取得资金的筹资活动。目前我国上市公司最常见的混合性筹资是可转换债券。

（四）按资本来源的范围分类

企业的筹资活动按照资本来源的范围可分为内部筹资与外部筹资。

内部筹资是企业运用企业内部经营所产生的现金流量，主要是税后利润中未用来发放现金股利的留存部分以及计提折旧所形成的资本，其特点是：①不发生筹资费用，在筹资费用相当高的情况下，使用内部积累资本对企业非常有益；②可使股东获得税收上的利益；③内部筹资属于股东权益资本，可为债权人提供保障，增加企业的信用价值；④内部筹资的数量有限。

外部筹资是指企业通过发行股票、发行债券、银行借款等方式取得资本。相对于内部筹资而言，外部筹资的筹资费用较高，但是可利用的筹资渠道较多，筹资方式灵活，并可筹集数量可观的资本。

三、筹资渠道和筹资方式

（一）筹资渠道

企业的筹资活动需要通过一定的渠道并采用一定的方式来完成。筹资渠道是指企业取得资本的来源或通道。按照我国当前的市场环境和现实情况，我国企业的筹资渠道主要有国家资本、银行信贷资本、非银行金融机构资本、其他企业资本、企业内部资本、民间资本以及国外资本等。企业在筹资时应对这些筹资渠道进行分析，了解各种筹资渠道资本的存量与流量大小，以促使企业正确、合理地利用筹资渠道。

（二）筹资方式

筹资方式是指取得资本的具体形式和手段，目前我国企业常用的筹资方式主要有吸收直接投资、发行股票、发行债券、融资租赁、银行借款、留存收益和商业信用等。企业在筹资时也要对筹资方式进行分析，了解各种筹资方式的法律限制和金融限制、各种筹资方式的资本成本及其对企业资本结构的影响等，以便企业选择正确的筹资方式并进行筹资组合。企业不同的筹资类型与筹资方式的关系如图 8-1 所示。

- 企业筹资
  - 短期筹资——债务性筹资
    - 短期银行借款
    - 商业信用
    - 短期融资券
  - 长期筹资
    - 股权性筹资
      - 吸收直接投资
      - 发行普通股股票
    - 债务性筹资
      - 发行债券
      - 长期银行借款
      - 融资租赁
    - 混合性筹资
      - 优先股
      - 可转换债券
      - 认股权证

图 8-1　企业的筹资类型与筹资方式

（三）筹资渠道和筹资方式之间的关系

筹资渠道解决的是资本来源的问题，筹资方式解决的是通过何种方式取得资本的问题，它们之间的关系是密不可分的。同一筹资方式可能适用于多种筹资渠道，也可能只适用于某一特定的筹资渠道；同一渠道的资本也可能采取不同的筹资方式取得。因此，企业在筹集资本时，必须将两者结合在一起密切配合使用。筹资渠道与筹资方式的对应关系如表 8-1 所示。

表 8-1

筹资渠道与筹资方式的配合

项　　目	吸收直接投资	发行股票	发行债券	银行借款	商业信用	发行融资券	融资租赁
国家财政资金	√	√					
银行信贷资金				√			
非银行金融机构资金	√	√	√	√		√	√
其他法人资金	√	√	√		√	√	
民间资金	√	√	√				
企业内部资金	√	√					
境外资金	√	√	√	√	√	√	√

第二节　资金需要量的预测

资金需要量的预测是对企业未来筹资需求的估计和推测。预测资金需要量需以预测期企业生产经营规模的发展和资金利用效果的提高为依据,除此以外还需考虑偿债能力和负债水平限额等法律规定。资金需求量的预测方法有定性预测方法和定量预测方法,常用的定量预测方法有以下几种。

一、因素分析法

因素分析法又称分析调整法,是以有关资金项目上年度的实际平均资金需要量为基础,根据预测年度的生产经营任务和资金周转加速的要求进行分析调整来预测资金需要量的一种方法。这种方法计算比较简单,容易掌握,但预测结果不太精确。它通常用于品种繁多、规格复杂、资金用量较小的项目。因素分析法的计算公式为:

$$\text{资金需要量}=\left(\text{上年资金平均占用额}-\text{不合理资金占用额}\right)\times\left(1\pm\text{预测期销售增减率}\right)\times\left(1\pm\text{预测期资金周转速度变动率}\right)$$

【例 8-1】 某企业上年度资金平均占用额为 1 500 万元,其中不合理资金占用为 100 万元,预计本年度销售增长 10%,资金周转速度加速 2%,预测本年度的资金需要量。相关计算如下:

$$\text{本年度资金需要量}=(1\,500-100)\times(1+10\%)\times(1-2\%)=1\,509.2(\text{万元})$$

二、资金习性预测法

资金习性是指资金变动与产销量(又称业务量)变动之间的依存关系。按资金习性可将资金分为不变资金、变动资金和半变动资金，其中：不变资金是指在一定的产销量范围内，不随产销量变动的资金，主要包括维持经营而占用的最低数额的现金、原材料的保险储备、必要的成品储备以及固定资产占用的资金。变动资金是指随产销量变动而同比例变动的资金，主要包括直接材料、外购件等占用的资金，另外货币资金、应收账款等也具有变动资金的性质。半变动资金是指虽随产销量的变动而变动，但不呈正比例变动的资金。也就是在一定的产销量范围内，资金不随产销量变动，超过一定的产销量，资金会随产销量而发生变动。比如，一些辅助材料、燃料、动力等占用的资金。半变动资金可以采用一定的方法划分为不变资金和变动资金两部分。

（一）线性回归分析

这种方法是依据资金的习性，将资金分为变动资金和不变资金两部分，假设资金的占用总额与产销量之间存在线性关系，建立数学模型，然后根据企业连续若干年的历史资料，利用数学上的最小二乘法原理，建立回归直线方程再进行资金需要量预测。资金需要量的线性回归模型如下：

$$Y = a + bX$$

式中　Y 为资金需要量；

a 为不变资金；

b 为单位产销量所需变动资金；

X 为产销量。

该预测模型中的 a 和 b 的数值依据历史资料，建立回归直线的联立方程组：

$$\begin{cases} \sum Y = na + b\sum X \\ \sum XY = a\sum X + b\sum X^2 \end{cases}$$

求得参数 a、b 后，再根据线性回归模型预测资金需要量。

【例 8-2】 某企业历年的产销量和资金变动情况如表 8-2 所示，预计 2014 年的产销量为 55 万台，试预计 2014 年的资金需要量。

表 8-2

产销量与资金占用情况表

年度	产销量 X_i（万台）	资金占用额 Y_i（百万元）
2008	25	50
2009	30	56
2010	32	62
2011	41	68
2012	46	70
2013	50	74

首先，根据历史数据编制产销量与资金需要量回归分析表，见表 8-3。

表 8-3

产销量与资金需要量回归分析表

年度	产销量 X_i(万台)	资金占用额 Y_i(百万元)	X_iY_i	X_i^2
2008	25	50	1 250	625
2009	30	56	1 680	900
2010	32	62	1 984	1 024
2011	41	68	2 788	1 681
2012	46	70	3 220	2 116
2013	50	74	3 700	2 500
$n=6$	$\sum X_i = 224$	$\sum Y_i = 380$	$\sum X_iY_i = 14\,622$	$\sum X_i^2 = 8\,846$

其次，将上表的数据代入联立方程，得：

$$\begin{cases} 380 = 6a + 224b \\ 14\,622 = 224a + 8\,846b \end{cases}$$

解得：$a = 29.73$、$b = 0.90$

将其代入 $Y = a + bX$，得：

$$Y = 29.73 + 0.90X$$

2014 年预计的产销量为 55 万台，故资金需要量为：

$$Y = 29.73 + 0.90 \times 55 = 79.23(\text{百万元})$$

（二）高低点法

这种方法是根据企业一定时期资金占用量的历史资料，选用产销量的最高点和最低点以资金的最高点和最低点之差，来推算出不变资金和单位产销量所需变动资金的数值。其基本原理是：在产销量与资金变动的历史数据中，找出产销量最高和最低的两点及其所对应的资金占用，根据这两对历史数据求出直线方程，作为预测资金需要量的模型。该模型和线性归模型相似，表示如下：

$$Y = a + bX$$

式中 Y 为资金需要量；

a 为不变资金；

b 为单位产销量所需变动资金；

X 为产销量。

因为高点的资金性态为：

$$Y_H = a + bX_H$$

低点的资金性态为：

$$Y_L = a + bX_L$$

所以　$a = Y_H - bX_H$ 或 $a = Y_L - bX_L$

$b = (Y_H - Y_L)/(X_H - X_L)$

当 a、b 已知以后，根据已经预测的产销量 X 即可计算出相应的资金需要量。

【例 8-3】　某企业近几年资金占用与产销量之间的关系如表 8-4 所示，预计 2014 年的产销量为 5 000 万件，试预计 2014 年的资金需要量。

表 8-4

产销量与资金占用额

年度	产销量(万件)	资金占用额(万元)
2009	3 000	550
2010	3 500	590
2011	3 800	620
2012	4 000	650
2013	4 500	680

根据以上数据，求得：

$b = (680 - 550) \div (4\,500 - 3\,000) = 0.086\,7$

$a = 680 - 0.086\,7 \times 4\,500 = 290$(万元)

2014 年资金需要量 $= 290 + 0.086\,7 \times 5\,000 = 723.5$(万元)

三、销售百分比法

(一) 基本原理

销售百分比法是根据销售收入与资产、负债及权益之间的关系，来预测资金需要量的一种方法。销售百分比法是预测资金需要量方法中最主要的一种方法，运用这种方法有两个前提：一是假设收入、费用、资产、负债与销售收入存在稳定的百分比关系；二是假设未来销售预测已经完成，将销售预测作为财务预测的起点。

销售百分比法是将反映生产经营规模的销售因素与反映资金占用的资产因素连接起来，根据销售收入与资产的比例关系预计资产额，并预计相应的负债和所有者权益，再根据会计等式，预计外部筹资额。运用销售百分比法时，一般是借助预计利润表和预计资产负债表进行的，通过预计利润表预测企业留存收益这种内部资金来源的增加额，通过预计资产负债表预测企业资金需要总额及外部筹资金额。

（二）基本步骤

1. 确定随销售收入变动而变动的资产和负债项目

资产是资金使用的结果，随着销售收入的变动，经营性资产项目将占用更多的资金，相应的经营性流动负债也会增加。因此可根据历史数据分析资产负债表各项目与销售收入之间的依存关系，划分敏感项目和非敏感项目。敏感项目是指该项目金额随销售的增长而相应地增加，如货币资金、应收账款、存货、应付账款等。非敏感项目是指该项目金额一般不随销售增长而相应增加，如长期股权投资、持有至到期投资、长、短期借款和实收资本等。

2. 确定资产负债表中各敏感项目与销售收入的比例关系即计算销售百分比

某敏感项目的销售百分比 = 该敏感项目金额 ÷ 销售收入 × 100%

为了保证预测的精度，销售百分比的确定可根据企业若干期的报表数据和同业资料，剔除不合理的资金占用，寻找项目与销售收入之间稳定的百分比关系。

3. 计算预测期资产、负债各敏感项目的预计数

某敏感项目的预计数 = 预计销售收入 × 该项目的销售百分比

4. 根据预计利润表，计算企业预计留用利润

预计留用利润 = 预计销售收入 × 销售净利率 × 利润留存率

5. 根据预计资产负债表，计算预测期的外部筹资额

外部筹资额 = 预计资产总额—预计负债总额—预计所有者权益总额

【例 8-4】 某企业上年的销售收入为 10 000 万元，上年年末的资产负债如表 8-5 所示，预计下年度的销售收入为 11 000 万元，该企业的销售净利率为 4%，利润留存率为 60%，试预测本年外部筹资额。

表 8-5

上年年末的资产负债表

单位：万元

资　产	期末余额	负债和所有者权益	期末余额
货币资金	100	短期借款	870
应收账款	1 500	应付票据	550
存货	3 500	应付账款	800
预付账款	20	长期负债	600
固定资产	8 200	负债合计	2 820
		实收资本	10 000
		未分配利润	500
		所有者权益合计	10 500
资产总计	**13 320**	**负债和所有者权益总计**	**13 320**

第一步：确定敏感项目和非敏感项目并计算敏感项目的销售百分比，如表8-6所示。

第二步：计算本年资产、负债各项目金额，如表8-6所示。

第三步：计算本年留用利润额。

$$本年留用利润 = 11\,000 \times 4\% \times 60\% = 264(万元)$$

表8-6

上年年末及预计本年资产负债表

金额单位：万元

项　目	上年期末余额	销售百分比(%)	预计本年期末余额
货币资金	100	1	110
应收账款	1 500	15	1 650
存货	3 500	35	3 850
预付账款	20	—	20
固定资产	8 200	—	8 200
资产总计	**13 320**		**13 830**
短期借款	870	—	870
应付票据	550	5.5	605
应付账款	800	8	880
长期负债	600	—	600
负债合计	2 820		2 955
实收资本	10 000		10 000
未分配利润	500		764
所有者权益合计	10 500		10 764
负债和所有者权益总计	**13 320**		**13 719**

第四步：计算本年外部筹资额。

$$\begin{aligned}外部筹资额 &= 预计资产总计 - 预计负债合计 - 预计所有者权益合计\\ &= 13\,830 - 2\,955 - 10\,764\\ &= 111(万元)\end{aligned}$$

第三节　股权性资本的筹集

股权性资本的筹集方式有吸收直接投资、股票筹资以及留存收益筹资，其中吸收直接投资和股票筹资属于外部筹资而留存收益筹资属于内部筹资。

一、吸收直接投资

（一）吸收直接投资的概念

吸收直接投资是指企业按照“共同投资、共同经营、共担风险、共享收益”的原则，直接吸收国家、法人、个人和外商资金的一种筹资方式。它是有限责任公司筹措资本金的基本形式，吸收直接投资所筹集资金形成企业的实收资本。

在吸收直接投资的筹资形式中，直接投资的出资者是企业的所有者，对企业享有经营管理权，出资者按其出资比例分享企业利润并承担损失。

（二）吸收直接投资的类型

1. 按照资金来源分类，吸收直接投资可分为四种

（1）吸收国家投资。国家投资是指有权代表国家投资的政府部门或机构，以国有资产投入企业，形成国家资本金。目前，国家投资除了原来以拨款形式投入企业形成的资本金外，还包括用利润总额归还贷款后形成的国家资金、财政和主管部门拨给企业的专用拨款以及减免税收后形式的资金。吸收直接投资具有产权归属国家、资金的运作和处置受国家约束较大和常在国有企业中采用的特点。

（2）吸收法人投资。吸收法人投资是指其他企业单位以其可支配的资产投入企业形成的法人资本金。吸收法人投资广泛适用于法人主体之间，这种形式的投资具有灵活多样的出资方式，法人单位之间以参与公司利润分配或控制为目的。

（3）吸收个人投资。吸收个人投资是指社会个人或企业内部职工的资金或合法财产投入企业所形成的个人资本金。吸收个人投资具有参与投资人员广泛，投资金额相对较少，股权比较分散等特点。

（4）吸收外商投资。吸收外商投资是指企业通过合资经营或合作经营的方式，吸收外国投资者的资金，形成外商资本金。这种形式具有投资各方共同经营、共担风险、共享盈利的特点。

2. 按照出资方式，吸收直接投资又可分为三种

（1）吸收货币资金投资。吸收货币资金投资是吸收直接投资中最重要也是最常见的出资方式。货币资金方便灵活，易于转换成其他经济资源，也可满足企业正常经营活动对资金周转的需要。

（2）吸收实物资产投资。吸收实物资产投资是指投资者以房屋、建筑物、机器设备等固定资产和原材料、燃料、产品等流动资产作价投资。吸收实物资产投资首先要关注实物资产的实用性，即实物资产确实是企业科研、生产、经营所需要的，技术性能良好的资产。其次还面临实物资产估价的问题，对实物资产估价可由双方按公平合理的原则协商确定，也可聘请各方同意的专业评估机构确定。

（3）吸收无形资产投资。吸收无形资产投资是指投资者以专利权、商标权、

商誉、非专利技术、土地使用权等无形资产作价投资。吸收无形资产投资应遵循谨慎性原则，相对于实物资产，无形资产的价值具有很大的不确定性，企业在接受这种投资时应详细进行调查分析并合理估算价值。当然无形资产的出资金额在注册资金中所占比例应符合国家有关法律规定。

（三）吸收直接投资的程序

企业吸收直接投资，一般要遵循如下程序。

1. 确定筹资数量

企业在设立时采取吸收直接投资方式筹集资金，应根据企业经营的规模、注册资本的要求、股东的多少等确定各股东的出资金额。企业在经营过程中，如果自有资金不足，采用吸收直接投资方式筹集资金，应合理预计资金需要量从而确定筹资数量。

2. 选择并确定投资者

企业能向哪些对象吸收投资，投资者又是否愿意将资金投入企业，这需要企业与投资者双方接触，相互了解，再进行双向选择。企业既要广泛了解投资者的资信、财力和投资意向，又要通过信息交流和宣传，让投资者了解企业的经营能力、财务状况和未来前景等，以找到合适的合作伙伴。

3. 协商投资事项并签署投资协议

找到合适的投资伙伴后，投资双方进行具体协商，确定出资金额、出资方式和出资时间，双方签署投资的协议或合同，以明确双方的权利和责任。

4. 获取所筹集的资金

企业根据投资协议中规定的出资金额、出资方式和出资时间，获取投资者的资金。如果投资者未按规定缴纳所认缴的出资额，应当承担相应的违约责任。

（四）吸收直接投资的优缺点

1. 吸收直接投资的优点

（1）有利于增强企业实力。吸收直接投资所筹集的资金属于自有资金，能增强企业的资信和借款能力，有利于企业加快速度发展，增强竞争力。

（2）能尽快形成生产能力。吸收直接投资可以直接获取投资者的先进设备和先进技术，缩短研发时间，尽快形成生产能力，尽快占领市场。

（3）降低财务风险。吸收直接投资没有固定的利息费用，不需要偿还，企业财务压力较小，财务风险较低。吸收直接投资增加了所有者权益，降低资产负债率，从而就降低财务风险。

2. 吸收直接投资的缺点

（1）资本成本较高。投资者投入资金就是期望获取投资回报，而给投资者的投资回报就是企业分配给投资者的利润。该利润是企业税后利润的一部分，不具有抵税作用，另外投资者冒风险进行投资期望较高的投资回报，因此吸收直接投资的资本成本较高。

（2）容易分散控制权。吸收直接投资增加了新股东，股权比例会发生变化，当投资者出资金额较大时，可能引起对企业经营管理控制权的变化，容易损害其他投资者的利益。

二、普通股筹资

（一）普通股的概念和种类

1. 普通股及其股东权利

普通股是指在公司的经营管理和盈利及财产的分配上享有普通权利的股份，代表满足所有债权偿付要求及优先股股东的收益权与求偿权要求后对企业盈利和剩余财产的索取权，它构成公司资本的基础，是股票的一种基本形式。

按照我国《公司法》的规定，普通股股东主要拥有以下七种权利：

（1）对公司的决策参与权。普通股股东有权参加股东大会，并有选举权、被选举权，有权就公司重大问题进行发言和投票表决。如果股东不能亲自参加股东大会，可以委托他人代表其行使股东权利。

（2）股份转让权。普通股持有的股份可以自由转让，但必须符合《公司法》，其他法律、法规和公司章程规定的条件和程序。

（3）收益分配权。普通股股东有按股份参加企业收益分配的权利，但必须在公司向债权人及优先股股东分别支付了利息和股利之后才享受收益分配权，所以，普通股的股利通常是不固定的，由公司的盈利状况及分配政策决定。

（4）优先认股权。如果公司增发普通股股票时，现有普通股股东有权按其持股比例，以低于市价的某一特定价格优先购买一定数量的新发行股票，从而保持其对企业所有权的原有比例。

（5）剩余财产分配权。当公司破产或清算时，如果公司的资产在偿还欠债后还有剩余，则普通股股东有权按持股比例对剩余部分进行分配，但其受偿顺序列于优先股股东之后。

（6）对公司账目和股东大会决议的审查权和对公司事务的质询权。

（7）公司章程规定的其他权利。

当然，权利与义务是对等的，股东在享受权利的同时还具有遵守公司章程、缴纳股款、对公司负有限责任、不得退股等义务。

2. 普通股的种类

（1）按有无记名分为记名股票和无记名股票。记名股票是在股票票面上记载股东姓名或名称，并记载于公司的股东名册上的股票。我国《公司法》规定，公司向发起人、国家授权投资的机构、法人发行的股票，应为记名股票；向社会公众发行的股票，可以为记名股票，也可以为无记名股票。无记名股票是在股票票面上不记载股东的姓名或名称的股票，这类股票的持有人即为股份所有人，股票的转让、继承无须办理过户手续。

（2）按票面是否标明金额分为面值股票和无面值股票。面值股票是在票面上标有一定金额的股票。持有这种股票的股东，对公司享有的权利和承担义务的大小，依其所持有的股票票面金额占公司发行在外股票总面值的比例而定。无面值股票是不在票面上标出金额，只载明所占公司股本总额的比例或股份数的股票。我国《公司法》规定，股票应当标明票面金额，且发行价格不得低于票面金额。

（3）按投资主体的不同分为国家股、法人股、个人股和外资股。国家股是有权代表国家投资的部门或机构经国有资产向公司投资而形成的股份。法人股是公司法人依法以其可支配的财产向公司投资而形成的股份，或具有法人资格的事业单位和社会团体以国家允许用于经营的资产向公司投资而形成的股份。个人股是社会个人或公司内部员工以个人合法财产投入公司而形成的股份。外资股是为外国和我国港、澳、台地区投资者购买的人民币特种股票而形成的股份。

（4）按发行对象和上市地区分为A股、B股、H股、N股、S股。A股是供我国内地个人或法人买卖，以人民币标明票面金额并以人民币认购和交易的股票。B股、H股、N股和S股是专供外国和我国港、澳、台地区投资者买卖，以人民币标明票面金额但以外币认购和交易的股票。其中，B股在上海和深圳上市；H股在中国香港上市；N股在纽约上市；S股在新加坡上市。

（5）按发行时间的先后分为原始股和新股。原始股是公司设立时发行的股票。新股是公司增资时发行的股票。原始股和新股发行的具体条件、目的和发行价格不尽相同，但股东的权利和义务是相同的。

（二）普通股的发行与上市

1. 普通股的发行条件

目前我国股份有限公司发行的股票均为普通股，股票发行分为设立发行和增资发行，不论是设立发行还是增资发行，我国的《中华人民共和国公司法》和《中华人民共和国证券法》对股票发行都作出了有关规定，《中华人民共和国公司法》对股票发行条件规定如下：

（1）股份有限公司的资本划分为股份，每一股的金额相等。

（2）股份的发行，实行公平、公正的原则，同种类的每一股份应当具有同等权利。

（3）股票发行价格可以按票面金额，也可以超过票面金额，但不得低于票面金额。

（4）股票应当载明下列主要事项：公司名称、公司成立日期、股票种类、票面金额及代表的股份数等主要事项。

（5）公司发行的股票，可以为记名股票，也可以为无记名股票，公司发行记名股票的，应当置备股东名册。

《中华人民共和国证券法》规定，公司公开发行新股，应当符合下列条件：

（1）具备健全且运行良好的组织机构。

（2）具有持续盈利能力，财务状况良好。

（3）最近3年财务会计文件无虚假记载，无其他重大违法行为。

（4）经国务院批准的国务院证券监督管理机构规定的其他条件。

2. 普通股的发行方式

股票的发行方式有直接发行和间接发行两种：

（1）直接发行。直接发行是指股份有限公司自行直接将股票出售给投资者，而不经过证券经营机构承销的发行方式。直接发行一般是向少数特定对象发行，不对社会公众发行。如以发起设立方式设立公司时发起人认购的股份和不向社会公开募集的方式发行新股都属于直接发行。直接发行成本较低，发行风险完全由发行公司自行承担，发行对象不广泛，股票也不易变现。

（2）间接发行。间接发行是指发行人不直接参与股票发行而是委托一家或几家证券经营机构代理发行，一般是对不特定对象的社会公众广泛发行。间接发行的发行对象广泛，容易筹足资本且股票的流通性能较好，易于变现，也有利于提高公司的知名度。我国《证券法》规定：发行人向不特定对象公开发行的证券，法律、行政法规规定应当由证券公司承销的，发行人应当同证券公司签订承销协议。

我国《证券法》还规定：证券承销业务采取代销或者包销方式。证券代销是指证券公司代发行人发售证券，在承销期结束时，将未售出的证券全部退还给发行人的承销方式。股票发行采用代销方式，代销期限届满，向投资者出售的股票数量未达到拟公开发行股票数量70%的，为发行失败。发行人应当按照发行价并加算银行同期存款利息返还股票认购人。证券包销是指证券公司将发行人的证券按照协议全部购入或者在承销期结束时将售后剩余证券全部自行购入的承销方式。包销方式可促进股票顺利出售，保证发行公司能及时筹足股本，免于承担发行风险，当然发行的成本也比较高，我国上市公司大多选择的是包销方式。

3. 普通股的发行价格

股票发行价格是指股份有限公司发行股票时，将股票出售给投资者所采用的价格，也是投资者认购股票时所必须支付的价格。股票发行价格通常是股票发行者根据股票市场价格水平和其他因素综合确定的。自2003年3月我国股票发行体制由审批制转向核准制后，我国A股新股发行先后采用过市盈率定价法、竞价法以及询价和竞价相结合的方法。

1）市盈率定价法

市盈率定价法是根据拟发行上市公司的每股净收益和所确定的发行市盈率来决定发行价格的一种新股定价方法。其计算公式为：

$$发行价格 = 每股收益 \times 发行市盈率$$

股票的发行价格取决于每股收益和发行市盈率，每股收益可以选用发行前两年的加权平均每股收益,发行市盈率应考虑所属行业的发展前景、同行业公司在股市上的表现以及近期二级市场的规模、供求关系和总体走势等因素。

2) 竞价法

竞价法是由发行人先确定发行底价、发行时间和每个投资者的申购限额,投资者则在规定的时间内按不低于发行底价的价格通过交易柜台认购。申购期满,由交易所的交易系统将所有有效申购按价格优先、时间优先原则,将认购委托从高价位向低价位排列,并由高价位到低价位累计有效申购数量。累计数量恰好达到或超过本次发行数量时的价格即为本次发行价格。若在发行底价之上累计有效申购数量达不到本次发行股票的数量时,就以发行底价作为发行价格。

一般而言,竞价法主要适用于公用事业等受管制的行业,因为这些行业的收益比较稳定,现金流量容易测算,普通投资者可以比较准确地判断其投资价值。但是竞价法也存在着一个很大的问题,由于发行价格不能事先确定,发行量和募集资金总量不能同时确定,在新股需求量很大的情况下,如果事先确定发行量,则募集资金总量会大大超过计划额,容易造成资金浪费。如果事先确定募集资金总量,则发行数量会大幅减少,不利于建立有效的公司治理结构。

3) 询价和竞价相结合的方法

询价和竞价相结合的方法是指主承销商和发行人采用"预路演"的方式进行多项资本市场调查行为,以此来确定股票发行价格的申购区间。机构投资者和散户投资者可以在该价格区间内进行竞价申购。但在实际操作中,主承销商和发行人对资本市场的调查行为进行得很不充分,几乎所有申购到新股的价格都是价格区间的上限,使价格区间失去了意义,在实质上同以前的上网定价发行没有区别。这也意味着目前通过询价确定的价格区间偏低,不能发挥竞价方式的优越性。

4. 普通股的上市

股票上市是指股份有限公司公开发行的股票经批准在证券交易所进行挂牌交易。经批准在交易所上市交易的股票称为上市股票。

1) 股票上市的目的

股份有限公司申请股票上市,其目的在于:①分散风险。股票上市之后,资本社会化,可以在更大的范围内分散风险。②提高股票的变现力。股票上市之后,如同一般商品一样,可以在公开市场上交易,自然提高了股票的变现力。③便于筹集新的资本。股票上市后股票价格的波动,形成对公司业绩的一种市场评价机制,那些业绩优良、成长性好的公司的股价一直保持在较高的水平上,使公司能以较低的成本筹集大量的资本,进入资本快速、连续扩张的轨道。④提高公司的知名度。股票上市后,公司的有关信息就会引起各种媒体和社会公众的关注,由此造成上市公司的社会影响,提高了公司的知名度,有助于公司树立产品品牌形象,扩大市场的销售量,提高公司的业务扩张能力。⑤便于确定公司的价值。股票上市之后,公司的股价市场化,便于确定公司的价值。

2) 股票上市的条件

我国《证券法》规定,股份有限公司申请股票上市,必须符合如下条件:①股票经国务院证券监督管理机构核准已公开发行;②公司股本总额不少于人民币3 000万元;③公开发行的股份达到公司股份总数的25%以上;公司股本总额超过人民币4亿元的,公开发行股份的比例为10%以上;④公司最近3年无重大违法行为,财务会计报告无虚假记载。

具备上述条件的股份有限公司经过申请,并报国务院证券监督管理机构批准,其股票方可上市。股票上市公司必须公告其上市报告,并将其申请文件存放在指定的地点供公众查阅。股票上市公司还必须定期公布其财务状况和经营情况,每个会计年度内每半年公布一次财务会计报告。

3) 股票上市的暂停与终止

股票上市公司存在下列情形之一的,由国务院证券管理部门决定暂停其股票上市:①公司股本总额、股权分布等发生变化,不再具备上市条件;②公司不按规定公开其财务状况,或者对财务报告做虚假记载;③公司有重大违法行为;④公司最近3年连续亏损;⑤证券交易所上市规则规定的其他情形。

上市公司有下列情形之一的,由证券交易所决定终止其股票上市交易:①公司股本总额、股权分布等发生变化不再具备上市条件,在证券交易所规定的期限内仍不能达到上市条件;②公司不按照规定公开其财务状况,或者对财务会计报告作虚假记载,且拒绝纠正;③公司最近3年连续亏损,在其后一个年度内未能恢复盈利;④公司解散或者被宣告破产;⑤证券交易所上市规则规定的其他情形。

(三) 普通股筹资的优缺点

1. 普通股筹资的优点

普通股筹资的优点主要表现在:①普通股筹资没有固定的到期日,不需偿还。利用普通股筹集的资金是永久性的资金,在公司持续经营期间可长期使用,能够保证企业最低的资金需求。②普通股筹资没有固定的利息负担。公司发行普通股进行筹资,每年应支付给股东多少股利,取决于公司的盈利水平和股利政策,而不像债券筹资那样,无论是否盈利都要支付固定的利息。③能增强公司的举债能力。利用普通股筹集的主权资本是公司借入资金的基础,公司的主权资本越多,对债务偿还的保证能力就越强。因此,普通股筹资可以提高企业的信誉,同时也为使用更多的债务资本提供了强有力的支持。④股票筹资比债券筹资更容易。由于普通股的预期收益大于债券收益,而且在通货膨胀时期,由于公司不动产的增值会使股票的价值也随之提高,所以普通股比债券得到的保障大。

2. 普通股筹资的缺点

普通股筹资的缺点主要表现在:①普通股筹资的资本成本较高。一方面普通股股利要在税后利润中支付,即股利不能抵扣所得税;另一方面从股东的角度来看,由于股票投资风险大,所以股东要求较高的收益率作为补偿,因此,普通股的资本成本大于债券的资本成本。②容易分散控制权。当公司发行新股、引进新股东时,会导致公司控制权的分散。③稀释每股收益,降低股票价格。当公司增加股票发行时,则新股东对公司已积累的盈余具有分配权,这就会降低普通股的每股收益,从而可能引起普通股市价下跌。

第四节 债务性资本的筹集

一、长期借款筹资

(一) 企业取得长期借款的条件

长期借款是指企业向银行或其他金融机构借入的期限超过1年的借款。目前,我国金融机构提供的长期借款主要用于企业固定资产投资及更新改造、科技开发和新产品试制。

企业申请借款一般应具备以下条件:

(1) 独立核算,自负盈亏,有法人资格。

(2) 经营方向和业务范围符合国家产业政策,借款用途属于银行贷款办法规定的范围。

(3) 借款企业具有一定的物质和财产保证,担保单位具有相应的经济实力。

(4) 具有偿还贷款的能力。

(5) 财务管理和经济核算制度健全,资本使用效益及企业经济效益良好。

(6) 在银行设有账户,办理结算。

具备上述条件的企业要取得借款,首先要向银行提出申请,陈述借款原因与金额、用款时间与计划、还款期限与计划。银行根据企业的借款申请,针对企业的财务状况、信用等级、盈利的稳定性、发展前景、借款投资项目的可行性等进行审查。银行审查同意贷款之后,再与借款企业进一步协商贷款的具体条件,明确借款种类、借款用途、借款金额和期限、借款利率和利息、提款条件、提款安排、还款资本来源及还款、担保、双方的权利和义务、违约责任等,并以借款合同的形式将其法律化。借款合同生效之后,企业便可取得借款。

(二) 长期借款的保护性条款

由于长期借款的期限长、风险大,所以金融机构在向企业提供长期借款时,通常在借款合同中附有各种旨在保障贷款安全的保护性条款。这些保护性条款一般有以下三类。

1. 一般性保护条款

一般性保护条款是对企业资产的流动性及偿债能力等方面的要求条款,这类条款应用于大多数借款合同，主要包括：①对借款企业流动资金保持量的规定，要求企业必须持有一定的货币资金及流动资产，并规定一个最低的流动比率。②限制企业的非经营性支出，如限制现金股利支出、职工加薪和股票回购等。③限制企业的资本支出规模，控制资产结构中长期资产的比例。④限制其他长期债务，除非经银行同意，借款企业不得再借入长期借款。⑤限制公司的长期投资，如不能未经银行等债权人同意而与其他企业合并等。

2. 例行性保护条款

例行性保护条款作为例行常规，在大多数借款合同中都会出现，主要包括：①借款企业定期向银行提供财务报表。②如期缴纳税金和清偿其他债务。③保持企业正常的生产经营能力。④不准以资产作其他承诺的担保或抵押。⑤不准贴现应收票据或出售应收账款等。

3. 特殊性保护条款

特殊性保护条款是针对某些特殊情况而出现在部分借款合同中的条款，主要包括：要求公司主要领导人购买人身保险；要求企业在借款期限内不得更换主要领导人；限制企业高级职员的薪金和奖金；借款用途不得改变等。

（三）长期借款的偿还

企业在与银行签订借款合同时，银行往往规定了贷款利率、贷款期限和偿还方式，借款企业接受这些条件后方可得到借款。有的银行或金融机构只规定贷款利率、期限，偿还方式可由企业自己选定。这时企业应考虑借款的总额及利息、还款来源、现金流量安排等，从而选择恰当的偿还方式。下面举例说明几种不同偿还方式的计算与分析。

1. 到期一次还本付息

按这种偿债方式偿还债务，借款企业平时不需还债，本息一并在债务到期时支付，因此到期时的偿债压力较大。

【例 8-5】 某公司向商业银行贷款 100 万元，该笔贷款利率为 8%，期限为 5 年。

按到期一次还本付息，则到期时企业偿付的总金额为：

$$100\times(1+8\%)^5=146.93(\text{万元})$$

2. 定期付息，到期一次还本

这种筹资方式要求企业每年支付利息，到期时只偿付本金，与到期一次还本付息相比，到期的偿债压力有所减轻。仍按[例 8-5]，则企业整个债务期间每年支付利息 80 万元，到期偿还本金 100 万元。偿付的总金额为：

$$100+80\times5=140(\text{万元})$$

3. 每期偿还等额本金，余额计息并偿还

每期偿还等额本金，余额计息并偿还是指贷款期间内本金以相等金额分期偿还,每期偿还相应的利息。按[例 8-5],这种还款方式每年偿还本金 20 万元及相应利息,每年还款金额如表 8-7 所示。

表 8-7

每期偿还等额本金,余额计息并偿还

单位:万元

年份	年初尚未偿还债务	本年应计利息	本年还本付息额	其中:本金	其中:利息
1	100	8	28	20	8
2	80	6.4	26.4	20	6.4
3	60	4.8	24.8	20	4.8
4	40	3.2	23.2	20	3.2
5	20	1.6	21.6	20	1.6
合计			124	100	24

4. 定期等额偿还本息

定期等额偿还本息是指在贷款期间内连本带息都按相等金额分期偿还。以这种方式偿债,将债务本息均匀地分摊到各期,使到期支付压力减小。仍按[例 8-5],如果企业与银行协商确定按年度定期等额偿还贷款本息,那么,每年偿还贷款本息金额为:

$$每年偿还额 = 100 \div (P/A, 8\%, 5) = 25.045\,7(万元)$$

据此,企业编制借款偿还计划表如表 8-8 所示。

表 8-8

定期等额偿还贷款本息

单位:万元

年份	年初尚未偿还债务	本年应计利息	本年还本付息额	其中:利息	其中:本金
1	100	8	25.045 7	8	17.045 7
2	82.954 3	6.636 3	25.045 7	6.636 3	18.409 4
3	64.544 9	5.163 6	25.045 7	5.163 6	19.882 1
4	44.662 8	3.573 0	25.045 7	3.573 0	21.472 7
5	23.190 1	1.855 2	25.045 7	1.855 2	23.190 5
合计			125.228 5	25.228 1	100.000 4

在实践中,为了与企业现金流量相匹配,企业可以采用多种偿还方式,也可

以将几种偿还方式结合起来灵活运用，但很少完全采用到期一次还本付息或定期等额偿还本利的还款方式。

（四）长期借款筹资的优缺点

1. 长期借款筹资的优点

长期借款筹资的优点主要表现在：

（1）筹资速度快。与发行股票、债券相比，长期借款的程序相对简单，不需像发行证券那样经历申报、审批、印刷、发行等环节，因而花费时间较短，企业可以较快地获得所需要的资本。

（2）筹资成本较低。长期借款的利息在税前支付，减少了企业实际负担的利息费用，因此筹资成本比股票筹资低得多。与债券筹资相比，长期借款的利率通常低于债券利率，而且取得长期借款没有大量的发行费用，筹资的取得成本较低。

（3）借款弹性较大。在借款之前，企业与银行直接接触，协商确定借款的数额、期限、利率、偿还方式等事项。

（4）可以发挥财务杠杆作用。企业借入长期借款后，当企业的资本利润率高于债券的利息率时，可产生财务杠杆作用，增加普通股股东的收益。

2. 长期借款筹资的缺点

长期借款筹资的缺点主要表现在：

（1）财务风险较高。长期借款通常有固定的利息费用和固定的偿付期限。当企业经营不利、财务困难的时候，固定的利息支出无疑加重了企业的负担，甚至可能使企业无法偿付到期债务，引起破产。

（2）限制条件较多。银行为了保护自身的利益，因此在与企业签订的借款合同中通常附加了许多保护性条款。这些条款限制了企业对借入资本的灵活运用，并在一定程度上影响了企业的再筹资能力。

（3）筹资数量有限。由于长期借款只是向某家或某几家金融机构筹资而不是向社会筹资，所以很难像发行股票或债券那样筹集大量的资本。

二、债券筹资

债券是债务人为筹集资本而发行的、约定在一定期限内还本付息并反映债权债务关系的一种有价证券。债券按发行主体不同，分为政府债券、金融债券和企业债券，如果是股份制企业发行的债券则称为公司债券。下面主要讨论有关企业债券或公司债券筹资的相关问题。

（一）债券的种类

债券的种类很多，按照不同标准有不同的分类，常见的分类有以下几种。

1. 按照是否记名，债券分为记名债券和无记名债券

记名债券是在债券券面上记有债券持有人的姓名或名称的债券。发行企业

对记名债券上的记名人偿还本金，持券人凭印鉴支取利息。记名债券如果转让，由记名债券的记名人以背书的方式进行，并由发行企业将受让人的姓名或名称载于企业债券存根簿上。无记名债券是在债券券面上不记有债券持有人的姓名或名称的债券。债券的持有人凭票按期领取利息，到期收回本金。记名债券的安全性高，但不利于转让；而无记名债券的安全性较差，但是转让方便。目前，我国企业债券的形式都采用实名制记账式的记名债券。

2. 按照有无特定的财产担保，债券分为抵押债券和信用债券

抵押债券又称担保债券，是指发行企业有特定财产作为担保品而发行的债券。企业可用作抵押品的有动产、不动产以及企业持有的债券和股票。当债券发行企业违约时，信托管理人就可以将抵押财产变卖，然后支付债券持有人的欠款，但不能保证完全偿还债券本息。信用债券是指没有抵押品，完全靠企业良好的信誉发行的债券。信用债券通常只有实力雄厚、信誉卓著的企业才能发行。由于信用债券没有特定的抵押品，并且财产清偿的顺序位于抵押债券之后，对债权人而言风险较大，因此其利率要比同一时期发行的抵押债券利率略高。

3. 按照利率是否固定，债券分为固定利率债券和浮动利率债券

固定利率债券是在偿还期内利率不变的债券。在偿还期内，无论市场利率如何变化，债券持有人都将按债券票面载明的利率获取利息。浮动利率债券是指票面利率随某一利率指标（如国库券利率、银行存款利率）的变动而调整的债券。这种债券的利率通常与市场利率挂钩，当市场利率上升时，债券的利率也相应上浮；反之，市场利率下降时，债券的利率也相应下调。

4. 按照是否可转换，债券分为可转换债券和不可转换债券

可转换债券是发行企业依照法定程序发行、在一定期限内依据约定的条件可以转换成企业股票的企业债券。这种债券享有转换特权，在转换前是企业的债务，转换后相当于增发了股票。可转换债券兼有债权和股权的双重性质。不可转换债券是指债券发行时没有约定可在一定条件下转换成普通股这一特定条件的债券。可转换债券与不可转换债券的利率是不同的。一般来说，市场投资者对含有利于发行人的赎回条款的债券会要求较高的收益，而对含有利于投资者的转换条款的债券则要求较低的收益，因此，可转换债券的利率一般较低。

5. 按照是否可提前偿还，债券分为可提前偿还债券和不可提前偿还债券

可提前偿还债券也称为可赎回债券，是指债券发行时约定发行企业可在债券到期前的某一时间以某一价格提前收回的债券。可提前偿还债券有利于发行企业灵活地调整资本结构，降低筹资成本。例如，当市场利率下降时，企业可以发行利率较低的新债券，收回原先的旧债券，以降低筹资成本，改变资本结构。但是，发行企业必须在发行债券时就规定收回的期限及偿还价格，并且可提前偿还债券的偿还价格必须高于发行价格，以便对债券持有人予以补偿。不可提前偿还债券也称为不可赎回债券，即不能在债券到期前提前偿还的债券。不可提

前偿还债券的持有人只能获得债券发行时约定的收益，在市场利率上升时，对债券持有人不利。

（二）债券的发行

1. 债券的发行资格与条件

按《公司法》的规定，只有股份有限公司、国有独资公司和两个以上的国有企业或者两个以上的国有投资主体投资设立的有限责任公司，才具有发行债券的资格。根据我国《公司法》的规定，有发行债券资格的企业要发行债券还必须具备以下条件：

（1）股份有限公司的净资产额不低于人民币 3 000 万元，有限责任公司的净资产额不低于人民币 6 000 万元。

（2）累计债券总额不超过公司净资产的 40%。

（3）最近 3 年平均可分配利润足以支付公司债券 1 年的利息。

（4）筹集的资本投向符合国家产业政策。

（5）债券的利率不得超过国务院限定的利率水平。

（6）国务院规定的其他条件。

此外，发行公司债券所筹集的资本，必须按审批机关批准的用途使用，不得用于弥补亏损和非生产支出，否则会损害债权人的利益。

发行公司发生下列情形之一的，不得再次发行公司债券：①前一次发行的债券尚未募足的；②对已发行的公司债券或者其债务有违约或者延迟支付本息的事实，而且仍处于继续状态的。

2. 债券的发行程序

企业发行债券的基本程序如下：

（1）作出发行债券的决议。企业发行债券要由董事会制订方案，股东会作出决议。在决议中应明确企业发行债券的总额、利率、票面金额、发行价格、募集办法、偿还日期及方式等内容。

（2）提出发行债券的申请。在我国，企业发行债券应当按规定程序报请证券发行的主管机关国务院证券管理部门批准。办理申请时应提交企业登记证明、企业章程、企业债券募集办法、资产评估报告和验资报告。

（3）公告债券募集办法。企业发行债券的申请经批准后，应当向社会公告债券募集办法。企业债券募集办法中应当载明本次发行债券总额、债券面额、票面利率、还本付息的期限与方式、债券发行的起止日期、公司净资产额、已发行而未到期的公司债券总额、债券的承销机构等事项。公司若发行可转换债券，还应在债券募集办法中规定具体的转换办法。

（4）委托证券机构发售。企业债券的发行方式一般包括私募发行和公募发行两种。企业发行债券，应当由证券经营机构承销，并须通过公开发行的形式进行。承销方式有代销和包销两种。

（5）发售债券，收缴款项，登记债券存根簿。企业发行债券，由证券承销机构发售时，债券购买人直接向承销机构付款，承销机构代理收取债券款，交付债券；然后，承销机构向企业汇缴债券款并结算代理费等。企业发行的债券，还应在置备的企业债券存根簿登记。

3. 债券的发行价格

债券的发行价格是发行公司（或其承销机构）发行债券时所使用的价格，即债券原始投资者购入债券时应支付的市场价格。债券发行价格是由债券的面值和债券年利息按发行当时的市场利率折算后的现值之和决定的。债券可以平价发行即按面值发行，可以溢价发行即高于面值发行，也可以折价发行即低于面值发行。对于每年付息到期还本的债券，其发行价格为：

$$\text{债券发行价格}=\sum_{t=1}^{n}\frac{I}{(1\times k)^{t}}+\frac{M}{(1+k)^{n}}$$

式中　I 为债券 1 年的利息（票面金额×票面利率）；

M 为债券的票面金额；

K 为市场利率。

4. 债券的信用评级

由于企业发行的债券品种繁多，信誉优劣各异，所以投资者希望有专门的机构对债券的质量高低进行评价。所谓债券的信用评级是由专门的中介机构对债券发行企业的经营状况、财务质量、偿债能力等因素进行评估，以不同的级别表示债券的信用高低、风险大小。投资者根据评级结果选择债券进行投资。

当前国际上最著名的债券评级机构是穆迪投资者服务公司和标准普尔公司，它们对债券的分级见表 8-9。

表 8-9

债券信用评级表

名　称	较高等级	高级	投机级	低级
标准普尔（S & P）	AAA　AA	A　BBB	BB　B	CCC　CC　C　D
穆迪（Moody's）	Aaa　Aa	A　Baa	Ba　B	Caa　Ca　C　D

标准普尔	穆迪	说　明
AAA	Aaa	AAA 级和 Aaa 级是债券等级中的最高级别，表明债券具有极强的偿付本利的能力
AA	Aa	AA 级和 Aa 级债券有较强的本利偿付能力，它同最高等级债券一起构成债券的最高级别
A	A	A 级债券偿还本利能力强，但是它比较容易随环境和经济状况的变动而发生不利的变动

（续表）

标准普尔	穆迪	说 明
BBB	Baa	评为BBB级和Baa级的债券被看作是具有足够的能力偿还本金和利息的，因为它一般都规定有充分的保护措施，因此比起高级别债券，不利的经济状况或环境变化更能削弱该级别债券的本利偿付能力。这类债券属于中级债务
BB B CCC CC	Ba B Caa Ca	一般认为该等级债券具有显著的投机性。BB级和Ba级债券的投机度最低，CC级和Ca级债券的投机度最高。尽管这种债券可能具有某种特质与保护性特点，然而最重要的是，它们带有更大的不确定性或者更有可能经历不利的情况
C	C	该等级归属从未支付利息的收益债券
D	D	无力清偿债务的债券被判定为D级债券，该种债券无法按时支付利息以及归还本金

（三）债券筹资的优缺点

1. 债券筹资的优点

债券筹资的优点主要表现在：

(1) 资本成本低于普通股。债券的利息通常低于普通股的股息，而且利息费用可在税前收益中支付，起到抵减所得税的作用，因此债券的资本成本低于普通股的资本成本。

(2) 可产生财务杠杆作用。债券利息按固定的面值和利率计算，利息支出的数额是固定的，当企业的投资收益率高于债券利息率时，与长期借款一样，可产生财务杠杆作用，增加股东收益。

(3) 保障股东的控制权。债券持有者只从企业获取固定的利息收入，无权参与企业的经营管理，因此不会影响股东对企业的控制权。

2. 债券筹资的缺点

债券筹资的缺点主要表现在：

(1) 增加企业的财务风险。债券有明确的到期日，且利息必须按期支付，当企业的经营状况较差时，易使企业陷于财务困境，甚至成为企业破产的“加速器”。

(2) 限制条件较多。发行债券的契约书中往往附加了一些限制性条款，影响企业资本调度的灵活性。

三、融资租赁

（一）租赁的种类

租赁是出租人以收取租金为条件，在契约或合同规定的期限内，将资产租让给承租人使用的一种经济行为。在实际生活中,租赁的形式有很多种,根据所有权是否最终转移,通常将租赁分为经营租赁和融资租赁。

1. 经营租赁

经营租赁又称服务性租赁,是指出租人在较短的时期内向承租人出租资产,并提供保养、维修、人员培训等服务的租赁。经营性租赁的基本特点是:①租赁期较短,通常小于租赁设备的使用寿命;②租赁合同一般包含解约条款,在合理限制条件范围内,承租人有权在租赁期内预先通知出租人后,解除租赁合同或要求更换租赁的资产;③设备的维修、保养由出租人负责;④租赁期满或合同终止以后,租赁的财产一般归还给出租者。

2. 融资租赁

融资租赁又称资本租赁,是一种以融通资本为目的的租赁方式。在这种租赁方式下,承租人按照租赁合同可在资产的大部分使用寿命周期内,获得资产的使用权,出租人收取租金,但不提供维修、保养等服务。融资租赁的主要特点是:①出租的资产一般由承租人提出要求,出租人融通资本,购进用户所需资产,然后再租给出租人使用;②租赁期较长,融资租赁的租期一般要超过租赁资产寿命的75%;③融资租赁禁止中途解约;④租约期满后,按事先约定的方法处理租赁资产,包括将设备作价转让给承租人、由出租人收回、延长租期、继续租赁等;⑤租赁资产的维修、保养等均由承租人负责。

融资租赁包括多种方式,根据租赁所涉及的关系复杂程度,通常可以细分为直接租赁、售后租回和杠杆租赁。

(1) 直接租赁。它是指出租人直接将资产出租给承租人,签订合同并收取租金的一种租赁方式。这种租赁方式只涉及出租人和承租人两个当事人。直接租赁的主要出租人是制造商、财务公司、银行、独立的租赁公司等。除制造商外,其他出租人都是先向制造商或供应商买入资产,再将资产租给承租人。通常所指的融资租赁,不作特别说明时即为直接租赁。

(2) 售后租回。企业先将其拥有的资产卖给出租人,然后再按照特定条件将其租回使用,这种取得资产的筹资方式称为售后租回。从事售后租回的出租人通常包括保险公司、商业银行、专业租赁公司或投资者;而承租人则是出售资产后再将资产租回的企业。在这种租赁形式下,出售资产的企业可得到相当于资产售价的一笔资本,同时仍然可以使用资产,就如同企业贷款买进资产并以此作为贷款的抵押品一样,所以售后租回与抵押贷款非常相似。

(3) 杠杆租赁。前面的两种租赁方式只涉及承租人和出租人两方当事人,而杠杆租赁则要涉及承租人、出租人和贷款机构三方当事人。从承租人的角度来看,按照合同规定在承租期内定期支付租金,从而获得承租期资产的使用权,因此杠杆租赁与其他租赁方式没有什么不同。但对出租人来说却不一样,他只提供租赁资产所需资本的一部分(一般为20%～40%),其余部分则以该资产为担保向贷款机构借入款项支付。在这里出租人既是资产的出借人，同时也是贷款的借入人。出租人收取的租赁费首先用于偿还贷款机构的贷款本息，剩余部分是出租人的投资报酬。由于租赁收益通常大于借款成本，出租人借此而获得财务杠杆好处。通常采用杠杆租赁是为了适应金额巨大的设备租赁项目。

（二）融资租赁租金的计算

1. 租金的构成

融资租赁每期租金的多少取决于以下几项因素：①租赁设备的购置成本，包括设备买价、运输费、安装调试费、保险费等；②租赁设备的预计残值；③资金的利息，租赁公司为承租企业购置设备垫付资金所应支付的利息；④租赁的手续费，租赁公司承办租赁业务所发生的各项费用及必要的利润；⑤租赁的限期。

2. 租金的支付方式

租金的支付方式有以下几种：①按支付间隔期长短，分为年付、半年付、季付和月付；②按在期初支付和期末支付，分为先付和后付；③按每次支付的金额，分为等额支付和不等额支付。一般融资租赁中企业支付租金的方式是等额后付。

3. 租金的计算

融资租赁的租金计算大多采用等额年金法，在等额年金法下，通常要根据利率和租赁手续费率确定一个租费率，作为计算租金的折现率。

【例 8-6】 某企业从租赁公司租入 1 台设备，设备购置成本为 1 000 万元，租期为 10 年，租赁期满预计残值为 50 万元，约定期满设备归租赁公司，假设资金的利率为 7%，租赁手续费率为 5%，租金每年年末支付一次，问每年支付的租金是多少？

$$每年租金 = 1\,000 \times (A/P,\ 12\%,\ 10) - 50 \times (A/F,\ 12\%,\ 10) = 174.14(万元)$$

（三）融资租赁筹资的优缺点

1. 融资租赁筹资的优点

融资租赁筹资的优点主要表现在：

(1) 能迅速获得所需资产。融资租赁是融资与融物相结合的筹资方式，因此往往比先筹措资本再购置设备速度更快，更有利于企业尽快形成生产能力，开始生产产品，及时占领市场。

(2) 租赁筹资限制较少。租赁筹资可以减少长期借款筹资所附加的各种限制性条款，从而为企业筹资提供了更大的弹性空间。

(3) 企业财务负担较小。融资租赁可以避免一次性支付的负担，租金在整个租期内分摊，不用到期归还大量本金，且租金可以通过项目本身的收益来支付。

(4) 避免设备陈旧过时的风险。科学技术的迅速发展，使得设备的更新周期不断缩短，企业设备陈旧过时的风险很大，利用租赁筹资则可以减少这方面的风险。

(5) 融资租赁能延长资金融通的期限。一般为购买设备而借款的期限比资产的物理寿命要短得多,融资租赁的融资期限却可接近其使用寿命,且其租金随设备价款而定,无融资额度的限制。

2. 融资租赁筹资的缺点

融资租赁筹资的缺点主要表现在:资本成本较高,一般而言,租赁资产所付的租金要比负债筹资的利息高得多,而且企业所支付的租金总额通常要高于租赁资产价值的30%;承租人在财务困难时期,固定的租金也会构成一项较沉重的负担。另外,采用租赁方式如果不能享有设备残值,也将是承租人的一种损失。

第五节 混合性资本的筹集

一、优先股筹资

优先股是介于普通股和债券之间的一种混合证券,其主要特征是:①作为一种股权资本,优先股的优先权主要表现在:优先股股东领取股息先于普通股股东;对公司剩余财产的索偿权先于普通股股东,但次于债权人。②优先股股息一般事先确定,这一点与债券相同。但公司对这种股息的支付却带有随意性,并非必须支付。即使不支付优先股股息,也不会像债券那样,使公司濒临破产的境地。优先股股息与普通股红利相同之处是,这两者都是在税后支付,即股息支付不能获得税收利益。

(一) 优先股的种类

公司为了保障优先股股东的利益,通常对优先股规定某些附属条件。根据附属条件的不同,优先股通常有以下几种类型。

1. 累积优先股与非累积优先股

累积优先股是指任何一个年度未支付的股利都可以递延到以后年度一起发放,也就是说,当公司的税后利润不足以支付优先股股利时,未支付的股利可以累积到下一个年度支付。在累积分派的优先股股利未补足之前,不得分派普通股股利。

非累积优先股是指股利当年结清,如果当年未能分派或分派不足,以后年度不再补发。从投资者角度来看,此类股票风险大且收益率低,因此在实际中很少发行此类优先股,一般只在公司改组的情况下才发行。

2. 参加优先股与非参加优先股

参加优先股是指优先股股东在获得定额股息后,还有权与普通股股东一起参加公司剩余利润的分配,即优先股股东可以获得双重分红权。这种优先股又进一步分为全部参加优先股和部分参加优先股，其中全部参加优先股可与普通股股东等额地参与剩余利润的分配；部分参加优先股则只能按规定在一定限额内参与剩余利润的分配。

非参加优先股是指优先股股东在获得定额股息后，不再参加公司剩余利润的分配。

3. 可转换优先股与不可转换优先股

可转换优先股是指股票持有者有权根据优先股发行时的规定，在将来某一时期内按预先规定的转换率或转换价格将优先股转换为普通股。优先股股东拥有转换的权利，但没有转换的责任。只有当普通股价格上升，通过转换，优先股股东可以从中获利时，才行使这一权利。

不可转换优先股是指优先股发行后，其持有者只能享受固定股利，不能将其转换成其他种类的股票。

4. 可赎回优先股与不可赎回优先股

可赎回优先股是指在优先股的发行条款中设有赎回条款，当赎回的条件出现时，公司有权按预定的价格和方式赎回已发行的优先股。一般认为优先股是公司的永久性资本来源，但是可赎回优先股却不具有这种性质，它可以依照股票发行时所附的赎回条款，由公司出价提前赎回。这种优先股与可转换优先股的权利恰好相反，可转换优先股的选择权在优先股股东，可赎回优先股的选择权在公司。

不可赎回优先股是指发行后根据规定不能赎回的优先股。公司如果要收回这类优先股，只能在证券市场上按市场价格收购，或者以其他证券调换。

（二）优先股筹资的优缺点

1. 优先股筹资的优点

优先股筹资的优点主要表现在：

（1）优先股筹资没有到期日，不需要偿还本金，可以视为一种永久性的资本。只有在对企业有利时，企业才会提前收回优先股，这就增强了企业利用资金的灵活性。

（2）股利的支付既固定，又有一定的弹性。一般来说，优先股都采用固定股利，但对固定股利的支付并不构成公司的法定义务。当企业的经营状况良好、利润较多时，支付给优先股的股利是固定不变的；当企业的经营状况不佳、利润较少时，企业又可以暂时不支付优先股股利，这极大地保护了普通股股东的权益。

（3）增强企业的举债能力。优先股与普通股一样，属于权益性资本，发行优先股，有利于企业巩固资本的基础，增加企业的信誉，加强企业的举债能力。

2. 优先股筹资的缺点

优先股筹资的缺点主要表现在：

（1）优先股筹资的资本成本较高。优先股的股利要从企业的税后利润中支付，因此不能得到税收优惠。尽管优先股的资本成本低于普通股，但是还是高于债券。

（2）由于优先股在股利分配和财产清偿等方面拥有优先权，所以在公司收益不多时，普通股股东的收益就会受到影响。

（3）优先股筹资对企业具有一定的限制。例如，企业不能连续3年拖欠优先股的股利，企业有盈利必须首先给优先股股东分配股利，企业举债额度较大时，要征求优先股的股东意见等。

二、可转换债券筹资

（一）可转换债券的概念及其基本要素

1. 可转换债券的概念

可转换债券是指发行人依照法定程序发行，在一定时间内依据约定的条件可以转换为普通股股票的公司债券。可转换债券是普通债权与证券期权的组合，兼具债券、股票和期权的混合性特征，在转换权行使之前属于公司的债务资本，权利行使之后则成为公司的股权资本。

2. 可转换债券的基本要素

可转换债券的基本要素是指构成可转换债券基本特征的必要因素，它们代表了可转换债券与一般债权的区别。可转换债券的基本要素如下。

1）标的股票

可转换债券对股票的可转换性，实际上是一种股票期权和股票选择权，可转换债券转换期权的标的物就是公司股票。标的股票一般是发行公司自己的普通股股票，也可以是其他公司的股票，如该公司的上市子公司的股票。

2）票面利率

可转换债券的票面利率一般低于普通债券的票面利率，有时会低于同期银行存款利率，因为持有人有一种特殊的选择权。

3）转换价格

转换价格是指可转换债券在转换期内转换成普通股的每股价格。由于可转换债券在未来行使转换权，因此在债券发行时所确定的转换价格一般高于发行当时股票价格的10%～30%。

4）转换比率

转换比率是指每一份可转换债券在既定条件下能转换为普通股股票的数量，其计算公式为：

$$转换比率 = 债券面值 \div 转换价格$$

比如，债券面值为100元，转换价格为10元，则转换比率为10，即每张债券可以转换为10股股票。

5）转换期限

转换期限是指可转换债券持有人能够行使转换权的有效期限。可转换债券的转换期限可以与债券的期限相同，也可以短于债券的期限。

6）赎回条款

赎回条款是指发债公司在债券到期日之前按事先约定的价格提前赎回债券的规定。设置赎回条款最主要的功能是强制债券持有人积极行使转股权，使发债公司避免在市场利率下降后，继续向债券持有人支付较高的债券利息。

7）回售条款

回售条款是指债券持有人有权按照事先约定的价格将债券出售给发行公司的条件规定。回售一般发生在公司股票价格在一段时期内连续低于转换价格达到某一幅度时，这一条款有利于降低债券投资者的风险。

8）强制性转换调整条款

强制性转换条款是指在某些条件具备后，债券持有人必须将可转换债券转换成股票，无权要求偿还本金的规定。

（二）可转换债券的发行条件

根据我国证监会《上市公司证券发行管理办法》，上市公司公开发行可转换债券，应当符合以下条件：

(1) 3个会计年度加权平均净资产收益率平均不低于6%。

(2) 本次发行后累计公司债券余额不超过期末净资产额的40%。

(3) 3个会计年度实现的年均可分配利润不少于公司债券1年的利息。

(4) 上市公司公开发行可转换债券，还应当符合公开发行证券的一般规定。

（三）可转换债券筹资的优缺点

1. 可转换债券筹资的优点

(1) 筹资成本较低。可转换债券的利率一般低于同一条件下普通债券的利率，降低了公司的资本成本。此外，在可转换债券转换为普通股时，公司无需另外支付筹资费用，又节约了股票筹资的筹资成本。

(2) 便于筹集资金。可转换债券一方面可以使投资者获得固定利息，另一方面又向其提供了进行股权投资的选择权，对投资者具有一定的吸引力，有利于债券的发行，便于筹集资金。

(3) 有利于稳定股价并减少对每股收益的稀释。可转换债券规定的转换价格一般要高于其发行时公司股票的价格，所以在发行新股或配股时机不佳时可以先发行可转换债券，然后通过转换实现较高价位的筹资。

2. 可转换债券筹资的缺点

(1) 股票大幅上扬的风险。如果未来股票行情较好，公司股票大幅上扬，而公司只能以较低的转换价格换出股票，便会降低公司的股权筹资额。

(2) 存在不转换的财务风险。如果转换期内公司的股价长期低迷，持券者到期不转换股票，则会增加公司偿还债务的压力，加大公司的财务风险。

（3）丧失低息优势。可转换债券转换成普通股之后，其原有的低息优势不复存在，公司将要承担较高的普通股成本。

三、认股权证筹资

（一）认股权证的基本性质

认股权证是由股份有限公司发行的可认购其股票的一种买入期权，持有人有权在一定时间内以约定的价格认购该公司发行的一定数量的股票。认股权证具有以下基本性质：

（1）证券期权性。认股权证本质上是一种股票期权，属于衍生金融工具，具有实现融资和股票期权激励的双重功能。认股权证本身是一种认购普通股的期权，它没有普通股的红利收入，也没有普通股相应的权利。

（2）认股权证是一种投资工具。投资者可以通过购买认股权证获得市场价与认购价之间的股票差价收益，因此它是一种具有内在价值的投资工具。

（二）认股权证的种类

1. 美式认股证和欧式认股证

美式认股证是指权证持有人在到期日前，可以随时提出履约要求，买进约定数量的标的股票。欧式认股证是指权证持有人只能于到期日当天，才能买进标的股票。无论哪种认股证，投资者均可在到期日前在市场上出售转让其持有的认股权证。

2. 长期认股权证和短期认股权证

认股权证按允许认股的期限分为长期认股权证和短期认股权证，短期认股权证的认股期限比较短，一般在 90 天以内。认股权期限超过 90 天的，为长期认股权证。

（三）认股权证筹资的特点

认股权证是一种特殊的筹资手段，对发行公司具有积极的作用。其主要特点为：

（1）有利于公司筹集额外资金。认股权证不论是单独发行还是附带发行，大多是为发行公司筹集额外的资金，从而增强公司的资本实力和运营能力。

（2）有利于改善上市公司的治理结构。在认股权证有效期内，上市公司管理层及其大股东任何有损公司价值的行为，都可能降低上市公司的股价，从而降低投资者执行认股权证的可能性。

（3）有利于推进上市公司的股权激励机制。通过给予管理层和重要员工一定的认股权证，可以将管理层和员工的利益与公司价值成长紧密联系在一起，使管理层和员工在实现自身财富增值的同时，提升公司价值。

案例讨论

融资租赁成上市公司“香饽饽” 环境仍有待改善①

上市公司对融资租赁业务的热情似乎还在持续发酵，近期又有中科英华、安阳钢铁等多家上市公司加入这一行列。有数据显示，到2012年年末，我国已有各类融资租赁公司近560余家，比上年增加近300家，注册资本超过1 500亿元，资产规模超过1.3万亿元。业内人士认为，融资租赁在经济转型过程中充满挑战和机遇，在行业发展的同时，也应看到我国融资租赁业市场环境仍然有待改善。

中科英华近日公告，其全资子公司青海电子材料产业发展有限公司拟作为承租方与国银金融租赁有限公司进行售后回租融资租赁交易，融资总金额2亿元，租期为5年。中科英华认为，通过本次融资租赁业务，青海电子利用现有资产进行融资，降低了财务费用，有利于盘活固定资产，优化资本结构，提高资本运作能力。

据不完全统计，2011年12月以来就有中科英华、安阳钢铁、新筑股份、精工科技和富瑞特装等诸多上市公司宣布将开展融资租赁业务，缓解资金压力成了这些公司的共同目的。以安阳钢铁为例，安阳钢铁以120吨转炉-炉卷轧机部分设备，与其进行售后回租融资租赁交易，融资达5亿元。

此外，香溢融通和爱建股份更是宣布参股融资租赁公司。根据披露，香溢融通计划与舟山海峡轮渡集团有限公司等公司共同组建投资设立浙江海峡香溢融资租赁有限公司，融资租赁公司注册资本2亿元，其中香溢融通出资6 000万元，占30%股份。对于组建融资租赁公司的原因，香溢融通表示有利于拓展业务领域，能够充分地运用担保、租赁、典当、贸易融资等多种协同工具，为浙江海洋经济示范区域建设、为中小企业提供更为综合的融资服务，为公司创造良好的社会效益和经济效益。

无独有偶，爱建股份宣布将联合其子公司爱建(香港)有限公司出资设立上海爱建融资租赁有限公司，其中爱建股份出资2.25亿元，持股75%。

融资租赁业务也给上市公司以丰厚的回报。庞大集团2012年中报显示，2012年上半年净利润仅为2.33亿元，但2010年推出的融资租赁业务手续费和利息收入就达到2.97亿元。

不过，业内人士提醒，开展融资租赁业务依然面临诸多风险。融资租赁行业是一个新兴的行业，随着企业的生存和发展对融资租赁的需求加大，加之国家宏观调控政策的支持，融资租赁业发展较为迅速。随着融资租赁公司的数量剧增，国内租赁市场竞争加剧，市场竞争风险将增加。

---

① 资料来源：中国证券报—中证网2013年1月7日。

据介绍，融资租赁集金融、贸易和服务于一身，连通金融和实体经济，目前在国际上是仅次于银行信贷的第二大融资方式，对需要多渠道融资的中小企业非常有利。目前发达国家租赁市场的渗透率达 15%～20%，但国内却仅有 3%。业内人士认为，虽然目前来看融资租赁业务未来发展空间很大，但随着市场逐渐走向成熟，融资租赁市场的发展和盈利空间将会缩窄。

另一方面的竞争来自非银行机构的加入。此前融资租赁几乎由商业银行占大头，但近年来由于该领域较低的资金成本和较高的资金杠杆，越来越多的资金被吸引进来。

非银行机构的介入还存在另一个发展瓶颈。银行业金融机构投资的金融租赁公司是金融企业，作为外商投资和内资试点的融资租赁企业和金融租赁公司从事的是类似的业务，但是因资金来源不同而未被归于金融机构。业内人士建议，为了更好地发挥融资租赁的优势、服务经济转型，应当参照金融机构的做法，在税收等方面享受金融机构相同的待遇，规范融资租赁的制度和管理，推动融资租赁业发展。

请回答下列问题：

(1) 什么是融资租赁？为什么上市公司涌入融资租赁业务？

(2) 我国政府对融资租赁业务有何政策支持？

(3) 融资租赁业务面临的主要风险是什么？

(4) 企业通过融资租赁业务融资有哪些优势？

思考题

1. 简述企业筹资的动机和基本要求。
2. 什么是筹资渠道？什么是筹资方式？两者有何关系？
3. 资金需要量的定量预测方法有哪些？各有何特点？
4. 简述普通股筹资的优缺点。
5. 简述长期借款筹资的优缺点。
6. 简述债券筹资的优缺点。
7. 什么是融资租赁？融资租赁筹资有何优缺点？
8. 什么是优先股？它和普通股有何不同？
9. 什么是可转换债券？企业为什么要发行可转换债券？
10. 简述认股权证筹资的特点。

单项选择题

1. 权益资金筹资方式的共同缺陷是(　　)。

A. 资金成本高　　B. 筹资限制多

C. 财务负担重　　D. 容易分散控制权

2. 下列各种筹资渠道中，属于企业内部筹资渠道的是(　　)。

A. 银行信贷资金　　B. 非银行金融机构资金

C. 企业留存资金　　D. 职工购买企业债券资金

3. 公司拟筹集能够长期使用、筹资风险相对较小且易取得的资金，下列融资方式中，较适合的是(　　)。

A. 发行普通股　　B. 银行借款

C. 商业信用　　D. 发行长期债券

4. 企业的资金来源按其性质不同可分为(　　)。

A. 内部资金和外部资金

B. 借入资金和自有资金

C. 长期资金和短期资金

D. 直接筹集的资金和间接筹集的资金

5. 采用销售百分比法预测资金需要量时，通常下列项目中，被视为不随销售收入变动而变动的是(　　)。

A. 货币资金　　B. 应付账款

C. 存货　　D. 公司债券

6. 相对于借款购置设备而言，融资租赁设备的主要缺点是(　　)。

A. 筹资速度较慢　　B. 融资成本较高

C. 到期还本负担重　　D. 设备淘汰风险大

7. 关于融资租赁的特点，下列说法中，不对的是(　　)。

A. 融资租赁的主要目的是融通资金

B. 融资租赁是一种可解约的租赁

C. 融资租赁的租赁期较长

D. 融资租赁租赁物的所有权不属于承租人

8. 出租人只垫支购置资产设备所需资金的一部分，其余则向银行借款的租赁方式称作(　　)。

A. 经营性租赁　　B. 直接租赁

C. 杠杆租赁　　D. 售后回租

9. 下列优先股中，对股份有限公司比较有利的是(　　)。

A. 累积优先股　　B. 可转换优先股

C. 可赎回优先股　　D. 参加优先股

10. 与普通股相比较，优先股最主要的特征是(　　)。

A. 优先分配剩余资产　　B. 优先参与经营管理

C. 优先分配股利　　D. 优先认购新发行股票

业　务　题

1. 立达公司 2013 年销售收入为 20 000 万元，销售净利率为 12%，净利润的 60%分配给投资者，2013 年度的资产负债表（简表）如表 8-10 所示。

表 8-10

资产负债表（简表）

单位：万元

资　产	期末余额	负债和所有者权益	期末余额
货币资金	1 000	应付账款	1 000
应收账款	3 000	应付票据	2 000
存货	6 000	长期借款	9 000
固定资产	7 000	实收资本	4 000
无形资产	1 000	未分配利润	2 000
资产总计	18 000	负债和所有者权益总计	18 000

该公司 2014 年计划销售收入比上年增长 30%，为实现这一目标，公司需要增加设备一台，价值 150 万元。据历史财务数据分析，公司流动资产与流动负债会随销售收入同比增减，假设该公司 2014 年的销售利润率和利润分配政策与上年保持一致。

要求：预测 2014 年需要从外部筹集的资金量。

2. 华夏股份有限公司拟于 2015 年 1 月 1 日发行 10 年期的公司债券，每张债券的面值为 1 000 元，发行总额共 20 亿元人民币，发行人与主承销商根据簿记建档等情况，按照国家有关规定，协商确定债券的票面年利率为 5%。本期债券采用单利按年计息，不计复利，对逾期未领的利息不另外计息。假设发行时的市场利率为 4%，则该公司债券的发行价格应为多少？

3. 华新股份有限公司于 2014 年 9 月 20 日按当时二级市场同类公司股票平均市盈率为 22 来确定股票发行价格，该公司当年 1～8 月实际完成税后利润为 5 600 500 元，预计 9～12 月税后利润为 3 020 450 元，新股发行前总股本为 1 500 万股，本次预计公开发行 500 万股。如果采用市盈率法，则新股的发行价格为多少？

4. 某企业想购置一台设备，设备的价款为 1 000 万元。现有两个方案可供选择：方案一：向银行借入期限为 5 年的长期借款，借款利率为 7%，每年年末支付利息，到期还本。方案二：向租赁公司租入该设备，租期 10 年，期满后另支付 50 万元买下该设备，每年年末支付租金 150 万元。假设该企业的最低报酬率为 10%。

要求：计算比较上述两方案并作出选择。

第九章　投资管理与决策

引 导 案 例

嘉华快餐公司在一家公园内租了一间售货亭向游人出售快餐。快餐公司与公园签订的租赁合同期限为3年,3年后售货亭作为临时建筑将被拆除。经过1个月的试营业后,快餐公司发现,每天的午饭和晚饭时间买快餐的游客很多,但是因为售货亭很小,只有一个售货窗口,所以顾客不得不排起长队,有些顾客因此而离开。为了解决这一问题,嘉华快餐公司设计了四种不同方案,试图增加销售量,从而增加利润。方案一:改装售货亭来增加窗口。这一方案要求对现有售货亭进行大幅度的改造,所以初始投资比较大,但是因为增加售货窗口吸引了更多顾客,所以收益增加也会比较多。方案二:在现有的售货窗口基础上更新设备,提高每一份快餐的供应速度,缩短供应时间。方案三:建造一个新的售货亭。此方案需要将现有的售货亭拆掉,在原来的地方建一个面积更大、售货窗口更多的新的售货亭。此方案预计投资额最大,预期增加的收益也最多。方案四:在公园内另租一间更大的售货亭。此方案的初始支出是新售货亭的装修费用,以后每年增加的租金支出。①

思考与讨论

嘉华快餐公司应如何进行方案的选择?

嘉华快餐公司应如何进行方案的选择引入本章所要讨论的主要问题,即项目投资决策问题。本章将对项目投资的概念,项目现金流量的估算以及项目评价指标的计算等进行详细介绍。

① 成兵主编:《财务管理理论与实务》,北京大学出版社2012年2月,第145页。

第一节　投资管理概述

一、企业投资及其分类

（一）企业投资的概念

投资是指企业资金有目的地投放，以期望在未来获取投资收益的一种财务管理活动。企业投资具有以下特点：

（1）投资是现在投入一定数量资金的经济活动。也即投资是现在垫付一定量的资金，其来源是延期消费或是闲置资金，或是以一定代价融入的资金。

（2）投资具有时间性。投资是一个过程，从现在投入资金到将来获得投资回报需要耗费一定的时间。投资时间越长，未来发生不可预计事件的可能性越大，投资回报的不确定性也就越大。

（3）投资的目的在于获得投资回报。投资活动以牺牲现在价值为手段，以赚取未来价值为目标，未来价值超过现在价值，投资者方能得到正回报。

（4）投资具有风险性。投资活动是期望在未来获取投资收益，未来的事项是不确定的，因此投资收益也就不确定即为投资风险。不同投资其投资风险是不同的，相应的投资回报也不一样。

（二）企业投资分类

1. 按投资方向，可将投资分为对内投资和对外投资

对内投资又称内部投资，是指将资金投放到本企业，购置各种生产经营用资产的行为，其目的是为保证企业生产经营活动的连续和生产经营规模的扩大。在企业的投资活动中，对内投资很常见，它不仅数额较大，而且对企业的长期稳定和发展都具有十分重大的影响。

对外投资是指将企业的资源，如货币资金、实物资产以及无形资产等投向其他单位，以期在未来获得投资收益的经济活动。对外投资相对于对内投资而言，其投资过程、投资风险和投资收益均具有不同的特征。

2. 按投资与企业生产经营的关系，可将投资分为直接投资和间接投资

直接投资又称实物投资，是指企业将资金投放于生产经营性资产，以便获取利润的行为。直接投资包括对内投资，也包括部分对外投资，如投资设立子公司或并购其他企业等。直接投资的特点是与企业生产经营密切相关，或直接形成生产能力，或为从事某种生产经营活动创造条件。

间接投资又称证券投资，是指将资金投放于证券等金融资产，以便获取股利或利息收入。间接投资属于对外投资，其特点是与金融市场密切相关。证券投资主要包括：债券性证券投资、权益性证券投资以及基金类证券投资等。

3. 按投资期限长短，可将投资分为长期投资和短期投资

长期投资是指投资回收期限 1 年以上的投资，主要是指直接投资以及投资

回收期限超过1年的间接投资。长期投资的主要目的是:为保证企业生产经营活动的连续性和扩张性进行的实物投资、为实现控股目的而进行的长期股权投资以及其他有价证券的投资。

短期投资是指1年以内回收的投资,主要是指对企业流动资产的投资以及持有期限不超过1年且准备随时变现的有价证券投资。

投资期限的长短不是一成不变的,企业的长期投资可以转化为短期投资,如长期证券投资随着时间的推移,到期日逐步临近,会转化成短期投资。另外在长期投资期间,因资金短缺或长期投资收益恶化,企业会将长期投资迅速变现。

二、企业投资管理的基本原则

1. 认真进行市场调查,及时捕捉投资机会

捕捉投资机会是企业投资活动的起点,也是企业投资决策的关键。在市场经济条件下,投资机会是不断变化的,并受诸多因素的影响,尤其是受市场需求情况的影响。企业在进行投资之前必须认真进行市场调查研究,科学分析和论证,寻找最佳的投资机会。

2. 建立科学的投资决策程序,认真进行投资项目的可行性分析

企业在进行项目投资决策时,必须按照科学的决策程序,认真进行项目的可行性研究,从技术、经济、工程等方面进行调查研究和分析比较,并对项目建成以后可能取得的财务、经济效益及社会环境影响进行预测,从而提出该项目是否值得投资和如何进行建设的咨询意见,为项目决策提供科学的依据。

3. 及时足额地筹集资金,保证投资项目的资金供应

投资项目一般建设周期长,所需资金多,为保证项目顺利进行,必须能筹集到所需的资金,避免项目因资金供应短缺,造成项目的停工停产,并造成很大的经济损失。因此在项目投资决策过程中,要科学地预测资金的需要量,选择适当的筹资渠道和筹资方式,按时足额筹集所需资金,保证项目的正常运作。

4. 认真分析风险与收益的关系,适当控制企业的投资风险

任何投资活动都是有风险的,并且风险和收益是对等的,一般高收益伴随的是高风险。企业在投资决策中必须认真评估风险,并做好风险的防范措施,以有效地控制投资风险,尽量避免投资损失。

第二节 项目投资管理

一、投资项目的现金流量

(一) 现金流量的概念

1. 现金流量的含义

项目的现金流量是指项目在整个寿命周期内的现金流入和现金流出的数

量。一个投资项目的现金流入是指该项目引起的现金收入的数量，而项目的现金流出是指项目引起的现金支出的数量，在同一时点上，现金流入与现金流出的差额称现金净流量，它可以是正数，也可以是负数，还可以是零。这里所说的现金，不仅包括各种货币资金，而且还包括项目需要投入的企业所拥有的非货币资金的变现价值。

2. 现金流量的构成

项目的现金流量由三个部分构成，即初始现金流量、营业现金流量和终结现金流量。

(1) 初始现金流量。初始现金流量是指项目开始投资时所发生的现金流量，该时期属于项目的建设期，主要是现金流出量，包括：①固定资产投资支出，如设备买价、运输费、安装费、建筑费等。②垫支的营运资金，是指项目投产前后分次或一次投放于流动资产上的资金。③原有固定资产的变价收入，是指固定资产更新时原有固定资产变卖所得的现金净流量。④其他费用，是指与投资项目有关的筹建费用、职工培训费用等。

(2) 营业现金流量。营业现金流量又称经营现金流量，是指投资项目投入使用后，在经营使用期内由于生产经营所带来的现金流入和现金流出的数量。其中每年实现的营业收入为现金流入量，相应发生的付现成本及税费等为现金流出量。

营业现金净流量的计算为：

营业现金净流量 = 营业收入 − 付现成本 − 所得税

或：营业现金净流量＝税后利润＋折旧

或：营业现金净流量＝营业收入×(1－税率)－付现成本×(1－税率)＋折旧×税率
＝税后收入－税后成本＋折旧抵税额

上式中的税率是指所得税税率，有关营业现金流量的三种计算方法结果是一致的。

(3) 终结现金流量。终结现金流量是指项目完结时所发生的现金流量，项目终结的“年份”具有双重含义，它既是项目经营使用期的最后年份，同时也是项目终了的年份。因此，终结现金流量既包括营业现金流量，又包括非经营现金流量。非经营现金流量包括固定资产的残值收入或变价收入及税赋损益、垫支营运资金的回收、停止使用的土地的变价收入等。

3. 现金流量的作用

(1) 项目投资决策中使用的是现金流量，而不是利润。这是因为利润是以权责发生制作为确认基础进行计算的，利润计算中的收入和支出不一定是当期收到和支付的现金，故不利于其现值的确定。而现金流量是以收付实现制作为确认基础进行计算的，它反映当期实际收到和支出的现金，便于考虑资金的时间价值。

(2) 利润在各年的分布存在不客观的成分。首先，利润的计算缺乏统一的标准，并在一定程度上受到人为因素的影响，如存货计价、费用摊配、折旧方法等有较大的主观随意性；其次，利润反映的是某一会计期间“应计”的现金流量而非实际流量，具有较大风险。而项目各年的现金流量分布不受人为因素的影响，能如实反映现金流量发生的时间和金额，保证方案评价的客观性。

(3) 在项目投资决策中，对项目效益的评价是以假设其收回的资本再投资为前提的。利润反映项目的盈亏状况，而有利润的年份不一定能产生相应的现金用于再投资，只有现金净流量才能用于再投资。一个项目能否维持下去，不是取决于某年份是否有利润，而是取决于是否有现金用于所需要的各种支付。显然，在资本预算中现金流动状况比盈亏状况更为重要。

当然现金流量与利润是有联系的，两者的联系在于现金流量与利润在本质上并无根本区别，虽然从单个的年度来看，现金流量与利润是不等的，但从项目的整个投资有效期来看，两者的总额是相等的。

(二) 现金流量的计算

【例 9-1】 光华公司拟购入一台设备以扩充生产能力，现有甲、乙两个方案可供选择。甲方案需投资 30 000 元，使用寿命为 5 年，采用直线法计提折旧，5 年后设备无残值，5 年中每年销售收入为 15 000 元，每年付现成本为 5 000 元。乙方案需投资 36 000 元，采用直线法折旧，使用寿命也是 5 年，5 年后残值收入为 6 000 元，5 年中每年销售收入为 17 000 元，付现成本第 1 年为 6 000 元，以后随着设备陈旧逐年将增加修理费 300 元，另需垫支营运资金 3 000 元。假设公司所得税税率为 20%。根据以上资料，计算甲、乙两方案的现金流量。

要计算营业现金流量，必须先计算各方案每年的折旧额：

$$甲方案每年折旧额 = 30\,000 \div 5 = 6\,000(元)$$
$$甲方案每年折旧额 = (36\,000 - 6\,000) \div 5 = 6\,000(元)$$

1. 计算甲方案的现金流量

甲方案的初始现金流量 =－30 000(元)
甲方案的营业现金流量 = (15 000－5 000－6 000)×(1－20%)＋6 000 = 9 200(元)
甲方案的终结现金流量 = 0

甲方案的现金流量如表 9-1 所示。

表 9-1

甲方案的现金流量计算表

单位：元

年　　份	0	1～5 年
初始现金流量	－30 000	
营业现金流量		9 200
项目现金净流量	－30 000	9 200

2. 计算乙方案的现金流量

乙方案的营业现金流量计算表如表9-2所示。

表9-2

乙方案的现金流量计算表

单位:元

年　份	1	2	3	4	5
销售收入	17 000	17 000	17 000	17 000	17 000
付现成本	6 000	6 300	6 600	6 900	7 200
折旧额	6 000	6 000	6 000	6 000	6 000
税前利润	5 000	4 700	4 400	4 100	3 800
所得税(20%)	1 000	940	880	820	760
税后利润	4 000	3 760	3 520	3 280	3 040
营业现金流量	10 000	9 760	9 520	9 280	9 040

考虑到乙方案的初始现金流量及终结现金流量,乙方案的现金流量如表9-3所示。

表9-3

乙方案的现金流量

单位:元

年　份	0	1	2	3	4	5
设备投资	−36 000					
垫支营运资金	−3 000					
营业现金流量		10 000	9 760	9 520	9 280	9 040
设备残值收入						6 000
营运资金回收						3 000
现金净流量	−39 000	10 000	9 760	9 520	9 280	18 040

二、项目投资决策的评价指标

项目投资决策的评价指标分为两类:一类是非贴现评价指标也称静态评价指标,它是指不考虑资金时间价值因素的指标,主要有投资回收期和平均报酬率两个指标;另一类贴现评价指标也称动态评价指标,是要考虑资金时间价值因素的指标,主要有净现值、现值指数和内部收益率三个指标。

(一) 投资回收期

1. 投资回收期的含义

投资回收期(payback period,简称PP)是指通过项目的现金净流量来回收初始投资额所需要的时间，一般以年为单位。投资回收期还可细分为包括建设期的投资回收期和不包括建设期的投资回收期。不考虑资金时间价值计算的投资回收期称为静态投资回收期，而考虑资金时间价值计算的投资回收期为动态投资回收期，一般计算的是静态投资回收期。

2. 投资回收期的计算

如果在项目的整个有效期限内，每年的营业现金流量相等，则投资回收期计算公式为：

$$\text{投资回收期}(PP) = \text{初始投资额} \div \text{每年营业现金流量}$$

【例 9-2】 在上述[例 9-1]中，甲方案的投资回收期为：

$$\text{投资回收期 } PP(\text{甲}) = 30\,000 \div 9\,200 = 3.26(\text{年})$$

如果每年的营业现金流量不相等，或初始投资是分几年投入的，则投资回收期的计算要根据每年年末尚未回收的投资额加以确定。如上述[例 9-1]中，乙方案每年的营业现金流量不相等，则投资回收期计算如表 9-4 所示。

表 9-4

投资回收期计算表

年　份	0	1	2	3	4	5
现金净流量	−39 000	10 000	9 760	9 520	9 280	18 040
累计现金净流量	−39 000	−29 000	−19 240	−9 720	−440	17 600

$$\text{投资回收期 } PP(\text{乙}) = 4 + \frac{440}{18\,040} = 4.02(\text{年})$$

3. 投资回收期的决策规则

对于单方案：如果项目的投资回收期小于基准回收期（公司自行确定或根据行业标准确定）时，则该项目可以接受；反之，则应放弃。

对于多方案：首先选择项目的投资回收期小于基准回收期，再选择投资回收期较小的项目。也即投资回收期越短，对投资者越有利。

在[例 9-2]中，若基准回收期为 5 年，甲、乙方案均可行，但甲方案的投资回收期小于乙方案的投资回收期，故应选甲方案。

4. 投资回收期的评价

投资回收期是最早用于评估投资项目的方法，曾一度被广泛运用。该法计算简便直观，且容易为决策人所理解。其缺点在于：它不仅忽视了时间价值和风险，而且也没有考虑回收期以后的现金流量。事实上，具有战略意义的长期投资往往早期收益较低，而中后期收益较高。回收期优先考虑急功近利的项目，可能导致放弃长期成功的方案。因此，在项目评价时，投资回收期只能作为一个辅助标准,必须和其他指标相结合,以判断项目的可行性。

(二) 平均报酬率

1. 平均报酬率的含义

平均报酬率(average rate of return,简称 ARR)是指投资项目年平均净收益与该项目初始投资总额的比率。年平均收益可根据需要采用项目的年平均利润、年平均息税前利润或销售利润等指标,实务中较常用的是年平均净利润;初始投资总额包括固定资产投资额和流动资金投资额。

2. 平均报酬率的计算

$$平均报酬率(ARR) = 年平均净收益 \div 初始投资总额 \times 100\%$$

【例 9-3】 分别计算上述[例 9-1]中,甲、乙方案的平均报酬率。

因甲方案的年平均净收益 $= (15\,000 - 5\,000 - 6\,000) \times (1 - 20\%) = 3\,200$(元)

则甲方案的平均报酬率 $ARR(甲) = 3\,200 \div 30\,000 \times 100\% = 10.67\%$

而乙方案的年平均净收益 $= (4\,000 + 3\,760 + 3\,520 + 3\,280 + 3\,040) \div 5 = 3\,520$(元)

则乙方案的平均报酬率 $ARR(乙) = 3\,520 \div 39\,000 \times 100\% = 9.03\%$

3. 平均报酬率的决策规则

对于单方案:如果项目的平均报酬率大于基准平均报酬率(通常由公司自行确定或根据行业标准确定),则应接受该项目;反之,则应放弃。

对于多方案:在有多个互斥方案的选择中,则应选择平均报酬率最高的项目。

在[例 9-3]中,若基准平均报酬率为 10%,则应选甲方案而放弃乙方案。

4. 平均报酬率的评价

平均报酬率指标的优点是简明、易懂、易算,但也存在明显的不足,其不足之处在于:第一,它没有考虑货币的时间价值和投资风险价值,将第 1 年的净收益和最后 1 年的净收益看作具有同等的价值,所以,有时会作出错误的决策;第二,当备选方案的原始投资、有效期限及净利润总额均相等时,所计算的平均报酬率相同,则无法判断方案的优劣,故而也许会忽略最佳的方案;第三,平均报酬率以会计核算数据而不是以项目的现金流量作为计算基础,各年的现金流量与会计收益在量上往往相距甚远,以平均报酬率的高低作为决策依据缺乏客观性;第四,当投资项目存在机会成本时,以平均报酬率为标准的判断结果与净现值等标准差异很大,有时甚至得出相反的结论,影响投资决策的正确性。因此,平均报酬率只能作为一种辅助指标来衡量投资项目的优劣。

(三) 净现值

1. 净现值的含义

净现值(net present value,简称 NPV)是指投资项目在整个建设期和使用期限内未来现金流入量的现值与未来现金流出量的现值之差额。

2. 净现值的计算

净现值的计算涉及两个主要参数：一是项目的现金流量；二是折现率。根据这两个主要参数，即可计算项目的净现值，其计算公式为：

$$NPV=\sum_{t=0}^{n}\frac{NCF_t}{(1+K)^t}=\sum_{t=0}^{n}NCF_t\,(1+K)^{-t}$$

式中 NCF_t为第 t 期现金净流量；

K 为资本成本或投资者必要报酬率；

n 为项目周期。

【例 9-4】 假设投资者必要报酬率为 10%，分别计算上述[例 9-1]中，甲、乙方案的净现值。

甲方案的净现值 NPV(甲) $=-30\,000+9\,200\times(P/A,\ 10\%,\ 5)=4\,875.27$(元)

乙方案的净现值 NPV(乙) $=-39\,000+10\,000\times(P/F,\ 10\%,\ 1)+9\,760\times(P/F,\ 10\%,\ 2)$

$+9\,520\times(P/F,\ 10\%,\ 3)+9\,280\times(P/F,\ 10\%,\ 4)$

$+18\,040\times(P/F,\ 10\%,\ 5)$

$=2\,849.33$(元)

3. 净现值的决策规则

对于单方案：如果方案的净现值大于零，表明该项目的投资收益大于资本成本，则该项目是可行的；如果方案的净现值小于零，则应放弃该项目。

对于多方案：在净现值大于零的方案中，应选择净现值最大者。

在[例 9-4]中：NPV(甲) $>$ NPV(乙) >0，故应选甲方案。

4. 净现值的评价

净现值的优点是：此法充分考虑了资金时间价值和项目有效期全部现金流量，能够反映投资项目的收益；其取舍标准也最好地体现了财务管理的基本目标——企业价值最大化。净现值的不足在于：第一，确定折现率比较困难；第二，对于经济寿命不等的项目，用净现值难以评估；第三，对于初始投资额不等的项目，仅用净现值难以评估其优劣；第四，它不能揭示各个投资方案本身可能达到的实际收益率是多少。

(四) 现值指数

1. 现值指数的含义

现值指数(profitability index，简称 PI)又称获利指数，是指投资项目未来现金流入量的现值与现金流出量的现值的比值。

2. 现值指数的计算

现值指数的计算公式为：

$$PI = \frac{\sum_{t=0}^{n} CIF_t (1+K)^{-t}}{\sum_{t=0}^{n} COF_t (1+K)^{-t}}$$

式中 CIF 和 COF 分别代表现金流入量和现金流出量。

【例 9-5】 假设必要报酬率仍为 10%，分别计算上述[例 9-1]中，甲、乙方案的现值指数。

甲方案的现值指数 PI(甲) = 9 200 × (P/A, 10%, 5) ÷ 30 000 = 1.16

乙方案的现值指数 PI(乙) = 10 000 × (P/F, 10%, 1) + 9 760 × (P/F, 10%, 2) + 9 520 × (P/F, 10%, 3) + 9 280 × (P/F, 10%, 4) + 18 040 × (P/F, 10%, 5) ÷ 39 000 = 1.07

3. 现值指数的决策规则

对于单方案：若方案的现值指数 $PI \geqslant 1$，表明项目的收益率大于或等于预定的折现率，则应接受该项目或方案；反之，若项目或方案的现值指数 $PI < 1$，表明项目的收益率小于预定的折现率，则应放弃。

对于多方案：在现值指数 $PI \geqslant 1$ 的方案中，一般应选择现值指数最大者。

4. 现值指数的评价

现值指数的优点是：充分考虑了资金时间价值；它以相对数来表示，反映了投资的效率，即 1 元投资可望获得的现值收益。与 NPV 评价标准相比，这两种标准使用相同的信息评价投资项目，得出的结论常常是一致的，但在投资规模不同的互斥项目的选择中，则有可能得出不同的结论，这时应以净现值作为选择标准。

（五）内部收益率

1. 内部收益率的含义

内部收益率(internal rate of return，简称 IRR)又称内含报酬率，它是指能够使投资项目的未来现金流入量现值和流出量现值相等(即净现值为零)时的折现率，它反映了投资项目的真实收益。内部收益率应满足下面的公式：

$$NPV = \sum_{t=0}^{n} NCF_t (1+IRR)^{-t} = 0$$

2. 内部收益率的计算

内部收益率一般采用内插法或通过计算机搜索法求出 IRR 值。在这种方法下，首先，先预估一个折现率，并按此折现率计算方案的净现值。如果计算出的净现值为正数，表明预估的折现率小于方案的实际内部收益率，应提高折现率，再进行测算；如果计算出的净现值为负数，表明预估的折现率大于方案的实际内部收益率，应降低折现率，再进行测算。经过如此反复测算，找到净现值由正到负并且比较接近于零的两个折现率。其次，根据上述两个邻近的折现率，运用内插法计算出方案的内部收益率。

【例 9-6】 分别计算上述[例 9-1]中,甲、乙方案的内部收益率。

甲方案的内部收益率 IRR(甲)的计算过程为:

取 $K_1 = 16\%$,计算 $NPV_1 = 123.50$

再取 $K_2 = 17\%$,计算 $NPV_2 = -566.02$,采用内插法计算出 IRR(甲) = 16.18%

用同样的方法计算出 IRR(乙) = 12.61%

3. 内部收益率的决策规则

对于单方案:若投资项目的 IRR 大于或等于项目的资本成本或投资最低收益率,则接受该项目;反之,则应放弃。

对于多方案,应计算差额内部收益率再进行决策,或采用净现值进行决策。

4. 内部收益率的评价

内部收益率是方案本身的收益能力,反映其内在的获利水平,以内部收益率的高低来决定方案的取舍,使资本预算更趋于精确化。内部收益率指标可直接根据投资项目本身的参数计算其投资收益率,在一般情况下,能够正确反映项目本身的获利能力,但在互斥项目的选择中,利用这一标准有时会得出与净现值不同的结论,这时应以净现值作为选项标准。

三、项目投资决策

(一) 独立项目投资决策

所谓独立项目是指一组相互独立、互不排斥的项目。在独立项目中,选择某一项目并不排斥选择另一项目。独立项目的决策是指对待定投资项目采纳与否的决策,这种投资决策可以不考虑任何其他投资项目是否得到采纳和实施;这种投资的收益与成本也不会因其他项目的采纳与否而受影响,即项目的取舍只取决于项目本身的经济价值。从财务的角度看,两种独立性投资所引起的现金流量是不相关的。

对于独立项目的决策,可运用投资回收期、平均报酬率及净现值、现值指数、内部收益率等任何一个合理的标准进行分析,决定项目的取舍。只要运用得当,一般都能作出正确的决策。

(二) 互斥项目投资决策

所谓互斥项目是指在一组项目中,采用其中某一项目意味着放弃其他项目时,这一组项目被称为互斥项目。在进行互斥项目的投资决策分析时,选择最优投资项目的基本方法有以下几种。

1. 排列顺序法

在排列顺序法中,全部待选项目可分别根据它们各自的 NPV 或 PI 或 IRR 按降级顺序排列,然后进行项目挑选,通常选其大者为最优。通常情况下,按上述三个评价标准对互斥项目进行排序选择的结果是一致的，但在某些情况下也会得出不一致的结论，即出现排序矛盾。在这种情况下，通常应以净现值作为选择标准。

2. 增量收益分析法

增量收益分析法又称差量分析法，是指在对互斥项目进行投资决策时，可根据其现金流量的增量计算增量净现值、增量现值指数或增量内部收益率，并以其任意标准进行项目的选择。其判断标准是：如果增量净现值大于零，或增量现值指数大于1，或增量内部收益率大于资本成本，则增量投资在经济上是可行的。

对于投资规模不同的互斥项目，如果增量 $NPV>0$，或增量 $PI>1$，或增量 $IRR>WACC$（综合资本成本），则投资额大的项目较优；反之，投资额小的项目较优。

3. 总费用现值法

总费用现值法是指通过计算各备选项目的全部费用的现值来进行项目选择的一种方法。这种方法一般适用于收入相同、计算期相同的项目之间的选择，其选择标准是以总费用现值较小者为最佳。

【例 9-7】 某公司正在考虑以一台技术更先进、效率更高的新设备来取代现有的旧设备。有关资料如下：旧设备原购置成本为 10 万元，已使用 5 年，估计还可以使用 5 年，已提折旧 5 万元，假定使用期满后无残值，如果现在出售可得价款 4 万元，每年付现成本为 8 万元。新设备的购置成本为 11 万元，估计可用 5 年，期满后有残值 1 万元，使用新设备后，每年付现成本为 5 万元。假设新、旧设备均按直线法计提折旧，所得税税率为 25%，资本成本为 10%，新、旧设备实现的销售收入相同。

本例包含两个投资方案：一个方案是继续使用旧设备（不更新、不投资）；另一个方案是出售旧设备而购置新设备。两个方案的经营期均为 5 年，且每年的销售收入相同，因此只要分别计算两个方案的费用现值。新、旧设备的现金流量计算如表 9-5 所示。

表 9-5

新、旧设备的现金流量计算表

单位：元

项目	旧设备	新设备
初始现金流量：		
设备购置支出	0	−110 000
旧设备出售收入	0	40 000
旧设备出售损失减税	0	2 500
现金流出合计	0	−67 500

（续表）

项 目	旧设备	新设备
营业现金流量(1～5年)：		
税后付现成本	−60 000	−37 500
折旧减税	2 500	5 000
现金流出合计	−57 500	−32 500
终结现金流量(第5年)：	0	10 000

旧设备总费用现值 $= 57\,500 \times (P/A, 10\%, 5) = 217\,970$(元)

新设备总费用现值 $= 67\,500 + 32\,500 \times (P/A, 10\%, 5) - 10\,000 \times (P/F, 10\%, 5)$

$= 184\,491$(元)

由于旧设备总费用现值大于新设备总费用现值，故应选择新设备。

4. 年平均成本法

年平均成本法适用于收入相同但计算期不同的项目的选择。这种方法是把继续使用旧设备和购置新设备看成是两个互斥的方案，而不是一个更换设备的特定方案。也就是说，要有正确的"局外观"，即从局外人的角度来考察：一个方案是购置旧设备；另一个方案是购置新设备，新、旧设备的使用期限不同，在此基础上，比较各自的年均成本，并作出选择，以年均成本较小者作为优选项目。

【例 9-8】 某企业有一台旧设备，生产使用部门提出更新要求，技术人员及财务人员提供的相关数据如表 9-6 所示。

表 9-6

旧设备更新相关数据表

项 目	旧设备	新设备
原始价值(购价)(元)	22 000	25 000
预计使用年限(年)	10	10
已使用年限(年)	4	0
尚可使用年限(年)	6	10
变现价值(元)	8 000	25 000
每年付现成本(元)	4 800	3 200
期末残值(元)	800	1 000

假设该企业要求的最低投资收益率为 10%，那么该企业是继续使用旧设备，还是以新设备替代(假设不考虑所得税因素)？

$$旧设备年平均成本=\frac{8\,000+4\,800\times(P/A,10\%,6)-800\times(P/F,10\%,6)}{(P/A,10\%,6)}$$
$$=6\,533.15(元)$$

$$新设备年平均成本=\frac{25\,000+3\,200\times(P/A,10\%,10)-1\,000\times(P/F,10\%,10)}{(P/A,10\%,10)}$$
$$=7\,205.87(元)$$

上述计算结果表明，继续使用旧设备的年平均成本比设备更新年平均成本要低，故应选择继续使用旧设备。

(三) 资本限额选择决策

1. 投资规模与资本限额

投资规模是指公司在一定时期用于项目投资的资本总量，一般是根据边际分析的基本原理确定最佳投资规模，即当公司边际投资收益率(内部收益率)与边际资本成本相等时的投资额可使公司价值达到最大，如图 9-1 所示。

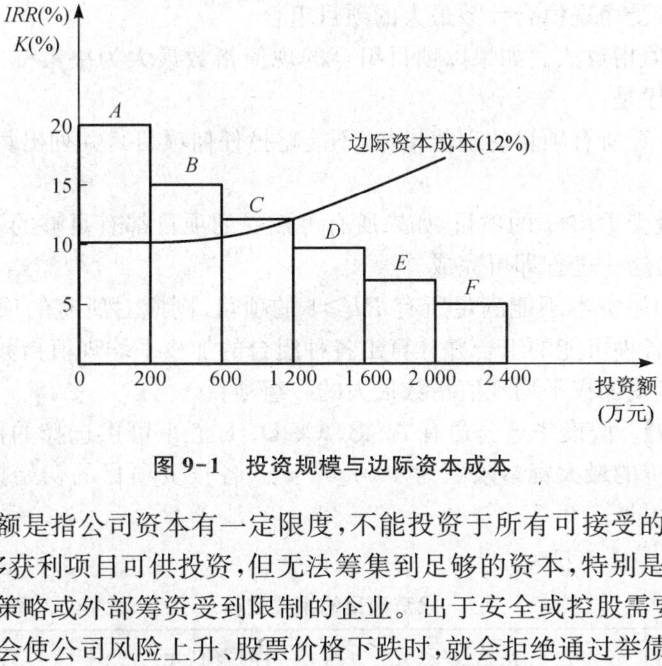

图 9-1 投资规模与边际资本成本

资本限额是指公司资本有一定限度，不能投资于所有可接受的项目。也就是说，有很多获利项目可供投资，但无法筹集到足够的资本，特别是那些以内部筹资为经营策略或外部筹资受到限制的企业。出于安全或控股需要，当公司认为举债筹资会使公司风险上升、股票价格下跌时，就会拒绝通过举债方式提供投资所需要的资本；当公司认为股票筹资会使现有股权稀释时，出于控股需要，也会反对发行新股筹资。此外，出于公司管理能力的限制，也可能有意识地控制公司的发展规模和速度。除公司内部原因外，由于资本市场上各种条件的限制，也会使公司无法获得满足投资需要的全部资本。

2. 资本限额决策方法

在资本有限额的情况下，会使实际投资额低于最佳投资规模所要求的投资额，因而不能使边际项目的净现值为零，也不能使公司价值达到最大。那么，在这种情况下，什么样的项目将被采用呢？为了使公司获得最大的利益，应在资本限额允许的范围内，投资于一组使净现值最大的项目或使现值指数最大的项目。这样的项目组合必须用适当的方法进行选择决策，其决策方法有：

（1）净现值法。这种方法是指把所有待选项目组合成相互排斥的项目组，并依次找出满足约束条件的一个最好的项目组，在这样的一个项目组合下，或者能使组合的净现值最大，或者能使组合的加权平均现值指数最大。

如果以项目组合的净现值最大为决策标准，则资本限额决策的程序是：

第一，计算所有项目的净现值（不能略掉任何项目），并列出每一个项目的初始投资。

第二，接受 $NPV \geqslant 0$ 的项目，如果所有可接受的项目都有足够的资本，则说明资本无限额，这一过程即可完成。

第三，如果资本不能满足所有 $NPV \geqslant 0$ 的投资项目，则应对所有的项目都在资本限额内进行各种可能的组合，并计算出各种组合的净现值总额。

第四，接受净现值合计数最大的项目组合。

（2）现值指数法。如果以项目组合的现值指数最大为决策标准，则资本限额决策的程序是：

第一，计算所有项目的现值指数（不能略掉任何项目），并列出每一个项目的初始投资。

第二，接受 $PI \geqslant 1$ 的项目，如果所有可接受的项目都有足够的资本，则说明资本无限额，这一过程即可完成。

第三，如果资本不能满足所有 $PI \geqslant 1$ 的项目，则应对所有的项目都在资本限额内进行各种可能的组合并计算出各种组合的加权平均现值指数。

第四，接受加权平均现值指数最大的一组项目。

【例 9-9】 假设华远公司有 A、B、C、D、E 五个可供选择的投资项目，该公司可供投资的最大资本限额为 400 000 元。各投资项目的初始投资、净现值及现值指数可见表 9-7。

表 9-7

投资项目的相关资料

投资项目	初始投资（元）	净现值（元）	现值指数
A	120 000	67 000	1.56
B	155 000	79 500	1.53
C	300 000	111 000	1.37
D	125 000	21 000	1.17
E	100 000	18 000	1.18

根据上述资料，选择四个项目或五个项目的投资组合，其资本总额超过了最

大资本限额，因此，选择在资本限额内的三个项目的各投资组合，并计算净现值合计及加权平均现值指数，据此作出决策，如表 9-8 所示。

表 9-8

各投资组合计算

投资项目组合	累计投资额(元)	净现值合计(元)	加权平均现值指数
ABD	400 000	167 500	1.69
ABE	375 000	164 500	1.42
ADE	345 000	106 000	1.27
BDE	380 000	118 500	1.30

计算结果表明：净现值合计最大和加权平均现值指数最大的投资组合均为 ABD。

在计算加权平均现值指数时，如果投资组合未充分利用资本，对于未合用的资本其净现值为零，现值指数为 1。ABE 投资组合加权平均现值指数的计算为：

$$\text{加权平均现值指数(ABE)} = \frac{120\,000}{400\,000} \times 1.56 + \frac{155\,000}{400\,000} \times 1.53 + \frac{100\,000}{400\,000} \times 1.18 + \frac{25\,000}{400\,000} \times 1 = 1.42$$

值得注意的是，以上分析是在多种假设条件下进行的：

(1) 假设各项目都是相互独立的，如果在项目中存在互斥项目，应把所有项目都列出来，但在分组时，每一组中的互斥项目只能排一个。

(2) 假设各项目的风险程度相同，且资本成本相一致。

(3) 假设资本限额只是单一的时间周期，但在实施资本限额时，限额通常要持续若干年，在今后几年中可获得的资本取决于前些年投资的现金流入状况，例如，第 2 年的资本限额取决于第 1 年投资的现金流入，以此类推。要解决此类问题，还应掌握投资机会和以后若干年可获得的资本两方面的资料，而不能仅限于当年的信息。

第三节　证券投资管理

一、证券投资概述

(一) 证券及其种类

1. 证券的含义

证券是指各类记载并代表一定权利的法律凭证，它用来证明持有人有权以其所持凭证记载的内容而取得相应的权益。证券具有三个基本特征：①法律特征。它反映的是某种法律行为的结果，本身具有合法性，同时它所包含的特定内容具有法律效力。②承载特征。证券必须以书面的形式或电子的形式，载明有关法律规定的全部必要事项。③权益特征。证券是一定权利的化身，持有者凭此可以享有相应的权利。

2. 证券的种类

证券从不同的角度可划分为不同类型的证券。

(1) 按发行主体不同，证券可分为政府证券、金融证券和公司证券。政府证券是指中央政府或地方政府为筹集资金而发行的证券；金融证券是指银行或其他金融机构为筹集资金而发行的证券；公司证券是指工商企业为筹集资金而发行的证券。

(2) 按所体现的所有权关系不同，证券可分为所有权证券和债权证券。所有权证券是指证券的持有者便是证券发行单位的所有者的证券，如股票；债权证券是指证券的持有者是证券发行单位的债权人的证券，如债券。

(3) 按收益稳定性不同，证券可分为固定收益证券和变动收益证券。固定收益证券是指在证券票面标明固定收益率的证券，如债券、优先股等；变动收益证券是指其收益随企业经营状况而变化的证券，如普通股。

(4) 按期限长短不同，证券可分为短期证券和长期证券。短期证券是指期限在1年以内的证券，如短期国债、商业票据等；长期证券是指期限在1年以上的证券，如股票、债券等。

(5) 按决定证券收益因素不同，证券可分为原生证券和衍生证券。原生证券的收益大小主要取决于发行者的财务状况；而衍生证券的收益取决于原生证券的价格，如期货合约和期权合约。

(6) 按能否在证券交易所上市交易，证券可分为上市证券和非上市证券。上市证券是指经证券主管机关核准并在证券交易所注册登记，获得在交易所内公开买卖资格的证券。非上市证券是指未申请上市或不符合证券交易所挂牌交易条件的证券。

(二) 证券投资的目的

证券投资是指投资者将资金投资于股票、债券、基金及衍生证券等金融资产，以期获取投资收益的一种投资行为。证券投资属于对外间接投资，它比对外直接投资更加灵活方便。

企业进行证券投资的目的主要有以下几个方面。

1. 获取投资收益

投资活动的最根本目的就是获取投资收益，证券投资也不例外。不管是长期证券投资还是短期证券投资，也不管是股权投资还是债权投资，衡量投资成败的标准就是盈利及盈利的多少。

2. 出于投机的目的

投机是根据对市场的判断，利用市场出现的价差进行买卖，从中获得利润的交易行为。当企业以投机的目的进行证券投资时，一般投资风险较大，这需要有非常准确的市场趋势判断和敏锐的变化分析能力。

3. 满足未来的财务需要

企业根据未来对资金的需求，如为积累偿债基金或企业发展基金，将资金投资于期限和流动性较为合适的证券，在满足未来资金需求的同时获取证券带来的收益。

4. 获取被投资企业的控制权

企业为了扩大生产经营规模或实现多元化经营的目标，可以通过股票投资获得对其他企业的控制权。企业的股权收购包括纵向一体化股权收购，横向一体化股权收购以及混合性股权收购。

5. 为调剂现金余缺

企业在从事生产经营过程中，由于经营活动的季节性，使得企业在某些时段内有剩余资金，而在另一些时段可能现金不足。这时企业在资金有剩余的时候投资证券，而在资金短缺的时候将证券变现，这样既可以有效利用资金，保持资金的流动性，又能达到调节现金余额的目的。

（三）证券投资的程序

1. 确定证券投资目标

投资目标的设定将在主观方面确定投资的方向和投资策略。一般取得一定的投资回报是最直接目标，但投资回报可能是短期的，也可能是长期的，投资回报往往和投资风险呈正比。因此，企业的投资目标应当在企业现状、企业发展战略、未来投资风险与投资收益之间权衡。

2. 进行证券投资分析

证券投资涉及的金融资产类型众多，每一类证券还有多种选择。如投资股票，可供选择的上市公司有几千家，这时就需要运用专门的分析方法，如基本面分析、技术分析等，对不同证券进行详细分析和评价。

3. 作出证券投资决策

经过上述分析评价，根据投资目标，作出投资对象、投资规模以及投资时机等方面的决策。为降低证券投资风险，还可以进行证券投资组合。

4. 委托买卖

在企业作出合理投资对象选择后，选择合适的经纪人也很重要。考虑到经纪人的信誉和专长，确保投资成功。当然，企业也可以自行买卖证券。

5. 交割和清算

如企业委托经纪人买入某种证券成功后，便应解缴款项，收取证券。如企业委托卖出的，则应交出证券，收取价款。

6. 办理证券过户

证券过户只限于记名证券的买卖业务。当企业委托买卖某种记名证券成功后,必须办理证券持有人名称等手续。

（四）证券投资的风险

1. 系统性风险

（1）政策风险。政策风险是指政府有关证券市场的政策发生重大变化或是有重要的法规、制度出台所引起的证券市场波动,从而给投资者带来的风险。

（2）经济周期波动风险。一般认为,现代市场经济的经济周期大体包含四个阶段:复苏、繁荣、危机和萧条。在经济发展的不同阶段,证券市场受到的影响不同,如经济复苏和繁荣时期,社会总需求、总投资旺盛,经济增长较快,证券市场筹资和投资都十分活跃,投资收益看好。

（3）利率风险。利率风险是指利率变动给投资者收益带来的影响。一般而言,证券价格会随着利率的波动而变化,如当市场利率上升时,债券价格下跌,使债券持有者遭受损失。

（4）购买力风险。购买力风险是指由于通货膨胀、货币贬值给投资者带来实际收益水平下降的风险。购买力风险常被投资者忽视,因为人们常常不太注意通货膨胀所带来的影响,但这种风险是客观存在的。

（5）市场风险。由于资本市场行情的变化,给投资者的收益带来的影响。在资本市场上行情是瞬息万变的,并且很难预测,尤其是股票市场,股价经常会出现上下剧烈波动,这种证券价格的不确定性给投资者收益带来的影响称为市场风险。

2. 非系统风险

（1）违约风险。违约风险又称信用风险,是指证券发行人在证券到期时无法还本付息而使投资者遭受损失的风险,这类风险主要出现在债券投资活动中。

（2）流动性风险。流动性风险是指将资产变成现金的潜在困难而造成的投资者收益的不确定性。如股票在不作出大的价格让步的情况下卖出的困难越大,则该股票的流动性风险越大,一般非上市的证券流动性风险较大。

（3）经营风险。经营风险是指由于公司的经营状况的变化而导致公司盈利水平的变化,从而产生投资者预期收益下降的可能性。

（4）财务风险。财务风险是指公司因过度债务筹资而存在的可能无力偿还到期债务的风险。一般而言,公司资产负债率越高,债务结构越不合理,其财务风险也就越大。

二、债券投资

债券投资是指企业通过购入债券成为债券发行单位的债权人,并获取债券利息的投资行为。这种投资行为既可以在一级市场（发行市场）上进行,也可以在二级市场(交易市场)上进行;既可以进行长期投资,也可以进行短期投资。

(一) 债券投资的特点

1. 债券投资有约定期限

从投资时间来看,不论长期债券投资,还是短期债券投资,都有到期日,债券的债务人除按约定支付利息外,到期必须还本。

2. 债券投资的收益较稳定

从投资收益来看,债券的投资收益主要表现在两个方面:一是投资债券可以给投资者带来利息收入;二是投资者可以利用债券价格波动,买卖债券赚取价差。对于利息收入通常是事先约定的,该项收益是固定的。

3. 债券投资的风险较小

从投资风险来看,债券要保证还本付息,收益稳定,投资风险较小。即便企业破产清算,债券持有者享有优先于股票持有者对企业剩余财产的索取权。

4. 债券投资者无权参与经营决策

从投资的权利来看,在各种证券投资方式中,债券投资的权利最小,无权参与被投资单位的经营管理,只有按约定取得利息,到期收回本金的权利。

(二) 债券投资决策

1. 债券投资对象决策

债券投资对象是指购买债券的具体种类,债券种类很多,有政府债券、金融债券、企业债券以及公司债券;既有长期债券,又有短期债券。选择债券投资对象应考虑:①债券的信誉。即债券发行者或单位的资信状况,对投资者来说就是债券的安全程度。②企业可用资金的期限。如果企业资金是短期闲置,就只能投资于一些短期债券,或在二级市场上变现能力较强的债券;如果企业拥有大笔数额的资金且可以长期使用,则应投资于期限较长,收益较高的债券。

2. 债券投资结构决策

债券投资结构是指多种债券的品种安排,合理的债券投资结构意在减少债券投资风险,增强债券投资的流动性,提高投资收益。债券投资结构决策应考虑:

(1) 债券投资种类结构,是指企业将资金并非全部集中投资于一种债券,而是分别投资于不同种类的债券,以分散风险,稳定收益。

(2) 债券到期期限结构,是指企业将拥有的资金分散投资在不同期限的债券上,保持长期、短期债券合理搭配,经常持有一部分将要到期的债券,以保证资金的灵活性。

三、股票投资

股票投资是企业通过认购股票成为被投资单位的股东并获取股利收益的行为。股票投资和债券投资都属于证券投资,但两者差异很大。

（一）股票投资的特点

1. 股票投资没有约定期限

由于股本资金是没有期限的，公司可以长期占有使用并不需要对股东还本付息，股东若要收回投资只能进行股票转让。

2. 股票投资的收益相当不稳定

股票的投资收益主要表现在两个方面：一是公司可能每年给股东分配的股利收入；二是投资者可以利用股票价格波动，买卖股票赚取价差。对于股利收入通常是事先不知道的，视公司经营状况而定，因此该项收益是不固定的。

3. 股票投资的风险较大

股票投资因股票分红收益的不确定性，以及股票价格起伏不定，因此，股票投资的风险较大，它是证券投资中风险较大的有价证券。

4. 股票投资者有权参与经营决策

股票投资是权益性投资，股票代表所有权凭证，股票持有人作为被投资单位股东，有权参与公司的经营决策，在各种证券投资方式中，股票投资的权利最大。

（二）股票投资决策

1. 股票投资对象决策

股票投资可分为优先股和普通股投资两类，优先股股票的安全性较高，股息收入稳定，对企业资产的要求权仅次于债权人，是一种接近于债券投资的行为，优先股无权参与公司的经营决策。而普通股投资的风险较大，收益极不稳定，但可参与公司的经营决策。

2. 股票投资时机决策

对股票投资者来说，购买什么股票十分重要，而什么时候买卖股票同样重要。要把握好投资时机，则需要分析影响股票市场的因素，分析整个社会经济发展状况，证券市场行情，股票发行公司所处行业情况，以及公司的经营状况和未来趋势等。

3. 股票投资结构决策

分散投资可降低股票投资的风险，因此将资金按一定比例分配，一部分投资于稳定的成长股，一部分投资于风险高但收益也高的风险型股票。同时可投资于不同行业的股票，持有期限长短不一的股票，中长期股票投资侧重于安全性，短期股票投资则着眼于收益性。

四、基金投资

（一）基金的分类

1. 按组织形式分类

1）契约型基金

契约型基金又称为单位信托基金，是指把投资者、管理人员、托管人三者作为基金的当事人，通过签订基金契约的形式发行受益凭证而设立的一种基金。契约型基金是基于契约原理而组织起来的代理投资行为，没有基金章程，也没有董事会，而是通过基金契约来规范三方当事人的行为。基金管理人负责基金的管理操作；基金托管人作为基金资产的名义持有人，负责基金资产的保管和处置，对基金管理人的运作实行监督。

2）公司型基金

公司型基金是按照公司法以公司形态组成的。该基金公司以发行股份的方式募集资金，一般投资者则为认购基金而购买该公司的股份，也就成为该公司的股东，凭其持有的股份依法享有投资收益。这种基金要设立董事会，重大事项由董事会讨论决定。

3）契约型基金与公司型基金的比较

契约型基金与公司型基金的不同点有以下几个方面：①资金的性质不同。契约型基金的资金是通过发行受益凭证筹集起来的信托财产；公司型基金的资金是通过发行普通股筹集起来的，为公司法人的资本。②投资者的地位不同。契约型基金的投资者购买受益凭证后成为基金契约的当事人之一，无表决权；公司型基金的投资者购买基金公司的股票后成为该公司的股东，享有表决权。因此，契约型基金的投资者没有管理基金资产的权力，而公司型基金的股东通过股东大会享有管理基金资产的权力。③基金的营运依据不同。契约型基金依据基金契约营运基金；公司型基金依据基金公司章程营运基金。④虽然契约型基金和公司型基金在法律依据、组织形态以及有关当事人扮演角色是不同的，但对投资者来说，投资于公司型基金和契约型基金并无多大区别，都是把投资者的基金集中起来，按照基金设立时所规定的投资目标和决策，将基金资产分散投资于众多的金融产品上，获取收益后再分配给投资者。

2. 按能否赎回分类

1）封闭式基金

封闭式基金是指基金的发起人在设立基金时，限定了基金单位的发行总额，筹集到这个总额后，基金即宣告成立，并进行封闭，在一定时期内不再接受新的投资，又称为固定型投资基金。基金单位的流通采取在证券交易所上市的办法，投资者日后买卖基金单位都必须通过证券经纪商在二级市场上进行竞价交易。

2）开放式基金

开放式基金是指基金管理公司在设立基金时，发行基金单位的总份额不固定，可视投资者的需求追加发行。投资者也可根据市场状况和各自的投资决策，或者要求发行机构按限期净资产值扣除手续费后赎回股份或受益凭证，或者再买入股份或受益凭证，增加基金单位份额。为了应付投资者中途抽回资金，实现变现的要求，开放式基金一般都从所筹资金中拨出一定比例，以现金形式保持这部分资产。这虽然会影响基金的盈利水平，但作为开放式基金来说，这是必需的。

3）封闭式基金与开放式基金的区别

（1）期限不同。封闭式基金通常有固定的封闭期，通常在5年以上，一般为10年或15年，经受益人大会通过并经主管机关同意还可以适当延长期限。而开放式基金没有固定期限，投资者可随时向基金管理人赎回基金单位。

（2）发行规模限制不同。封闭式基金在招募说明书中列明其基金规模，在封闭期限内未经法定程序认可不能再增加发行。开放式基金没有发行规模限制，投资者可随时提出认购或赎回申请，基金规模随之增加或减少。

（3）基金单位交易方式不同。封闭式基金的基金单位在封闭期限内不能赎回，持有人只能寻求在证券交易场所出售给第三者。开放式基金的投资者则可以在首次发行结束一段时间（多为3个月）后，随时向基金管理人或中介机构提出购买或赎回申请，买卖方式灵活，除极少数开放式基金在交易所作名义上市外，通常不上市交易。

（4）基金单位的交易价格计算标准不同。封闭式基金的买卖价格受市场供求关系的影响，常出现溢价或折价的现象，并不必然反映基金的净资产值。开放式基金的交易价格则取决于基金每单位净资产值的大小，其收购价一般是基金单位资产值加一定的购买费，赎回价是基金单位净资产值减去一定的赎回费，不直接受市场供求影响。

（5）投资策略不同。封闭式基金的基金单位数不变，资本不会减少，因此基金可进行长期投资，基金资产的投资组合能有效地在预定计划内进行。开放式基金因基金单位可随时赎回，为应付投资者随时赎回兑现，基金资产不能全部用来投资，更不能把全部资本用来进行长线投资，必须保持基金资产的流动性，在投资组合上须保留一部分现金和高流动性的金融商品。

3. 按投资目标分类

1）成长型基金

成长型基金是基金中最常见的一种，它追求的是基金资产的长期增值。为了达到这一目标，基金管理人通常将基金资产投资于信誉度较高、有长期成长前景或长期盈余的所谓成长公司的股票。成长型基金又可分为稳健成长型基金和积极成长型基金。

2）收入型基金

收入型基金主要投资于可带来现金收入的有价证券，以获取当期的最大收入为目的。收入型基金资产成长的潜力较小，损失本金的风险相对也较低，一般可分为固定收入型基金和股票收入型基金。固定收入型基金的主要投资对象是债券和优先股，因而尽管收益率较高，但长期成长的潜力较小，而且当市场利率波动时，基金净值容易受到影响。股票收入型基金的成长潜力比较大，但易受股市波动的影响。

3）平衡型基金

平衡型基金将资产分别投资于两种不同特性的证券上，并在以取得收入为目的的债券及优先股和以资本增值为目的的普通股之间进行平衡。这种基金一般将25%～50%的资产投资于债券及优先股，其余的投资于普通股，投资者既可获得当期收入，又可得到资金的长期增值。其特点是风险比较低，缺点是成长的潜力不大。

4．按投资标的分类

1）债券基金

债券基金是一种以债券为主要投资对象的证券投资基金。由于债券的年利率固定，因而这类基金的风险较低，适合稳健型投资者。

2）股票基金

股票基金是指以股票为主要投资对象的证券投资基金。股票基金的投资目标侧重于追求资本利得和长期资本增值。基金管理人拟定投资组合，将资金投放到一个或几个国家，甚至是全球的股票市场，以达到分散投资、降低风险的目的。股票基金还具有变现性强、流动性强等优点。

3）货币市场基金

货币市场基金是以货币市场为投资对象的一种基金，其投资工具期限在1年内，包括银行短期存款、国库券、公司债券、银行承兑票据及商业票据等。通常，货币基金的收益会随着市场利率的下跌而降低，与债券基金正好相反。货币市场基金通常被认为是无风险或低风险的投资。

4）指数基金

指数基金是20世纪70年代以来出现的新的基金品种。为了使投资者能获取与市场平均收益相接近的投资回报，产生了一种功能上近似或等于所编制的某种证券市场价格指数的基金。其特点是：它的投资组合等同于市场价格指数的权数比例，收益随着当期的价格指数上下波动。当价格指数上升时基金收益增加；反之，收益减少。基金始终保持当期的市场平均收益水平，因而收益不会太高，也不会太低。

（二）基金的价值及报价

1．基金的价值

基金的价值是基金资产的现有市场价值。基金也是一种证券，与其他证券一样，基金的内在价值也应该是在基金投资上所能带来的现金净流量。但是由于投资基金不断变换投资组合，未来收益较难预测，加上资本利得是投资基金的主要收入来源，变幻莫测的证券价格使得对资本利得的准确预测非常困难，因此基金的价值主要由基金资产的现在市场价值决定。

2．基金单位净值

基金单位净值又称为单位资产净值或者单位净资产值，是指某一时点每一基金单位(或者基金股份)所具有的市场价值。基金的价值取决于基金净资产的现在价值,因此基金单位净值是评价基金业绩最基本和最直观的指标,也是开放式基金申购价格、赎回价格以及封闭式基金上市交易价格确定的重要依据。其计算公式为:

$$基金单位净值 = 基金净资产价值总额 \div 基金单位总数$$

其中:

$$基金净资产价值总额 = 基金资产总额 - 基金负债总额$$

基金总资产的价值不是指资产总额的账面价值,而是指资产总额的市场价值。基金负债包括以基金名义对外融资借款以及应付给投资者的分红、应付给基金管理人的经理费等。

3. 基金的报价

基金报价理论上是由基金的价值决定的,基金单位净值越高,基金的交易价格也就越高。对于封闭式基金在二级市场上竞价交易,其交易价格由供求关系和基金业绩决定,围绕基金单位净值上下波动;开放式基金的柜台交易价格则完全以基金单位净值为基础,通常采用两种报价形式:即认购价(卖出价)和赎回价(买入价)。

$$基金认购价 = 基金单位净值 + 首次认购费$$

$$基金赎回价 = 基金单位净值 - 基金赎回费$$

基金认购价是指基金经理公司的卖出价,卖出价中的首次认购费是支付给基金经理公司的发行佣金。基金赎回价是基金经理公司的买入价。收取首次认购费的基金,一般不再收取赎回费。

(三) 基金收益率

基金收益率用来反映基金增值的情况,它通过基金净资产的价值变化来衡量。基金净资产的价值是以市场价值计量的,基金资产的市场价值增加,意味着基金的投资收益增加,基金投资者的权益也随之增加。

$$基金收益率 = \frac{年末持有份数 \times 年末基金单位净值 - 年初持有份数 \times 年初基金单位净值}{年初持有份数 \times 年初基金单位净值}$$

式中 持有份数为基金单位的持有份数。

【例 9-10】 A公司是一个基金公司,相关资料如下:

(1) 2012年1月1日,该公司的基金资产总额(市场价值)为45 000万元,其负债总额(市场价)为6 000万元,基金份数为10 000万份。在基金交易中,该公司收取首次认购费和赎回费,认购费率为基金资产净值的2%,赎回费率为基金资产净值的1%。则该公司的下列指标为:

2012 年 1 月 1 日的基金净资产价值总额 = 45 000 − 6 000 = 39 000(万元)

2012 年 1 月 1 日的基金单位净值 = 39 000 ÷ 10 000 = 3.9(元)

2012 年 1 月 1 日的基金认购价 = 3.9 + 3.9 × 2% = 3.978(元)

2012 年 1 月 1 日的赎回价 = 3.9 − 3.9 × 1% = 3.861(元)

(2) 2012 年 12 月 31 日,A 公司按收盘价计算的资产总额为 44 568 万元,而负债总额为 2 400 万元,已出售 12 000 万份基金单位。

2012 年 12 月 31 日的基金单位净值 = (44 568 − 2 400) ÷ 12 000 = 3.514(元)

(3) 假定 2012 年 12 月 31 日,甲投资者持有该基金 2 万份,到 2013 年 12 月 31 日,该基金投资者持有的份数不变,预计此时基金单位净值为 4.12 元。

投资者预计基金投资收益率 = (4.12 − 3.514) ÷ 3.514 × 100% = 17.25%

基金投资的最大优点是能够在不承担太大风险的情况下获得较高收益,原因在于投资基金具有专家理财优势,具有资金规模优势。同时,基金投资也存在缺点,主要表现在:①无法获得很高的投资收益。投资基金在投资组合过程中,在降低风险的同时,也丧失了获得巨大收益的机会。②在大盘整体大幅度下跌的情况下,投资人可能承担较大风险。

五、证券投资组合

证券投资组合又叫证券组合,是指在进行证券投资时,不是将所有的资金都投向单一的某种证券,而是有选择地投向一组证券。这种同时投资多种证券的做法便叫做证券的投资组合。人们进行证券投资的直接动机就是获得投资收益,而任何证券投资都可能存在投资风险,因此人们在进行证券投资时,总是希望尽可能减少风险,增加收益。通过有效地进行证券投资组合,就可以消减证券风险,达到降低风险的目的。

(一) 证券投资组合的风险收益

投资者进行证券组合投资与进行单项投资一样,都要求对承担的风险进行补偿,股票的风险越大,要求的收益率就越高。证券组合的风险收益是投资者因承担不可分散风险而要求的、超过时间价值的那部分额外收益。可用下列公式计算:

$$K_p = \beta_p \times (R_m - R_f)$$

式中　K_p为证券组合的风险收益率;

R_f为无风险收益率,一般用政府公债的利息率来衡量;

R_m为所有股票或所有证券的平均收益率,简称市场收益率;

β_p为证券组合的β系数。

【例 9-11】　新星公司持有由甲、乙、丙三种股票构成的证券组合,它们的β

系数分别是 2.0、1.0 和 0.5，它们在证券组合中所占的比重分别为 60%、30% 和 10%，股票的市场收益率为 14%，无风险收益率为 6%，试确定这种证券组合的风险收益率。

（1）先计算证券组合的 β 系数：

$$\beta_p = \sum W_i\beta_i = 60\% \times 2.0 + 30\% \times 1.0 + 10\% \times 0.5 = 1.55$$

（2）再计算该证券组合的风险收益率：

$$K_p = \beta_p \times (R_m - R_f) = 1.55 \times (14\% - 6\%) = 12.4\%$$

当然，计算出风险收益率后，便可根据投资额和风险收益率计算出风险收益的数额。从以上计算中可以看出，在其他因素不变的情况下，风险收益率取决于证券组合的 β 系数，β 系数大，风险收益就越大；反之亦然。

（二）证券投资组合风险和收益率的关系

一般采用资本资产定价模型，来反映风险和收益的关系，这一模型为：

$$K_i = R_f + \beta_i \times (R_m - R_f)$$

式中 K_i 为第 i 种股票或第 i 种证券组合的必要收益率；

R_f 为无风险收益率；

R_m 为所有股票或所有债券的平均收益率；

β_i 为第 i 种股票或第 i 种证券组合的 β 系数。

【例 9-12】 顺达公司股票的 β 系数为 2.0，无风险利率为 6%。市场上所有股票的平均收益率为 10%，要求计算该股票的收益率。

$$K_i = R_f + \beta_i \times (R_m - R_f) = 6\% + 2.0 \times (14\% - 6\%) = 22\%$$

也就是说，顺达公司股票的收益率达到或超过 22%时，投资方才愿意进行投资。如果顺达公司的股票收益率低于 22%，则投资方不会购买顺达公司的股票。

【例 9-13】 题目同[例 9-12]。要求计算这种证券组合的收益率。

$$K_i = R_f + \beta_i \times (R_m - R_f) = 6\% + 1.55 \times (14\% - 6\%) = 18.4\%$$

（三）证券投资组合的策略

证券投资组合策略是投资者根据市场上各种证券的具体情况以及投资者对风险偏好与承受能力，选择相应证券进行组合时所采用的方针。常见的证券投资组合策略有以下几种。

1. 保守型的投资组合策略

该组合策略要求尽量模拟证券市场现状（无论是证券种类还是各证券的比重），将尽可能多的证券包括进来，以便分散掉全部可避免风险，从而得到与市场平均报酬率相同的投资报酬率。这种投资组合是一种比较典型的保守型投资组合策略，其所承担的风险与市场风险相近。保守型投资组合策略基本上能分散掉可避免风险，但所得到的收益也不高于证券市场的平均收益。

2. 冒险型投资组合策略

该组合策略要求尽可能多选择一些成长性较好的股票，而少选择低风险低报酬的股票，这样就可以使投资组合的收益高于证券市场的平均收益。这种组合的收益高，风险也高于证券市场的平均风险。采用这种投资组合，如果做得好，可以取得远远超过市场平均报酬的投资收益，但如果失败，会发生较大的损失。

3. 适中的投资组合策略

该组合策略认为，股票的价格主要由企业的经营业绩决定，只要企业的经济效益好，股票的价格终究会体现其优良的业绩。所以在进行股票投资时，要全面深入地进行证券投资分析，选择一些品质优良的股票组成投资组合，如果做得好，就可以获得较高的投资收益，而又不会承担太大的投资风险。

（四）证券投资组合的具体方法

证券投资是一个充满风险的投资领域，由于风险的复杂性和多样性，投资者进行投资时必须防范风险，没有风险的证券投资是不存在的。而防范风险的最有效方法就是进行证券投资组合，以分散全部可分散风险。常用的证券投资组合方法主要有以下几种。

1. 投资组合的三分法

比较流行的投资组合三分法是：1/3 的资金存入银行，以备不时之需；1/3 的资金投资于债券、股票等有价证券；1/3 的资金投资于房地产等不动产。同样，投资于有价证券的资金也要进行三分，即 1/3 的资金投资于风险较大的、有发展前景的成长性股票；1/3 的资金投资于安全性较高的债券或者优先股等有价证券；1/3 的资金投资于中等风险的有价证券。

2. 按风险等级和报酬高低进行投资组合

证券的风险大小可以分为不同的等级，收益也有高低之分。投资者可以测定出自己期望的投资收益率和所能承受的风险程度，然后在市场中选择相应风险和收益的证券作为投资组合。一般来说，在选择证券进行投资组合时，同等风险的证券应尽可能选择报酬高的；同等报酬的证券应尽可能选择风险低的，并且要选择一些风险呈负相关的证券进行投资组合。

3. 选择不同的行业、区域和市场的证券作为投资组合

这种投资组合的做法有如下几个方面：

(1) 尽可能选择足够数量的证券进行投资组合，这样就可以分散掉大部分可分散风险。

(2) 选择证券的行业应分散，不可集中投资于同一个行业的证券。

(3) 选择证券的区域应尽可能分散，这是为了避免因地区市场衰退而使投资遭受重大损失。

(4) 将资金分散投资于不同的证券市场,这样就可以防范同一证券市场的可分散风险。

4. 选择不同期限的投资进行组合

这种投资组合要求投资者根据未来的现金流量安排各种不同投资期限的证券,进行长、中、短期相结合的投资组合。同时,投资者可以根据可用资金的期限来安排投资,长期不用的资金可以进行长期投资,以获取较大的投资收益,近期可能要使用的资金,最好投资于风险较小、易于变现的有价证券。

案例讨论

固特异轮胎公司案例①

固特异轮胎公司经过长期细致的研发工作,于近期研制出了一种新轮胎——"超级胎面(super tread)",现需要对生产和销售"超级胎面"的投资必要性进行决策。

这种新型轮胎除了能用于一般的快车道外,对行驶于湿滑路面和野地也非常合适。到目前为止,该公司为研制"超级胎面"已花费了1 000万美元的研发成本,此后,又花费了500万美元的市场调研费用,得出了这样一个结论:"超级胎面"牌轮胎有相当大的市场,上市后至少可在市场销售4年。

固特异轮胎公司需要马上投资12 000万美元购买生产设备以制造"超级胎面",此设备预计有7年的使用寿命,第4年年末时可以5 142.85万美元价格出售。固特异公司打算在两类市场上销售"超级胎面":

(1) 初级设备制造商(OEM)市场,OEM市场包括为新车购买轮胎的主要大汽车公司(如通用汽车公司)。在OEM市场上,"超级胎面"预计能以36美元/只的价格出售,生产轮胎的变动成本为18美元/只。

(2) 更换市场。更换市场包括所有汽车出厂后购买的轮胎。这个市场上的利润率较高,估计售价为59美元/只,变动成本与OEM市场相同。

汽车行业分析家预测汽车制造商今年将生产出200万辆新车,此后产量以每年2.5%的速度增长,每辆新车需要4只轮胎,固特异公司能占有11%的OEM市场。

行业分析家预测更换轮胎市场今年的规模为1 400万只,且每年将增长2%,固特异公司期望能占有该市场8%的份额。

固特异公司打算以高于通货膨胀率1%的速度提高价格,可变成本也以同

---

① [美]斯蒂芬·A·罗斯、伦道夫·W·威斯特菲尔德、杰弗利·F·杰富,《公司理财》,吴世农、沈艺峰等译,北京,机械工业出版社2010年5月,143~144页。

样的速度增加。另外,"超级胎面"项目第1年将发生2 500万美元的销售费用和管理费用(在以后年份将以通货膨胀率的速度增加)。

固特异公司的所得税税率为40%,年通货膨胀率预计保持在3.25%。公司使用16%的折现率来评价新产品决策,假设采用直线法折旧,期末无残值。

假设你是固特异公司的财务分析师,请运用所学的有关资本预算知识,对"超级胎面"项目进行评估并提供一份是否进行投资的建议书,同时回答以下问题:

(1) 净营运资本需求分析(眼下的初始营运资本需求为1 100万元,此后的净营运资本需求为销售额的15%)。

(2) 计算此项目的*PP*和*ARR*。

(3) 计算此项目的*NPV*、*PI*和*IRR*。

(4) 提出你对问题的分析思路。

思 考 题

1. 为什么项目投资决策中使用现金流量而不是利润?
2. 如何估算投资项目的现金流量?
3. 如何评价投资回收期和平均报酬率?
4. 试述*NPV*、*PI*和*IRR*在项目评价中的决策规则及其内在联系。
5. 互斥项目应如何进行投资决策?
6. 怎样进行资本限额决策?
7. 简述证券的种类和特征。
8. 证券投资的风险有哪些?
9. 简述股票投资与债券投资的主要区别。

单项选择题

1. 关于项目投资决策中的营业现金净流量的计算,下列表达式中,不正确的是(　　)。

A. 营业现金净流量=营业收入-付现成本-所得税

B. 营业现金净流量=营业收入-营业成本+折旧

C. 营业现金净流量=税后利润+折旧

D. 营业现金净流量=税后收入-税后成本+折旧抵税

2. 下列各项中,属于投资项目终结现金流量的是(　　)。

A. 固定资产投资　　B. 固定资产残值收入

C. 流动资产投资　　D. 销售收入

3. 下列投资决策指标中,其数值越小越好的评价指标是(　　)。

A. 投资回收期　　B. 平均报酬率

C. 净现值　　D. 获利指数

4. 下列投资决策指标中,属于静态评价指标的是(　　)。

A. 投资回收期　　B. 内部报酬率

C. 净现值　　D. 现值指数

5. 下列投资决策指标中,不属于动态评价指标的是(　　)。

A. 平均投资报酬率　　B. 内部报酬率

C. 净现值　　D. 现值指数

6. 下列对净现值的表述中,正确的是(　　)。

A. 净现值是指未来报酬的总现值与投资额现值的差额

B. 净现值是反映单位投资额的唯一指标

C. 当净现值大于零时,现值指数小于1

D. 当净现值小于零时,说明该投资方案可行

7. 如果某一投资方案的净现值为正数,则能够得出的确定性结论是(　　)。

A. 获利指数大于1

B. 投资回收期在1年以内

C. 平均报酬率高于100%

D. 年均现金流量大于原始投资额

8. 甲和乙两个投资方案的现值指数均大于1,且甲方案现值指数大于乙方案现值指数,则存在的结果是(　　)。

A. 甲方案净现值大于乙方案净现值

B. 甲方案净现值小于乙方案净现值

C. 甲方案净现值等于乙方案净现值

D. 甲方案净现值可能大于、等于或小于乙方案净现值

9. 在判断一个投资项目是否具有财务可行性时,其中的一个必要条件是(　　)。

A. 净现值大于零　　B. 净现值小于零

C. 内部报酬率小于1　　D. 内部报酬率大于或等于1

10. 在测算投资项目的内部报酬率(*IRR*)时,如果设定的贴现率 i 使得计算出来的净现值大于零,说明(　　),应继续测算。

A. $IRR>i$　　B. $IRR>0$

C. $IRR<i$　　D. $IRR<0$

11. 按投资基金是否能赎回,可以分为(　　)。

A. 契约型和公司型　　B. 封闭型和开放型

C. 股权式和债权式　　D. 股权式和证券式

12. 下列各项中,不属于按投资基金的标的分类的是(　　)。

A. 指数基金　　B. 收入型基金

C. 债券基金　　D. 股票基金

业务题

1. 某公司因业务发展需要准备购入一套设备,现有甲、乙两个方案可供选择:甲方案需要投资20万元,使用寿命为5年,5年后无残值,采用直线法计提折旧,5年中每年的销售收入为9万元,每年付现成本为3万元。乙方案需要投资24万元,使用寿命也是5年,5年后残值收入为4万元,同样采用直接法计提折旧,5年中每年的销售收入为11万元,付现成本第1年为3.5万元,以后随着设备不断陈旧逐年增加修理费2 000元,另需要垫支营运资金2万元。假设所得税税率为25%。

要求:

(1) 分别计算两个方案的现金净流量。

(2) 假设该公司的资金成本为10%,试用净现值法对两个方案作出取舍。

2. 某投资项目需要投资6 000万元,其中5 400万元用于购置设备,600万元用于流动资金,预计该项目可使企业税前现金流量增加。第1年增加1 000万元,第2年增加2 000万元,第3年增加3 000万元,第4年增加4 000万元,第5年增加5 000万元,第5年年末项目结束,收回流动资金600万元。假设企业所得税税率为25%,固定资产按直线法折旧,预计净残值率为10%,企业要求的最低投资报酬率为10%。

要求:

(1) 计算该项目的税后现金流量。

(2) 计算该项目的投资回收期。

(3) 计算该项目的净现值。

(4) 计算该项目的现值指数。

(5) 判断该项目是否被接受。

3. 某公司考虑用一台新设备代替旧设备,以减少成本。旧设备的原值为40万元,已使用5年,估计还可使用5年,如果现在销售可得价款10万元。使用旧设备每年的运行成本是3万元,旧设备的残值为5 000元。新设备的购置价款为30万元,估计可使用10年,每年的运行成本是2万元,新设备残值为1万元。假设新、旧设备同样满足公司的生产经营需要,公司要求的最低报酬率为10%。

要求:根据计算作出该公司是否应该进行设备更新的决策。

4. 某企业计划用新设备替换现有旧设备，旧设备预计还可使用 5 年，目前变价收入为 60 000 元。新设备投资额为 150 000 元，预计使用 5 年。至第 5 年年末，新、旧设备的预计残值相等。使用新设备可使企业在未来 5 年内每年增加营业收入 16 000 元，降低付现成本 9 000 元。该企业按直线法计提折旧，所得税税率为 25%。

要求：

(1) 计算使用新设备比使用旧设备增加的净现金流量。

(2) 计算该方案的差额投资内部收益率。

(3) 若设定折现率分别为 8%和 10%，确定应否用新设备替换现有旧设备。

5. C 公司是一个基金公司，相关资料如下：

资料一：2012 年 1 月 1 日，该公司的基金资产总额(市场价值)为 27 000 万元，其负债总额(市场价)为 3 000 万元，基金份数为 8 000 万份。在基金交易中，该公司收取首次认购费和赎回费，认购费率为基金资产净值的 2%，赎回费率为基金资产净值的 1%。

资料二：2012 年 12 月 31 日，ABC 公司按收盘价计算的资产总额为 26 789 万元，而负债总额为 345 万元，已出售 10 000 万份基金单位。

资料三：假定 2012 年 12 月 31 日，某投资者持有该基金 2 万份，到 2013 年 12 月 31 日，该基金投资者持有的份数不变，预计此时基金单位净值为 3.05 万元。

要求：

(1) 根据资料一计算 2012 年 1 月 1 日，该公司的下列指标：①基金净资产价值总额；②基金单位净值；③基金认购价；④基金赎回价。

(2) 根据资料二计算 2012 年 12 月 31 日该公司的基金单位净值。

(3) 根据资料三计算 2013 年基金投资者的预计基金收益率。

6. B 公司持有甲、乙、丙三种股票构成的证券组合，它们的 β 系数分别是 1.5、1.2 和 0.8，它们在证券组合中所占的比重分别为 30%、30%和 40%，股票的市场收益率为 14%，无风险收益率为 8%。

要求：试确定这种证券组合的 β 系数、风险收益率和组合的收益率。

第十章　营运资金管理与决策

引导案例

金螳螂公司是建筑装饰行业的龙头企业，至2013年年底拥有上百亿元资产规模。金螳螂公司的资产中流动资产占了90%以上，流动资产中主要是应收账款，2013年年底达到100多亿元。金螳螂公司的应收账款收款期在半年左右，公司的资金被大量占用，资金的使用效率较低。不仅如此，客户拖欠账款时常发生，有的时间还比较长，坏账风险较大。

思考与讨论

(1) 为什么建筑装饰行业的应收账款规模较大？

(2) 该公司的信用政策是否合理？如何判断？

(3) 如何加速营运资金周转，提高资金使用效率？

营运资金管理是对企业流动资产和流动负债的管理，任何企业要维持正常的运转都离不开流动资产和流动负债。本章主要介绍企业流动资产中的现金、应收账款和存货的管理以及流动负债中的短期借款和商业信用的管理。

第一节　营运资金管理概述

一、营运资金的概念

(一) 营运资金的含义

营运资金又称营运资本，有广义和狭义之分。广义的营运资金又称总营运资金，是指一个企业流动资产的总额，与流动资产可作同义语使用，在数额上营运资金等于流动资产。狭义的营运资金又称净营运资金，是指流动资产与流动负债的差额。如果流动资产大于流动负债，则净营运资金为正值，说明流动负债提供了部分流动资产的资金来源，其余部分需要长期资金来提供；反之，如果流动资产小于流动负债，则净营运资金为负值，说明流动负债提供了全部流动资产的资金来源，多余流动负债可作为非流动资产的资金来源。

从财务角度看，营运资金应该是流动资产与流动负债关系的反映，也即指净营运资金。从管理角度看，营运资金管理既包括流动资产管理，也包括流动负债管理。就主要项目来说，流动资产主要有现金、应收账款和存货等，流动负债主要有应付账款和短期借款等。

（二）营运资金的特点

营运资金具有以下特点。

1. 周转期较短

企业占用在流动资产上的资金周转一次所需时间较短，通常会在1年内或一个营业周期内完成，流动负债也在1年或超过1年的一个营业周期内偿还，因此营运资金的周转期较短，流动性较强。

2. 波动性较大

流动资产和流动负债都会随营业收入的变化而呈现一定的波动性，当企业的产供销发生变化时，或企业的内外部经营环境发生变化时，企业占用的流动资产数量就会发生变化，流动负债的数量也会相应变化。

3. 形态不断变化

企业营运资金的实物形态是不断变化的，从货币资金开始依次转化为储备资金、生产资金、成品资金、结算资金，最后又回到货币资金。这种转化循环往复，不断持续，每一次转化都是一种形态的结束和另一种形态的开始。

4. 灵活多样性

首先营运资金是流动资产与流动负债的配合，不同的企业有不同的营运资金投资政策，其次流动资产的数量和种类取决于企业生产经营的特点，其资金来源可以是各类债务融资和权益融资，而流动负债有短期借款、商业信用等多种形式。

二、营运资金管理的策略

营运资金管理是企业财务管理的重要组成部分，营运资金管理包括对企业流动资产的投资管理和流动负债的筹资管理。营运资金管理的模式就是流动资产的投资策略以及流动资产与流动负债配合的筹资策略即营运资金筹资策略。

（一）流动资产投资策略

流动资产投资策略是要解决在既定的总资产规模下，流动资产占总资产的比例。根据这一比例关系，企业可供选择的流动资产投资策略有以下三种。

1. 紧缩型流动资产投资策略

在紧缩型流动资产投资策略下，企业维持低水平的流动资产规模，不安排保险储备。持有尽可能低的现金，以满足正常需要；存货的储备量也较少；销售的信用政策比较严格，尽量降低应收账款水平。紧缩型流动资产投资策略占用的流动资金较少，资金的使用效率较高，企业的收益水平也较高，但因现金、存货短缺而造成生产经营损失的风险较大。

2. 适中型流动资产投资策略

适中型流动资产投资策略是指流动资产的规模比较适中，在保证正常需要的情况下，再适当增加一定的保险储备。这种策略可预防流动资产不足引起的生产经营中断而给企业带来的损失；同时也不会持有流动资产过量而出现流动资产的闲置浪费，适中是经过资金权衡而得出的较合理投资规模。

3. 宽松型流动资产投资策略

在宽松型流动资产投资策略下，企业往往会持有较高水平的流动资产，也就是企业持有较多的现金、充足的存货和提供宽松的信用政策而保持较高水平的应收账款。这种策略可能导致流动资产的使用效率较低，影响企业的收益水平，但企业的经营风险较小。

不同流动资产投资策略的特点如表 10-1 所示。

表 10-1

不同流动资产投资策略的特点

策略类型	紧缩型	适中型	宽松型
流动资产与非流动资产的比例	正常需要量 非流动资产	正常需要量 基本保险储备 非流动资产	正常需要量 基本保险储备 额外保险储备 非流动资产
收益水平	高	一般	低
风险水平	高	一般	低
流动性	低	一般	高

一个企业选择何种流动资产投资策略取决于企业对风险与收益的权衡，如果企业的管理趋于保守，会选择宽松型流动资产投资策略，即保持较高的流动资产水平，保证资产更好的流动性，但企业盈利能力会下降；反之，如果管理者追求更高的盈利，则会选择紧缩型流动资产投资策略，此时企业资产的流动性较低，面临的资金风险较大。

（二）营运资金筹资策略

企业的流动资产一般分为波动性资产（临时性流动资产）和永久性资产两部分。前者是指由于季节性或临时性原因占用的流动资产，如销售旺季增加的应收账款和存货等；后者是指用于满足公司长期稳定需要的流动资产，如保险储备中的存货或现金等。与此相对应，公司的资金需求也分为临时性资金需求和永久性资金需求两部分。

营运资金筹资策略就是指企业应该怎样进行流动资产的筹资，包括波动性资产和永久性资产的筹资，是采用短期筹资即流动负债，还是采用长期筹资，或者两者兼而有之。根据流动负债筹资与长期资本筹资的比例关系，企业营运资金筹资策略可归纳为以下三种。

1. 稳健型筹资策略

这是一种较为谨慎的筹资策略，如图 10-1 所示。图 10-1 中虚线在永久性流动资产线以上，这表明公司的长期资本不但能满足永久性资产的资本需求，而且还能满足部分短期或临时性流动资产的资本需求。长期资本来源超出永久性资产需求部分，通常以可迅速变现的有价证券形式存在，当临时性流动资产需求处于低谷时，这部分证券可获得部分短期投资收益，当临时性流动资产需求处于高峰时，则将其转换为现金。

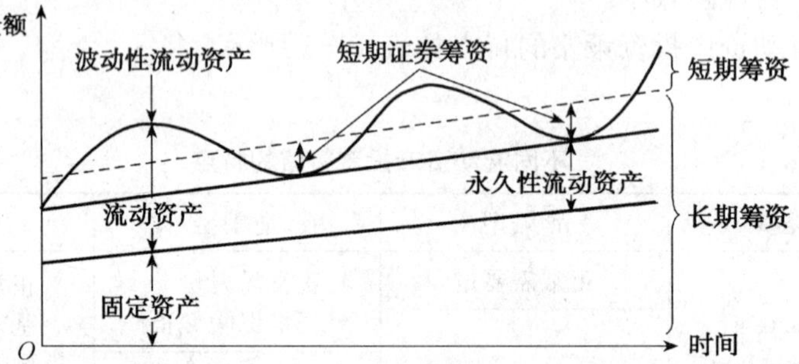

图 10-1 稳健型筹资策略

2. 激进型筹资策略

这是一种扩张型筹资策略，如图 10-2 所示。图 10-2 中虚线在永久性流动资产以下，这表明公司长期资本不能满足永久性资产的资本需求，要依赖短期负债来弥补。激进型筹资策略的主要目的是追求高利润。但采取这种策略，一方面降低了公司的流动比率，加大了偿债风险；另一方面短期负债筹资利率的多变性又增加了公司盈利的不确定性。因此短期负债的低成本所带来的收益将被这

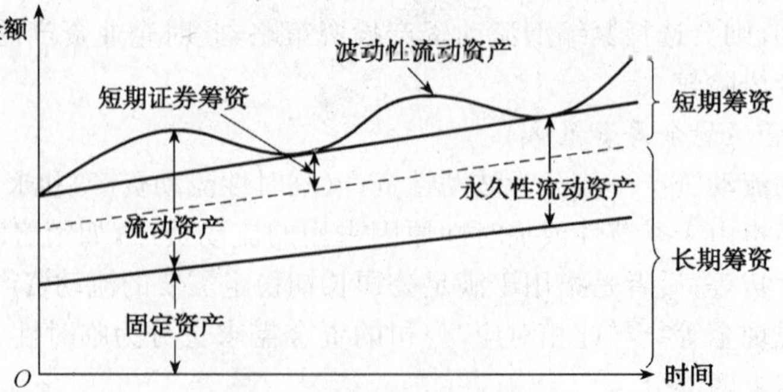

图 10-2 激进型筹资策略

些高风险所抵销。这种策略一般适合于长期资本来源不足，或短期负债成本较低的公司。

3. 折中型筹资策略

这是一种介于上述两者之间的筹资策略，如图 10-3 所示。图中虚线刚好与永久性流动资产线相重合，这表明公司的长期资本正好满足永久性资产的资本需求，而临时性流动资产的资本需求则全部由短期负债筹资解决。这种策略的风险介于稳健型和激进型策略之间。这种策略要求公司负债的到期结构与公司资产的寿命周期相匹配，这样一方面可以减少公司到期不能偿债的风险；另一方面可以减少公司闲置资本占用量，提高资本的利用效率。这种策略是一种理想的筹资策略，在现实经济活动中往往难以实现。

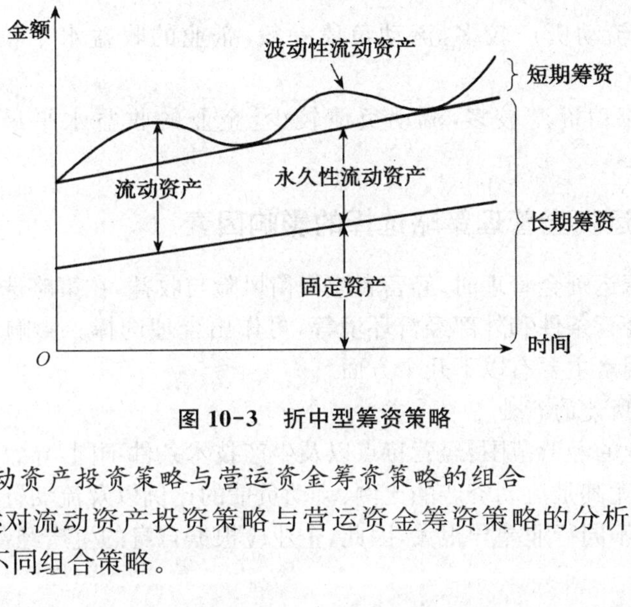

图 10-3 折中型筹资策略

（三）流动资产投资策略与营运资金筹资策略的组合

综合上述对流动资产投资策略与营运资金筹资策略的分析，可得出如表 10-2 所示的不同组合策略。

表 10-2

投资与筹资的策略组合

投资 \ 筹资		营运资金筹资策略		
		激进型筹资策略	折中型筹资策略	稳健型筹资策略
流动资产投资策略	紧缩型投资策略	A	B	C
	适中型投资策略	D	E	F
	宽松型投资策略	G	H	I

A 组合：流动资产较少，流动负债较多，企业的收益水平最高，但风险也最大；

B 组合：流动资产较少，流动负债一般，企业的收益水平较高，但风险也较大；

C组合：流动资产较少，流动负债较少，企业的收益水平一般，但风险也一般；

D组合：流动资产一般，流动负债较多，企业的收益水平较高，但风险也较大；

E组合：流动资产一般，流动负债一般，企业的收益水平一般，但风险也一般；

F组合：流动资产一般，流动负债较少，企业的收益水平较低，但风险也较小；

G组合：流动资产较多，流动负债较多，企业的收益水平一般，但风险也一般；

H组合：流动资产较多，流动负债一般，企业的收益水平较低，但风险也较低；

I组合：流动资产较多，流动负债较少，企业的收益水平最低，但风险也最小。

三、营运资金管理策略选择的影响因素

在进行营运资金管理时，经营者应权衡风险与收益，在策略选择上应综合考虑企业自身经营条件和外部经营环境等，再作出合理选择。影响营运资金管理策略选择的因素主要有以下几个方面。

1. 企业所处的行业

不同行业的经营范围、经营特点以及生产技术条件不同，导致资产的构成有着明显差异，尤其是流动资产的比例、流动负债的比例以及流动资产与流动负债的关系比例，不同行业差异很大，因此，企业应根据自身的生产经营特点，作出合理选择。

2. 利率因素

利率的变动及长短期利率的差异均会对企业营运资金的水平产生显著影响，当利率水平较高时，企业倾向于降低流动资产比例，减少对流动资产投资，降低利息支出。当长短期利率相差较大时，企业一般较多使用短期筹资，以减少利息支出，提高收益水平。

3. 经营规模

经营规模也是影响营运资金水平的重要因素，规模大的企业与规模小的企业相比，其流动资产的比例可以相对较低，因为规模大的企业具有较强的筹资能力，当资金短缺时，可以及时筹集所需资金。规模大的企业与规模小的企业相比，还可能较少使用流动负债，因为大企业在资本市场上筹集长期资金的能力较强，因而对流动负债的依赖程度较小。

4．经营决策

企业的各项经营决策对营运资金水平也有着明显的影响，这些经营决策包括：生产决策、长期投资决策、信用政策决策、股利分配决策等。当提高产量、增加长期投资、采取较宽松的信用政策以及提高股利分配水平时，都会需要或占用更多的资金，从而影响到营运资金。

5．财务状况

当企业的盈利水平较高，财务状况较好时，增加负债筹资可以获取财务杠杆利益，因此选择较多的短期债务筹资对企业比较有利。相反，如果企业的盈利能力较差，偿还债务能力较弱，则不应过多选择流动负债筹资。

第二节　现　金　管　理

现金有广义和狭义之分，狭义的现金是指库存现金，广义的现金包括库存现金、各种形式的银行存款、银行本票、银行汇票以及有价证券等。现金是企业资产中变现能力及流动性最强的资产。拥有足够的现金对于满足生产经营需要、偿还本息等十分重要，然而现金又属于非营利性资产，过多持有现金对企业盈利也不利。

一、企业持有现金的动机和成本

（一）企业持有现金的动机

企业持有现金的动机主要基于以下三方面的考虑。

1．交易性动机

交易性动机是指为满足日常业务的现金支付需要而持有的现金。如用于支付工资、购买原材料、缴纳税款、偿还债务等。企业在日常经营过程中，会发生各种现金支出和现金收入，这些收支在数量和时间上很难同步同量。当现金收入大于现金支出时，形成现金置存；当现金收入小于现金支出时，则需补充现金不足。企业只有保持适当的现金结余，才能维持其业务活动正常、顺利进行。

2．预防性动机

预防性动机是指为预防意外事件而需要准备的现金。企业在经营过程中有时会发生预料之外的开支，从而使现金流量具有一定的不确定性。当现金流量的不确定性很大时，预防性现金数就应增多；当现金流量的不确定性很小时，即现金流量的可预测性很强时，预防性现金数就应减少。当然，预防性现金数额的多少与公司的借款能力有关。如果公司有能力随时筹措短期资金，就可以减少预防性现金数额；若筹资能力有限，则应增加预防性现金数额。

3．投机性动机

投机性动机是指企业为不寻常购买机会而持有的现金。市场上各种商品及证券的价格随时会发生变动，使人们产生了“为卖而买”的投机心理。当企业确信得到了有利的购买时机，而需要动用现金时，必要的现金结存则是投机者不失时机操作的保证。当然，除了金融和投资公司以外，一般的公司专设投机性现金储备相对较少，如果真的能获得不寻常的购买机会，也常设法临时筹资。但是，拥有一定数额的现金储备，确实为捕捉有利的投机机会提供了方便。

（二）企业持有现金的成本

企业持有现金的成本是指企业为持有一定量的现金而付出的代价。这种代价包括以下几种成本。

1. 机会成本

机会成本是指企业占用资金的代价。企业持有现金意味着放弃了将这部分现金投资于其他方面而获取收益的机会，该投资收益就是持有现金的机会成本。机会成本一般可用有价证券的利息率来衡量，计算公式为：

$$\text{机会成本} = \text{现金持有量} \times \text{有价证券利率（或资本成本）}$$

机会成本属于变动成本，与现金持有量呈正比例关系，即现金持有量越多，机会成本越大；另外有价证券利率越高，机会成本也越大。

2. 管理成本

管理成本是指企业因持有现金而发生的管理费用。如现金管理人员的工资、保管现金必要的安全措施费用等。现金管理成本一般属于固定成本，在一定范围内与现金持有量关系不大。

3. 转换成本

转换成本是指企业在现金与有价证券转换过程中所发生的交易费用。如买卖证券支付的佣金、委托手续费等。这种成本往往与交易的次数有关，即交易的次数越多，转换成本越高。

4. 短缺成本

短缺成本是指企业因持有现金不足而不能应付日常业务支出给企业造成的损失。如因无资金购买原材料造成停工损失、失去现金折扣、不能按时付款造成的信誉损失等。短缺成本与现金持有量呈反比例关系，现金持有量越多，发生短缺的可能性下降，短缺成本越低。

二、现金管理的目的和内容

（一）现金管理的目的

企业缺乏必要的现金，将不能满足交易性、预防性与投机性需要，使企业蒙受损失；但是如果企业持有过量的现金，又会因此增大持有现金的机会成本。此外，在市场正常情况下，一般流动性较强的资产，其收益相对较低，这就意味着企业应适当地持有现金，合理分布和应用现金，避免现金闲置或者过多地用于低收益项目而带来损失。

因此，现金管理的目的就是要在资产的流动性和盈利性之间作出抉择，提高现金收益率，实现现金使用效率的最大化。

（二）现金管理的内容

现金管理的内容主要包括：①编制现金预算，以便合理估计未来现金需求；②对日常现金收支进行控制，力求加速收款，延缓付款；③确定目标现金持有量；④当企业的实际现金余额与目标现金余额不一致时，选择合理的投资和筹资策略。现金管理的内容如图 10-4 所示。

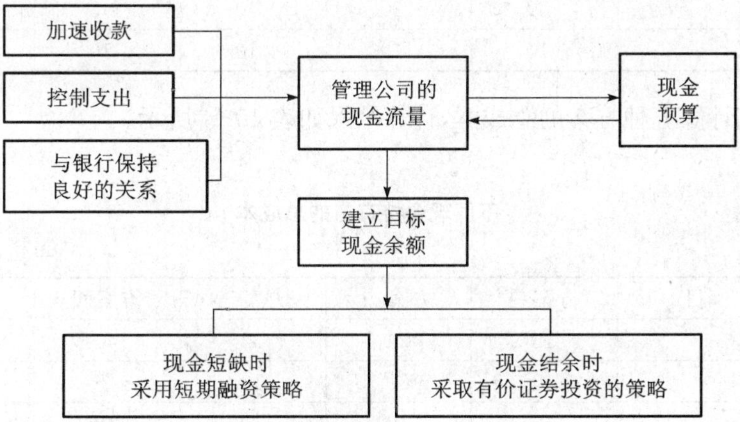

图 10-4 现金管理的内容

三、最佳现金持有量的确定

确定最佳现金持有量的模式主要有成本分析模式、存货模式、现金周转模式等，企业应根据自身的经营管理范围和现金管理特点，选择适当的模式。

（一）成本分析模式

成本分析模式是根据持有现金的相关成本，计算总成本最低时的现金持有量。成本分析模式考虑的相关成本有：机会成本、管理成本和短缺成本。其中机会成本与现金持有量呈正比例，而短缺成本与现金持有量呈反比例，总成本＝机会成本＋短缺成本＋管理成本，当总成本最低时的现金持有量就是最佳现金持有量，如图 10-5 所示。

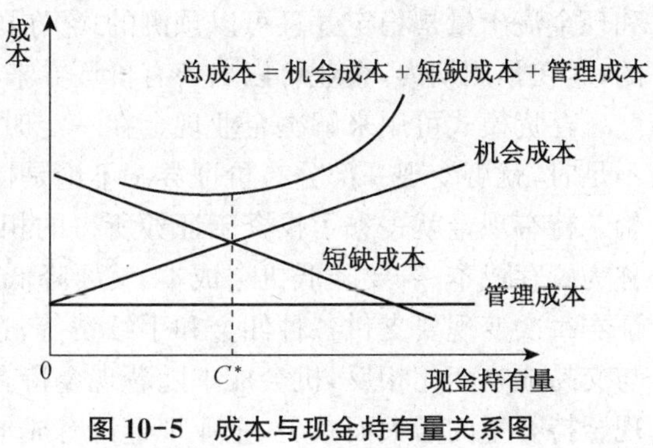

图 10-5 成本与现金持有量关系图

【例 10-1】 某企业拟定了五种现金持有量方案，有关成本资料如表 10-3 所示。

表 10-3

不同现金持有量的相关成本资料

金额单位：万元

	方案一	方案二	方案三	方案四	方案五
现金持有量	100	150	200	250	300
机会成本率(%)	16	16	16	16	16
短缺成本	30	20	10	5	0
管理成本	10	10	10	10	10

分别计算五种方案的总成本，计算结果如表 10-4 所示。

表 10-4

不同现金持有量的总成本

单位：万元

项 目	方案一	方案二	方案三	方案四	方案五
机会成本	16	24	32	40	48
短缺成本	30	20	10	5	0
管理成本	10	10	10	10	10
总成本	56	54	52	55	58

从计算结果可知，方案三的总成本最低，也即企业最佳现金持有量为 200 万元。

成本分析模式的优点是适用范围广泛，尤其适用于现金收支波动比较大的企业，缺点是企业持有现金的短缺成本较难预测。

（二）存货模式

存货模式来源于存货的经济批量模型，最早由美国经济学家威廉·鲍莫于 1952 年提出。利用存货模型确定最佳现金持有量的基本假设是：①现金流入量和现金流出量是稳定并且可以预测的；②在预测期内，企业现金的需求量是确定的；③在预测期内，企业可以出售有价证券来补充现金，不会发生现金短缺。

存货模式可用来解决企业现金在一定时期内最佳变现次数问题，企业现金不足时，就可变现一部分有价证券。不论是持有现金还是变现证券，都要付出代价。持有现金就丧失了投资于证券所得的相应利息，即持有现金的机会成本又称为置存成本；若要降低机会成本，就要降低现金持有量，加大证券变现次数，而证券每次变现要支付各种佣金和手续费等，这些费用称为交易成本。机会成本与交易成本变化相反，机会成本随着现金持有量的增大而增大，交易成本却随着现金持有量的增大而减少，企业现金持有成本等于机会成本与交易成本之和，而现金持有成本最低时对应的现金持有量,应该是一定时期内企业现金的最佳持有量,如图 10-6 所示。

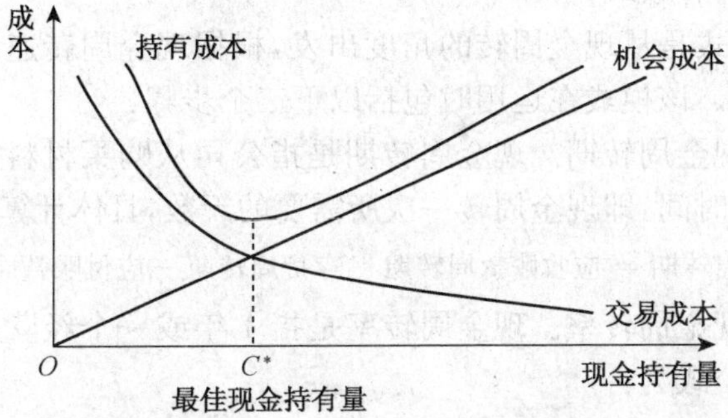

图 10-6　存货模式下成本与现金持有量关系图

持有成本＝机会成本＋交易成本

＝现金平均持有量×有价证券利率＋变现次数×每次交易成本

即：　$$\text{现金持有总成本}(TC)=\frac{C}{2}\times K+\frac{T}{C}\times F$$

根据该公式求一阶导数,得出现金持有总成本最低时的最佳持有量公式：

$$\text{最佳现金持有量}(C^*)=\sqrt{\frac{2TF}{K}}$$

$$\text{最低现金持有成本 } TC(C^*)=\sqrt{2TFK}$$

式中　C 为现金持有量；

K 为有价证券利率；

T 为一定时期现金总需求量；

F 为每次转换有价证券的交易成本。

$$\text{有价证券最佳交易次数 } N=\frac{T}{C^*}$$

【例 10-2】　某企业预计一个季度经营所需现金为 625 万元,企业现金支出过程较稳定,故准备用短期有价证券变现取得,平均每次证券固定变现费用为 1.5 万元,证券的市场利率为 12%,用存货模式计算最佳现金持有量、最低持有成本以及有价证券变现次数。

$$\text{最佳现金持有量}=\sqrt{\frac{2\times625\times1.5}{12\%\div4}}=250(\text{万元})$$

$$\text{最低现金持有成本}=\sqrt{2\times625\times1.5\times\frac{12\%}{4}}=7.5(\text{万元})$$

$$1\text{ 个季度最佳变现次数}=\frac{625}{250}=2.5(\text{次})$$

尽管存货模式计算结果比较精确，但由于其假设条件在实际工作中难以做到，使得该方法的使用受到一定的限制。

（三）现金周转模式

现金周转模式是从现金周转的角度出发，根据现金周转速度来确定最佳现金持有量的模式。该模式在运用时包括以下三个步骤：

第一，计算现金周转期。现金周转期是指公司从购买材料支付现金至销售商品收回现金的时间，即现金周转一次所需要的天数，具体计算公式为：

$$现金周转期 = 应收账款周转期 + 存货周转期 - 应付账款周转期$$

第二，计算现金周转率。现金周转率是指 1 年或一个经营周期内现金的周转次数，其计算公式为：

$$现金周转率 = \frac{1}{现金周转期} \times 计算期天数(360 天)$$

现金周转次数与周转期互为倒数。周转期越短，则周转次数越多，在一定现金需求额下，现金持有量将会越少。

第三，计算目标现金持有量。

$$最佳现金持有量 = 年现金需求量 \div 现金周转率$$

【例 10-3】 某企业年现金需求量为 720 万元，其原材料购买和产品销售均采取赊账方式，应收账款的平均收款天数为 60 天，应付账款的平均付款天数为 45 天，存货平均周转天数为 85 天，计算该企业的最佳现金持有量。

（1）计算现金周转期＝应收账款周转期＋存货周转期－应付账款周转期
＝60＋85－45＝100(天)

（2）计算现金周转率＝360÷100＝3.6(次)

（3）最佳现金持有量＝720÷3.6＝200(万元)

现金周转模式确定最佳现金持有量具有简单明了、容易计算的优点。但其前提条件要求企业预计期内现金总需要量可以预知；并且现金周转天数与次数可以测算，测算结果应符合实际，保证科学与准确。

四、现金收支的日常管理

为保证现金管理的整体效率，保证现金资产的安全完整，企业必须采取具体的现金管理方法。主要包括：建立健全现金管理的内部控制制度；按照《现金管理暂行条例》、《银行结算办法》和《票据法》等组织现金收支。在现金管理上力求做到：加速收款、控制付款并力争现金流入与现金流出同步，提高现金的使用效率。

1. 加速收款

为了提高现金的使用效率，加速现金周转，公司应尽快收款，即在不影响销售的前提下，尽可能加快现金回笼。公司加速收款的任务不仅在于尽量让客户早付款，而且还要尽快地使这些付款转化为现金。为此，公司应做到：第一，缩短客户付款的邮寄时间;第二,缩短公司收到客户支票的兑换时间;第三,加速资金存入自己往来银行的过程。为了达到以上要求,可采取以下措施:

(1) 集中银行。集中银行是指通过设立多个战略性收款中心来代替通常在公司总部设立单一收款中心,以加速账款回收的一种方法。其目的是缩短从顾客寄出账款到现金收入公司账户这一过程的时间。

设立集中银行主要有以下优点:①账单和货款邮寄时间可大大缩短。账单由收款中心寄发给该地区顾客,与由总部寄发相比,能较早地到达客户手中。顾客付款时,货款邮寄到最近的收款中心,通常也较直接邮往总公司所需的时间短。②支票兑换的时间可缩短。收款中心收到顾客汇来的支票,存入该地区的地方银行,而支票的付款银行也在该地区内,因而支票兑换较为方便。

(2) 锁箱系统。锁箱系统是通过承租多个邮政信箱,以缩短从收到顾客付款到存入当地银行所需要的时间的一种现金管理办法。

采用锁箱系统的优点是大大地缩短了公司办理收账、存储手续的时间,即公司从收到支票到完全存入银行之间的时间差距消除了。这种方法的主要缺点是需要支付额外费用。由于银行提供多项服务,因此要求有相应的报酬。这种费用支出一般来说与存入支票的张数呈一定比例。所以,如果平均汇款数额较小,采用锁箱系统并不一定有利。

(3) 电子划拨系统。随着电子商务的日益兴盛,电子资金划拨系统为公司的快速收款提供了可能。电子划拨系统是资本密集型的,其每笔交易的成本随交易金额的增加而减少,并且大部分交易成本的节约都划拨给金融服务的使用者。电子银行的产生,使收款公司回款时间进一步缩短,现金控制更为有效,且随着电子银行日益激烈的竞争,服务成本会进一步下降。

2. 控制付款

公司在收款时,应尽量加快收款的速度,而在付款时,应尽量延缓现金支出的时间。快速收款与慢速付款相结合,将产生更多的可用现金。付款控制有以下几种策略:

(1) 合理运用浮游量。所谓浮游量是指公司账户上现金余额与银行账户上所示的存款余额之间的差额。有时,公司账簿上的现金余额已为零或负数,而银行账簿上该公司的现金余额还有不少。这是因为有些支票公司虽已开出,但顾客还没有到银行兑现。如果能正确预测浮游量并加以利用,可节约大量资金。

(2) 控制付款时间。为了最大限度地利用现金,合理地控制现金支出的时间是十分重要的。例如,公司在采购材料时,如果付款条件是“2/10, n/45”,应安排在发票开出日期后的第 10 天付款,这样,公司可以最大限度地利用现金而又不丧失现金折扣。

(3) 工薪支出模式。许多企业都为支付工资而设立一个存款账户,这种存款账户余额的多少,当然也会影响企业现金总额。为了减少这一存款数额,企业必须合理预测所支付工资的支票到银行兑现的具体时间。

3. 力争现金流入和现金流出同步

只有将加速收款和控制付款有效结合起来，才能真正提高现金周转效率。也就是说，企业必须力争现金流入和现金流出在时间上和数量上都相适应，从而最大限度地在减少现金持有量，现金使用效率达到最大化。为此，企业应认真编制现金预算，有效地预计现金流入量和现金流出量，合理地安排和调配现金流量，尽可能使现金流入和现金流出基本一致。

第三节 应收账款管理

一、应收账款管理概述

（一）应收账款的功能

应收账款是伴随着商业信用即赊销而产生的，在市场经济条件下，商业竞争的日趋加剧，企业的应收账款数额明显增多。企业应收账款的主要功能在于：

（1）增加销售，提高市场竞争能力。赊销其实质是向客户提供商品或劳务的同时，也向客户提供了一笔无息贷款，从而有利于吸引客户，促进销售，扩大市场份额。

（2）降低存货占用，加快存货周转速度。企业持有存货需要支付管理费、仓储费、保险费等一系列费用，另外产成品也有一定的保质期限或使用期限。当企业的销售不畅，产成品存货较多时，采取赊销可以减少存货，节约各种支出，加快存货的周转速度。

（二）应收账款的成本

企业持有应收账款要付出一定代价的，这些代价就是应收账款的成本，它由以下几方面构成。

1. 机会成本

应收账款的机会成本是指企业资金被应收账款占用而丧失的其他投资收益。这种机会成本一般按照有价证券的利息率或资本成本来计算，机会成本的大小与应收账款占用的资金数量密切相关，占用的资金越多，则机会成本越高。

$$\begin{aligned}\text{应收账款的机会成本} &= \text{应收账款占用资金} \times \text{有价证券利息率} \\ &= \text{应收账款平均余额} \times \text{变动成本率} \times \text{有价证券利息率} \\ &= \frac{\text{年赊销}}{\text{收入}} \div 360 \times \frac{\text{应收账款}}{\text{周转天数}} \times \frac{\text{变动}}{\text{成本率}} \times \frac{\text{有价证券}}{\text{利息率}}\end{aligned}$$

2. 管理成本

应收账款的管理成本是指企业对应收账款进行管理所发生的各种费用，主要包括对客户的资信调查费用、应收账款账簿记录费用、收账费用、搜集相关信息费用、其他相关费用。

3. 坏账成本

应收账款的坏账成本是指应收账款不能收回而给企业带来的损失。此项成本一般与企业的信用政策有关,并且与应收账款的数额呈正比。严格的信用政策产生坏账损失的可能性较小,而过于宽松的信用政策比较容易产生坏账损失。一般应收账款的坏账成本可以按照赊销收入一定的比例计算。

$$应收账款的坏账成本 = 赊销收入 \times 坏账损失率$$

(三) 应收账款管理的目的

应收账款可以扩大销售,增加销售收入;但应收账款又会增加资金占用,并可能带来坏账损失。因此,应收账款管理需要权衡不同信用政策所增加的收益与成本,并根据客户的信用情况,合理确定信用政策,以降低信用风险,减少坏账损失,及时回收账款,保证企业利益的最大化。

二、应收账款的信用政策

应收账款的信用政策是指企业采用赊销方式时,根据客户的资信情况,对应收账款投资进行规划与控制而确立的基本原则与行为规范,主要包括:信用标准、信用期限、现金折扣和收账政策。

(一) 信用标准

信用标准是指客户获得企业的交易信用所应具备的条件。如果客户达不到信用标准,便不能享受或只能较少享受企业的信用,企业信用标准的高低将会直接影响企业的销售收入和销售利润。企业信用标准若定得较高,仅对信用卓著的客户给予赊销待遇,其结果,一方面可以使坏账损失较小,应收账款的机会成本降低;但另一方面将丧失一部分来自信用较差客户的销售收入和销售利润,这就要求企业权衡得失,进行实施信用的成本与收益的比较,较为准确地对不同客户规定相应的信用标准。

【例 10-4】 某企业目前采用的信用标准是对预计坏账损失率在 5%以下的客户提供赊销,现企业管理层为扩大销售拟将信用标准放宽到 8%。若企业的变动成本率为 70%,固定成本总额不变,有价证券的利息率为 10%。根据表 10-5 的资料,分析该企业是否应改变信用标准?

表 10-5

信用标准备选方案

项目	原方案	新方案
信用标准(坏账损失率)	5%	8%
年赊销收入(万元)	500	600
应收账款周转天数(天)	30	40
管理成本(万元)	2	3

两种信用标准对企业损益的影响如表10-6所示。

表10-6

信用标准分析评价

单位:万元

项　目	原方案	新方案
① 年赊销收入	500	600
② 变动成本	350	420
③ 信用成本前收益①－②	150	180
④ 信用成本:		
机会成本	2.92	4.67
管理成本	2	3
坏账损失	25	48
小计	29.92	55.67
信用成本后收益③－④	120.08	124.33

由于新方案的信用成本后收益124.33万元大于原方案信用成本后收益120.08万元,故应选择新方案即改变信用标准。

企业在设定某一客户信用标准时,往往要评价其发生坏账的可能性。评估客户信用的方法很多,常用的是"5C"评估法和信用评分法。

1. "5C"评估法

"5C"评估法是从以下五个方面评价客户的信用:品质(character)、能力(capacity)、资本(capital)、抵押(collateral)和条件(conditions)。因为这五个方面英文的第一个字母都以C打头,故称为"5C"评估法。

(1) 品质。它是指客户的信誉,即履行偿债义务的可能性。企业必须设法了解客户的付款历史,看其是否有按期如数付款的一贯做法,与其他供货企业的关系是否良好。这是衡量客户是否信守契约的重要标准,也是决定是否赊销的首要条件。

(2) 能力。它是指客户的偿债能力,即其流动资产的数量和质量以及与流动负债的比例关系等。客户的流动资产越多,即流动比率越高,其转化为现金支付款项的能力就越强。同时,还应注意客户流动资产的质量,看其是否存在过多的不良债权或积压存货以及影响其变现能力和支付能力的情况。

(3) 资本。它是指客户的财务实力和财务状况,表明客户可能偿还债务的背景。

（4）抵押。它是指客户拒付款项或无力支付款项时能被用作抵押的资产，这对于不知底细或信用状况有争议的客户尤为重要。一旦这些客户的款项不能收回，便以抵押品抵补。如果这些客户提供足够的抵押，就可以考虑向他们提供相应的信用。

（5）条件。它是指可能影响客户付款能力的经济环境。比如，万一出现经济不景气等因素，会对客户的付款能力产生什么影响，客户会如何做等，这需要了解客户在过去经济环境困难时期的付款历史。

2. 信用评分法

信用评分法的基本思想是：财务指标反映了企业的信用状况，通过对企业主要财务指标的分析和比较，可以测定企业的信用风险。信用评分法的步骤：①选择财务比率并分别给予权重；②确定标准财务比率（可以行业平均数为标准）；③计算实际财务比率；④将实际财务比率与标准财务比率相比，并根据权重得出每一财务比率的得分；⑤加总各财务比率的得分，得到总评分。⑥根据总评分，划分信用等级。如总评分在80分以上者，说明其信用状况良好；分数在60～80分者，说明其信用状况一般；分数在60分以下者，则说明其信用状况较差。

（二）信用期限

信用期限是指企业给予客户从购买货物到支付货款的最长付款时间。客户应该在信用期限内付款，超过信用期限就属于违约。信用期限是信用政策的一项重要内容，对企业的销售额和应收账款资金的占用额会产生影响。企业延长信用期限，可以扩大销售，但也会使平均收账期延长，应收账款占用的资金增加，相应的机会成本、坏账损失和收账费用的增加；反之，企业缩短信用期限，销售额会下降，应收账款占用的资金减少，应收账款回收的速度加快。因此，企业必须权衡利弊，计算比较延长信用期限增加的收益与增加的成本。如果增加的收益大于增加的成本，延长信用期限才是合理的。

【例 10-5】 某企业全年的赊销金额为5 000万元，变动成本率为70%，目前的信用期限为30天。为扩大销售，企业拟将信用期限延长至60天，预计延长信用期限后销售额将增加10%，延长信用期限后坏账损失率从2%提高到3%，收账费用从10万元增加到20万元，假设该企业的资本成本为10%。问企业是否应延长信用期限？

（1）延长信用期限而增加的收益＝5 000×10%×（1－70%）＝150（万元）

（2）延长信用期限而增加的机会成本＝5 500÷360×60×70%×10% －5 000÷360×30×70%×10%＝35（万元）

（3）延长信用期限而增加的坏账损失＝5 500×3%－5 000×2%＝65（万元）

（4）延长信用期限而增加的收账费用＝20－10＝10（万元）

(5) 延长信用期限而增加的总成本＝35＋65＋10＝110(万元)

(6) 延长信用期限的净损益＝150－110＝40(万元)＞0，故应延长信用期限。

(三) 现金折扣

现金折扣是指企业为鼓励客户早日付款而给予的优惠。如现金折扣“2/10，n/30”，表示若客户在10日内付款，可享受2%的折扣优惠；如果不想取得现金折扣，货款必须在30日内付清。其中，30日为信用期限，10日为折扣期限，2%为折扣百分比。企业提供现金折扣的目的在于吸引客户享受优惠而提前付款，这样缩短企业的收现期，降低坏账损失率，同时现金折扣也能招揽一些视现金折扣为减价的客户，借此扩大企业销售规模。

现金折扣给企业带来收益的同时也会增加成本，其增加的成本为现金折扣成本，它取决于销售额和折扣百分比。

【例10-6】 某企业全年的赊销金额为5 500万元，变动成本率为70%，目前的信用期限为60天。为提早收款，降低坏账损失率，企业拟采取现金折扣“2/10，n/60”，并估计将有80%的客户享受现金折扣。采取现金折扣后平均收现期为35天，坏账损失率从3%降到2%，收账费用从20万元降到5万元，假设采取现金折扣后销售额不变，企业的资本成本为10%。问企业是否应采取现金折扣？

(1) 采取现金折扣减少的机会成本＝5 500÷360×60×70%×10%－5 500÷360×35×70%×10%＝26.74(万元)

(2) 采取现金折扣减少的坏账损失＝5 500×3%－5 500×2%＝55(万元)

(3) 采取现金折扣减少的收账费用＝20－5＝15(万元)

(4) 采取现金折扣增加的现金折扣成本＝5 500×2%×80%＝88(万元)

(5) 采取现金折扣的净损益＝26.74＋55＋15－88＝8.74(万元)＞0，故应采取现金折扣。

(四) 收账政策

收账政策是指企业向客户收取逾期未付款的收账策略与措施。收账政策是通过一系列收账程序来完成的，这些程序包括给客户打电话、发传真、发信，拜访客户以及融通、法律行动等。公司采用任何方式对拖欠款进行催收，都要付出一定的代价，即收账费用。

1. 坏账损失与收账费用

在一定范围内，收账费用与坏账损失呈反向变动，收账费用适当增加，坏账损失率会相对减少，但两者并非直线线性关系。初期，随着收账业务的展开、收账费用的增加，坏账损失明显减少；以后，随着收账费用的逐渐增加，坏账损失继续减少，费用增加的幅度将小于坏账损失减少的幅度。到一定限度时，继续增加收账费用对坏账损失减少的影响就较小了，这个限度称为饱和点，如图10-7中的G点。

在制定收账政策时，应权衡增加的收账费用与减少的应收账款机会成本和坏账损失之间的得失。

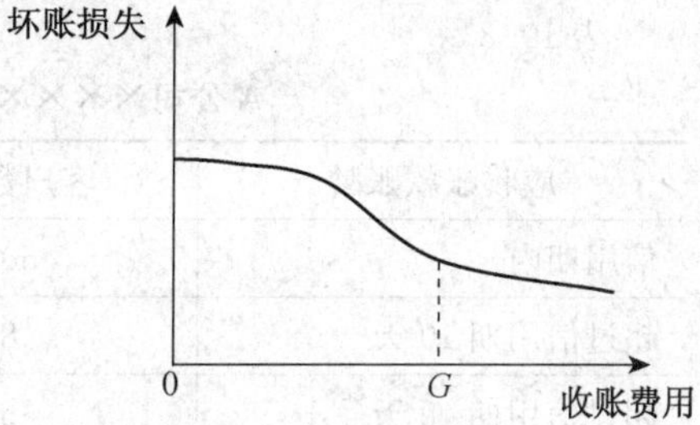

图 10-7　坏账损失和收账费用的关系

2. 逾期应收账款催收的程序

一般对逾期的应收账款可采取逐步升级的办法，如表 10-7 所示的 12 个步骤进行催收。

表 10-7

一般收账程序

步骤	阶段	时间段	联系方式	催收形式
1	提醒客户	逾期第 1 天	传真	礼貌提示
2	提醒客户	以后第 4 天	传真	再度提示
3	了解情况	以后第 4 天	电话	了解客户状况
4	第一次正式催收	以后第 4 天	传真	显示证据
5	严肃通知	以后第 4 天	传真	严肃通知
6	第二次正式催收	以后第 4 天	传真	显示证据
7	约客户谈话	与 6 同一天	电话/拜访	表达不满
8	第一次经理对话	以后第 3 天	电话	催账级别升高
9	第二次经理对话	以后第 3 天	电话	最后一次通话
10	最后通知	以后第 3 天	挂号信	最后通牒
11	送专业追账公司	1 周以后	委托追账	与追账代理签约
12	提出法律诉讼	半年以后	委托律师	法律行动

三、应收账款的日常管理

(一) 应收账款的账龄分析

企业应收账款能否收回以及能收回多少，不一定完全取决于时间的长短，但一般来说，账款被拖欠的时间越长，发生坏账的可能性越大。账龄分析就是将所有赊销客户的应收账款的实际归还期编制成表，汇总反映其信用分类、账龄、比重、损失金额和百分比等。表 10-8 就是显示应收账款账龄长短的汇总报告，具体格式如表 10-8 所示。

表 10-8

A 公司××××年 12 月 31 日账龄分析表

应收账款账龄	客户数量	应收金额(万元)	金额比例(%)
信用期内	50	800	80
超过信用期 10 天	8	100	10
超过信用期 15 天	6	50	5
超过信用期 20 天	3	15	1.5
超过信用期 1 个月	2	10	1
超过信用期 6 个月	1	10	1
超过信用期 1 年	1	10	1
超过信用期 1 年以上	0	5	0.5
合　计	71	1 000	100

通过表 10-8 可分析如下：

第一，有多少欠账尚在信用期内。由于这部分款项没有超过信用期，属正常欠款，但到期后能否收回，还应具体分析，故应及时监控。

第二，有多少欠账已超过信用期，超过时间不等的款项各占多少，有多少欠款最终形成坏账。表 10-8 显示，有 200 万元的应收账款已超过信用期，所占比例为 20%；拖欠时间较短(超过信用期 10 天)的有 100 万元，所占比例为 10%，其收回的可能性相对较大；账龄越长的款项，坏账的可能性越大。公司应针对不同客户采取相应的收账方法，制定经济可行的收账政策，防止出现不良债权。此外，应借助于账款逾期率、账款回收周期、账龄结构、坏账率等财务比率进行客户信用风险分析。

（二）应收账款的管理效率分析

1. 应收账款坏账率

应收账款坏账率是最常用的应收账款分析评价指标，它反映在某一销售时期内发生的已注销的坏账占销售总额的比率。其计算公式为：

$$应收账款坏账率 = 已注销的坏账 \div 销售总额 \times 100\%$$

应收账款坏账率在不同的行业、不同的企业、不同的季节以及不同的交易条件下，表现均不相同。企业可根据实际情况在行业内进行横向比较，也可以与企业以往的状况进行纵向比较。当应收账款坏账率较高时，应及时审视企业的信用政策是否太过宽松，或收账政策不太合理。

2. 逾期账款率

逾期账款率是指某一时期逾期应收账款占总的应收账款的比率。其计算公式为：

$$逾期账款率 = 期末逾期应收账款 \div 当期应收账款 \times 100\%$$

逾期账款率的分析是建立在时间序列分析的基础上，通过对企业连续几个时期的逾期账款率的趋势分析，洞察应收账款的趋势。对于某一企业而言，逾期账款率应该在一定时期内相对稳定。

3. 应收账款周转率

应收账款周转率是指一定时期赊销收入与应收账款平均余额的比率。其计算公式为：

$$应收账款周转率 = 年赊销收入 \div 应收账款平均余额 \times 100\%$$

应收账款周转率是反映企业应收账款周转速度的指标，通常应收账款周转率越高，企业应收账款的收回速度越快，流动性越强；应收账款周转率越高，越能节约资金占用，资金的使用效率越高，同时坏账损失风险也越小。

（三）应收账款的风险防范

由于应收账款有收不回来的风险，因此对应收账款从发生到收回必须进行全程的、系统性的跟踪管理。

(1) 在赊销前，必须对客户进行信用调查，提供咨询报告，作出详细客观的信用评估。信用评估程序一般包括：第一，获取客户的相关信息；第二，分析信息以确定客户的信用可靠度；第三，进行信用决策，实施信用标准。

(2) 在赊销过程中，可能会产生产品质量等方面的争议，而且这种争议可能比现金交易时会增加，这时应及时解决。出现货款拖欠时，应当马上采取措施，了解原因，或者将交易方式改变成现金或者信用证，作动态的管理。

(3) 对于已逾期的应收账款，除及时催收外，还要注意区分逾期形成的原因。如果客户确实因经营管理不善，财务出现困难，没有资金偿还到期债务，则应给予一定的宽限期，接受低于债务金额的非货币性资产予以抵偿，或将债权转变为对客户的投资。而对于那些有支付能力却故意拖欠的客户，企业应采取严厉的措施加以催收。总之，企业对应收账款的管理应该从多个环节，运用多种手段和方法，实施全程信用管理模式，以实现应收账款管理的目的。

第四节 存货管理

一、存货管理概述

存货是指企业在生产经营过程中为销售或者耗用而储备的物资，主要包括原材料、在产品和产成品。存货和应收账款一样，在企业流动资产占有很大的比重，因此存货管理水平的高低，直接影响企业的资金使用效率。

（一）存货的功能

企业储存一定量的存货，是出于以下几方面的考虑：

（1）储存必要的原材料和在产品，可以保证生产的正常进行。一般来说，企业生产产品的过程需要若干工序，在产品是必然存在的。企业在原材料等供应方面难以与生产需求在数量上和时间上完全一致，为保证生产的正常进行，避免生产的中断，减少损失，企业应该储存一定量的原材料。

（2）储存必要的产成品，有利于销售。任何产品的市场都是不确定的，当市场需求发生变化时，企业储存一定量的存货，有利于抓住市场机会。另外，产成品存货给企业在安排生产进度以及营销市场方面带来弹性，生产不必与销售同步。

（3）适当储存必要的原材料和在产品，便于组织均衡生产，降低产品成本。某些企业的原材料或者产成品带有季节性；或批量采购原材料可以获得价格上的优惠；批量组织生产可以使生产均衡，有利于降低成本。

（4）留有各种存货的保险储备，可以防止意外事件造成的损失。

（二）存货的成本

存货成本是指为持有存货所付出的代价。一般包括以下三项。

1. 取得成本

取得成本是指为取得存货而发生的支出。它由购置成本和订货成本构成。

（1）购置成本。它是指购进存货支付的买价，它体现的是存货本身的价值，主要包括买价、运杂费等。购置成本是存货的单价与数量的乘积，在无数量折扣的情况下，购置成本是固定成本，属于存货决策无关成本。

（2）订货成本。它是指企业为组织订购存货而发生的各项费用。如办公费、差旅费、邮资、电报费、电话费支出。订货成本中有一部分与订货次数无关，如常设采购机构的基本开支等，称为订货的固定成本，用 F_1 表示；另一部分与订货次数有关，如差旅费、邮资等，称为订货的变动成本，每次订货的变动成本用 D 表示。

2. 储存成本

储存成本是指企业为储存存货而发生的各项费用，包括存货占用资金所应计的利息、仓库费用、保险费用、存货破损和变质损失等，通常用 TC_c 来表示。储存成本也分为固定成本和变动成本。固定成本与存货数量的多少无关，如仓库折旧、仓库职工的固定月工资等，常用 F_2 表示；变动成本与存货的数量有关，如存货资金的应计利息、存货的破损和变质损失、存货的保险费用等，单位年储存成本用 C 表示。

3. 缺货成本

短缺成本是指由于存货供应中断而造成的损失，包括材料供应中断造成的停工损失、产成品库存短缺造成的拖欠发货损失和丧失销售机会的损失。如果生产公司以紧急采购代用材料来解决库存材料中断之急，那么短缺成本表现为紧急额外购入成本，通常紧急额外购入的开支会大于正常采购的开支。

（三）存货管理的目的

一方面企业持有存货是为了满足生产经营的需要，另一方面企业持有存货又会有一定的成本支出。存货管理就是要在各种存货成本与存货效益之间作出权衡，以达到两者的最佳组合，使存货保持在合理的水平上，实现企业综合效益最大。

二、存货经济订货批量基本模型

存货经济订货批量基本模型是建立在一系列假设基础上的，其基本假设如下：

（1）公司能够及时补充存货，所需存货市场供应充足，在需要存货时，可以立即到位。

（2）存货集中到货，而不是陆续入库。

（3）不允许缺货，即无缺货成本。

（4）一定时期的存货需求量能够确定，即需求量为常量。

（5）存货单价不变，不考虑现金折扣，单价为已知常量。

（6）公司现金充足，不会因现金短缺而影响进货。

在设定上述假设后，存货总成本为：

$$TC = F_1 + \frac{S}{Q}D + S \times U + F_2 + C\frac{Q}{2}$$

式中 TC 为存货总成本；

S 为存货全年的需用量；

Q 为存货每次订货批量；

D 为每次订货的变动成本；

F_1 为订货的固定成本；

C 为存货的单位年储存成本；

F_2 为固定储存成本；

U 为存货的单价。

上式中总成本 TC 最小时的订货批量即为经济订货批量，TC 对 Q 求导后可求得：

经济订货批量：$Q^* = \sqrt{\frac{2DS}{C}}$

经济订货批量下的存货相关成本：$TC(Q^*) = \sqrt{2DSC}$

存货相关成本是指变动的订货成本和变动的储存成本之和。

最佳订货次数：$N^* = \frac{S}{Q^*} = \sqrt{\frac{SC}{2D}}$

最佳订货周期：$t^* = \frac{1}{N^*}$

经济订货批量下占用的资金：$I^* = \frac{Q^*}{2}U$

【例 10-7】 某工厂生产所需 A 材料年度采购总量为 180 000 千克，材料单价为 500 元/千克，一次订货成本为 240 元，每千克材料的年平均储存成本为 0.6 元。根据上述资料，存货决策如下：

(1) A 材料的经济订货批量：

$$Q^* = \sqrt{\frac{2 \times 240 \times 180\,000}{0.6}} = 12\,000(\text{千克})$$

(2) A 材料年最佳采购次数：

$$N^* = 180\,000 \div 12\,000 = 15(\text{次})$$

(3) 经济采购批量下的相关成本：

$$TC(Q^*) = \sqrt{2 \times 0.6 \times 240 \times 180\,000} = 7\,200(\text{元})$$

(4) 经济订货批量下占用资金：

$$I^* = 2\,000 \div 2 \times 50 = 300\,000(\text{元})$$

(5) 每次订货需要准备的资金：

$$MD = 12\,000 \times 50 + 240 = 600\,240(\text{元})$$

上述计算结果，用图解如图 10-8 所示。

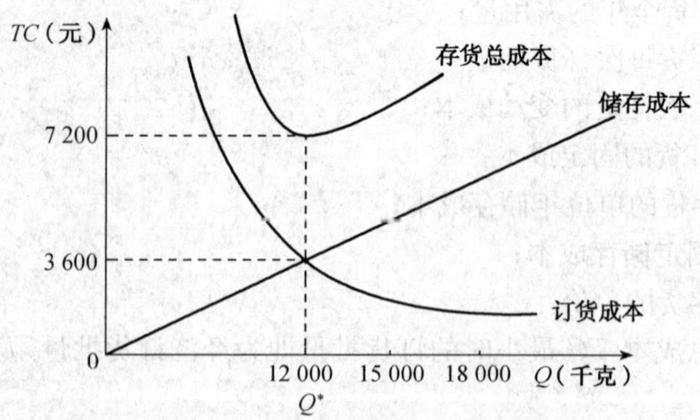

图 10-8 存货经济订货批量基本模型

从以上成本指标的计算和图 10-8 可见，当采购批量为 12 000 千克时总成本最低，低于或超过这一批量都是不合理的。

第五节 流动负债管理

流动负债是指企业将在 1 年或者超过 1 年的一个营业周期内偿还的债务，流动负债的主要内容是短期银行借款和商业信用。短期银行借款和商业信用是企业最主要的营运资金来源，流动负债管理就是短期筹资管理，也就是短期银行借款和商业信用的管理。

一、流动负债管理的意义和要求

（一）流动负债管理的意义

1. 加强流动负债管理有助于及时满足企业短期资金需求

市场经济环境经常处于变化之中，在企业日常生产经营过程中，经常会出现季节性或临时性的资金需求，流动负债可以解决此类的资金需求。如果利用长期筹资来满足短期资金需求，不仅不合算，可能时间上也难以满足要求。

2. 加强流动负债管理有助于降低企业的筹资成本

一般权益资本的筹资成本最高，长期负债的筹资成本高于流动负债的筹资成本，因此，从降低筹资成本角度考虑，对于短期资金的需求应优先考虑流动负债筹资。这样降低了筹资成本，提高了企业的经济效益。

3. 加强流动负债管理有助于降低企业的财务风险

一般流动负债的财务风险比长期负债要高，这是因为：长期债务的利息相对比较稳定，即在相当长一段时间内保持不变，而短期债务的借款利率则随市场利率的变化而变化，时高时低，使企业难以适应。另外，当企业过分筹措短期债务，债务到期时，企业不得不在短期内筹措大量资本还债，这极易导致企业财务状况恶化，甚至无法及时还债而破产。因此，加强流动负债管理就是要避免企业发生财务危机，保持较好的财务状况，保证具有一定的偿债能力。

（二）流动负债管理的要求

1. 合理确定短期资金需求量，努力提高资金使用效率

企业应该根据自身生产经营的特点，合理确定企业短期资金需要的时间和规模，使资金的筹集量与其需要量相一致，使资产的流动性与资金来源的使用期限合理配合，既防止流动负债不足而影响企业的生产经营，又要避免筹集资金过剩而影响资金的使用效率。

2. 认真选择流动负债来源，尽量降低筹资成本

流动负债主要包括短期银行借款和商业信用，商业信用又包括应付账款、应付票据和商业承兑汇票等。通常商业信用筹资成本是较低的，甚至没有成本，因此企业应优先考虑商业信用筹资。在商业信用资金不能满足需要的情况下，再考虑短期银行借款。

3. 适时取得流动负债,保证资金运用需要

企业在筹措短期资金时,应按照资金运用需要,合理安排资金的取得时间,使资金筹措和资金使用在时间上紧密衔接,避免资金过早取得而造成闲置,或者资金滞后取得而贻误运用。

4. 合理确定流动负债规模,保持适当的偿债能力

企业利用流动负债的规模要与流动资产的规模相适应,企业的营运资金应保持适当的金额。企业的营运资金过高,说明企业的流动资产过多或流动负债过少,不利于提高企业的盈利能力;反之,企业的营运资金过低,说明企业的流动资产过少或流动负债过多,企业的偿债能力下降。因此,企业应权衡盈利能力和偿债能力,确定流动负债的规模。

5. 遵守国家有关法律、法规,维护各方的合法权益

企业的筹资活动,影响社会资金的流向和流量,涉及国家、债权人和企业等有关各方的利益。因此,企业必须遵守国家有关法律、法规,避免地下钱庄、非法集资等行为,认真履行约定的责任,维护有关各方的利益。

二、短期借款

(一) 短期借款的种类

在我国,短期借款是绝大多数公司短期资本来源中最重要的组成部分。对工商类公司的短期银行贷款一般分为无担保贷款和担保贷款两大类。

1. 无担保贷款

无担保贷款是指公司凭借自身的信誉从银行取得的贷款。公司申请无担保贷款时,需要将公司近期的财务报表、现金预算和预测报表送交银行。银行根据这些资料对公司进行风险—收益分析后,决定是否向公司贷款,并拟定具体的贷款条件。这些条件主要有:

(1) 信用额度。信用额度是借款公司与银行之间正式或非正式协议规定的公司向银行借款的最高限额。信用额度的确立一般以银行出具的信函通知书(或者是一份更为正式的、具有法律约束力的协议)为准,上面写明银行的信用额度、期限或贷款条件等。虽然大部分信用额度的时间以1年为限,但只要借款人的信用风险维持不变,而且银行能够接受,那么信用额度到期后往往可再续约。当信用额度更新时,信用限额、利率及其他条件也会随之变化。

(2) 周转信贷协议。周转信贷协议是指银行具有法律义务承诺提供不超过某一最高限额的贷款协议。在协议的有效期内,只要公司的借款总额未超过最高限额,银行必须满足公司任何时候提出的借款要求。公司享用周转信用协议,通常要就贷款限额的未使用部分付给银行一笔承诺费。这是因为尚未使用的信用额度仍属稀缺资源,尤其是那种有法律约束力的信用额度协议。承诺费一般按信用额度总额中尚未使用部分的一定百分比计算。

(3) 补偿性余额。补偿性余额是银行要求借款公司在银行中保持按贷款限额的一定百分比(10%～20%)计算的最低存款余额。从银行的角度看,补偿性余额可以降低贷款风险;对于借款公司来说,补偿性余额提高了借款的实际利率。

$$\text{存在补偿性余额的借款年实际利率}=\frac{\text{年利率}}{1-\text{补偿性余额比率}}\times 100\%$$

(4) 利息率。通常商业贷款的票面(名义)利率是通过借贷双方协商确定的。在某些情况下,利率也会随货币市场的状况而变动。

(5) 逐笔贷款。逐笔贷款是指根据某种短期需要向银行取得的借款。对于这类贷款,银行要逐笔审核公司的贷款申请,并测算和确定贷款的相应条件和信用保证。

2. 担保贷款

担保贷款又称抵押借款,是指借款公司以本公司的某些资产作为偿债担保品而取得的借款。借款公司可以用自己拥有的应收账款、存货、固定资产或其他资产作为担保品。担保贷款需要借贷双方签订抵押借款合同,在合同中必须注明担保品的名称及有关说明,同时应将该合同送一份到有关政府机关备案,以保证债权人的权益。

短期借款的担保品一般包括应收账款、应收票据和存货等。

第一,应收账款筹资。

应收账款筹资是指以应收账款作为抵押品筹措资本,主要包括应收账款担保借款和应收账款让售借款两种形式。在应收账款担保借款方式下,借款公司以其应收账款的债权作为担保品,贷款银行拥有应收账款的受偿权,还可以对借款公司行使追偿权。因此,运用应收账款抵押的方式来获得短期借款,借款公司仍要承担应收账款违约的风险。

对公司来说,以应收账款作为抵押物来获取短期银行借款不仅可以获得应收账款投资的资本来源,而且可在一定程度上转让应收账款,从而减少了风险。其缺点是,当公司发票数量多且每张发票金额较小时,应收账款筹资的管理成本较高。

第二,应收票据贴现借款。

票据贴现一般是指公司将持有的未到期的应收票据交付贴现银行兑收现金。它产生于商业信用,但在贴现时又转化为银行信用。公司在办理票据贴现时,贴现银行要收取一定的贴现息,并以票据到期值扣除贴现息的金额向公司提供贷款。公司使用应收票据向银行取得贴现借款,实际上是将其应收票据转让给银行。它与应收账款担保贷款一样,公司仍要承担应收票据违约风险,即当应收票据到期,而付款人不能付款时,贴现银行对贴现公司具有追索权。

第三，存货担保借款。

存货是流动资产中变现速度较慢的资产，而且由于其性质和品种千差万别，使银行难以与公司签订较为完善的担保协定。因此，银行一般只愿意接受易于保管、容易变现的存货作为短期银行贷款的担保品。在某种情况下，银行与公司签订的契约还可能包括借款公司对担保品保持有形占有，银行对担保品的数量和质量有持续的检查权。正是由于存货作为担保品给银行带来许多不便，因此，其利率一般高于以应收账款为担保品的借款利率。

（二）短期借款筹资的特点

1. 筹资效率较高

企业获得短期借款所需时间要比长期借款短得多，对于临时性的资金需求，企业可以较方便地通过短期借款筹资。

2. 筹资的弹性较大

借款企业可以按需随时借款，在资金充裕时及早还款，便于企业灵活安排。

3. 实际利率水平较高

短期借款利息的支付方式有收款法、贴现法以及加息法，银行的借款利率是名义利率，实际利率总是大于名义利率的，尤其是贴现法所承担的实际利率是相当高的。

三、商业信用

商业信用是指在商品交易中以延期付款或预收货款进行购销活动而形成的借贷关系，它是公司间直接的信用行为。在短期筹资方式中，商业信用运用得最为广泛，是所谓的“自发性融资”。

（一）商业信用的筹资形式

1. 应付账款筹资

赊购商品是一种典型的商业信用形式。在这种方式下，买卖双方发生商品交易，买方收到商品后不立即支付货款，也不出具借据，而是形成“欠账”，延迟一定时期后才付款。这种关系完全由买方的信用来维持。对于卖方来说，可以利用这种方式促销商品，而对于买方来说，延期付款则等于向卖方借用资本购进商品，以满足短期资本周转的需要。

应付账款筹资按其是否支付代价，分为“免费”筹资、有代价筹资两种。如果供应商不提供现金折扣，购货方在信用期限内任何时间支付货款均无代价；如果供应商提供现金折扣，购货方在折扣期限内支付货款也没有成本，这两种情况通常称为“免费”筹资。如果购货方放弃现金折扣，而在规定的信用期限内支付货款，或者超过信用期限延迟付款，则称为有代价筹资。

如果购货方放弃现金折扣，而在规定的信用期限内支付货款，则会产生放弃现金折扣的成本计算公式为：

$$\text{放弃现金折扣的成本} = \frac{\text{折扣率}}{1-\text{折扣率}} \times \frac{360}{\text{信用期限}-\text{折扣期限}}$$

例如，若供应商提供现金折扣：(“2/10，n/30”)，则放弃现金折扣的成本为：

$$\text{放弃现金折扣的成本} = \frac{2\%}{1-2\%} \times \frac{360}{30-10} = 36.73\%$$

2. 应付票据筹资

应付票据是购销双方按购销合同进行商品交易，因延期付款而签发的、反映债权债务关系的一种信用凭证。根据承兑人的不同，应付票据分为商业承兑汇票和银行承兑汇票两种。商业承兑汇票是由收款人签发，经付款人承兑，或由付款人签发并承兑的票据；银行承兑汇票是由收款人或承兑申请人签发，由承兑申请人向开户银行申请，经银行审查同意，并由银行承兑的票据。商业汇票承兑后，承兑人(即付款人)负有将来无条件支付票款的义务，经承兑的商业票据允许背书转让。

应付票据的承兑期限由交易双方商定，一般为1～6个月，最长不超过9个月。应付票据可以带息，也可以不带息。带息应付票据的利息率通常低于其他筹资方式的利率，如低于短期借款利率，且不用保持相应的补偿性余额和支付各种手续费等。

使用应付票据结算方式，收款人需要资本时，可持未到期的商业承兑汇票或银行承兑汇票向其开户银行申请贴现。贴现银行需要资本时，可持未到期的汇票向其他银行转贴现。

贴现和转贴现的期限一律从其贴现之日起到汇票到期日止。实际支付贴现金额按票面金额扣除贴现息后计算。

票据贴现实际上是持票人把未到期的汇票转让给银行，贴付一定利息以取得银行借款的行为。因此，它是商业信用发展的产物，实为一种银行信用。应付票据贴现息及应付贴现票款的计算方法为：

$$\text{贴现息} = \text{汇票金额} \times \text{贴现天数} \times (\text{月贴现率} \div 30\text{天})$$

$$\text{应付贴现票款} = \text{汇票金额} - \text{贴现息}$$

在证券市场较为发达的西方国家，许多信誉度极高的大型公司，往往通过发行商业票据来筹集短期资本。公司利用发行商业票据满足各种不同的筹资需求：

(1) 临时性或季节性资本需求。

(2) 转换信用，以获得连续不断的资本来源。

(3) 当长期资本市场不能提供令人满意的长期筹资条件时，公司发行商业票据可暂缓进行长期筹资的时间。

(4) 补充或替代商业银行贷款。由于发行商业票据不是以现实的商品交易为基础，而是以公司信誉作为担保，因此，只有信誉度极高的公司才可能利用这种筹资方式。

3. 预收账款筹资

预收账款是卖方公司在交付货物之前向买方预先收取部分或全部货款的信用形式。对于卖方来说,预收账款相当于向买方借用资本后用货物抵偿。预收账款一般用于生产周期长、资本需要量大的货物的销售。

公司在生产经营活动中往往还形成一些应付费用,如应付水电费、应付职工薪酬、应付税费、应付利息等。这些项目的发生受益在先、支付在后,支付期晚于发生期,故为公司形成一种"自然性筹资"。其期限通常有强制性的规定,如按月支付工资、按规定期限缴纳税金等,这些短期筹资项目通常不花费代价。"自然性筹资"只是在较短的时间和较小的空间范围内才可以使用的筹资方式。

(二) 商业信用筹资的优缺点

1. 商业信用筹资的优点

(1) 筹资方便,取得容易。商业信用筹资属于"自发性筹资",只要企业生产经营活动持续进行,商业信用筹资行为就不会停止,是一种持续的信用形式,无需做特殊安排。

(2) 筹资成本较低。大多数商业信用是由卖方免费提供的,如果卖方没有现金折扣或使用不带息的票据,商业信用筹资是没有成本的。

(3) 限制条件较少。与借款筹资相比,商业信用筹资一般没有限制性条款,筹资条件比较宽松,也无需担保或抵押。

2. 商业信用筹资的缺点

(1) 资金使用期限较短。商业信用筹资属于短期筹资,通常期限都比较短,以 30 天至 90 天为多。

(2) 放弃现金折扣的成本往往是比较高的。卖方之所以提供现金折扣就是想让买方尽早付款,因此,有现金折扣时就需要再筹集资金支付货款。

(3) 财务支付风险较大。由于各种应付账款项目经常发行,次数频繁,因此要求企业合理安排和调度资金,避免支付风险。

案例讨论

瑞星公司信用政策分析

瑞星公司预计在现行经济政策下年销售额可达到 6 000 万元,变动成本占销售额的比率为 80%,应收账款筹资成本率为 8%。瑞星公司的赊销条件是:客户必须在 25 天内付款。但是公司平均收账期为 30 天,说明一些客户延期付款,其坏账成本为销售额的 3%。

瑞星公司的信用经理考虑以下五种信用政策:

政策一:延长赊销期限至 40 天。如果这样做,估计销售额可达到 7 000 万元，平均收账期则为41～45天，销售额增量的坏账成本为5%，原有客户的坏账成本仍为3%。

政策二：缩短赊销期限为20天。在这种条件下，预计销售额下降到5 000万元，平均收账期则减少为22天，坏账成本下降为新销售水平的1%。

政策三：放松信用标准，销货给信誉度不高的客户。估计这一政策使销售额提高500万元，销售增量坏账成本为6%，平均收账期为40天（注意：原来客户的平均收账期仍为30天，坏账成本仍为3%）。

政策四：紧缩信用回收政策。在这种政策下，预计将使销售额减少350万元，全部销售的坏账成本下降到1.5%，全部销售的平均收账期减少到20天。

政策五：将信用条件改变为“2/10，n/25”。估计将有50%的客户享受折扣，同时销售条件改变后将会增加300万元的销售额，坏账成本降低到新销售水平的2%，平均收账期减少至20天。

请回答下列问题：

(1) 分别评价各种政策条件下的信用成本（应收账款的机会成本、坏账成本）以及信用成本后的收益。

(2) 你认为瑞星公司应采取哪一种政策？为什么？

思考题

1. 什么是营运资金？营运资金具有哪些特点？
2. 营运资金筹资策略有哪几种？各有何特点？
3. 试分析企业持有现金的动机和成本。
4. 最佳现金持有量的分析模式有哪几种？各有何特点？
5. 什么是信用标准？企业如何合理制定信用标准？
6. 什么是信用期限？企业如何合理制定信用期限？
7. 企业应如何加强对应收账款的管理？
8. 简述存货经济订货批量基本模型。
9. 短期借款的信用条件有哪些？
10. 什么是商业信用？商业信用筹资有何优缺点？

单项选择题

1. 在一般情况下，企业持有货币资金的机会成本与相关因素的关系是（　　）。

A. 与货币资金持有量呈反比

B. 与货币资金持有时间呈反比

C. 与有价证券利率呈正比

D. 与货币资金持有量无关

2. 下列各项中,不属于企业持有现金动机的是(　　)。

A. 交易性动机　　B. 预防性动机

C. 投资性动机　　D. 投机性动机

3. 下列各项中,不影响材料经济订货批量的因素是(　　)。

A. 每次订货费用

B. 材料年度采购总量

C. 单位材料储存保管费用

D. 专设采购机构的基本开支

4. 下列各项中,不属于存货成本的是(　　)。

A. 取得成本　　B. 短缺成本

C. 管理成本　　D. 储存成本

5. 下列各项中,属于应收账款机会成本的是(　　)。

A. 顾客的信用状况进行调查所需的费用

B. 催收账款的费用

C. 应收账款占用资金的应计利息

D. 由于应收账款不能及时收回发生的坏账损失

6. 下列各项中,不属于应收账款成本的是(　　)。

A. 机会成本　　B. 短缺成本

C. 管理成本　　D. 坏账成本

7. 下列各项中,通常被用来衡量信用标准的是预计的(　　)。

A. 坏账损失率　　B. 信用期限

C. 现金折扣　　D. 收账费用

8. 企业将资金放在应收账款上而放弃的投资于其他方面的收益称作(　　)。

A. 管理成本　　B. 坏账成本

C. 短缺成木　　D. 机会成本

9. 企业在制定客户的信用标准时不应予以考虑的因素是(　　)。

A. 同行业竞争对手的情况　　B. 客户的资信程度

C. 企业的资信程度　　D. 企业承担违约风险的能力

10. 放弃现金折扣的成本大小与(　　)。

A. 折扣百分比的大小反方向变化

B. 信用期的长短同方向变化

C. 折扣百分比的大小、信用期的长短均同方向变化

D. 折扣期的长短同方向变化

业　务　题

1. 某公司预计全年需要现金 80 万元，该公司的现金收支状况比较稳定，因此当公司现金短缺时，公司可以用短期有价证券变现取得，现金与有价证券每次的转换成本为 50 元，有价证券的年利率为 5%，请利用存货模式计算该公司的最佳现金持有量、最低现金持有成本和有价证券最佳交易次数。

2. 某企业年度赊销收入为 1 800 万元，变动成本率为 80%。现制定信用政策，有 A、B 两个方案可供选择，假设 A、B 两方案的赊销收入及收账费用相同，企业的资金成本率为 10%。

表 10-9

A、B 两方案资料表

方案	折扣条件	折扣期内收款	平均信用期限	坏账损失率
A 方案	1/10，n/30	75%	21 天	0.5%
B 方案	2/10，n/30	90%	12 天	0.1%

要求：根据计算在 A、B 两方案中作出选择。

3. 某公司资金成本为 10%。目前全年的销售收入为 720 万元（假设全部赊销），变动成本率为 70%，平均收现期为 40 天，坏账损失率为 1%。公司为了加速账款回收和扩大销售收入以充分利用剩余生产能力，准备将信用政策调整为“2/20，1/30，n/40”。预计调整后销售收入将增加 10%，销售增加部分的收账费用和坏账损失分别占其收入的 2%和 2.5%。调整后全部销售收入的平均收现期将缩短 5 天，且有 50%的客户在 20 天内付款，有 30%的客户在 30 天内付款。

要求：根据计算结果说明该公司应否改变信用政策。

4. 某企业每年需要甲材料 6 000 千克，该材料的单位购货成本为 50 元，单位存货平均年存储成本为 3 元，平均每次订货费用 90 元。

要求：

(1) 计算经济订货批量。

(2) 计算经济订货批量下的相关成本。

(3) 计算采购经济订货批量所需的资金。

(4) 计算平均占用资金。

(5) 计算年度最佳订货次数。

第十一章　利润分配管理与决策

引导案例

世界著名企业美国苹果公司自1976年成立以来已有30多年历史了，其发展过程经历了无数坎坷，股票价格更是大起大落。长期以来苹果公司基本采取的是不分配的股利政策，然而随着近几年公司业绩的大幅度提高，公司股价也达到了历史最高点，于是公司于2014年6月7日实施1∶7的拆股计划。拆股前苹果公司的收盘价为645.57美元，总股本8.61亿股。拆股后，股价以92.22美元为新起点，总股本增至60.27亿股。上市公司拆股的目的是降低投资门槛、让更多投资者分享公司成长。苹果公司管理层希望股权分散再分散，尽量不要集中在少数大股东手中。在苹果公司拆股的同时，苹果公司又宣布用900亿美元进行股票回购同时发行120亿美元债券，如此大规模的分红计划可谓前所未有。

思考与讨论

1. 什么是拆股？它和股利分配有何异同？
2. 股票回购与现金股利两者效果是否相同？
3. 苹果公司一边发放股利，一边发行债券是否符合融资结构理论？
4. 你认为苹果公司如此高比例的分配股利意味着什么？

利润分配管理是企业财务管理的重要组成部分，其核心问题是股利分配。股利分配是否会对公司价值产生影响？这个问题受到国内外学者的广泛关注。本章主要介绍三个方面的问题：一是企业利润分配问题；二是为什么公司要分配股利？三是如何进行股利分配？

第一节　利润分配概述

利润分配是指企业对一定时期实现的净利润按照国家的有关规定在企业与投资者之间进行的分配。企业取得的利润必须依法进行分配，利润分配涉及企业的筹资和投资活动，因此，利润分配也是企业财务管理的重要内容。

一、利润分配的基本原则

1. 依法分配原则

企业的利润分配必须遵守国家的有关法律、法规，我国《公司法》和《企业财务通则》对企业利润的分配都有明确的规范，尤其在利润分配的条件、利润分配的内容和利润分配的顺序等方面都有严格的规定，企业在实施利润分配时必须严格执行。

2. 资本保全原则

利润分配是对经营中资本增值额的分配，而不是对资本金的返还。因此，企业在利润分配中不能侵蚀资本金，即出现亏损，尤其是连续多年亏损的企业，年终确认没有账面盈余或没有留存收益的企业，不得进行利润分配。

3. 积累优先原则

企业的利润分配要兼顾企业的长远发展和投资者近期的利益。企业如果没有充足的留存收益，经营和扩大再生产缺乏资金，企业的发展后劲不足，就降低了企业市场竞争能力，也难以保证企业的利润不断增长，最终将损害投资者的利益。因此，企业在利润分配过程中要考虑自身对资金的需求及其融资能力，合理确定利润分配比例。

4. 权益对等原则

企业在利润分配中应遵守公开、公平、公正的原则，企业的投资者在利润分配中，只能以其股份比例享有合法权益，不能搞幕后交易，不能谋取私利，不能帮助大股东侵害小股东的利益。利润分配方案应交股东大会讨论，并充分考虑小股东的意见，利润分配的方式应当在所有股东中一视同仁。

5. 保护债权人利益原则

按照风险承担的顺序及合同契约的规定，企业必须在利润分配之前清偿所有债权人的到期债务，否则不能进行利润分配。同时，在利润分配之后，企业还应保持一定的偿债能力，以免因利润分配造成企业财力枯竭，面临财务危机，并威胁到企业生存。

6. 综合均衡原则

利润分配涉及投资者、经营者、债权人和职工等多方的利益，也涉及企业的未来发展，因此，企业利润分配必须兼顾多方利益，综合权衡作出决策。合理处理当前利益与未来利益的矛盾、分配与增长的矛盾、股东利益与企业资金需求的矛盾等。

二、利润分配的内容

按照我国《公司法》的规定，公司利润分配的项目包括以下几个方面。

1. 盈余公积金

盈余公积金是从净利润中提取形成的，用于弥补公司亏损、扩大公司生产经营或转为增加公司资本。盈余公积金分为法定盈余公积金和任意盈余公积金。公司分配当年税后利润时首先应当按照10%的比例提取法定盈余公积金，当盈余公积金累计额达到公司注册资本的50%时，可以不再继续提取。任意盈余公积金的提取由股东大会根据需要决定。

2. 股利

股利是分配给投资者的利润。公司支付股利要在提取盈余公积金以后，并且股利应以股东所持股份的数额为依据，股东取得股利与其持有的股份数呈正比。股利原则上应从累计盈余中分派，无盈利不得支付股利。但若公司用盈余公积金弥补亏损后仍有剩余，为维护公司信誉，经股东大会特别决议，也可用盈余公积金或资本公积金支付股利，但支付股利后留存的法定盈余公积金不得低于注册资本的25%。企业股利分配的水平可用股利支付率表示，股利支付率是指支付的股利总额与当年的税后利润之比。

三、利润分配的程序

我国《公司法》和《企业财务通则》对企业利润分配的顺序都有明确的规定，《企业财务通则》规定：企业年度净利润，除法律、行政法规另有规定外，按照以下顺序分配：

(1) 弥补以前年度亏损。

(2) 提取10%法定盈余公积金。法定盈余公积金累计额达到注册资本50%以后，可以不再提取。

(3) 提取任意盈余公积金。任意盈余公积金提取比例由投资者决议。

(4) 向投资者分配利润。企业以前年度未分配的利润，并入本年度利润，在充分考虑现金流量状况后，向投资者分配。属于各级人民政府及其部门、机构出资的企业，应当将应付国有利润上缴财政。

国有企业可以将任意公积金与法定公积金合并提取。股份有限公司依法回购后暂未转让或者注销的股份，不得参与利润分配；以回购股份对经营者及其他职工实施股权激励的，在拟订利润分配方案时，应当预留回购股份所需要的利润。

第二节 股利政策理论

股利政策是关于公司是否发放股利、发放多少股利以及何时发放股利等方面的方针和策略。长期以来，人们一直在探究股利政策对公司股价或企业价值有无影响以及如何影响等问题，这些难以破解的理论问题又称为“股利之谜”。学术界在几十年的研究中，诞生了两大学派，即股利无关论学派和股利有关论学派，每一学派又有不同的理论解释。

一、股利无关论

（一）MM 理论

MM 理论是经典的股利理论，该理论是由美国财务学家米勒（Miller）和莫迪格莱尼（Mdig liani）于 1961 年在他们的著名论文《股利政策、增长和股票价值》中首先提出的。MM 理论认为：在完美的资本市场中，企业的市场价值不受股利政策的影响，即“股利无关论”。

MM 理论是建立在一定假设基础上的，这些假设包括：①没有公司所得税和个人所得税；②不存在股票发行成本和交易成本；③公司的投资决策与股利政策无关；④公司所有股东和管理人员对未来的投资机会具有相同的信息等。

【例 11-1】 若 A 公司流通在外的股票为 1 000 万股，目前每股价格为 42 元/股，现有两种现金股利分配政策。方案一：每股发放现金股利 2 元；方案二：每股发放现金股利 3 元。

要求：分析这两种股利分配政策对公司价值的影响。

根据 MM 理论的假设条件，这两种政策对公司价值没有影响，计算如表 11-1 所示。

表 11-1

股利政策与公司价值

项　　目	方案一（2 元/股）	方案二（3 元/股）
股利总额（万元）	2 000	3 000
不包括股利的每股价格（元）	40	39
发行的新股票筹资（万元）	0	1 000
流通在外的股票（万股）	1 000	1 025.64
公司的价值（万元）	40 000	40 000

MM 理论的解释如下：股利支付对股东财富的影响恰好被其他融资方式所抵销。若以出售额外股票的方式来增加股东权益而不是靠留存盈余（盈余用于发放现金股利），外部融资引起的股权稀释所造成的股价下跌，恰好被股利支付额所补偿。即股利政策可以改变股利支付的时间与数额，但未来股利的现值保持不变。MM 理论是依赖这些假设条件的，如果放宽这些假设条件，股利政策与公司价值是存在相关关系的。

（二）顾客效应理论

该理论认为：从股东的边际税率出发，每个投资者所处的税收等级不同，如富有的投资者边际税率较高，由此会引起投资者对股利的态度不同。有些投资者偏向低股利支付率或不支付股利的股票；有些投资者偏向高股利支付率的股票。据此，公司会相应调整其股利政策，使股利政策符合股东的愿望。达到均衡时，高股利支付率的股票将吸引处于低边际税率的投资者，而低股利支付率的股票将吸引处于高边际税率的投资者。这种股东聚集在满足各自偏好的股利政策的现象就叫“顾客效应”。

按照该理论的观点，公司的任何股利政策都不可能满足所有股东对股利的要求，公司股利政策的变化，只是吸引偏好这类股利政策的投资者购买股票，而另一类不喜爱这类股利政策的投资者则会卖出股票。一旦市场处于均衡状态，没有公司能够通过改变股利政策来影响公司股票的价格，这实际上从另一个角度证明了股利无关论。

二、股利有关论

（一）“一鸟在手”理论

“一鸟在手”理论又称为“在手之鸟”理论，该理论认为：股利与资本利得两种形式收入中，股东更偏好股利（特别是现金股利），股利是相对稳定的收入，好比“一鸟在手”；而资本利得具有较大的不确定性，好比“林中之鸟”，看起来多，未必抓得住，也就是说资本利得的风险大于股利的风险。因此，随着股利支付率的降低，股票投资成本将上升，股票投资风险加大，股价将下跌，公司价值将下降；反之，随着股利支付率的上升，股票投资成本将下降，股票投资风险将减小，股价将上升，公司价值将上升。因此，按照该理论，公司应该制定高支付比例的股利政策，才能使公司价值最大化。

然而，无论是现金股利还是资本利得，都需要公司的业绩支撑。如果没有长期盈利的业绩支持，公司就无法保持持续现金股利的发放。如果公司保持良好的盈利业绩，即使不发放现金股利，公司股票价格也可能不断上升。这说明若股票市场在一个较长时期内是一个有效的市场，就不存在现金股利的风险一定低于资本利得的风险，现金股利也就不一定优于资本利得。

（二）信号传递理论

信号传递理论认为：在信息不对称的情况下，公司可以通过股利政策向市场传递公司未来盈利能力的信息。如果公司支付较高水平的股利则是向市场传递公司盈利状况较好的信号；反之，如果公司股利支付水平下降则是向市场传递公司经营业绩较差的信号。因此，当公司支付的股利水平上升时，公司的股价就会上升；反之，当公司支付的股利水平下降时，公司的股价就会下降。

（三）税收差别理论

税收差别理论认为：在没有税收的情况下，公司选择何种股利支付方式并不重要，但如果在现金股利税与资本利得税存在差异的情况下，支付现金股利就不一定是最优的股利政策。由于资本利得税率通常低于现金股利税率，而且可以长期持有股票来延缓资本利得的实现，从而推迟纳税，享受递延纳税的好处。因此，按照该理论，公司在制定股利政策时，应采用低股利支付率政策，才能使公司价值最大化。

第三节 股利政策实践

一、影响股利政策的因素

股利政策对公司的生存和发展有着重要的影响,而股利政策的形成受多种因素的影响,有些是公司特有的,有些是外部环境决定的,这些因素主要有以下几个方面。

(一) 法律因素

为了保护公司债权人和股东的利益,我国《公司法》和《证券法》等有关法规对公司股利的分配进行了一定的限制,主要包括:①资本保全。规定公司不能用筹集的资本发放股利。②公司积累。规定公司股利只能从当期的利润和过去累积的留存收益中支付。③净收益。规定公司账面累计税后利润必须是正数才可以发放股利,以前年度的亏损必须足额弥补。④偿债能力。规定公司如果要发放股利,必须保有一定的偿债能力。

(二) 契约因素

当公司以长期借款协议、债券契约、优先股协议以及租赁合约等形式从外部筹集资金时,常常应对方要求,接受一些关于股利支付的限制性条款。这些条款主要包括:①未来股利只能用协议签订以后的新收益支付;②流动比率或速动比率等财务指标不得低于某标准;③营运资金或利息保障倍数低于一定标准时不得支付股利等等。其目的在于增强公司权益资本,保持公司现金流量,提高公司偿债能力,最终保护债权人的利益。

(三) 公司因素

公司内部因素是影响股利政策的最主要因素,主要包括以下几个方面。

1. 变现能力

公司资产的变现能力,即保有一定的现金和其他流动资产,是维持企业正常生产经营的必要条件。较多地支付现金股利会减少公司的现金持有量,降低资产的流动性。因此,公司现金股利的支付,在很大程度上受其资产变现能力的限制。

2. 筹资能力

不同的公司在资本市场上的筹资能力有一定的差别,对于筹资能力较强的公司,可以多发放现金股利;相反,则少发放现金股利,以留存较多利润。

3. 投资机会

公司的股利政策与其所拥有的投资机会密切相关,如果公司有良好的投资机会,必然需要大量的资本支持,因而往往会将大部分盈余用于投资,而较少发放现金股利;如果公司缺乏良好的投资机会,则倾向于向股东支付较多的现金股利。

4. 盈利能力

公司盈利的水平和盈利的稳定性是决定股利政策的重要因素，一般而言，盈利能力比较强、盈利比较稳定的公司常常采取较高股利支付率的政策，相反，对于盈利不稳定或盈利能力较差的公司，常常会采取低股利支付率或不支付股利的政策。

（四）股东因素

股利政策由董事会制定，并经过股东大会决议通过后方可执行，因此股东的意愿对股利政策具有举足轻重的影响。股东所考虑的因素主要有以下几个。

1. 稳定收入

公司股东的收益包括两个部分，即股利收益和资本利得收益。对于长期持有股票的股东来说，往往要求较为稳定的股利收入。

2. 股权稀释

如果公司大量支付现金股利，就可能造成未来经营资金短缺，如果再发行新股筹集资金，则现有股东的控股权就会被稀释。因此，当股东们没有足够的现金认购新股时，为防止控股权降低，股东们宁可放弃现金股利而反对增发新股。

3. 税赋

如果一个公司绝大部分股东是高边际税率的纳税者，则其倾向于多留存利润少分派股利。因为股利收入的税率要高于资本利得的税率，这种多留少派的股利政策可以给这些富有的股东带来更多的资本利得收益。

二、股利政策的类型

（一）剩余股利政策

剩余股利政策是指公司有着良好的投资机会时，根据拟投资项目的目标资本结构，测算出投资所需的权益资本数量，并优先从当期盈余中留用，即剩余的盈余才可用于股利分配。这种形式的股利分配政策主要以满足公司的投资需求为出发点，注重扩大再生产，并考虑从收益中获得资金。

剩余股利政策应遵循以下几个步骤：①确定未来投资项目所需要的资金数量；②设定日标资木结构，即倩务资本和权益资本的比率；③按照目标资本结构，计算投资所需要的权益资本数额；④利用留存收益来最大限度地满足投资所需的权益资本数额；⑤在留存收益有剩余的情况下才可发放股利。

【例 11-2】 某公司本年度实现净利润为 4 000 万元，可用于发放股利，也可留存或用于投资。假设公司计划扩大生产经营规模，预计下一年度投资需要资金 3 000 万元，若该公司的目标资本结构为：权益资本占 60%，债务资本占 40%，公司拟采取剩余股利政策。试计算该公司当年可发放股利额和股利支付率。

(1) 公司下年度投资所需权益资本为：3 000×60%＝1 800(万元)。

(2) 公司当年可发放股利额为:4 000－1 800＝2 200(万元)。

(3) 股利支付率为:2 200÷4 000×100％＝55％。

(二) 固定或稳定增长股利政策

固定或稳定增长股利政策是指公司将每年发放的股利额固定在某一特定的水平上,这个特定水平与公司当期盈利状况无关,然后在一段时期内不论公司的盈利水平和财务状况如何变化,发放的股利额均保持不变,如图 11-1 所示。

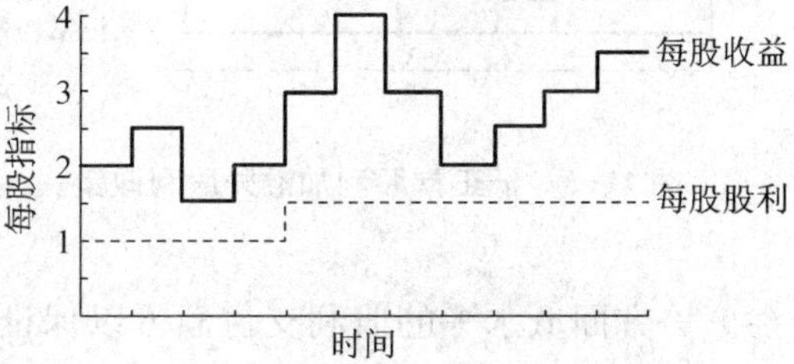

图 11-1　固定或稳定增长股利政策

这种股利政策的一个重要原则是:绝对不要降低每年的股利发放额。由于公司的不断发展以及通货膨胀等方面的因素,当公司未来的盈利增长到足以使其发放的股利额维持在一个较高水平时,则提高股利发放额。

实施固定或稳定增长股利政策的优点是:①股利政策是向投资者传递重要的信息,稳定的股利政策说明公司经营业绩比较稳定,经营风险比较小,投资者所期望的股票报酬率比较低,有利于股票价格上升;②稳定的股利政策,有利于投资者有规律地安排股利收入,有利于投资者长期持有股票,也就有利于股票价格的稳定。

这种股利政策存在的问题是:由于每年股利额只升不降会给公司的财务运作带来压力,当公司经营状况不佳时,可能难以维持。因此,只有在盈利长期稳定的情况下,这一政策才是可行的。

(三) 固定股利支付率政策

固定股利支付率政策是指公司按税后利润的某一固定比例发放股利额。这种股利政策使得股利的发放额与公司的盈余紧密联系,充分体现多盈多分、少盈少分、不盈不分的原则。如图 11-2 所示,固定股利支付率为 50％。

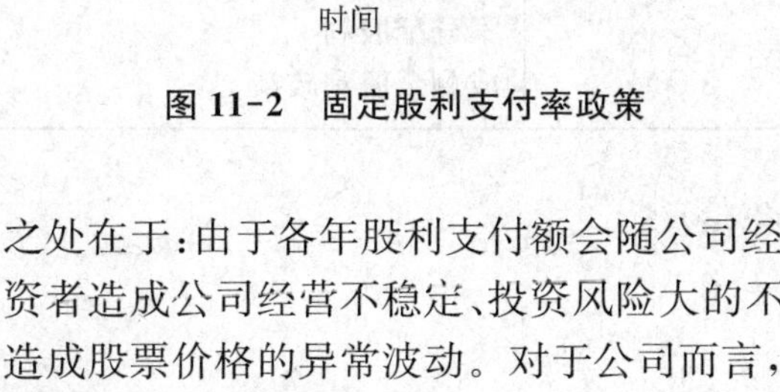

图 11-2　固定股利支付率政策

固定股利支付率政策的不足之处在于:由于各年股利支付额会随公司经营状况的好坏而发生波动,容易给投资者造成公司经营不稳定、投资风险大的不良印象,同时,不稳定的股利额容易造成股票价格的异常波动。对于公司而言,这种股利政策缺乏财务弹性,一般公司不会采用这种股利政策。

（四）低正常股利加额外股利政策

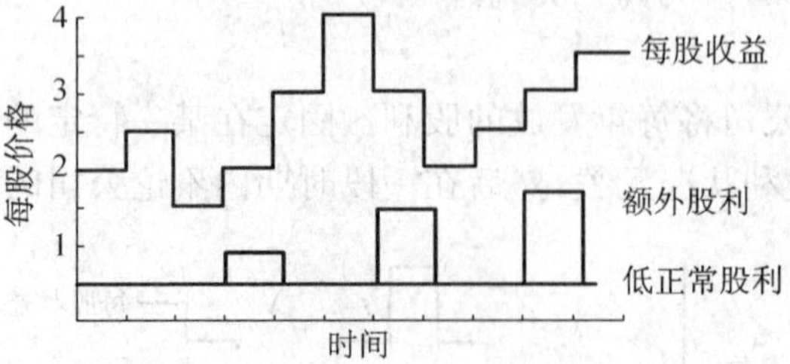

图 11-3 低正常股利加额外股利政策

低正常股利加额外股利政策是指公司稳定的支付数额较低的正常股利，只有在盈利和现金较多的时候，才在原有基础上额外增加股利发放额，如图 11-3 所示。

低正常股利加额外股利政策的优点是：给利润浮动性较大的公司在股利分配上以较大的弹性。一方面低水平的股利支付额可以保证公司有足够的能力按期支付股利，保证了股东最基本的投资收益。另一方面当公司盈余较多时，又可以增加股利额，这是一种颇受欢迎的股利政策。

（五）股利政策的选择

不同的股利政策适用于不同的公司，而某一公司在不同发展阶段可以选择不同的股利政策。一般来说，公司在不同发展阶段所采用的股利政策如表 11-2 所示。

表 11-2

公司不同发展阶段股利政策的选择

公司发展阶段	特　点	适用的股利政策
初创期	经营风险高、有资金需求、融资能力差	不分配股利 或剩余股利政策
高速成长期	资金需求量较大，盈利不稳定	不分配股利 或剩余股利政策
稳定增长期	盈利水平稳中有升	固定或稳定增长股利政策 或低正常股利加额外股利
成熟期	盈利水平稳定	固定股利支付率政策 或低正常股利加额外股利
衰退期	盈利能力下降，寻找投资机会	不分配股利 或剩余股利政策

三、股利支付方式

（一）股票股利与股票分割

1. 股票股利

股票股利是指公司将应分给投资者的股利以股票的形式发放，股票股利又称为"送股"。从会计角度看,股票股利只是权益资金在股东权益账户之间的转移,即将公司的未分配利润转移到其他股东权益账户。

【例 11-3】 某公司发放股票股利前的股东权益账户如表 11-3 所示。

表 11-3

发放股票股利前的股东权益

单位:万元

项　　目	金　　额
股本(每股面值 1 元,2 000 万股)	2 000
资本公积	3 000
未分配利润	6 000
股东权益合计	11 000

该公司当前股票市价为 20 元/股,现实施"10 送 1"的股票股利,那么发放股票股利后,股东权益的账户会发生怎样的变化?

由于该公司发放股票股利前股本总数为 2 000 万股,实施"10 送 1"的股票股利即每 10 股赠送 1 股,共赠送 200 万股,相当于分配股利 4 000 万元(200×20),于是发放股票股利后股东权益的账户如表 11-4 所示。

表 11-4

发放股票股利后的股东权益

单位:万元

项　　目	金　　额
股本(每股面值 1 元,2 200 万股)	2 200
资本公积	6 800
未分配利润	2 000
股东权益合计	11 000

因此,发放股票股利不会导致公司的现金流出,也不会增加或减少公司的资产,股东权益账面价值的总额也不会发生变化。但发放股票股利将增加公司发行在外的普通股股票的数量,导致每股股票所拥有的股东权益账面价值下降。就股东而言,每位股东的持股比例不变,每位股东所持有股票的权益账面价值也不变。

公司发放股票股利可能出于下列动机和目的:第一,公司缺少现金流量或存在更好的投资机会而又要维持股利政策。公司发放股票股利,既让股东分享公司收益又无须分配现金,可以将更多的现金留存下来用于再投资,有利于公司长期、健康和稳定的发展。第二,股票股利的发放可以有效降低股票的市场价格,吸引更多的投资者。由于股票股利增加了在外流通的普通股的股数,从而导致每股收益、每股价格等每股指标的下降。

2. 股票分割

股票分割是指将面额较高的股票交换成数股面值较低的股票行为，股票分割又称为“拆股”。股票分割行为不属于股利分配，但其所产生的效果与发放股票股利又十分相近。

【例 11-4】 某公司进行股票分割前的股东权益账户如表 11-5 所示。

表 11-5

股票分割前的股东权益

单位：万元

项　目	金　额
股本（每股面值 2 元，2 000 万股）	4 000
资本公积	3 000
未分配利润	6 000
股东权益合计	13 000

该公司现实行“每股拆分为 2 股”的股票分割策略，那么股票分割后，股东权益的账户会发生怎样的变化？

由于该公司股票分割前股本总数为 2 000 万股，实行“每股拆分为 2 股”的股票分割策略即股本总数为 4 000 万股，于是实行股票分割后股东权益的账户如表 11-6 所示。

表 11-6

股票分割后的股东权益

单位：万元

项　目	金　额
股本（每股面值 1 元，4 000 万股）	4 000
资本公积	3 000
未分配利润	6 000
股东权益合计	13 000

因此，实行股票分割不会导致公司的现金流出，不会增加或减少公司的资产，股东权益账面价值的总额也不会发生变化。股票分割将增加公司发行在外的普通股股票的数量，导致每股股票所拥有的股东权益账面价值下降。就股东而言，每位股东的持股比例不变，每位股东所持有股票的权益账面价值也不变等，这些特征与股票股利均相同。两者的不同之处在于：股票股利使股东权益的内部结构发生了变化，而股票分割不会引起股东权益的内部结构变化。

公司实行股票分割可能出于下列动机和目的：第一，降低股票市价。一般来说，股票价格过高不利于股票交易活动，通过股票分割降低股价，使公司的股票更广泛地分散到投资者手中。第二，为新股发行做准备。在新股发行之前利用股票分割降低股价，有利于提高股票的可转让性和促进市场交易活动，由此增加投资者对股票的兴趣，促进新发行股票的畅销。第三，有助于公司并购的实施。在并购另一个公司之前，首先将自己的股票分割，可以提高被并购方股东的吸引力。

（二）现金股利与股票回购

1. 现金股利

现金股利又称“派现”，是指公司用现金向股东分配股利，它是股利支付的最主要方式。大多数投资者认为，现金股利是实实在在的收益，广受股东欢迎。然而公司发放现金股利会导致公司现金资产减少，公司的未分配利润减少，股东权益也相应减少。

公司发放现金股利有两个基本条件：一是公司要有足够的现金资产；二是公司要有一定的盈利，两者缺一不可，因此发放现金股利对公司有较高的要求。不仅如此，发放现金股利对公司的财务状况影响也较大。它会导致公司的资产减少、资产结构发生变化；由于负债不变，股东权益减少，则负债比例上升，公司的偿债能力下降等。

2. 股票回购

股票回购是指公司出资购回其本身发行在外流通的股票，被购回的股票通常称为“库藏股票”。股票回购有很多意图，其中之一是变相的现金股利。用股票回购代替现金股利，一般是公司有多余现金又没有有利可图的投资机会时，可以通过发放现金股利或回购股票等方式将现金分配给股东。

【例 11-5】 某公司有关财务数据如表 11-7 所示。

表 11-7

有关财务数据

单位：万元

项　目	金　额
多余现金	5 000
股本（每股面值 1 元，10 000 万股）	10 000
税后利润	7 000
发放股利前股票市价	19.5 元/股

公司拟将多余现金 5 000 万元分配给股东，分配方式有两种：一是选择现金股利，也即实施“10 派 5”（含税），相当于 0.5 元/股现金股利。二是实施股票回购，用 5 000 万元购买本公司的股票，回购价为 20 元/股（19.5＋0.5），回购股数为 250 万股（5 000÷20），此时公司的股本数为 9 750 万股。

在没有个人所得税和交易成本时，现金股利和股票回购对股东没有区别，股票回购给股东带来的资本利得应等于发放现金股利额。但采用股票回购对于股东而言有一个选择机会，或出售股票或保留股票。在有个人所得税时，股东更偏好股票回购。

公司采取股票回购的方式主要有以下动机和目的：第一，用于公司兼并或收购。公司并购时的产权交换方式一般有现金购买和换股两种，如果公司有库藏股票，即可使用公司本身的库藏股票来交换被并购公司的股票，由此可以减少公司的现金支出。第二，满足可转换条款和有助于认股权的行使。在公司发行可转换证券或附认股权证的情况下，公司可以通过回购股票，即使用库藏股票来满足认股权证持有人以特定的价格认购股票，以及可转换证券持有人将其转换成普通股股票的要求，而不必另行发行新股。第三，改善公司的资本结构。如果公司认为其股东权益所占比例过大、负债对股票权益的比例失衡时，就有可能对外举债，并用举债获得的现金回购自己的股票，由此实现资本结构的合理化。第四，灵活分配公司的多余现金，股东可以享受税收优惠。如果选择股票回购的方式，股东需要缴纳的是资本利得税，按照国际惯例，相比较红利税，通常资本利得税税率较低。

案例讨论

用友软件的股利政策分析

北京用友软件股份有限公司（以下简称“用友软件”）于 2001 年 5 月 18 日上市，上市当日开盘价为每股 76 元，已经比发行价每股 36.68 元高出 2 倍有余，当日盘中最高价更是创下了每股 100 元的辉煌价格，并以每股 92 元价格报收。用友软件上市以来的股利分配及每股主要财务指标如表 11-8 所示。

表 11-8

用友软件股利分配及主要财务指标

公告日期	股利分配方案（每 10 股）			派现年份	派现年份的每股收益（元）	派现年份的每股现金流量（元）
	送股（股）	转增（股）	派息（税前）（元）			
2014-04-17	0	2	3	2013	0.57	0.77
2013-04-27	0	0	2	2012	0.39	0.51
2012-04-13	0	2	4	2011	0.66	0.58
2011-05-06	0	0	2.2	2010	0.41	0.60
2010-04-26	0	3	6	2009	0.97	0.64

（续表）

公告日期	股利分配方案（每10股）			派现年份	派现年份的每股收益（元）	派现年份的每股现金流量（元）
	送股（股）	转增（股）	派息（税前）（元）			
2009-04-23	0	3	3	2008	0.85	0.78
2008-04-07	0	10	10	2007	1.56	1.48
2007-04-30	0	0	6.8	2006	0.77	0.954 8
2006-05-12	0	3	6.6	2005	0.57	1.200 8
2005-05-17	0	2	3.2	2004	0.48	0.740 2
2004-05-15	0	2	3.75	2003	0.62	0.87
2003-06-30	0	2	6	2002	0.92	0.838
2002-05-15	0	0	6	2001	0.70	1.032 9

用友软件偏好现金股利，并且实施的高比例分配方案，曾受到媒体的质疑。其股利分配方案受大股东支配，引起小股东的不满。

对于用友软件的股利分配，请思考以下问题：

(1) 用友软件的股利分配有何特点？

(2) 高派现的股利政策，为什么大股东坚持而小股东反对？

(3) 用友软件的股利分配与其财务状况是否相适应？

(4) 高额的现金股利会对公司产生怎样的影响？

思 考 题

1. 简述利润分配的原则和程序。
2. 什么是股利无关论？它的结论是如何形成的？
3. 股利有关论有哪些理论？其主要观点是什么？
4. 影响股利政策的因素有哪些？
5. 股利政策有哪几种？各有何特点？
6. 试分析股票股利与股票分割的异同。
7. 公司实施股票分割的动机是什么？
8. 公司实施现金股利的条件是什么？
9. 试分析现金股利与股票回购的异同。
10. 公司实施股票回购的动机是什么？

单项选择题

1. 能够使公司的股利分配具有较大灵活性的股利分配政策是(　　)。

A. 剩余股利政策　　B. 固定支付率股利政策

C. 固定股利政策　　D. 低正常股利加额外股利政策

2. 一般而言,(　　)的公司适合采用固定股利政策。

A. 负债率较高　　B. 盈利波动较大

C. 盈利相对稳定　　D. 盈利较高但投资机会较多

3. 能充分利用筹资成本最低的资金来源,保持理想的资金结构,使综合资金成本最低的股利分配政策是(　　)。

A. 剩余股利政策　　B. 固定股利政策

C. 固定股利比例政策　　D. 正常股利加额外股利政策

4. 在企业利润分配中,股利支付与企业盈利状况密切相关的股利分配政策是(　　)。

A. 剩余股利政策　　B. 固定股利政策

C. 固定股利支付率政策　　D. 低正常股利加额外股利政策

5. 最常见也是最易被投资者接受的股利支付方式为(　　)。

A. 现金股利　　B. 股票股利

C. 财产股利　　D. 负债股利

6. 公司缺少现金又计划将利润分配给股东,应选择的股利支付方式为(　　)。

A. 现金股利　　B. 股票股利

C. 财产股利　　D. 负债股利

7. 在股利支付方式中,不会引起公司资产、负债和所有者权益变化的支付方式是(　　)。

A. 现金股利　　B. 股票股利

C. 财产股利　　D. 负债股利

8. 公司实施股票股利,对公司财务状况的影响是(　　)。

A. 资产减少　　B. 负债增加

C. 所有者权益减少　　D. 所有者权益总额不变

9. 公司实施现金股利,对公司财务状况的影响是(　　)。

A. 资产增加　　B. 资产减少

C. 负债增加　　D. 负债减少

10. 公司实施现金股利后其资产负债率将会(　　)。

A. 上升　　B. 下降　　C. 不变　　D. 不确定

业 务 题

1. ABC公司的董事会正在审查管理层提交的下年度公司资本预算。在过去的几年中，公司每年支付给股东2元的现金股利，股东们希望公司未来几年里保持稳定的股利政策。公司目前的资本结构是债务资本占40%，权益资本占60%，公司流通在外的普通股股数为200万元，今年的净利润为1 400万元。公司有几个较好的投资项目，共需要资本2 000万元。

请回答以下问题：

(1) 如果公司采用剩余股利政策，公司需要多少留存收益满足资本预算？

(2) 如果公司采用剩余股利政策，下一年度公司的每股股利和股利支付率为多少？

(3) 如果公司仍要保持每股2元的股利和2 000万元的资本预算，并不发行新的普通股股票，公司可以保持当前的资本结构吗？

(4) 如果公司仍要保持每股2元的股利和2 000万元的资本预算，而且愿意通过举债来满足资本预算的需要。假设资本结构的改变对公司综合资本成本的影响较小，那么，公司资本预算的多大比例将通过负债筹资？

(5) 假设公司决定仍要保持每股2元的股利，并希望保持目标资本结构和2 000万元的资本预算。为了达到这个目标，公司必须增发多少普通股？

2. 某公司发行在外股票5 000万股，每股面值1元，现行市价每股10元，公司股东权益情况如表11-9所示。现公司董事会决定发放股票股利，每10股送1股(即增发500万股)。

表11-9

公司股东权益情况表

单位：万元

普通股	5 000
资本公积	20 000
未分配利润	10 000
股东权益合计	35 000

要求：

(1) 请计算发放股票股利后的下列指标，并与发放前相比，哪些指标发生了变化：股本，资本公积，未分配利润，股东权益总额。

(2) 若公司原发行每股面值为2元的普通股5 000万股，其他资料如表11-10所示。现公司决定按1股换成2股的比例进行股票分割，则分割后的股东权益各项目各为多少?

表 11-10

相关资料表

单位:万元

项 目	金 额
普通股	10 000
资本公积	20 000
未分配利润	10 000
股东权益合计	40 000

(3) 通过上述计算,指出股票分割与发放股票股利有何异同?

第四篇

财务分析篇

第十二章　企业财务分析(一)：基本分析

引导案例

飞机驾驶员仅仅知道仪表上的各项数字的含义是不够的，还必须清楚各项数字之间的关系，清楚哪些指标是正常的，哪些指标是异常的，进而作出调整飞行的决策。企业也一样，成功企业总能从报表中各个数字之间的比例、趋势分析中得出对自身财务状况的正确判断，这是他们之所以成功的极为重要的一环。财务分析对公司经理、投资分析家，投资者和贷款人来说都是至关重要的。

思考与讨论

(1) 财务报表的数据有何特点？财务报表数据之间有何关联？

(2) 如何利用财务报表的数据帮助企业进行财务决策？

第一节　盈利能力分析

反映公司盈利能力的指标很多，通常使用的主要有：销售净利率、销售毛利率、资产净利率和净资产收益率等。

一、主营业务净利润率

主营业务净利润率是企业净利润与主营业务收入净额的比率，计算公式为：

$$主营业务净利润率 = 净利润 \div 主营业务收入净额 \times 100\%$$

$$净利润 = 利润总额 - 所得税额$$

主营业务净利润率是反映企业盈利能力的一项重要指标，这项指标越高，说明企业从主营业务收入中获取的利润的能力越强。影响该指标的因素较多，主要有商品质量、成本、价格、销售数量、期间费用及税金等。

二、资产净利润率

资产净利润率又称资产报酬率、投资报酬率或资产收益率，是企业在一定时期内的净利润和资产平均总额的比率，计算公式为：

$$资产报酬率 = 净利润 \div 资产平均总额 \times 100\%$$

$$资产平均总额 = (期初资产总额 + 期末资产总额) \div 2$$

资产净利润率主要用来衡量企业利用资产获取利润的能力，反映了企业总资产的利用效率，表示企业每单位资产能获得净利润的数量，这一比率越高，说明企业全部资产的盈利能力越强。该指标与净利润率呈正比，与资产平均总额呈反比。

三、资本收益率

资本收益率又称资本利润率，是指企业净利润（即税后利润）与所有者权益（即资产总额减负债总额后的净资产）的比率，用来反映企业运用资本获得收益的能力，是财政部对企业经济效益的一项评价指标。资本收益率也是资产收益率。

$$资本收益率 = 净利润 \div 实收资本(或股本) \times 100\%$$

资本收益率的内涵可分为实收资本收益率、自有资本收益率、总资本收益率、经营资本收益率和人力资本收益率。

资本收益率越高，说明企业自有投资的经济效益越好，投资者的风险越少，值得投资和继续投资。因此，它是投资者和潜在投资者进行投资决策的重要依据。对企业经营者来说，如果资本收益率高于债务资金成本率，则适度负债经营对投资者来说是有利的；反之，如果资本收益率低于债务资金成本率，则过高的负债经营就将损害投资者的利益。

四、净资产收益率

净资产收益率是反映所有者对企业投资部分的盈利能力，又称所有者权益报酬率或净资产利润率。

$$净资产收益率 = 净利润 \div 所有者权益平均余额 \times 100\%$$

$$所有者权益平均余额 = (期初所有者权益余额 + 期末所有者权益余额) \div 2$$

净资产收益率越高，说明企业所有者权益的盈利能力越强。影响该指标的因素，除了企业的盈利水平以外，还有企业所有者权益的大小。对所有者来说，该比率越大，投资者投入资本的盈利能力越强。在我国，该指标既是上市公司对外必须披露的信息内容之一，也是决定上市公司能否配股进行再融资的重要依据。

五、普通股每股收益

普通股每股收益也称普通股每股利润或每股盈余，是指股份有限公司实现的净利润总额减去优先股股利后与已发行在外的普通股股数的比率，计算公式为：

普通股每股收益 =（净利润 − 优先股股利）÷ 发行在外的普通股股数

该指标能反映普通股每股的盈利能力，便于对每股价值的计算，因此被广泛使用。每股收益越多，说明每股盈利能力越强。影响该指标的因素有两个方面：一是企业的获利水平；二是企业的股利发放政策。

该指标是衡量上市公司获利能力的重要财务指标。

六、市盈率

市盈率是普通股每股市价与每股收益的比率，计算公式为：

市盈率 = 普通股每股市场价格 ÷ 普通股每股收益

市盈率越高，表明投资者对公司未来充满信心，愿意为每 1 元盈余多付买价。通常认为，市盈率在 5～20 之间是正常的。当股市受到不正常的因素干扰时，某些股票的市场被哄抬到不应有的高度，市盈率会过高。超过 20 的市盈率被认为不是正常的。很可能是股价下跌的前兆，风险较大。股票的市盈率比较低，表明投资者对公司的前景缺乏信心，不愿为每 1 元盈余多付买价。一般认为，市盈率在 5 以下的股票，其前景黯淡，持有这种股票的风险较大。不同行业股票市盈率是不相同的，而且会经常发生变化。当人们预期将发生通货膨胀或提高利率时，股票市盈率会普遍下降，当人们预期公司的利润将增长时，市盈率通常会上升。此外，债务比重大的公司，股票市盈率通常较低。

七、资本保值增值率

资本保值增值率反映了企业资本的运营效益与安全状况，是评价企业经济效益状况的辅助指标。其计算公式为：

资本保值增值率 =（年末所有者权益 ÷ 年初所有者权益）× 100%

这一指标是根据资本保全原则设计的，反映企业资本的保全和增值情况。它充分体现了对所有者权益的保护，能够及时、有效地发现所有者权益减少的现象。该指标越高，说明企业资本保全状况越好，所有者权益增长越快，债权人的权益越有保障，企业发展后劲越强。

八、销售净利率

销售净利率是指净利与销售收入的百分比，其计算公式为：

净利销售净利率 = 净利 ÷ 销售收入 × 100%

净利或称“净利润”，在我国会计制度中是指税后利润。

该指标反映每1元销售收入带来的净利润是多少，表示销售收入的收益水平。从销售净利率的指标关系看，净利额与销售净利率呈正比关系，而销售收入额与销售净利率呈反比关系。公司在增加销售收入额的同时，必须相应获得更多的净利润，才能使销售净利率保持不变或有所提高。通过分析销售净利率的升降变动，可以促使公司在扩大销售业务的同时，注意改进经营管理，提高盈利水平。

九、销售毛利率

销售毛利率是毛利占销售收入的百分比，其中毛利是销售收入与销售成本的差。其计算公式为：

销售毛利率 =（销售收入 − 销售成本）÷ 销售收入 × 100%

销售毛利率表示每1元销售收入扣除销售成本后，有多少钱可以用于各项期间费用和形成盈利。销售毛利率是公司销售净利率的基础，没有足够大的毛利率便不能盈利。

第二节 偿债能力分析

偿债能力是指企业对债务清偿的承受能力或保证程度，即企业偿还全部到期债务的现金保障程度。企业偿债能力主要从短期偿债能力和长期偿债能力进行分析和评价。

一、短期偿债能力分析

公司短期偿债能力是指企业短期内（一般为1年）偿还随时可能到期债务的能力，它反映企业流动资产及时足额偿还短期债务的保障程度，是衡量企业当前财务能力特别是流动资产变现能力的重要标志。公司是否有能力清偿当期债务，对公司自身的生存与发展至关重要，也是公司管理层、投资者与债权人共同关心的问题。因此，对公司短期偿债能力的分析非常必要。

短期偿债能力指标主要由企业流动资产与流动负债的相对比率、流动资产与流动负债的相关比率、企业流动资产的结构和变现能力、企业流动负债的种类和期限结构等决定，具体可以通过运营资本、现金比率、流动比率、速动比率等指标来衡量。

（一）营运资本

一般分析认为，营运资本至少应该大于零，它反映公司将多少长期资金来源运用于流动资产中。其计算公式为：

营运资本 = 流动资产 − 流动负债

该指标绝对数不宜比较，价值表现形式是账面价值，与实际价值有差异，会影响到衡量短期偿债能力的准确性。

（二）现金比率

现金比率是企业的货币现金与企业流动负债的比值。其计算公式为：

现金比率 = 货币资金 ÷ 流动负债

现金比率是一个动态指标可以弥补流动比率和速动比率的不足。货币资金是流动资产中变现能力最强的部分，它占流动负债的比例是企业偿还到期债务的最低保障。现金比率能够更合理、更全面地反映企业的偿债能力。

（三）流动比率

流动比率可以计量流动负债的偿还能力，是对企业在某个时点用于偿还流动负债的可用静态资源的（存量）计量。流动比率是企业分析短期偿债能力时最常用的指标。它的计算公式为：

流动比率 = 流动资产 ÷ 流动负债

流动比率的大小与企业流动资产和流动负债的多少有关，它反映了企业流动资产占流动负债的比例。流动资产的多少与短期偿债能力的强弱有直接的联系，资产的流动性是企业偿还到期债务的根本保证。其比率值越高，表明公司流动资产对流动负债的保障程度越高，公司的短期偿债能力越强，否则反之。但从优化资本结构和提高资本金利用效率方面考虑，该比率值并非越高越好。因为比率值过高，可能表明公司的资本金利用效率低下，不利于公司的经营发展。该指标的国际公认标准为200%，我国目前的较高水平在150%左右。

（四）速动比率

速动比率是短期偿债能力分析时的又一个基本指标。它一般不单独使用，往往与流动比率、现金比率一起分析企业的短期偿债能力。其计算公式为：

速动比率 =（流动资产 − 存货）÷ 流动负债

它是从速动资产对流动负债的保障程度的角度说明公司的短期偿债能力，其比率值越高，表明公司速动资产对流动负债的保障程度越高，公司的短期偿债能力越强，否则反之。但从优化公司资产结构和提高资产利用效率方面考虑，该比率值并非越高越好。因为比率值过高，可能表明公司的资产运用不充分，甚至会丧失一些有利的投资和获利机会。该指标的国际公认标准为100%，我国目前的较高水平约为90%。

二、长期偿债能力分析

长期偿债能力是指企业偿还期限大于1年或一个会计周期的债务，企业的长期负债主要有长期借款、应付长期债券、长期应付款等。反映企业长期偿债能力的财务比率主要有:资产负债率、权益乘数、产权比率、利息保障倍数、现金流量债务比和现金流量利息保障倍数。这些指标不仅关系到企业能否持续经营,而且关系到债权人的利益。因此,对企业的长期偿债能力作出评价并进行合理运用,对于企业自身状况的评估、财务决策的作出具有重要的意义。

(一) 资产负债率

资产负债率是企业负债总额与资产总额的比率,也称为负债比率或举债经营比率,它反映企业的资产总额中有多少是通过举债而得到的。其计算公式为:

资产负债率 = 负债总额 ÷ 资产总额

资产负债率反映企业偿还债务的综合能力,这个比率越高,企业偿还债务的能力越差;反之,偿还债务的能力越强。

(二) 权益乘数

股东权益比率是股东权益与资产总额的比率,该比率反映企业资产中有多少是所有者投入的。其计算公式为:

股东权益比率 = 股东权益总额 ÷ 资产总额

(三) 产权比率

负债股权比率是负债总额与股东权益总额的比率,也称产权比率。其计算公式为:

产权比率 = 负债总额 ÷ 股东权益总额

这个比率实际上是负债比率的另一种表现形式,它反映了债权人所提供资金与股东所提供资金的对比关系,因此它可以揭示企业的财务风险以及股东权益对债务的保障程度。该比率越低,说明企业长期财务状况越好,债权人贷款的安全越有保障,企业财务风险越小。

(四) 利息保障倍数

利息保障倍数又称已获利息倍数,是指企业息税前利润与利息费用的比率,该指标反映企业以获取的利润承担借款利息的能力。其计算公式为:

利息保障倍数 = 息税前利润 ÷ 利息费用

(五) 现金流量债务比

现金流量债务比是指以年度经营活动所产生的现金净流量与全部债务总额相比较,表明企业现金流量对其全部债务偿还的满足程度。其计算公式为:

现金债务总额比 = 经营活动现金净流量 ÷ 平均负债总额

(六) 现金流量利息保障倍数

现金流量利息保障倍数是指经营活动现金净流量与现金利息之比,反映经

营活动现金净流量是现金利息支出的多少倍。其计算公式为:

现金利息保障倍数 = 经营活动现金净流量 ÷ 利息费用

第三节 营运能力分析

企业营运能力主要指企业营运资产的效率与效益。企业营运资产的效率主要指资产的周转率或周转速度。企业营运资产的效益通常是指企业的产出额与资产占用额之间的比率。企业营运能力分析就是要通过对反映企业资产营运效率与效益的指标进行计算与分析,评价企业的营运能力,为企业提高经济效益指明方向。

企业营运能力指标大体包括六个,即应收账款周转天数、存货周转天数、货币资金周转天数、流动资产周转率、固定资产周转率和总资产周转率。

一、流动资产周转率

流动资产周转率计算公式为:

流动资产周转率 = 销售收入 ÷ 平均流动资产

流动资产周转率越高,资产周转速度就越快,能够相对节约流动资金投入,增强企业的盈利能力,提高企业的短期偿债能力。如果周转速度过低,会形成资产的浪费,使企业的现金过多地占用在存货、应收账款等非现金资产上,变现速度慢,影响企业资产的流动性及偿债能力。

流动资产周转率比较高,说明企业在以下四个方面全部或某几项做得比较好:

(1) 快速增长的销售收入。

(2) 合理的货币资金存量。

(3) 应收账款管理比较好,货款回收速度快。

(4) 存货周转速度快。

二、货币资金周转天数、应收账款周转天数、存货周转天数

之所以将这三个指标放在一起,是因为该三项指标是对流动资产周转率分析的重要补充;反映了企业最重要的三项流动资产的使用效率;该三项指标的变化会导致流动资产周转率发生相应的变化;该三项指标管理水平的高低直接影响企业的盈利能力及偿债能力。

计算分析应收账款周转天数的目的,在于促进企业通过制定合理赊销政策,严格购销合同管理、及时结算货款等途径,加强应收账款的前中后期管理,加快应收账款回收速度。存货周转速度的快慢,能够反映出企业采购、储存、生产、销

售各环节管理工作的好坏。

如果企业形成应收账款，意味着企业提前交税，而税金都是以现金方式支付，这会影响企业的经营性现金流减少，从而影响企业的资金周转速度减慢。如果因为应收账款和存货的增加导致企业经营现金流为负数，企业就要通过银行贷款来补充经营中短缺的现金，企业负债增加，同时需要支付相应的利息费用，导致企业偿债风险加大，减弱企业的盈利能力。

三、固定资产周转率

固定资产周转率计算公式为：

$$\text{固定资产周转率} = \text{销售收入} \div \text{平均固定资产}$$

固定资产周转率高，表明企业固定资产投资得当，固定资产结构合理，能够充分发挥效率；反之，则表明固定资产使用效率不高，提供的生产成果不多，企业的运营能力不强。

那么如何提高固定资产周转率呢？首先要规模得当。规模太大造成设备闲置，形成资产浪费；规模过小则生产能力小，形不成规模效益。其次是结构合理。即生产性和非生产性的固定资产结构合理有效。

四、总资产周转率

总资产周转率计算公式为：

$$\text{总资产周转率} = \text{销售收入} \div \text{平均总资产}$$

总资产周转率是综合评价企业全部资产经营质量和利用效率的重要指标，反映出企业单位资产创造的销售收入，体现企业在一定期间全部资产从投入到产出周而复始的流转速度。

那么如何提高企业的总资产周转率呢？

(1) 在企业盈利能力较高的前提下，通过适当降低产品售价，提高销售量，加快资金的周转速度，从而提高企业总资产周转率，提高企业盈利能力。

(2) 在企业资产规模不变，生产效率不变的情况下，通过提高产品销售价格，增加销售收入，可以提高企业总资产周转率。

(3) 企业通过处置闲置的固定资产，减小资产规模，也会提高企业的总资产周转率。

(4) 在企业资产规模不变时，通过提高生产效率，提高产能利用率，从而达到提高企业总资产周转率的目的。

第四节 发展能力分析

企业的发展能力也称企业的成长能力，是企业通过自身的生产经营活动，不断扩大积累而形成的发展潜能。

一、销售增长指标

(一) 销售增长率

该指标反映的是相对化的销售收入增长情况,绝对量的销售增长额相比,消除了企业规模的影响,更能反映企业的发展情况。

销售(营业)增长率 = 本年销售(营业)收入增长额 ÷ 上年销售(营业)收入总额 × 100%

利用该指标分析企业发展能力时应注意:

(1) 该指标是衡量企业经营状况和市场占有能力、预测企业经营业务拓展趋势的重要指标,也是衡量企业增长增量和存量资本的重要前提。不断增加的销售收入,是企业生存的基础和发展的条件。

(2) 该指标大于 0 表示企业本年的销售收入有所增长,指标值越高,表明增长速度越快。

(3) 在实际分析时应结合企业历年的销售水平、企业市场占有情况、行业未来发展及其他影响企业发展的潜在因素进行潜在性预测;或结合企业前 3 年的销售收入增长率作出趋势性分析判断。

(4) 分析中可以其他类似企业、企业历史水平及行业平均水平作为比较标准。

(5) 指标值受增长基数影响,因此分析中还要使用增长额和 3 年销售收入平均增长率等指标进行综合判断。

(二) 3 年销售收入平均增长率

为消除销售收入短期异常波动的影响,反映企业较长时期的销售收入增长情况而采用的分析指标。

$$\frac{\text{3 年销售}}{\text{平均增长率}} = \left[\left(\frac{\text{当年主营业务}}{\text{收入总额}} \div \frac{\text{3 年前主营}}{\text{业务收入总额}}\right) \times (1 \div 3) - 1\right] \times 100\%$$

二、资产增长指标

(一) 总资产增长率

资产是企业用于取得收入的资源,也是企业偿还债务的保障。资产增长是企业发展的一个重要方面,发展性高的企业一般能保持资产的稳定增长。

总资产增长率 = 本年总资产增长额 ÷ 年初资产总额 × 100%

其中:　　本年总资产增长额=年末资产总额-年初资产总额

总资产增长率越高,说明企业本年内资产规模扩张的速度越快,但应注意资产规模扩张的质与量之间的关系以及企业的后续发展能力,避免盲目扩张。3 年平均资产增长率指标消除了资产短期波动的影响,反映了企业较长时期内的资产增长情况。

运用该指标应注意企业之间的可比性问题：

(1) 不同企业的资产使用效率不同，为保持净收益的同幅度增长，资产使用效率低的企业需要更大幅度的资产增长。

(2) 不同企业采取的发展策略会体现在资产增长率的不同。

(3) 会计处理方法的不同会影响资产增长率(影响资产的账面价值)。

(4) 受历史成本原则的影响，资产总额反映的只是资产的取得成本而非现时价值。

(5) 由于一些重要资产无法体现在资产总额中(如人力资产，某些非专利技术)，使得该指标无法反映企业真正的资产增长情况。

除了计算总资产增长率对总资产的增长情况进行分析外，还可以对各类具体资产的增长情况进行分析，可以计算以下指标：流动资产增长率、固定资产增长率、无形资产增长率及员工增长率。计算时都是用本年增长额除以年初数额。

(二) 固定资产成新率

固定资产成新率是企业当期平均固定资产净值同固定资产原值的比率，反映了企业所拥有的固定资产的新旧程度，体现了企业固定资产更新的快慢和持续发展的能力。

$$\text{固定资产成新率} = (\text{平均固定资产净值} \div \text{平均固定资产原值}) \times 100\%$$

该指标高表明企业的固定资产比较新，可以为企业服务较长时间，对扩大再生产的准备比较充足，发展的可能性较大。

利用该指标分析应注意的问题如下：

(1) 应剔除企业应提未提折旧对固定资产真实情况的影响。

(2) 进行企业间比较时，注意不同折旧方法对指标的影响。

(3) 该指标受周期影响大，评价时应注意企业所处周期阶段这一因素。

三、资本增长指标

(一) 资本积累率

较多的资本积累是企业发展强盛的标志，是企业扩大再生产的源泉，是评价企业发展潜力的重要指标。该指标是企业本年净资产增长额同年初净资产的比率，反映企业净资产当年的变动水平。

$$\text{资本积累率} = \text{本年所有者权益增长额} \div \text{年初所有者权益} \times 100\%$$

或：

$$\text{资产积累率} = \begin{matrix}\text{本年归属于母公司}\\\text{所有者权益增长额}\end{matrix} \div \begin{matrix}\text{年初归属于母公}\\\text{司所有者权益}\end{matrix} \times 100\%$$

该指标体现了企业资本的保全和增长情况。该指标越高，表明企业资本积累越多，应付风险和持续发展的能力越强。

(二) 3 年资本平均增长率

资本积累率指标有一定的滞后性,仅反映当期情况;为反映企业资本保全增值的历史发展情况,了解企业的发展趋势,需要计算连续几年的资本积累情况。

该指标越高,表明企业所有者权益得到的保障程度越大,企业可以长期使用的资金越充裕,抗风险和连续发展的能力越强。

利用该指标分析时应注意所有者权益各类别的增长情况。实收资本的增长一般源于外部资金的进入,表明企业具备了进一步发展的基础,但并不表明企业过去具有很强的发展和积累能力;留存收益的增长反映企业通过自身经营积累了发展后备资金,既反映企业在过去经营中的发展能力,也反映了企业进一步发展的后劲。

四、反映上市公司发展能力的特殊指标:股利增长率

股利增长率就是本年度股利较上一年度股利增长的比率。

从理论上分析,股利增长率在短期内有可能高于资本成本,但从长期来看,如果股利增长率高于资本成本,必然出现支付清算性股利的情况,从而导致资本的减少。

$$股利增长率 = 本年每股股利增长额 \div 上年每股股利 \times 100\%$$

股利增长率与企业价值(股票价值)有很密切的关系。Gordon 模型认为,股票价值等于下 1 年的预期股利除以要求的股票收益率和预期股利增长率的差额所得的商,即 (其中 *DPS* 表示下 1 年的预期股利,r 表示要求的股票收益率,g 表示股利增长率)。从该模型的表达式可以看出,股利增长率越高,企业股票的价值越高。

第五节　现金创造能力分析

现金流量表的主要作用是:第一,提供本企业现金流量的实际情况;第二,有助于评价本期收益质量,第三,有助于评价企业的财务弹性,第四,有助于评价企业的流动性;第五,用于预测企业未来的现金流量。

一、流动性分析

流动性分析是将资产迅速转变为现金的能力。

(一) 现金到期债务比

$$现金到期债务比 = 经营活动现金净流量 \div 本期到期的债务$$

其中: 本期到期债务=一年内到期的长期负债+应付票据

企业设置的标准值为 1.5。

以经营活动的现金净流量与本期到期的债务比较，可以体现企业的偿还到期债务的能力。企业能够用来偿还债务的除借新债还旧债外，一般应当是经营活动的现金流入才能还债。

(二) 现金流动负债比

现金流动负债比 = 年经营活动现金净流量 ÷ 期末流动负债

企业设置的标准值为0.5。

该指标反映经营活动产生的现金对流动负债的保障程度。企业能够用来偿还债务的除借新债还旧债外，一般应当是经营活动的现金流入才能还债。

(三) 现金债务总额比

现金流动总额比 = 经营活动现金净流量 ÷ 期末负债总额

企业设置的标准值为0.25。

企业能够用来偿还债务的除借新债还旧债外，一般应当是经营活动的现金流入才能还债。计算结果要与过去比较，与同业比较才能确定高与低。这个比率越高，企业承担债务的能力越强。这个比率同时也体现企业的最大付息能力。

二、获取现金的能力

(一) 销售现金比率

销售现金比率 = 经营活动现金净流量 ÷ 销售额

企业设置的标准值为0.2。

该指标反映每元销售得到的净现金流入量，其值越大越好。计算结果要与过去比，与同业比才能确定高与低。这个比率越高，企业的收入质量越好，资金利用效果越好。

(二) 每股营业现金流量

每股营业现金流量 = 经营活动现金净流量 ÷ 普通股股数

注·普通股股数由企业根据实际股数填列。企业设置的标准值应根据实际情况而定。

该指标反映每股经营所得到的净现金，其值越大越好。该指标反映企业最大分派现金股利的能力。超过此限，就要借款分红。

(三) 全部资产现金回收率

全部资产现金回收率 = 经营活动现金净流量 ÷ 期末资产总额

企业设置的标准值为0.06。

该指标说明企业资产产生现金的能力，其值越大越好。把上述指标求倒数，则可以分析，全部资产用经营活动现金回收，需要的期间长短。因此，这个指标体现了企业资产回收的含义。回收期越短,说明资产获现能力越强。

三、财务弹性分析

(一) 现金满足投资比率

$$\text{现金满足投资比率} = \text{近5年累计经营活动现金净流量} \div \text{同期内资本支出、存货增加、现金股利之和}$$

企业设置的标准值为0.8。

近5年累计经营活动现金净流量应指前5年的经营活动现金净流量之和;同期内的资本支出、存货增加、现金股利之和也从现金流量表相关栏目取数,均取近5年的平均数;资本支出,从购建固定资产、无形资产和其他长期资产所支付的现金项目中取数;存货增加,从现金流量表附表中取数。取存货的减少栏的相反数即存货的增加;现金股利,从现金流量表的主表中,分配利润或股利所支付的现金项目取数。如果实行新的企业会计制度,该项目为分配股利、利润或偿付利息所支付的现金,则取数方式为:主表分配股利、利润或偿付利息所支付的现金项目减去附表中财务费用。

该指标说明企业经营产生的现金满足资本支出、存货增加和发放现金股利的能力,其值越大越好。比率越大,资金自给率越高。

该指标达到1,说明企业可以用经营获取的现金满足企业扩充所需资金;若小于1,则说明企业部分资金要靠外部融资来补充。

(二) 现金股利保障倍数

$$\begin{aligned}\text{现金股利保障倍数} &= \text{每股营业现金流量} \div \text{每股现金股利}\\ &= \text{经营活动现金净流量} \div \text{现金股利}\end{aligned}$$

企业设置的标准值为2。

该比率越大,说明支付现金股利的能力越强,其值越大越好。分析结果可以与同业比较,与企业过去比较。

(三) 营运指数

$$\text{营运指数} = \text{经营活动现金净流量} \div \text{经营应得现金}$$

其中:

$$\begin{aligned}\text{经营所得现金} &= \text{经营活动净收益} + \text{非付现费用} = \text{净利润} - \text{投资收益} - \text{营业外收入} + \text{营业外支出} + \text{本期提取的折旧}\\ &\quad + \text{无形资产摊销} + \text{待摊费用摊销} + \text{递延资产摊销}\end{aligned}$$

企业设置的标准值为0.9。

该指标分析会计收益和现金净流量的比例关系,评价收益质量。接近1,说明企业可以用经营获取的现金与其应获现金相当,收益质量高;若小于1,则说明企业的收益质量不够好。

案例讨论

博士蛙陷阱①

博士蛙国际系欧洲股神安东尼·波顿的爱股，亦是其兵败新兴市场的“名作”之一。头顶“中国儿童消费第一股”光环的博士蛙国际，曾吸引贝莱德等知名基金追捧，2010 年在港交所公开发售时曾获高达 485 倍的超额认购，成为当年的港市“冻资王”。

然而，其股价在上市次日最高涨至每股 7.76 港元之后，便一路下滑，最低跌至 1.18 港元。2012 年 3 月 16 日，由于其审计师德勤·关黄陈方会计师行因“担心财务报表中充斥的种种问题”辞任，博士蛙不能发布 2011 年财报并停牌至今。

1. 经营现金流/净利润、现金流利息保障倍数大幅低于同行，说明公司靠融资维持

博士蛙财报显示，其经营净现金流超低，仅够付贷款利息，而 2009 年甚至连付贷款利息都不够；2011 年中报数据则更不寻常，期内经营活动净现金流居然为−9.23 亿元(表 12-1)!

表 12-1

博士蛙 2008—2010 年现金流指标

项　目	2008 年	2009 年	2010 年
净利润(万元)	4 067	12 129	25 101
经营净现金流(万元)	1 268	99	4 078
经营净现金流/净利润	31%	0.8%	16%
利息支出(万元)	269	636	2 168(有 IPO 募集资金用于还贷)
现金流利息保障倍数	4.7	0.15	1.88

同时，衡量公司利润含金量的指标——经营净现金流/净利润平均仅有 11%，和李宁、中国动向及安踏体育相比明显异常，这三家同业公司的这一指标普遍高于 70%(表 12-2)。

而且，博士蛙 IPO 前现金流利息保障倍数极低，平均仅有 1.03，远远低于李宁、中国动向和安踏。尤其是 2009 年仅有 0.15，也就是说，博士蛙的经营活动

① 案例资料来源于《新财富》2014 年第 1 期。

净现金流只够支付15%的贷款利息,余下85%利息只能靠银行贷款去支付,更谈不上偿还当年高达2.5亿元的短期银行贷款及用于扩大再生产。

表12-2

同类公司2008—2010年现金流指标

项目 \ 年份	李宁			中国动向			安踏		
	2008	2009	2010	2008	2009	2010	2008	2009	2010
净利润(万元)	72 127	94 452	110 849	136 772	145 984	146 369	89 479	125 094	155 111
经营净现金流(万元)	69 897	130 667	99 090	92 936	148 414	144 360	101 583	168 874	143 285
经营净现金流/净利润	96%	138%	89%	68%	102%	99%	113%	134%	92%
利息支出(万元)	3 926	2 495	1 089	25	0	0	0	941	349
现金流利息保障倍数	17.5	52.4	91	3 717	—	—	—	179	411

如此一来,公司只能靠银行贷款来维持日常运营及支付利息,而到期银行贷款亦只能借新债还旧债;因此,其资金链极其紧张,只有孤注一掷寄望IPO成功,否则面临资金链断裂而被迫破产的巨大风险。

2. 应收账款/收入远高于同行:"经销商过于强势"

与捉襟见肘的经营净现金流完全不同的是,博士蛙应收账款占销售收入的比例远远高于李宁等同行,其2008年至2010年中报的平均数高达62%,而李宁、中国动向及安踏体育三家公司同期的平均数仅为13.3%(表12-3和表12-4)。应收账款占销售收入比例如此之高,说明公司收入主要是给经销商压货,而经销商却并不需要付款,与此同时,公司所得税还必须用现金缴纳,这就使得公司现金流非常难看,资金链极其紧张。这也解释了博士蛙的经营净现金流为何远小于净利润。

表12-3

博士蛙应收账款/销售收入高于同行数倍

项目	应收账款(亿元)	销售收入(亿元)	应收账款比销售收入
2008年	1.23	1.34	92%
2009年	2.71	6.3	43%
2010年中期	3.08	5.94	52%

表12-4

同行业数据表

项目	李宁	安踏	中国动向	平均
应收账款/销售收入	19.5%	7.4%	13.1%	13.3%

一般而言，公司出现巨额应收款只有两种可能：一是经销商货物卖不出去，严重滞销，没钱给公司；二是经销商太过强势，即使把货卖出去了也故意拖欠公司货款。如果是前者，经销商和公司都没钱赚，经销商早就该退出而公司也早该关门了，何故博士蛙还能持续经营数年而且还要大肆扩张？如果是后者，博士蛙完全可以及时停止给经销商供货，更何况其自称是童装强势品牌。

也许，对此只能用另外一种假设来解释，那就是公司很可能通过向自己控制的经销商压货，虚构收入，进而虚增利润。如果采用这种方式，通常来说，即使交易内容是虚假的，现金走账还必须得完成，至少现金流是真实的。不过，如果公司或其股东处于资金极其紧张的情况，甚至连用来虚增收入走账的资金都匮乏，那么采用这种技术含量极低的造假方式就成为可能，由此会出现大量的应收账款。

3. 应付账款(票据)/存货低迷，“公司唯恐欠款”

由于博士蛙采取轻资产运营模式，因此没有工厂，存货全依赖外购。但其应付账款/存货非常之低，最低仅有17%，同样远低于李宁、中国动向等采取同样运营模式的同行，李宁、中国动向的这一数据高达160%和151%(表12-5和表12-6)。

表12-5

博士蛙的应付账款/存货指标与同行大相径庭

项　目	应付账款(万元)	存货(万元)	应付账款(票据)/存货
2008年	2 185	8 928	25%
2009年	7 730	14 878	52%
2010年中期	3 803	22 439	17%
2010年	7 034	35 404	20%

表12-6

同行业数据表

项　目	李宁	安踏	中国动向	博士蛙
应付账款/存货	160%	94%	151%	28.5%

应付账款/存货与同行之间的大相径庭，说明博士蛙的供应商很强势，公司很难从供应商那里获得账期，因此，公司采购时给供应商付款非常及时，唯恐欠款。然而众所周知，服装行业是充分竞争行业，代工厂(博士蛙采用的是代工模式)相对比较弱势，一般都会给公司账期，李宁、中国动向无不如此，博士蛙作为强势品牌，应当也不例外。

在服装公司和上游代工企业的交易中，应该是服装公司更强势，然而博士蛙

却不能获得账期,反倒给供应商付款非常及时,如此异象只能做三种解释:

(1) 公司大股东资金极其紧张(和前述应收账款分析结论相印证),仅有的用来做账的资金需要尽快流出公司体外,以便进一步做虚假收入。

(2) 短期银行贷款(2.5 亿元)到期压力大,需要资金来倒贷(即还旧债借新债)。

(3) 以这种方式将 IPO 募集资金迅速转给大股东,并让投资者习惯公司这种现款采购模式,日后大股东若以经营需要为名挪用资金,导致现款采购大幅增加,投资者也会习以为常、信以为真而不会提出任何质疑。而事实上,其 IPO 后次年(即 2011 年)高达 7.11 亿元的存货和仅 8 400 万元的应付账款也印证了这一判断。

要求:试对上述案例进行分析讨论。

思考题

1. 什么是营运资本? 是否营运资本越多越好?
2. 为什么要将存货从流动资产中扣除,用速动资产来衡量短期偿债能力?
3. 什么是资产负债率? 从股东的角度来分析资产负债率应维持在什么水平?
4. 试分别从债权人、投资者和经营者的角度对资产负债率进行分析。
5. 什么是存货周转率? 存货周转率的高低说明了什么?
6. 什么是应收账款周转率? 应收账款周转率是否越高越好?
7. 什么是发展能力? 反映企业发展能力的指标有哪些?
8. 什么是财务弹性? 反映企业财务弹性的指标有哪些?

单项选择题

1. 下列财务指标中,(　　)是反映企业盈利能力的指标。

A. 现金比率　　B. 净资产收益率
C. 总资产周转率　　D. 利息保障倍数

2. 下列财务指标中,(　　)是反映企业短期偿债能力的指标。

A. 流动资产周转率　　B. 总资产报酬率
C. 资产负债率　　D. 流动比率

3. 下列财务指标中,(　　)是反映企业长期偿债能力的指标。

A. 存货周转率　　B. 净资产收益率
C. 资产负债率　　D. 流动比率

4. 若流动比率大于 1,则下列结论中,能成立的是(　　)。

A. 速动比率大于 1　　B. 营运资金大于零
C. 资产负债率大于 1　　D. 短期偿债能力绝对有保障

5. 若权益乘数大于 2,则下列结论中,能成立的是(　　)。
A. 产权比率大于 2　　B. 资产负债率大于 100%
C. 资产负债率大于 50%　　D. 产权比率小于 1

6. 下列财务指标中,(　　)是反映企业资产营运能力的指标。
A. 应收账款周转率　　B. 总资产报酬率
C. 资产负债率　　D. 流动比率

7. 下列指标中,(　　)属于反映企业发展能力的指标。
A. 存货周转率　　B. 股本报酬率
C. 资产负债率　　D. 资本积累率

8. 下列财务指标中,衡量企业财务弹性的是(　　)。
A. 现金满足投资比率　　B. 现金流量净利率
C. 销售现金比率　　D. 销售质量比率

业 务 题

ABC 公司 2013 年的资产负债表和利润表如表 12-7 和表 12-8 所示。

表 12-7

资产负债表

编制单位:ABC 公司　　2013 年 12 月 31 日　　单位:万元

资　产	期末余额	年初余额	负债和所有者权益	期末余额	年初余额
流动资产:			流动负债:		
货币资金	116	110	短期借款	200	180
交易性金融资产	100	80	应付账款	285	182
应收账款	472	350	应付职工薪酬	65	60
预付账款	332	304	应交税费	60	48
流动资产合计	1 020	844	流动负债合计	610	470
非流动资产:			非流动负债:		
长期股权投资	180	82	长期借款	440	280
固定资产	640	470	应付债券	260	140
无形资产	20	18	长期应付款	50	44
非流动资产合计	840	570	非流动负债合计	750	464

(续表)

资　产	期末余额	年初余额	负债和所有者权益	期末余额	年初余额
			负债合计	1 360	934
			股东权益:		
			股本	300	300
			资本公积	70	50
			减:库存股		
			盈余公积	92	84
			未分配利润	38	46
			股东权益合计	500	480
资产总计	1 860	1 414	负债和所有者权益总计	1 860	1 414

表 12-8

利　润　表

编制单位:ABC 公司　　2013 年度　　单位:万元

项　目	本年累计数
一、营业收入	5 800
减:营业成本	3 480
营业税金及附加	454
销售费用	486
管理费用	568
财务费用	82
资产减值损失	
加:公允价值变动收益	
投资收益	54
二、营业利润	784
加:营业外收入	32
减:营业外支出	48
三、利润总额	768
减:所得税费用	254
四、净利润	514
五、每股收益	
(一) 基本每股收益(元)	1.71
(二) 稀释每股收益(元)	1.71

其他资料如下：

(1) 该公司2013年年末有一项未决诉讼，如果败诉预计要赔偿对方50万元。

(2) 2013年是该公司享受税收优惠政策的最后1年，从2014年起不再享受税收优惠政策，预计营业税金的综合税率将从现行的8%上升到同行业的平均税率12%。

(3) 该公司所处行业的财务比率平均值如表12-9所示。

表12-9

财务比率行业平均值

财务比率	行业平均值	财务比率	行业平均值
流动比率	2	总资产周转率(次)	2.65
速动比率	1.2	资产净利率	19.88%
资产负债率	0.42	销售净利率	7.5%
应收账款周转率(次)	16	净资产收益率	34.21%
存货周转率(次)	8.5		

要求：

(1) 计算该公司2013年年初与年末的流动比率、速动比率和资产负债率，并分析该公司的偿债能力。

(2) 计算该公司2013年应收账款周转率、存货周转率和总资产周转率，并分析该公司的营运能力。

(3) 计算该公司2013年资产净利率、销售净利率和净资产收益率，并分析该公司的盈利能力。

(4) 通过以上的计算分析，评价该公司财务状况存在的主要问题，并提出改进意见。

第十三章　企业财务分析(二)：综合分析

引导案例

对于一个企业来说，销售利润率高不是坏事，但别忘了另外一个变量——周转率。通常讲起盈利能力，大家都会想起销售利润率，但往往看不到周转率。销售利润率高不一定能赚钱，周转率同样重要。沃尔玛是经销商，1 块钱的成本投进去，周转一次 2% 的毛利率并不高，但是它 1 块钱资产 1 年周转 24 次。1 块钱资本 1 年就能挣 4 角 8 分，这就是沃尔玛挣钱的原因。

思考与讨论

(1) 衡量股东挣钱多少的核心指标是什么？它和哪些因素有关？

(2) 为什么挣钱多少与资产周转率有关？

第一节　综合财务分析概述

财务分析的最终目的是为了能全面了解企业的经营状况、财务状况以及现金流量状况，并以此对企业经营效益的优劣作出系统的、合理的评价。上一章提供的各种财务分析方法，都是从某一特定的角度对企业财务状况及经营成果进行分析，反映不出各种指标之间的内在联系，不足以全面评价企业的总体财务状况以及经营效果。因此，在进行财务分析时，除了进行各种指标的分析外，还应采用综合分析的方法。

一、综合财务分析的含义

综合财务分析就是将有关财务指标按其内在联系结合起来，系统、全面、综合地对企业的财务状况和经营成果进行剖析和解释，从而对企业经济效益的优劣作出准确的评价与判断。

二、综合财务分析的意义

综合财务分析与评价关注的是企业整体财务状况和经营成果，因此在分析过程中，要关注到企业偿债能力、营运能力、盈利能力和成长能力等各个层面的内容。综合财务分析把握不同财务指标之间的相互关联关系，有利于从总体上把握企业的状况，对企业的财务状况和经营成果作出正确的评价。综合财务分析不是各单项财务能力分析指标的简单相加，而是通过一定的技术方法进行的有机结合，同时，在进行综合财务分析的过程中还需要抓住主要分析指标，这样有利于抓住影响企业财务状况和经营成果的主要矛盾，在主要财务指标分析的基础上再对其辅助指标进行分析。

三、综合财务分析的特点

（一）分析方法不同

单项分析通常把企业财务活动的总体分解为各个具体部分，认识每一个具体的财务现象，可以对财务状况和经营成果的某一个方面作出判读和评价，而综合财务分析则是通过把个别财务现象从财务活动的总体作出归纳综合，着重从整体上概括财务活动的本质特征。

（二）分析重点和基准不同

单项财务分析的重点和比较基准是财务计划、财务理论标准，而综合财务分析的重点和基准是企业整体发展趋势。

（三）分析的目的不同

单项分析的目的侧重于找出企业财务状况和经营成果某一方面存在的问题，而综合分析的目的是要全面评价企业的财务状况和经营成果。

四、综合财务分析的主要方法

综合财务分析的方法主要有以下几种：综合财务比率分析、沃尔评分法、杜邦分析法和平衡计分卡。

第二节 综合财务比率分析

财务比率反映了企业财务报告各项目之间的对比关系，以此来揭示企业的财务状况。但是，一项财务比率只能反映企业某一方面的财务状况，为了进行综合的财务分析，可以进行综合财务比率分析。

一、综合财务比率分析的含义

综合财务比率分析就是通过编制财务比率汇总表，将反映企业财务状况的各类财务比率集中在一张表中加以比较，能够一目了然地反映出企业各方面的财务状况。

二、综合财务比率分析的内容

企业财务状况的比较分析主要有两种:

(1) 纵向比较——将企业本期的财务报表或财务比率同过去几个会计期间的财务报表或财务比率进行比较,可以分析企业的发展趋势。

(2) 横向比较——将本企业的财务比率与同行业平均财务比率或同行业先进的财务比率相比较,可以了解到企业在同行业中所处的水平,以便综合评价企业的财务状况。

三、综合财务比率分析的优缺点

综合财务比率将各类财务指标集中在一张表上反映,能够一目了然地反映企业各方面的财务状况,比较简单明了。但这种方法只能进行定性分析,即定性地描述企业的财务状况,如比同行业平均水平略好、与同行业平均水平相当或略差,而不能用定量的方式来评价企业的财务状况究竟处于何种程度,为了克服这个缺点,可以采用沃尔评分法。

第三节　沃尔评分法

一、沃尔评分法的含义

沃尔评分法通过对选定的多项财务比率进行评分,然后计算综合得分,并据此评价企业综合的财务状况。由于创造这种方法的先驱者之一是亚历山大·沃尔,因此,被称作沃尔评分法。

亚历山大·沃尔在其20世纪出版的《信用晴雨表研究》和《财务报表比率分析》等著作中提出了信用能力指数概念,将流动比率、产权比率、固定资产比率、存货周转率、应收账款周转率、固定资产周转率、自有资金周转率等七项财务比率用线性关系结合起来,分别给定各自的分数比重,然后通过与标准比率进行比较,确定各项指标的得分及总体指标的累计分数,从而对企业的信用水平作出评价。

现代社会与沃尔所处的时代相比,已经发生了很大的变化。现在通常认为,在选择指标时,偿债能力、营运能力、盈利能力和发展能力的指标均应选到,除此之外还应适当选取一些非财务指标作为参考。

二、沃尔评分法的优缺点

沃尔评分法将彼此孤立的偿债能力和营运能力等指标进行了组合,作出了较为系统的评价。它的优点可概括为简单扼要,便于操作。各财务指标权重,根据定性分析及过去评价经验主观给出，并通过几项财务评价指标的线性组合，确定财务综合评价结果。这给实际评价工作带来了很大的方便。评价指标体系较为完整，基本上能反映企业的财务状况，能较好地反映企业盈利能力、偿债能力和营运能力，便于分析、揭示原因。通过财务指标实际值与标准值的对比分析，便于找出影响企业财务状况的主要因素，以明确改善企业财务状况的方向。缺点是理论上存在着一定的缺陷，即未能说明为什么选择这七个比率，而不是更多或者更少，或者选择其他财务比率，比率的选择上具有主观性和随意性；其次未能证明各个财务比率所占权重的合理性，也未能说明比率的标准值是如何确定的。

三、沃尔评分法的分析步骤

（一）选择财务比率

不同的分析者所选择的财务比率可能不尽相同，但在选择财务比率时应注意以下几点原则：

（1）所选择的比率要具有全面性，反映偿债能力、盈利能力和营运能力等的指标都应包括在内，只有这样才能反映企业的综合财务状况。

（2）所选择的比率要具有代表性，即在每个方面的众多财务比率中要选择那些典型的、重要的比率。

（3）所选择的比率最好具有变化方向的一致性，即当财务比率增大时表示财务状况的改善，当财务比率减小时表示财务状况的恶化。

（二）确定各项财务比率的权重

如何将100分的总分合理分配给所选择的各个财务比率，是沃尔评分法中的一个非常重要的环节。分配的标准是依据各个比率的重要程度，越重要的比率分配的权重越高。对于各项财务比率的重要程度，不同的分析者有不同的看法，但可根据企业的经营活动的性质，市场形象和分析者的分析目的等因素来确定。

选择指标并赋予权重如表13-1所示。

表13-1

选择指标并赋予权重

选择的指标	分配的权重
一、偿债能力指标	20
1.资产负债率	12
2.已获利息倍数	8
二、盈利能力指标	28

(续表)

选择的指标	分配的权重
1.净资产收益率	25
2.总资产报酬率	13
三、运营能力指标	18
1.总资产周转率	9
2.流动资产周转率	9
四、发展能力指标	24
1.营业增长率	12
2.资本积累率	12
合计	100

(三)确定各项财务比率的标准值

财务比率的标准值也就是判断财务比率高低的比较标准。可以是企业的历史水平,可以是竞争企业的水平,也可以是同行业的平均水平,其中最常见的是选择同行业的平均水平作为财务比率的标准值。

确定指标标准值如表15-2所示。

表13-2

确定指标标准值

选择的指标	指标的标准值
一、偿债能力指标	
1.资产负债率	60%
2.已获利息倍数	3
二、盈利能力指标	
1.净资产收益率	25%
2.总资产报酬率	16%
三、运营能力指标	
1.总资产周转率	2
2.流动资产周转率	5
四、发展能力指标	
1.营业增长率	10%
2.资本积累率	15%

（四）计算各个财务比率的实际值

根据财务报表数据，计算企业在一定时期各项财务比率的实际值。

（五）计算各个财务比率的得分

计算得分的方法有很多，其中最常见的是用比率的实际值除以标准值得到一个相对值，再用这个相对值乘以比率的权重得到该比率的得分。

为了避免个别比率异常对总分造成不合理的影响，还可以为每个比率的得分确定一个上限和下限，即每个比率的得分最高不能超过其上限，最低不能低于其下限。

（六）计算综合得分

将各个财务比率的实际得分加总，即得到企业的综合得分。企业的综合得分如果接近 100 分，说明企业的综合财务状况接近于行业的平均水平；明显超过 100 分，则说明企业的综合财务状况优于行业的平均水平；如果低于 100 分，则说明企业的财务状况较差，应当积极采取措施加以改善。

沃尔评分表如表 13-3 所示。

表 13-3

沃尔评分表

选择的指标	分配的权重①	指标的标准值②	指标的实际值③	实际得分④＝①×③÷②
一、偿债能力指标	20			
1. 资产负债率	12	60%	28.26%	5.65
2. 已获利息倍数	8	3	15	40
二、盈利能力指标	28			
1. 净资产收益率	25	25%	16.21%	16.21
2. 总资产报酬率	13	16%	20.93%	17
三、运营能力指标	18			
1. 总资产周转率	9	2	0.93	4.19
2. 流动资产周转率	9	5	2.64	4.75
四、发展能力指标	24			
1. 营业增长率	12	10%	11.11%	13.33
2. 资本积累率	12	15%	13.01%	10.41
合计	100			111.54

第四节 杜邦财务分析

一、杜邦分析法的含义

杜邦分析法是利用几种主要的财务比率之间的关系来综合地分析企业的财务状况。具体来说,它是一种评价公司盈利能力和股东权益回报水平,从财务角度评价企业绩效的一种经典方法。其基本思想是将企业净资产收益率逐级分解为多项财务比率乘积,这样有助于深入分析比较企业经营业绩。由于这种分析方法最早由美国杜邦公司使用,故名杜邦分析法。

二、杜邦分析法的基本框架

杜邦分析法是以净资产收益率为核心,将其分解为若干财务指标,分析和评价各个指标变动对资产收益率的影响,以此来解释指标变动的原因和变动趋势,为采取措施指明方向。杜邦分析法中各主要财务指标的关系式如下:

$$\begin{aligned}\text{净资产收益率} &= \text{总资产净利率}\times\text{权益乘数}\\ &= \text{销售净利润率}\times\text{总资产周转率}\times\text{权益乘数}\end{aligned}$$

其中:

$$\text{销售净利润率}=\frac{\text{净利润}}{\text{主营业务收入}}$$

$$\text{总资产周转率}=\frac{\text{主营业务收入}}{\text{资产总额}}$$

$$\text{权益乘数}=\frac{\text{资产总额}}{\text{所有者权益总额}}=\frac{1}{1-\text{资产负债率}}$$

杜邦分析图如图 13-1 所示。

上述关系式中各财务指标之间的内在关系主要表现如下:

(1) 净资产收益率是杜邦分析法的核心,它直接代表了企业净资产的盈利能力。因为,净资产的不断增加,体现了企业经营活动的最终成果。净资产收益率的变化,不但受资产净利润率的影响,而且还取决于权益乘数的影响,因此净资产收益率是总资产盈利水平和权益乘数(资本结构)的综合体现。

(2) 总资产净利润率是销售净利润率与总资产周转率的综合体现,具有很强的综合性,它是确保获得较好的净资产收益率的重要前提。总资产周转率是反映总资产的周转速度。对资产周转率的分析,需要对影响资产周转的各因素进行分析,以判明影响公司资产周转的主要问题在哪里。销售净利润率反映销售收入的收益水平。扩大销售收入,降低成本费用是提高企业利润率的根本途径,而扩大销售,同时也是提高资产周转率的必要条件和途径。因此,要进一步分析销售净利润率和总资产的营运情况。

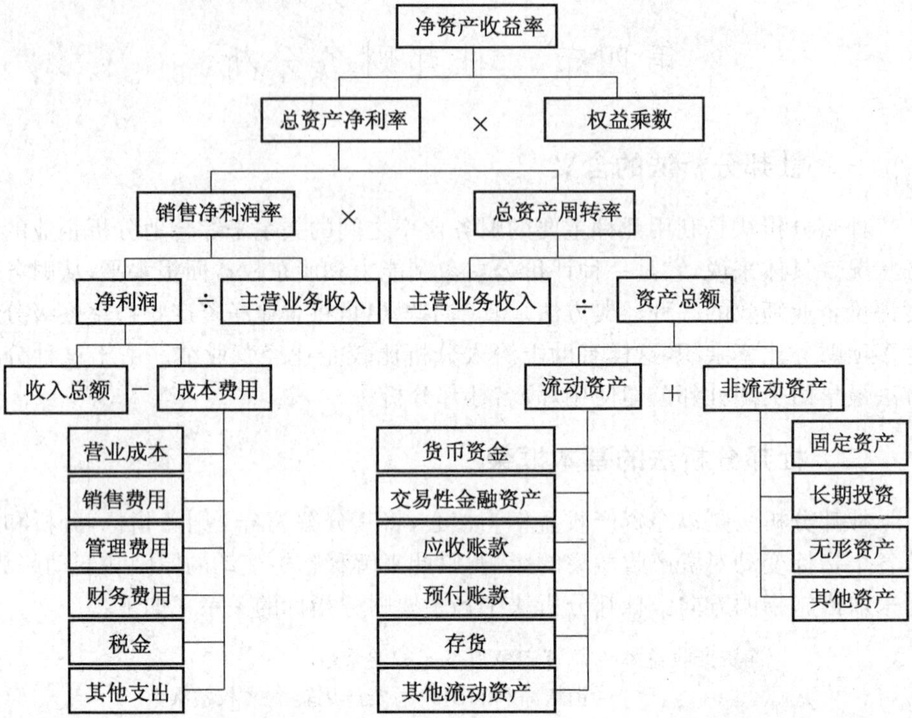

图 13-1 杜邦分析图

（3）销售净利润率反映了主营业务收入和净利润的关系。要提高销售净利润率就必须一方面增加主营业务收入；另一方面降低各种成本费用水平。增加主营业务收入不仅直接有利于提高销售净利润率，同时它也是提高总资产周转率的必要前提；降低成本费用水平，要研究成本费用水平、结构是否合理，加强成本费用水平预测和控制。

（4）总资产周转率体现了企业生产经营期间，总资产从投入到实现销售周而复始的周转速度。影响总资产周转速度的因素主要有主营业务收入、总资产水平以及资产结构。要加速总资产周转，必须合理配置各种资产，尤其是流动资产与长期资产结构，以最少的资产占用实现尽可能多的销售收入。

（5）权益乘数是总资产与净资产（所有者权益）总额之比。在总资产既定的前提下，增加负债，就能提高权益乘数，能给企业带来较大的财务杠杆利益，同时也带来了较大的财务风险。因此，企业既要合理运营全部资产，又要妥善安排资本结构，这样才能有效地提高净资产收益率。

三、杜邦分析法的优缺点

杜邦分析法就是通过上述层层分析，条理清晰，揭示出企业各项财务指标间的相互关系，从而找出影响财务指标的主要原因，为报表使用者全面仔细地了解企业的经营和盈利状况提供方便,为企业提高经营效益、实现企业经营目标,提供科学合理的决策思路。但是,杜邦分析法也存在一定的缺陷,表现为它过于偏重考虑企业所有者的利益,而忽视了风险因素。只是看到在其他因素不变的情况下,资产负债率越高,净资产收益率就越高,而没有考虑到负债越多,相应的偿债压力、财务风险也就越大。而且杜邦分析法对短期财务结果过于重视,有可能助长公司管理层的短期行为,忽略企业长期价值创造。

第五节　平衡计分卡分析

一、平衡计分卡的含义

平衡计分卡是从财务、客户、内部运营、学习与成长四个角度,将组织的战略落实为可操作的衡量指标和目标值的一种新型绩效管理体系。设计平衡计分卡的目的就是要建立"实现战略制导"的绩效管理系统,从而保证企业战略得到有效的执行。因此,人们通常称平衡计分卡是加强企业战略执行力的最有效的战略管理工具。

二、平衡计分卡的基本框架

平衡计分卡以公司战略为导向,寻找能够驱动战略成功的关键因素,建立与之密切联系的指标体系来衡量战略实施过程,并采取必要的修改以维持战略的持续成功。平衡计分卡并非认为财务指标不重要,而是需要取得一个平衡,即短期收益与长期收益的平衡;财务指标与非财务指标的平衡;外部计量(股东与客户)和内部计量(内部流程、创新与人员等)的平衡。平衡计分卡并不是对传统战略和评估方法的否定,而是对其进行了进一步的发展和改进。即它以企业的战略愿景为中心,并包括财务维度、客户维度、内部运营维度和学习与成长维度等四大指标体系,以此来阐明和沟通企业战略,促使个人、部门和组织的行动方案达成一致,以实现企业价值最大化和长期发展的目标。

(1) 财务维度。与传统的管理体系一样,财务指标仍是一种评价绩效水平的直接指标,以其清晰、明了的性质,可显示企业的战略及其实施和执行是否正在为最终经营成果(如利润)的改善作出贡献,因而备受股东和管理者的重视。

(2) 客户维度。客户是一个企业外部计量绩效体系的重要组成部分,客户的满意度将直接影响该企业盈利能力的大小。因而平衡计分卡要求企业关注其产品或服务是否满足了核心客户的需求,并以市场份额、老客户挽留率、新客户获得率、客户满意度等作为衡量客户维度的重要指标。

(3) 内部运营维度。内部运营绩效考核应以对客户满意度和实现财务目标影响最大的业务流程为核心,其指标主要涉及企业的改良、创新过程、经营过程和售后服务过程，是一种商业模式的创新。

（4）学习与成长维度。企业绩效考评体系应注重对员工的培训与激励、技术的创新以及信息系统能力的升级，以此来顺应知识经济时代发展的要求以及激烈的全球竞争，使得本企业屹立于世界企业之林。

平衡计分卡的四个维度如图13-2所示。

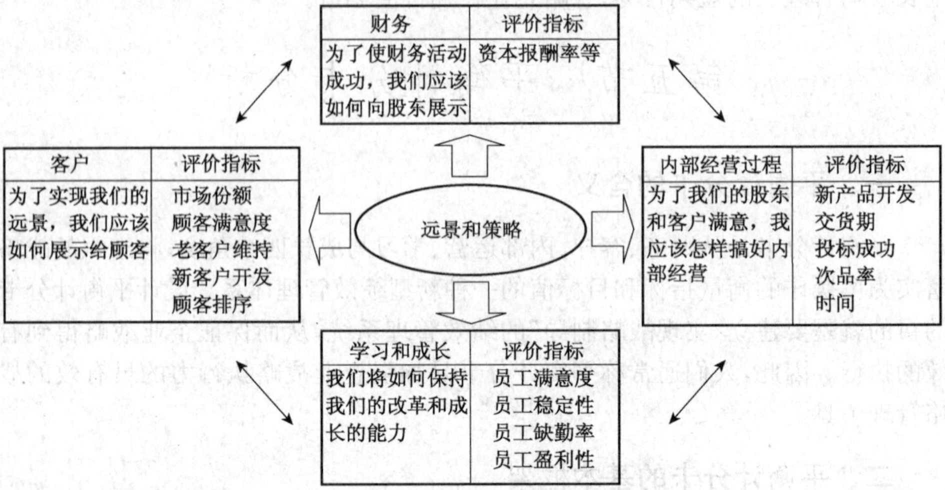

图13-2 平衡计分卡的四个维度

三、平衡计分卡的优缺点

平衡计分卡强调了绩效管理与企业战略之间的紧密关系，又提出了一套指标框架体系，将部门绩效与企业、组织整体绩效很好地联系起来，使各部门工作努力方向同企业战略目标的实现联系起来。平衡计分卡弥补了单一财务指标在客户、员工、供应商、业务程序、技术创新等方面的不足，增加了客户、内部运营、学习与成长三个层面的非财务指标，很好地实现了财务指标与非财务指标的结合，在此基础上形成一套完整的指标体系。平衡计分卡从战略目标和竞争需要的角度出发，实现了公司长期战略与短期行为的有效结合。但是平衡计分卡的实施难度较大，管理基础差的企业不可以直接引入平衡计分卡，必须先提高自己的管理水平，才能循序渐进地引进平衡计分卡。平衡计分卡的指标体系建立较困难，财务指标的创立比较容易，而其他三个方面的指标则比较难以收集，需要企业长期探索和总结。平衡计分卡涉及财务、顾客、内部业务流程、学习与成长四套业绩评价指标，指标数量过多，指标间的因果关系很难做到真实、明确。

四、平衡计分卡的实施步骤

平衡计分卡在实际应用过程中需要综合考虑企业所处的行业环境、企业自身的优势与劣势以及企业所处的发展阶段、企业自身的规模与实力等。企业应用平衡计分卡来建立绩效评价体系时,一般经过以下步骤:

(1) 定义企业战略与愿景。企业应当首先确定其战略目标及愿景,并将它转化为下属各责任部门(如各事业部)在财务、顾客、内部运营、学习与成长等四个维度的系列具体目标,即设置相应的四张计分卡。由于平衡计分卡的四个维度与企业战略密切相关,因此这一步骤是设计一个好的平衡计分卡的基础。

(2) 绩效指标体系的设计与建立。即依据各责任部门分别在财务、顾客、内部运营、学习与成长等四种计量可具体操作的目标,设置一一对应的绩效评价指标体系,这些指标不仅与公司战略目标高度相关,而且是以先行与滞后两种形式,同时兼顾和平衡公司长期和短期目标、内部与外部利益,综合反映战略管理绩效的财务信息与非财务信息。

(3) 制定实施计划。这一步骤需要各层次的管理人员参与测评,由各主管部门与责任部门共同将各项指标的预算值与实际值进行比较,对应不同范围的差异率,设定不同的评分值,以综合评分的形式,定期考核各责任部门在财务、客户、内部运营、学习与成长四个维度的目标执行情况。

(4) 调整与反馈。根据综合评分考核的各责任部门在财务、客户、内部运营、学习与成长四个维度的目标执行情况,及时反馈,适时调整战略偏差,或修正原定目标和评价指标,确保公司战略得以顺利与正确地实行。

由此可见,平衡计分卡的实施需要团队的合作精神,它实施的全过程需要企业内部的高级管理人员、各职能部门以及各责任部门的全员参与,以制定出切实可行并且为企业全体员工所接受的评价目标与体系,使平衡计分卡能够真正全面地为企业的绩效评价和战略管理提供帮助。

第六节　案例分析

近几年,乳制品行业在保持较快发展的同时,也经受住了严峻的考验,是众人关注的焦点行业之一。光明和伊利是中国最大的两家牛奶制品企业,对这两家企业的财务状况和经营成果进行分析,可以给其他中小乳制品企业提供宝贵的经验,也可以通过研究这两家企业了解中国乳制品行业的现状和投资前景,指导投资者进行投资。

由于上述研究方法较多,本章选择沃尔评分法和杜邦分析法这两个主要的方法对光明和伊利的财务状况和经营成果进行综合分析与评价。

一、沃尔评分法案例分析

第一步,选取指标并赋予权重。

偿债能力:流动比率(10)、速动比率(10)、资产负债率(12)。

营运能力:存货周转率(10)、应收账款周转率(8)、总资产周转率(10)。

盈利能力:资产净利率(15)、股东权益报酬率(15)。

发展能力:营业利润率(10)。

第二步,确定各项指标的标准值,这里主要采用了同行业的平均值。

偿债能力:流动比率(0.92)、速动比率(0.64)、资产负债率(0.61)。

营运能力:存货周转率(8.37)、应收账款周转率(67.45)、总资产周转率(1.8)。

盈利能力:资产净利率(0.06)、股东权益报酬率(0.17)。

发展能力:营业利润率(0.04)。

第三步,计算各指标的实际值并根据公式计算得到各财务比率的实际得分,将实际得分汇总得到企业该年的综合得分。

光明和伊利 2012 年沃尔评分表分别如表 13-4 和表 13-5 所示。

表 13-4

光明 2012 年沃尔评分表

选择的指标	分配的权重①	指标的标准值②	指标的实际值③	实际得分④=①×③÷②
一、偿债能力指标	32			
1. 流动比率	10	0.92	1.25	13.59
2. 速动比率	10	0.64	1	15.63
3. 资产负债率	12	0.61	0.53	10.43
二、营运能力指标	28			
1. 存货周转率	10	8.37	8.8	10.51
2. 应收账款周转率	8	67.45	10.52	1.25
3. 总资产周转率	10	1.8	1.48	8.22
三、盈利能力指标	30			
1. 资产净利率	15	0.06	0.04	10
2. 股东权益报酬率	15	0.17	0.08	7.06
四、发展能力指标	10			
1. 营业利润率	10	0.04	0.04	10
合计	100			86.68

表 13-5

伊利 2012 年沃尔评分表

选择的指标	分配的权重①	指标的标准值②	指标的实际值③	实际得分④=①×③÷②
一、偿债能力指标	32			
1. 流动比率	10	0.92	0.54	5.87
2. 速动比率	10	0.64	0.28	4.38
3. 资产负债率	12	0.61	0.62	12.20
二、营运能力指标	28			
1. 存货周转率	10	8.37	9.85	11.77
2. 应收账款周转率	8	67.45	145.3	17.23
3. 总资产周转率	10	1.8	2.11	11.72
三、盈利能力指标	30			
1. 资产净利率	15	0.06	0.09	22.5
2. 股东权益报酬率	15	0.17	0.23	20.29
四、发展能力指标	10			
1. 营业利润率	10	0.04	0.05	12.50
合计	100			118.51

根据沃尔评分法,光明 2012 年财务状况的综合得分为 86.68,而伊利 2012 年财务状况的综合得分为 118.51,伊利的财务状况优于光明。

二、杜邦分析法案例分析

根据光明和伊利 2012 年财务报表数据,可以绘制杜邦分析图(如图 13-3 和图 13-4)。

根据下述杜邦分析图,可以发现:光明 2012 年的净资产收益率为 7.57%,而伊利 2012 年的净资产收益率为 23.04,远高于光明,说明伊利总体财务状况较好。伊利的净资产收益率高是总资产净利率变动和权益乘数变动两方面共同作用的结果。伊利的总资产周转率是光明的 1 倍左右,说明伊利使用总资产产生销售收入的效率在增加,资产得到了有效的利用。而且伊利的资产负债率也比光明高,说明伊利充分利用财务杠杆来增加营业收入和利润,但是伊利也需要警惕过高的资产负债率所带来的风险。

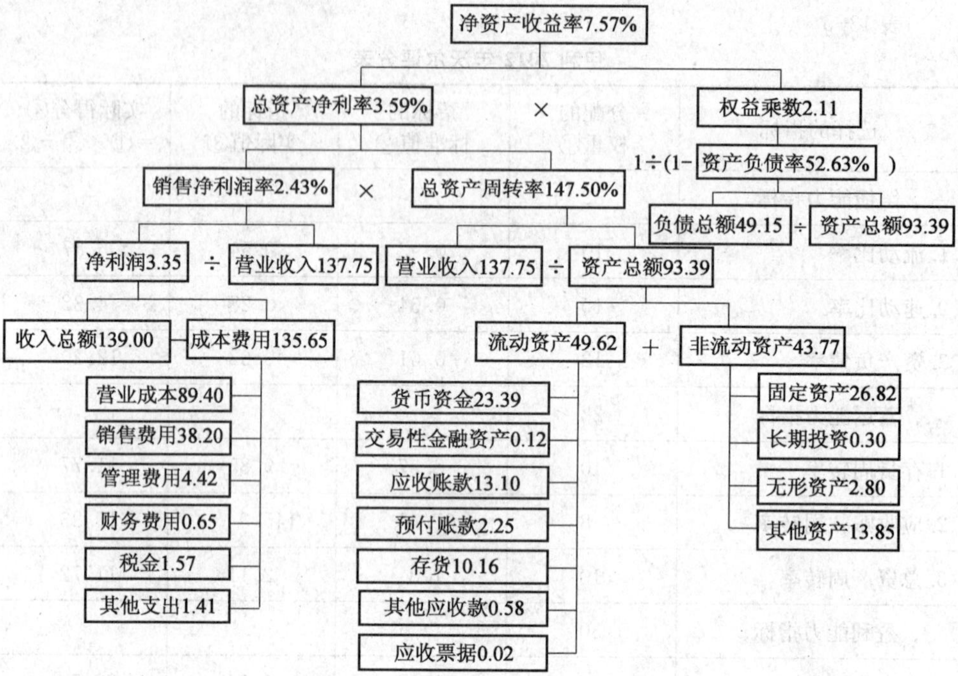

图 13-3 光明 2012 年杜邦分析图

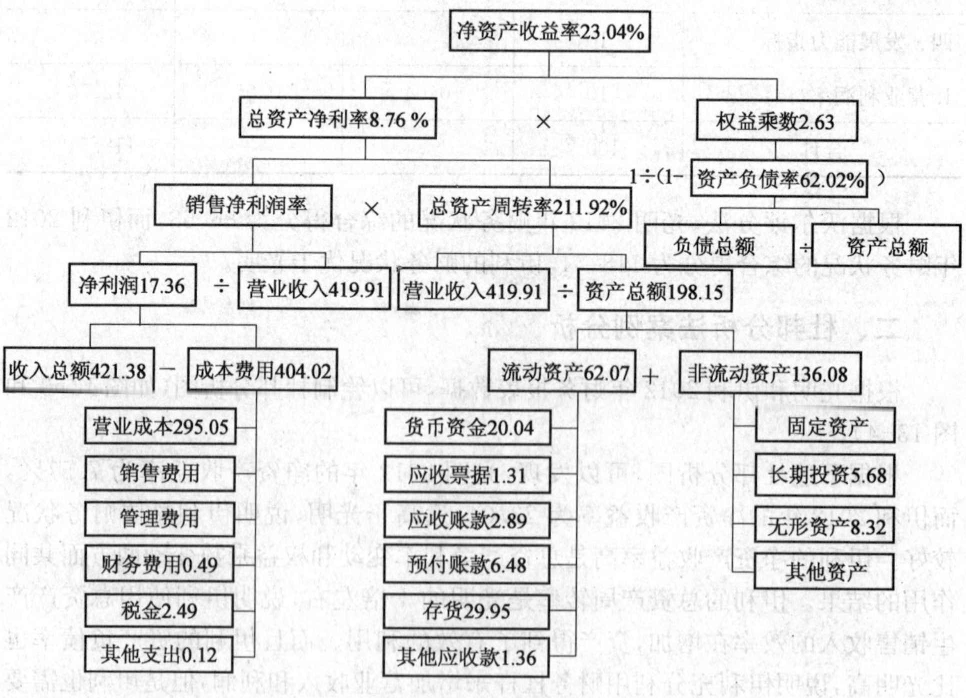

图 13-4 伊利 2012 年杜邦分析图

思 考 题

1. 什么是综合财务分析？综合财务分析方法有哪些？
2. 简述各种综合财务分析方法。
3. 简述沃尔评分法和平衡计分卡的实施步骤。
4. 选取一家上市公司，根据其年报数据，画出杜邦分析体系图。
5. 分析各种综合财务分析方法之间的联系与区别。

业 务 题

已知某公司2013年会计报表的有关资料如表13-6所示。

表13-6

某公司2013年会计报表

单位:万元

资产负债表项目	年初数	年末数
资产	8 000	10 000
负债	4 500	6 000
所有者权益	3 500	4 000
利润表项目	上年数	本年数
营业收入净额	（略）	2 000
净利润	（略）	500

要求：

(1) 计算杜邦财务分析体系的下列指标:①净资产收益率;②资产净利率;③销售净利率;④总资产周转率;⑤权益乘数。

(2) 分析该公司提高净资产收益率可以采取的措施。

第五篇

财务专题篇

第十四章　企业并购财务管理

引导案例

Wind 资讯统计显示，2014 年年初至 7 月，上市公司已公告并购案例 2 470例，涉及金额约 1.52 万亿元，超过 2013 年全年并购总额。7 月初，证监会修订了上市公司并购重组管理办法，进一步简化了相应的审批流程，为这股并购热潮再添一把火。A 股上市公司缘何“钟爱”并购重组？问题的关键或许在于，这背后潜藏着巨大的利益链条。在券商和 PE 等机构的推动下，上市公司借助监管政策的放松，为实现业绩增长或者是摆脱退市阴霾，前赴后继地上演着一幕幕并购重组的悲喜剧。

思考与讨论

(1) 企业并购的动因究竟何在？

(2) 并购会给企业带来什么样的效应？

(3) 并购过程中面临哪些问题？

第一节　企业并购概述

一、企业并购的概念

(一) 兼并

兼并是指一家企业以现金、证券或其他形式购买取得其他企业的产权，使其他企业丧失法人资格或改变法人实体，并取得对这些企业决策控制权的经济行为。兼并又称为合并，我国《公司法》将合并分为吸收合并与新设合并。吸收合并(或吸收兼并)是指一个公司吸收其他公司而续存，被吸收公司解散。新设合并(或创立兼并)是指两个或两个以上公司合并成立一个新的公司，合并各方的法人实体地位都消失，新设合并又称为联合。

(二) 收购

收购是指企业用现金、债券或股票等方式购买另一家企业的全部或部分股权或资产，以获得该企业控制权的经济行为。企业收购的对象可以是股权即购买一家企业的股份；也可以是资产即仅仅是一般资产的买卖行为，在这种情况下，购买方不需要承担目标企业的债务。

（三）并购

兼并与收购两者的相似之处在于：①基本动因相似；②都以产权为交易对象。两者的不同之处在于：①在兼并中，被合并企业作为法人实体不复存在，而在收购中，被收购企业可仍以法人实体存在，其产权可以是部分转让。②兼并后，兼并企业成为被兼并企业新的所有者和债权债务承担者；而收购企业仅是被收购企业的新股东。③兼并多发生在被兼并企业财务状况不佳时；收购发生在正常的生产经营状态。

兼并与收购在本质上都是企业所有权或产权的有偿转让，在经营理念上都是通过外部扩张型战略谋求自身的发展，从经济角度考虑，兼并与收购的相似性远超过两者的区别，故将兼并与收购统称为并购或购并。

二、企业并购的类型

企业并购依据不同的划分标准有以下几种类型。

（一）按并购双方产品与产业的联系划分

1. 横向并购

横向并购是指并购方与被并购方处于同一行业、生产或经营同一产品，并购使资本在同一市场领域或部门集中。如两家航空公司的并购，横向并购可以扩大企业的生产经营规模，扩大企业的市场份额，增强垄断势力。

2. 纵向并购

纵向并购是指对生产工艺或经营方式上有前后关联的企业进行的并购，是生产、销售的连续性过程中互为购买者和销售者的企业之间的并购。纵向并购分为上游并购、下游并购和上下游并购三种方式。上游并购是对生产流程一阶段企业的并购，即并购供应商；下游并购是对生产原材料、零部件的企业并购加工、装配企业或生产商并购销售商，即并购使用商和客户；上下游并购则把与企业生产和经营互为上下游关系的企业同时并购进来。纵向并购主要在加工制造业及与此相关的原材料生产、运输、仓储以及贸易公司之间进行。

3. 混合并购

混合并购是指对处于不同产业领域、产品属于不同市场，且与其产业部门之间不存在特别的生产技术联系的企业进行并购，如钢铁企业并购石油企业等，混合并购通常与企业推行多元化经营战略有关，即通过生产经营范围的扩大以分散整体运行风险。

（二）按并购的实现方式划分

1. 承担债务式并购

承担债务式并购是并购方以承担被并购方全部或部分债务为条件，取得被并购方的资产所有权和经营权。这种并购在国内企业并购中较为常见。

2. 现金购买式并购

现金购买式并购是指并购方以现金购买目标企业的资产以获得其产权的行为。这种并购又分为以下两种形式：

（1）并购方筹集足额的现金购买被并购方全部资产，被并购方消失；

（2）并购方以现金通过市场、柜台或协商购买目标企业的股票或股权，来实现并购。

3. 股份交易式并购

股份交易式并购是指并购企业以自己的股权交换目标企业的资产或股权，这种并购有以下两种形式：①以股权换股权；②以股权换资产。以股权换股权若是对目标企业的股权全部收购，则目标企业的法人资格不复存在；若是部分收购，则其法人资格仍然存在，这种并购一般在上市公司之间进行，形成相互持股关系。以股权换资产是指被并购企业将其清产核资后的净资产作为股本投入并购方，取得并购企业的一部分股权，成为并购企业的一个股东，被并购企业作为法人主体不复存在，这种方式特别适用于控股母公司通过已上市的子公司"借壳上市"。

（三）按企业并购双方是否友好协商划分

1. 善意并购

善意并购是指并购企业事先与目标企业协商，征得其同意并通过谈判达成收购条件一致意见而完成的并购。善意并购有利于降低并购行为的风险与成本，使并购双方能够充分交流、沟通信息，目标企业主动向并购方提供必要的资料。

2. 敌意并购

敌意并购是指并购企业在收购目标企业股权时虽然遭到目标企业的抗拒，仍然强行收购，或不与目标企业协商，直接向目标企业发出收购要约进行并购。敌意并购的优点在于并购方完全处于主动地位，不用被动权衡各方利益，而且并购行动节奏快、时间短，可有效控制并购成本，但并购风险较大。

（四）按并购是否通过证券交易所划分

1. 要约收购

要约收购是指并购通过向目标公司的管理当局和股东发出购买该公司股份的书面意见（要约收购报告），并按法定公告的收购条件、收购价格、收购期限以及规定事项，收购目标公司股份的收购方式。要约收购是成熟的证券市场中收购上市公司股权的基本形式。

2. 协议收购

协议收购是指并购公司不通过证券交易所，直接与目标公司取得联系，股份的出让与受让双方通过面对面的谈判、协商达成共同协议。这种交易在证券交易所外进行，故也称为场外交易。协议收购易取得目标公司的理解与合作，有利于降低收购行为的风险与成本，协议收购一般都属于善意并购。

（五）杠杆收购、管理层收购、联合收购

1. 杠杆收购

杠杆收购是指并购企业以目标企业的资产和将来的收益能力作抵押，通过大量的债务融资来实现并购的行为。杠杆收购是一种高度负债的收购方式，其主要目的不在于获得目标企业经营控制权，而在于通过收购控制，得以将企业的资产进行重新包装或剥离后再将企业卖出。

2. 管理层收购(MBO)

管理层收购指目标公司的管理层通过大举借债或与外界金融机构合作、收购他们所在的公司的行为。管理层收购在国外属于一种频繁运用的资产重组方法，在我国1997年7月民营高科技企业四通集团采用这一方法解决了长期含混不清的产权关系，此后这一方法得到了广泛运用。

3. 联合收购

联合收购是指两个或两个以上的收购人事先就各自取得目标企业的哪一部分以及收购时应承担的费用达成协议而进行的收购行为。联合收购有两个基本特点：一是收购人必须是两个或两个以上的公司或个人；二是目标企业不是整体卖给收购人，而是各收购人通过协议取得目标企业的不同部分。

三、企业并购的动因

企业并购的动因各式各样，但最基本的动因是协同效应，即“2＋2＝5”的效应。在大多数情况下企业并非仅仅出于某一个目的进行并购，而是将多种因素综合平衡，并购的主要动因包括以下几个方面。

（一）经营协同效应

经营协同效应主要是指并购给企业的生产经营活动在效率方面带来的变化及效率的提高所产生的效益。企业并购对企业效率的最明显作用表现为促使企业规模经济效益的取得，规模经济效益由工厂规模经济和企业规模经济组成。并购给工厂发展规模经济的好处在于：①企业可以通过并购对工厂的资产进行补充和调整，以达到最佳规模经济的要求，使工厂成本保持最低的生产成本；②并购能够使企业在保持整体产品结构的前提下，在各个工厂之中实现产品的专业化生产。

通过横向、纵向或混合并购，使经营规模达到规模经济的水平，从而提高经营效率，主要表现在：①节约管理费用；②采用共同的销售渠道，可以节约销售费用；③便于集中足够的经费用于研究、开发和设计产品，提高产品的竞争力；④多样化经营可以分散风险，稳定收入来源，同时对组织资本和声誉资本进行保护。

（二）财务协同效应

财务协同效应是指并购给企业在财务方面带来的各种效益，这种效益是由于税收差别的存在以及外部融资和证券交易等内在规定的作用而产生的，主要表现在：

(1) 财务能力的提高。一般情况下，并购后企业整体的偿债能力会明显增强，相应的融资能力也会增强，并且并购使企业从边际利润率较低的生产经营活动向边际利润率较高的生产经营活动转移，从而提高企业的经济效益。

(2) 合理节税。一些并购的出现可能就是出于税收最小化机会的考虑，如处于较高纳税等级的企业，可以通过并购纳税等级较低的高科技企业，将主营业务转移到高科技企业，从而享受高科技的税收优惠待遇。

(3) 预期效应。预期效应是指因并购使股票市场对企业股票评价发生改变而对股票价格的影响。由于预期效应的作用，企业并购往往伴随着强烈的股价波动，形成股票投资机会，增加股东的资本利得收益。

(4) 降低筹资成本和交易成本。通常资本筹集中的发行和交易成本与所筹资金的规模呈反比，企业并购后规模的扩大有可能降低筹资成本和交易成本。

（三）管理协同效应

如果某企业有一支高效率的管理队伍，其管理能力超出管理该企业的需要，但这批人才只能通过集体实现其效率，企业不能通过解聘释放能量，那么该企业就可并购那些由于缺乏管理人才而效率低下的企业，利用这支管理队伍通过提高整体效率水平而获利。

（四）企业发展动机

企业的发展可以运用两种基本方式进行：一是通过对内投资新建方式扩大生产经营能力；二是通过对外投资即通过并购取得企业经营规模上的扩张。相比较而言，并购往往是效率比较高的扩张方式。其优势主要体现在：①并购有效地降低了进入新行业的壁垒；②并购大幅度降低了企业发展的风险和成本；③企业通过并购不仅获得了被并购企业的各种资产，而且获得了其管理经验，可以提高企业的发展速度。

（五）谋求战略价值

企业战略包括战略防御和战略扩张两大类，战略防御性并购动因包括：企业通过经营相关程度较低的不同行业可以分散风险，避免企业遭受强相关产业周期性风险和单一产业的经营风险；实现从某一夕阳产业的战略转移；购买必需的专有技术、商标、品牌等无形资产；保护市场或原材料供应网络。战略扩张性并购动因包括：加速企业在产业、地域的扩张；合资经营购买有价值的品牌和优势技术；获取某项特殊资产。特殊资产可能是一些对企业发展至关重要的专门资产，包括土地、有效的管理队伍、优秀的科研人员以及专利技术、商标、品牌等无形资产。

改革开放初期，我国企业的并购大多是政府行为而非市场行为，往往是经营不善的国有企业被并购，许多企业的并购动机还与国家政策紧密相关，受国家产业结构的调整、政策的支持以及税后优惠等的影响，并购领域发生着变化。另外，我国资本市场产生的并购行为中，买壳上市成为不少企业并购的最直接动机。

四、企业并购的过程

一个完整的并购过程可以划分为四个阶段，具体步骤如表 14-1 所示。

表 14-1

企业并购的过程

第一阶段：并购前的调查研究
1. 确定并购策略
2. 搜寻、调查、确定目标企业
3. 并购的可行性分析
第二阶段：并购谈判阶段
1. 价值评估、确定支付价格
2. 并购双方协商谈判
3. 签订并购协议
第三阶段：并购实施阶段
1. 确定支付方式
2. 并购企业融资
3. 执行并购协议
第四阶段：并购整合阶段
1. 制定整合策略
2. 实施整合策略

在企业并购的整个过程中，最主要涉及的财务问题是：目标企业的价值评估、并购的支付方式、筹资方案的选择以及并购绩效评价等，本书将对前两个问题进行详细介绍和阐述。

第二节 目标企业的价值评估

一、价值评估对企业并购的意义

价值评估是指买卖双方对标的（资产或股权）购入或出售作出的价值判断，价值评估对并购的意义主要体现在以下三个方面：

（1）从并购程序看，对目标企业的选择与价值评估是并购活动的首要基本环节，其中价值评估是并购谈判阶段的核心内容，也是决定并购是否可行的先决条件。

（2）从并购动因看，并购一般是谋求协同效应，而对协同效应的经济评价必然与交易的价格相联系，理论上只要价格合理，交易总是可以达成的，因此价值评估又是决定交易是否成交的价格基础。

（3）从投资者角度看，无论是并购方的股东，还是目标企业的出资者，均希望交易价格对己有利。由于双方投资者的信息不对称，或主观认识上存在的偏差，或评估方法选用的不当，其价值评估结果往往是不一致的，从而影响到交易成功的几率。

由于价值评估的对象往往不是目标企业现在的价值，而是并购后目标企业能为并购企业带来的价值增值，即目标企业估值取决于并购企业对其未来收益的大小和时间的预期。而对并购企业未来收益的预测是一件比较困难的事情，常带有一定的主观判断，为评估准确起见，企业一般使用多种方法对目标企业估值。

二、目标企业价值评估的方法

（一）市盈率法

市盈率法是根据目标企业的收益和市盈率确定其价值的方法，又称为收益法。

市盈率法对目标企业价值评估的步骤如下。

1. 检查、调整目标公司近期的利润业绩

市盈率法使用的收益指标在性质上是目标在被并购后持续经营可能取得的收益，因此应进行适当的调整：①并购企业必须仔细考虑目标企业所使用的会计政策；②剔除非常项目和特殊业务对净利润的影响；③调整由于不合理的关联交易造成的利润增减金额。

2. 选择、计算目标企业估价收益指标

一般来说，最简单的估价收益指标可采用目标企业最近1年的税后利润，但考虑到企业经营的波动性，尤其是被并购以后企业的收益状况，作为目标企业估价收益指标有三种方法确定：①目标企业近1年的税后利润；②目标企业近3年的税后利润平均值；③与并购方相同的资本收益率计算的税后利润。

3. 选择标准市盈率

标准市盈率的选择直接影响到评估的结果，通常可选择的标准市盈率有三种：①目标企业在并购时点的市盈率；②与目标企业具有可比性的企业市盈率；③目标企业所处行业的平均市盈率。

4. 计算目标企业的价值

市盈率法的计算公式为：

目标企业的价值 = 估计收益指标 × 标准市盈率

采用市盈率法估算目标企业价值,该方法有以下特点:①以投资为出发点,着眼于未来经营收益;②简单易懂,使用便利,容易得到股东的支持;③尤其适用于通过证券二级市场进行的并购;④标准市盈率选择不当,对评估值产生重大影响。

(二) 贴现现金流量法

贴现现金流量法的原理是假设任何资产的价值等于其预期未来现金流量的现值之和。在贴现现金流量法下,影响企业价值的因素有三个:预期的现金流量、贴现率和企业的存续期。

1. 预测自由现金流量

在贴现现金流量法下,按评估主体的不同,现金流量可分为股权自由现金流量和企业自由现金流量两种。

1) 股权自由现金流量

它是指企业在履行了所有的财务责任(债务的还本付息),并满足其本身再投资需要之后的剩余现金流量,体现了股权投资者对企业现金流量的剩余要求权。

股权自由现金流量的计算公式为:

股权自由现金流量 = 净收益 + 折旧 − 债务本金偿还 − 营运资本追加额
− 资本性支出 − 优先股股息 + 新发行债务

其中:资本性支出是指厂房的新建、扩建、改建,设备的更新、购置以及新产品的试制等方面的支出。与折旧相比,对于一个高速成长的企业而言,当期资本支出可能超过同期折旧;而对于处于稳定发展期的企业而言,资本支出较少。营运资本追加额是指应收账款、存货等项目的净增加,它也与企业的发展阶段密切相关。处于迅速成长阶段时,应收账款和存货等增加较多;反之,则相对较少。

股权自由现金流量可以为正数,也可以为负数;如果股权自由现金流量为正数,则表示公司可以有多余的现金派发给股东(现金股利);如果股权自由现金流量为负数,则表示公司将不得不通过发行新股来筹集股权资本;以股权自由现金流量为基础计算的是股权的价值,在实务中,股权自由现金流量也是企业能否支付现金股利的一个重要指标。

2) 企业自由现金流量

它是指企业在支付了经营费用和所得税之后,向企业权利要求者(普通股股东、企业债权人和优先股股东)支付现金之前的全部现金流量。

企业自由现金流量 = 股权自由现金流量 + 债权现金流量 + 优先股股权现金流量

企业自由现金流量的计算公式为:

企业自由现金流量 = 息税前净收益 ×(1 − 税率)+ 折旧 − 资本性支出 − 营运资本净增加

用企业自由现金流量是对整个企业估价而不是对股权估价,股权的价值可以用企业价值减去发行在外债务的市场价值得到。由于企业自由现金流量是债务偿还前的现金流量,所以用企业自由现金流量估价时就不需要明确考虑与债务相关的现金流量。

2. 估计贴现率或加权平均资本成本

估算现金流量的现值所采用的贴现率既可用筹资者的资本成本,也可用投资者所要求的最低报酬率。一般来说,贴现率的选择应与现金流量相匹配,即股权自由现金流量应按股权资本成本进行折现,企业自由现金流量应按加权平均资本成本折现。

1) 股权资本成本

估算股权资本成本的方法有很多,最常用的有股利增长模型、资本资产定价模型和套利模型等。

(1) 股利增长模型。对于稳定增长的公司而言,可以用股利增长模型估算股权资本成本,因为稳定增长的公司股票价格可以表示为:

$$P_o = DPS_1 / K_s - g$$

则

$$K_s = DPS_1 / P_o + g$$

式中 P_o为当前的股票价格;

DPS_1为下一年预计支付的股利;

K_s为股权资本成本;

g 为股利的增长率。

虽然该模型计算简单,但是它是假设公司一直以一个不变的增长率增长并持续到永远,这在我国资本市场股利支付率极低的情况下是不适用的。

(2) 资本资产定价模型。该模型通过方差来度量不可分散风险,并将风险与预期收益联系起来。在该模型中任何资产不可分散的风险都可以用 β 值来描述,并相应地计算出预期收益率,其基本公式为:

$$K_s = R_f + \beta \times (R_m - R_f)$$

式中 K_s为投资者所要求的收益率;

R_f为无风险收益率;

R_m为市场预期收益率;

β 为企业(资产组合)对整个市场风险的贡献。

2) 债务资本成本

债务资本成本是企业为并购项目融资时所借债务的成本。一般来说,债务资本成本由以下因素决定：①当前的利率水平。当市场利率上升时，债务资本成本也会随之上升。②企业的信用等级。企业的信用等级越低，企业违约的风险就越大，债务资本成本就越高。③债务的税收抵税。利息可以抵减税款，债务在税收抵减上的好处使得债务的税后成本下降，即税后债务成本＝税前债务成本×(1－税率)。

3）加权平均资本成本

估计了个别资本成本之后，根据目标企业被并购后的资本结构，计算加权平均资本成本。计算公式为：

$$K_w = \sum_{t=1}^{n} K_i \times W_i$$

式中 K_w为加权平均资本成本；

K_i为个别资本成本；

W_i为各个别资本所占比重。

值得注意的是，在计算加权平均资本成本时，普通股和债券的比重应以市场价值为基础，而不是账面价值。这是因为衡量资本成本是为了确定融资时的证券成本，而它们都是按照市场价值发行的。

3. 预测企业存续期

企业并购作为一种特殊形式的资本投资，目标企业的价值等于预期未来现金流量的现值之和。但企业是一个持续经营的实体，其筹命一般是不可预知的。为了合理预测目标企业价值，一般将未来现金流量分为两部分：一是预测期内的现金流量；二是预测期后的现金流量。对于预测期内的现金流量要逐期预测，一般以 5～10 年作为预测期，而对于预测期后的现金流量，根据企业发展阶段及未来趋势作一价值评估。

4. 计算现金流量的现值，作为目标企业的价值

根据目标企业未来创造的自由现金流量和贴现率，可计算目标企业的价值，计算公式为：

$$TV = \sum_{t=1}^{n} \frac{FCF_t}{(1+K_w)^t} + \frac{V_n}{(1+K_w)^n}$$

式中 TV 为目标企业的价值；

V_n为目标企业在第 n 年的价值；

K_w为加权平均资本成本；

FCF_t为第 t 期目标企业的自由现金流量。

如果 n 期后，目标企业处于稳定增长状态，则目标企业第 n 期的价值可按固定增长模型计算，即：

$$V_n = \frac{FCF_{n+1}}{K_w - g_n}$$

式中　K_w为固定增长时的加权平均资本成本；

g_n为固定增长率。

【例 14-1】 ABC 公司现准备以 100 万元收购目标企业甲，向你咨询方案是否可行。有关资料如下：上年甲企业销售额 1 000 万元，预计收购后有 5 年的自由现金流量；在收购后第 1 年销售额在上年基础上增长 5%，第 2、第 3、第 4 年分别在上 1 年基础上增长 10%，第 5 年与第 4 年相同；假设销售利润率为 4%，所得税税率为 25%；固定资本与营运资本追加额分别占销售增长额的 10% 和 5%。市场无风险收益率、风险溢酬分别为 5% 和 2%，ABC 公司和甲企业的 β 系数分别为 2 和 1.5。

要求：

(1) 计算收购后企业各年的自由现金流量。

(2) 预测股本成本。

(3) 根据折现现金流量法评价应否收购甲企业。

解答：(1) 收购后各年的自由现金流量如表 14-2 所示。

表 14-2

收购后各年的自由现金流量

单位：万元

项目＼年份	1	2	3	4	5
销售额	1 050	1 155	1 270.5	1 397.55	1 397.55
销售利润	42.00	46.20	50.82	55.90	55.90
所得税	10.50	11.55	12.71	13.98	13.98
固定资本增加	5	10.5	11.55	12.71	0
营运资本增加	2.5	5.25	5.78	6.35	0
自由现金流量	24.00	10.90	20.78	22.86	41.92

(2) 预期股本成本＝5%＋2%×1.5＝8%。

(3) 自由现金流量的现值＝22.22＋9.34＋16.50＋16.80＋28.53＝93.39(万元)。

由于收购后甲企业各年自由现金流量的现值之和为 93.39 万元，小于 100 万元，即目标企业的价值小于收购价值，故根据贴现现金流量法不应收购甲企业。

(三) q 比率法

q 比率是公司股票的市场价值与代表这些股票的资产重置成本之间的比率，q 比率由诺贝尔经济学奖获得者托宾(James Tobin)于 1969 年提出。其计算公式为：

$$q = \text{股票市值} \div \text{对应资产的重置成本}$$

q 比率是反映证券市场上价格偏高或偏低的一个指标。其理论值是 1，但是实际上一般会大于或小于 1。如果一家公司的 q 比率在很长时间内都大于 1，说明该公司股票的价格偏高；反之，就偏低。在价值评估中，通过先估计公司的 q 比率，再计算其价值。一般 q 比率可用市净率近似代替。其计算公式为：

$$\text{股票价值} = q \times \text{资产重置成本}$$

例如，A 公司与同类 B 公司所在行业的平均 q 比率为 0.8，A 公司应采用直接投资方式还是收购 B 公司的方式进行投资？对于 q 比率为 0.8 的同类 B 公司，即使按 20%溢价收购，即收购价＝0.8×(1＋20%)＝0.96，收购价仍比收购资产的当期重置成本低 4%，因此同类公司的 q 比率小于 1，通过收购比采用直接投资更有效。

（四）其他价值评估方法

1. 未来股利现值法

未来股利现值法原理同贴现现金流量法，在这里未来的股利作为现金流量，其计算公式为：

$$\text{企业价值} = \sum D_t/(1+i)^\wedge t$$

式中 D_t 为企业第 t 年的股利；

i 为折现率。

未来股利现值法的特点是：

(1) 企业的价值取决于未来的盈利能力(股利水平)和贴现率的选择。

(2) 任何资产的内在价值是由拥有该资产的投资者在未来所取得的现金流量决定的。

(3) 其本质是股票的价值。

2. 净资产账面价值调整法

净资产账面价值是以会计历史成本原则为计量依据确认的，它与企业的内在价值并不一致，因此对账面价值进行调整来确定并购价值，其计算公式为：

$$\begin{matrix}\text{目标企业}\\\text{的价值}\end{matrix} = \begin{matrix}\text{目标企业净}\\\text{资产账面价值}\end{matrix} \times \left(1 \pm \begin{matrix}\text{调整}\\\text{系数}\end{matrix}\right) \times \begin{matrix}\text{拟收购股份占目标}\\\text{企业总股份比例}\end{matrix}$$

这种估价方法的特点是：

(1) 净资产账面价值具有客观性，计算简单，容易取得。

(2) 账面价值以历史成本计价，受不同会计政策的影响。

(3) 账面价值与未来收益的能力之间相关性很小。

(4) 忽略了企业内在的一些价值驱动因素。

3. 可比公司分析法

可比公司分析法是以交易活跃的同类公司的股价与财务数据为依据，计算出一些主要的财务比率，然后用这些比率作为“市场/价格乘数”来推断非上市公司或交易不活跃公司的价值。其具体步骤如下：

（1）选择参照公司。

（2）选择及计算乘数。

（3）运用选出的众多乘数计算被评估公司的多种价值。

（4）对公司价值的各个估计数进行平均。

（5）价格收益比分析。

$$\text{目标企业评估价值} = \text{目标企业收益} \times \text{价格收益比}$$

（6）股利资本化比率分析。

$$\text{股利资本化比率} = \text{股利支付能力} \div \text{企业价值}$$
$$\text{目标企业价值} = \text{股利支付能力} \div \text{综合股利资本化比率}$$

应用这一方法，首先要找到一组可比较的公司，并计算它们的综合股利资本化比率；再确定目标企业的股利支付能力；最后确定目标企业的价值。

评估价值并不是决定并购价格的唯一因素，只是价格的参考。从某种意义上来说，经济学不认为价格可以计算出来，最终决定价格的是买卖双方的同意。一般来说，当并购的是一个继续运营的企业时，应采用贴现现金流量法，而当并购针对的是破产企业或企业部分资产时，应采用资产价值基础法。

第三节　并购支付方式的选择

一、现金支付方式

现金并购是一种单纯的并购行为，它是由并购方支付一定数量的现金而取得被并购企业的所有权。由于现金具有较强的流动性，因而对被并购方，特别是对那些因举债过多而被迫出售的企业而言，无疑是比较受欢迎的支付方式。

（一）现金并购的可行性分析

在现金支付方式下，如果并购引起的价值增值大于其并购成本，即并购后的净收益大于零，则这种并购是可行的。假设 A 公司拟并购 B 公司，其市场价值分别为 V_A 和 V_B，两公司并购后的价值为 V_{AB}，公司并购后的净收益为：

$$\text{并购收益 } S = V_{AB} - V_A - V_B$$
$$\text{并购净收益 } NS = S - P(\text{并购溢价}) - M(\text{并购费用})$$

式中　并购收益（$V_{AB} - V_A - V_B$）为并购的协同效应；

　　$(P+M)$为并购直接成本。

对并购方来说，当并购净收益大于零时，并购才是可行的。

例中:A公司的市场价值为4亿元,拟收购B公司,B公司的市场价值为0.8亿元。A公司估计合并后新公司的价值为5.4亿元。B公司股东要求以1.1亿元价格成交,并购交易费用为0.1亿元。

$$并购收益\ S = 5.4 - (4 + 0.8) = 0.6(亿元)$$
$$并购完成成本 = 1.1 + 0.1 = 1.2(亿元)$$
$$并购溢价 = 1.1 - 0.8 = 0.3(亿元)$$

并购净收益 $= 0.6 - 0.3 - 0.1 = 0.2$(亿元)> 0,则并购方案可行。

(二) 现金支付方式应注意的问题

1. 并购企业的短期流动性

现金支付方式要求并购方在确定的日期支付大量的资金,支付后容易出现资金的紧张,从而影响并购企业正常的生产经营活动,因此,需要并购企业事先做好统筹规划。

2. 并购企业的中长期流动性

现金支付方式可能导致某些企业在很长时间内都难以从大量的现金流出中恢复过来,因此,并购方还必须认真考虑未来现金流的回收情况。

3. 货币的性质

在跨国并购中,并购企业还必须考虑自已拥有的现金是否可以直接支付或可自由兑换,目标企业需要何种货币,这在谈判中就应考虑。

4. 目标企业所在地对资本收益的税法规定

不同地方对资本收益税负水平差异很大,有些地区是免税的,有些地区可能要高达三十几的税率,因此,选择现金支付方式,还要考虑目标企业股东的资本收益税负。

二、股票支付方式

(一) 股票交换比率

通过交换股票方式实现并购是目前国际上通常采用的并购方式。在吸收合并方式下,并购公司通过向目标公司股东增发本公司股票,以换取目标公司股东合并前持有的本公司股票,目标公司宣告终止,进而实现对目标公司的合并。在新设合并方式下,新设公司通过向拟解散公司股东发行新设公司的股票,以换取解散公司股东合并前持有的各自公司的股票,拟解散公司宣告终止,从而实现新设合并。在换股过程中,股票如何交换、交换比率多少是合并双方能否完成合并的关键。

例如:A公司流通在外的普通股为10 000股,每股市价为100元;B公司流通在外的普通股为8 000股,每股市价为62.5元,如果B公司股东愿意以650 000元出售公司,那么如何确定股票互换比率?

(1) 假设A公司发行6 500股本公司普通股交换B公司股东原来持有的8 000股股票，转换比率为0.812 5∶1，假设此项并购会产生并购协同效应250 000元，其结果如表14-3所示。

表14-3

计　算　表(一)

项　目	市场价值	股数	每股价格	并购支付价值	支付溢价
并购前A公司	1 000 000	10 000	100		
并购前B公司	500 000	8 000	62.5		
并购后A公司	1 750 000	16 500	106.06	689 390	189 390

(2) 转换比率为多少才能使得B公司股东仅得到650 000元的A公司股票(和现金并购效果相同)？

$$1\ 750\ 000 \times a = 650\ 000(\text{元})$$

则：

$$a = 0.371\ 4$$

$$\text{应增发数量} = 0.371\ 4 \div 0.628\ 6 \times 10\ 000 = 5\ 908(\text{股})$$

表14-4

计　算　表(二)

项　目	市场价值	股数	每股价格	并购支付价值	支付溢价
并购前A公司	1 000 000	10 000	100		
并购前B公司	500 000	8 000	62.5		
并购后A公司	1 750 000	15 908	110	650 000	150 000

(二) 股票交换对企业盈余和市场价值影响的分析

1. 股票交换对企业盈余的影响

例：A、B企业的有关资料如表14-5所示。

表14-5

A、B企业的资料表

项　目	A企业	B企业
净利润(万元)	1 000	250
普通股股数(万股)	500	200
每股收益(元)	2	1.25
每股市价(元)	32	15
市盈率(倍)	16	12

若B企业同意以股票每股作价16元由A企业以其股票相交换，则股票交换比率为：16÷32=0.5，即A企业需发行200×0.5=100(万股)股票才能收购B企业所有股份，则：

$$并购后A企业的净利润 = 1\,250(万元)$$
$$并购后股本总数 = 600(万元)$$
$$并购后每股收益 = 1\,250 \div 600 = 2.083(元)$$

并购效果分析：A企业每股收益提高了0.083元，而B企业股东的每股收益却降低了(0.5×2.083=1.041 5<1.25)。

(1) 若要保持A企业每股收益不变，则股票交换比率为多少？

设股票交换比率为R，则：

$$1\,250 \div (500 + 200R) = 2$$

解之： $R = 0.625$

即： B企业的每股作价 $= 32 \times 0.625 = 20$(元)

(2) 若要保持B企业每股收益不变，则股票交换比率又为多少？

设股票交换比率为K，则：

$$1\,250 \div (500 + 200K) \times K = 1.25$$

解之： $K = 0.625$

2. 股票交换对股票市场价值的影响

在换股支付方式中，换股比率的高低将直接影响到参与并购各方股东在并购后主体中所拥有的股权份额，因此，股价交换比率通常是谈判的重点。其计算公式为：

股价交换比率 = 对被并购企业每股作价 ÷ 被并购企业每股市价
= 并购企业每股市价 × 股票交换比率 ÷ 被并购企业每股市价

若股价交换比率大于1，表示并购对被并购企业有利，企业因被并购而获利；若股价交换比率小于1，表示被并购企业因此而遭受损失。

例如：甲企业每股股价为30元，乙企业每股股价为12元，若甲企业愿意以0.5股交换乙企业1股，则此时股价交换比率为：30×0.5÷12=1.25，表明两家企业的股票以市价1.25∶1的比例对换，这时，乙企业在并购中获益，甲企业在并购中受损。然而并购的目的是为了获取协同效应，即并购后公司的每股收益提高，股价也相应提高，这样并购双方都能从中获取利益。

(三) 股票支付方式应注意的问题

1. 并购企业的股权结构

由于股票支付方式的一个突出特点是它对并购企业的原有股权结构会产生重大影响，因此，并购企业必须事先确定原企业股东会接受多大程度的股权稀释。

2. 财务指标的变动

股票支付方式一般会带来每股收益、每股净资产等财务指标的变动，如果每股指标下降，则必然带来股票价格的下跌，这种对股票价格的不利影响，并购企业的原股东能否接受，这一点应事先考虑。

3. 当前的股价水平

当前的股价水平是并购企业决定采用现金支付还是股票支付的一个很重要的影响因素。一般来说，在股票市场处于上升阶段时，股票的相对价格较高，这时以股票作为支付方式可能更有利于并购企业，增发新股实施并购比较有利，对目标企业也会有较强的吸引力。

第四节 企业并购的融资

企业并购的融资方式是多种多样的，根据资金的来源可分为内部融资和外部融资。并购中应用较多的是外部融资，外部融资包括金融机构贷款、股权融资、债券融资、票据融资、可转换债券融资、优先股融资、认股权证融资以及卖方融资等。

一、内部融资

1. 自有资金

自有资金是指企业在发展过程中所积累的、经常持有的、按规定可以自行支配并不需要偿还的那部分资金。企业的自有资金是内部融资的最主要来源，它是企业最稳妥最有保障的资金来源。通常企业的自有资金包括资本公积、盈余公积、未分配利润以及折旧等。

2. 未使用或未分配的专项基金

这些未使用或未分配的专项基金只是在未使用和分配前作为内部融资的一个来源，一旦需要使用或分配这些资金必须及时支付。从长期来看，这些专项基金可以成为企业的一项稳定的资金来源。它主要包括：企业提取的发展基金、设备的更新改造基金、维修基金以及新产品试制基金等。

二、外部融资

（一）权益融资

在企业并购中最常用的权益筹资方式就是股票融资，分为普通股融资和优先股融资。

1. 普通股融资

对于能发行股票的企业来说，发行普通股股票筹集资金来实现并购是最常见的形式。一般并购所需资金规模较大，发行普通股股票可以筹集大量资金，能满足并购对资金的需求。发行普通股股票后可能稀释公司每股收益,股价由此可能下跌;现有股东在收购后的持股比例下降;现有股东必须和新股东一起分享利润。

2. 优先股融资

2014 年 3 月 21 日证监会发布了《优先股试点管理办法》,为企业并购融资拓宽了融资渠道。优先股实际上是相对于普通股而言,主要指在利润分红及剩余财产分配的权利方面优先于普通股,不过相对于普通股而言,优先股股东没有选举及被选举权,一般来说对公司的经营没有参与权,优先股股东不能退股,只能通过优先股的赎回条款被公司赎回,但是能稳定分红的股份。由于优先股有利于改善公司治理,保护投资者利益,方便大规模引入机构投资者,因此是企业并购中较好的融资渠道。

（二）债务融资

1. 银行贷款

在并购融资中主要由商业银行等金融机构提供并购贷款。银行贷款作为企业资金的重要来源,无疑也是企业获取并购资金的主要渠道。如果企业并购资金以债务资金为主的话,企业和银行都承担着较大的财务风险。因此,在并购中还需要考虑企业的资金结构、盈利能力和偿债能力等综合权衡。

2. 债券融资

对于有资格发行债券的企业来说,发行债券融资为企业实现并购提供了又一融资渠道。然而,目前在我国债券的发行资格要求严格,一般企业很难达到,而且,债券市场本身容量太小,根本不能作为企业并购融资的主要来源。这与国际市场上债券作为企业并购融资主要渠道的状况刚好相反。而且在我国不存在发行垃圾债券的可能性。债券融资还需要大量愿意购买这些债券的投资者,在资本市场成熟的国家,这类证券投资者多为退休养老基金、保险基金和共同基金,相对而言,我国的机构投资者数量较少,需求较多,债券的供给发行受到限制。

（三）特殊融资

1. 卖方融资

企业并购中一般都是买方融资,但当买方没有条件从贷款机构获得抵押贷款或贷款市场利率太高时,买方不愿意按市场利率获得贷款,卖方为了出售资产,愿意以低于市场利率为买方提供所需资金。买方在完全付清贷款以后才得到该资产的全部产权,如果买方无力支付贷款,则卖方可以收回该资产。这种方式被称为"卖方融资"。比较常见的卖方融资即通过分期付款条件下,以或有支付方式购买目标企业。或有支付所起到的效果同企业通过其他融资渠道获取资金进行并购是相同的。

采用这种方式融资,可以减少并购企业前期的资金压力。不过在现实中,这种融资方式为数很少,且只限于股权相对集中的股东所拥有的公司,若卖方股东分散,则难以以应付票据等方式来分期付款。

2. 杠杆收购融资

杠杆收购是指通过增加并购方企业的财务杠杆来完成并购交易的一种并购方式。这种并购方式的实质是并购方为筹资所需资金，大量向银行或金融机构借债，或发行高利率、高风险债券，这些债务的安全性以目标企业的资产或将来的现金流入作担保。由于杠杆收购中的债务融资可以高达交易成本的90%以上，因而能够帮助一些企业实现“小鱼吃大鱼”的并购目标。

作为杠杆收购融资有以下一些特征：

(1) 收购公司用于收购的自有资金远远少于收购总资金，一般为20%～30%。

(2) 收购公司的绝大部分收购资金系借债而来。

(3) 收购公司用于偿付贷款的款项来自目标公司的资产或现金流量。

(4) 收购公司除投资非常有限的资金外，不负担进一步的投资义务，即贷出收购资金的债权人只能向目标公司求偿。

杠杆收购于20世纪60年代出现于美国，随后风行于北美和西欧。最初的杠杆收购交易只在规模较小的公司中进行。20世纪80年代以后，随着银行、金融、保险公司、风险资本等各种金融机构的介入，带动了杠杆收购的发展。杠杆收购是一种高风险的并购行为，一般选择杠杆收购融资并购企业应满足以下条件：

(1) 并购企业的管理层具有较高的管理技能。

(2) 并购企业的经营状况比较稳定。

(3) 并购后整合计划周全、合理。

(4) 并购企业的负债比率不太高。

(5) 并购企业的经营现金流量稳定。

(6) 目标企业的资产变现能力较强。

一般而言，以技术为基础的知识、智力密集型企业进行整体杠杆收购会比较困难，因为企业主要拥有的是无形资产和智力财富，未来收益和现金流量等较难以预测，且这些资产难以变现，这样难以取得贷款。若仅仅收购某项业务或技术，问题就简单多了，京东方收购韩国现代TFT-LCD业务就是采用的杠杆收购融资。

第五节 企业并购后的财务整合

一项企业并购活动是否成功，不仅取决于企业是否按照计划取得了对目标企业的控制权，而且还在于企业是否成功地完成了对目标企业的整合。企业并购整合的内容涉及资产、财务、组织、管理、人力资源和企业文化等方面，是一个比较复杂的过程，本书仅对财务整合进行简单介绍。

一、并购后财务整合的意义

财务整合是对并购后企业的财务管理体系进行建立适应，对并购双方财务资源进行优化配置，把内外部的财务关系厘清，促使并购后企业的财务系统更有效的运作，以期获得更高的企业价值。并购后财务整合在企业并购占有非常重要的地位。美国的统计表明，大约有50%～80%的并购都出现了令人沮丧的财务状况，因此并购后进行财务整合有着十分重要的意义。

1. 统一的财务是企业战略有效实施的基础

完善的财务制度是企业战略有效实施的保证。在企业并购完成之后，新企业的经营发展战略是基于并购双方的经营情况来确定的。因此，新企业必须对并购双方的财务进行统一管理，使自己拥有统一的财务保证，对财务资源统一调配和使用。财务管理的统一性是对企业经营战略的统一性的支持。

2. 统一的财务是资源有效配置的保证

现代企业的内部资源配置都是根据一定的财务指标进行的。新企业作为一个整体，必然需要统一的财务基准来保证财务活动的效率，从而最大限度地保证内部资源配置的效率。此外，由于企业内部的任何资源配置都必须在财务上有所反映，所以财务管理也是监督企业内部资源配置有效性的重要手段。为了发挥这种监督手段，新企业必须使财务管理具有统一性和一致性，这样才能使财务对资源配置监督的效率性和可靠性体现出来。

3. 统一的财务可以获得财务协同效应

财务协同效应是指并购完成之后，由于税法、会计处理惯例以及证券交易等内在规定的作用而产生的一种纯金钱上的效益。这种效益不是通过合理安排企业内部资源配置，提高生产效率的方式实现的。比如，新企业利用税法中的亏损递延条款实现合理避税。这都是建立在统一的财务管理基础之上的。

4. 统一的财务是并购企业对被并购企业实施控制的重要途径

如何对被并购企业进行有效控制是并购企业面临的重要问题。虽然并购企业可以通过人事安排对被并购企业进行控制，但过多的人事干预有时会损害并购整合的有效进行。而通过掌握被并购企业的生产经营的财务信息，并购企业可以很好地控制被并购企业，这是单纯的人事控制所不能做到的。要准确了解被并购企业的财务信息，就必须有统一的财务管理。

二、并购后财务整合的内容

虽然不同企业、不同类型的并购，其财务整合的内容可能有所不同，但一般来说，财务整合的中心是企业价值最大化，其整合内容包括：财务管理目标导向的整合；财务管理制度体系的整合；会计核算体系的整合；资产和债务的整合；现金流转内部控制的整合；业绩评估考核体系的整合等几个方面。

1. 财务管理目标的整合

财务管理目标决定各种财务方案的选择和决策。企业财务管理的目标有利润最大化、股东价值最大化、企业价值最大化和相关者利益最大化等几种。虽然利润最大化受到普遍批评，但在现实中很多企业是以利润最大化为目标的。因此企业并购之后应该对财务管理目标进行整合，使得并购后的企业在统一的财务目标指引下进行生产经营。统一的财务目标有助于：财务运营的一体化；科学地进行财务决策；财务行为的高效和规范化；财会人员建立科学的理财观念。一个科学的财务目标应该具有确定性、可计量性、运营成本低、与企业战略目标一致以及可控制性。

2. 财务管理制度体系的整合

财务管理制度是企业自己主动选择实施的一系列有利于企业发展的财务政策和财务制度的集合。财务管理制度包括货币资金管理制度、请款报销制度、内部银行核算管理制度、结算资金管理制度、存货管理制度、固定资产管理制度、在建工程管理制度、对外投资管理制度、内部稽核制度等。并购前，并购双方是两个不同的主体，他们都是根据自身发展战略目标和现实情况所选择制定的财务管理制度。但是在实现并购交易后，并购双方由两个不同的主体合并为了一个相同利益的主体。所以，企业在制定或选择财务管理制度时就不能只考虑单个企业的情况，而应该以并购后企业整体的战略目标为出发点来制定。

3. 会计核算体系的整合

会计核算体系整合是统一财务管理制度体系的具体保证，也是并购方及时、准确、全面地获取被并购方企业财务信息的有效手段，更是统一企业绩效评价口径的基础。因此，并购后需要对账本形式、凭证管理和会计科目、账务处理程序等进行统一规范，以便于生产经营活动的顺利进行。

4. 资产和债务的整合

资产整合是并购企业整合的核心内容之一。成功的资产整合能够提高并购企业的资产利用效率，优化企业的资源配置，从而实现资产价值最大化。资产整合主要包括流动资产、固定资产、长期投资和无形资产等的整合。一般来说，企业并购后资产整合的策略有两种：一是剥离不良资产；二是整合优质资产。不良资产有如下特点：阻碍企业的核心竞争力；耗费企业现金资源；耗费企业的管理资源；不产生净现金流；通常不盈利或少量盈利。对于这些不良资产可以通过出售、出租、承包经营等方式进行剥离。对于优质资产应根据不同情况分别予以处理。对于不属于企业核心业务但盈利能力较强的资产，可由原经营股东继续经营。对于符合企业发展战略、收益水平较高的资产，由并购方直接经营。对于和并购方有很强的关联性和互补性的资产，并购方可以进行资产置换。需要注意的是，在对资产进行整合的过程中必须注重实现资源的优化配置和并购双方的共赢。

债务整合是并购企业获取并购成功的关键环节，也是实现并购后生产经营良好运转的重要整合内容。债务整合是指在整合阶段将企业的负债通过债务人责任转移和负债转为股权等调整工作的总称，是对这一过程中各项工作的组织和协调。债务整合没有从总体上减少或增加企业的资产总额，只是调整了财务结构，将资产负债率调整到一个合理水平，以利于企业的发展。债务整合主要有两种形式：一是被并购方企业债务全部由收购方承担，即承担债务式并购；二是负债转为股权。通过负债的整合，使并购后的企业资本结构处于一个最佳状态。资本结构是否合理直接关系到公司破产风险的大小、资本成本的高低和法人治理绩效的好坏。

5. 现金流转内部控制的整合

现金流转的速度和质量关系到企业资金运用及效益水平，因此必须予以有效控制。内部现金流转的控制是以预算为标准。预算是用数字标明的预期成果。财务预算则是企业在计划期内反映有关预计现金收支、经营成果和财务状况的预算。由于企业内外各种因素的影响，企业的实际现金流转情况不可能与预算完全相等。现金流转控制的职能就在于发现实际与预算的差异，找出产生差异的原因，并采取措施调整营业和财务上的安排，以防止损害企业财务系统正常运行的情况发生。由于不同企业对现金流转的控制程度不尽相同，因此企业并购后有必要对其进行整合，并购方应明确规定被并购方在何时汇报现金流转情况。所涉及的内容包括：现金收支日报、现金收支月报、公司预算执行情况的分析报告等。这样可以使并购方掌握企业现金流转情况，以便决定什么时候调整影响现金流转的营业活动和财务活动，以及调整程度的大小。

6. 业绩评估考核体系的整合

业绩评估考核体系的整合是指并购后企业对财务运营指标体系进行重新优化和组合。并购方企业应针对被并购企业重新建立一整套业绩评价考核制度，其中包括定量指标考核和定性分析，既考核各自的经营指标，也考核被并购企业对母公司的贡献，考核每半年或1年进行一次。这一评估考核体系是提高被并购企业经营绩效和运营能力的重要手段。并购后的企业由于各个方面都有可能与原先的企业不同，因此并购后的企业应根据企业自身的实际需要、国内外同行业的先进水平进行评估指标的调整和确定，将原先的考核体系加以整合来建立一套自己的业绩评估体系，以确认是否达到或超过预定目标，以保证并购后企业能具有不断增强的竞争能力和可持续发展的势头。

案例讨论

京东方收购韩国现代 TFT-LCD 业务杠杆融资①

京东方科技集团股份有限公司(BOE)于 2003 年 1 月成功地收购了韩国现代显示技术株式会社(HYNIX)属下的 TFT-LCD(薄膜晶体管液晶显示器)业

① 刘淑莲，高级财务管理理论与实务[M]. 大连：东北大学出版社，2005：328-329.

务的全部资产，耗资3.8亿美元。在收购韩国现代TFT-LCD业务中，京东方收购的融资方式如下：

第一，投资1.5亿美元用于设立BOE-HYDIS公司，其中：自有资金6 000万美元，国内银行借款9 000万美元。

第二，BOE-HYDIS以资产抵押方式，向韩国产业银行、韩国外换银行、Woori银行、现代海商保险借款折合18 820万美元。

第三，BOE-HYDIS以资产向HYNIX再抵押的方式获得卖方信贷，BOE-HYDIS向HYNIX、HYDIS签发长期票据A(5年期)3 590万美元和票据B(6年期)373万美元。

第四，境外筹资全部由在海外设立的子公司负责偿还，京东方只对国内借款负责。

京东方杠杆收购资本来源如图14-1所示。

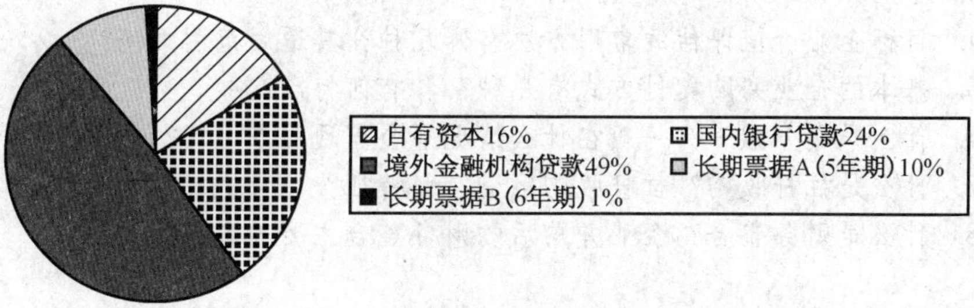

图14-1　京东方杠杆收购资本来源图

从图14-1可以看出，京东方运用了自有资本、资产抵押和再抵押及卖方信贷等诸多方式筹措资本，以不到16%的自有资本，完成了高达8亿美元的庞大收购。像京东方这种“小鱼吃大鱼”的杠杆收购是国外企业进行并购交易中常用的手段，但在国内企业中尚不多见。

为防范大规模海外并购的风险，京东方确定了一个收购模式，如图14-2所示。

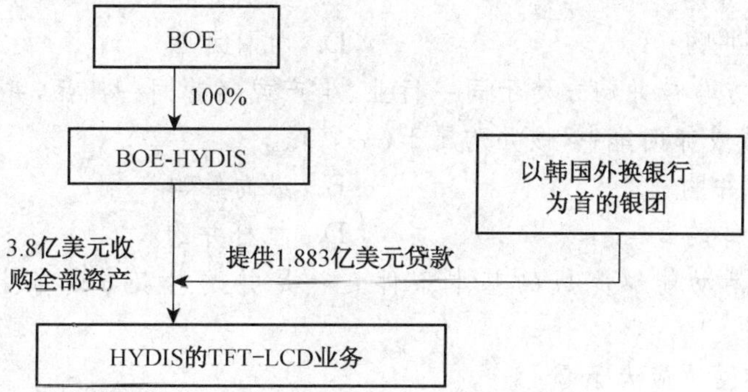

图14-2　京东方收购模式图

该模式是设立一个新企业作为收购主体，以起到防火墙的作用，而不让京东方直接收购，把收购的风险留给了新设企业，京东方只需承担投入资本的风险。根据上述资料，请回答以下问题：

(1) 京东方的杠杆收购融资有何特点？

(2) 京东方的收购模式是否能最大限度地发挥财务杠杆作用？

(3) 京东方的收购模式是否最大限度地避免财务风险？

(4) 你认为该项收购可能存在什么问题？

思 考 题

1. 什么是企业并购？企业并购有何特点？
2. 按并购双方产品与产业的联系划分企业并购分哪几种？各有何特点？
3. 企业并购的动因有哪些？
4. 目标企业价值评估的常用方法有哪几种？其适用范围如何？
5. 基本的企业并购支付方式有几种？各有何特点？
6. 什么是卖方融资？一般在什么情况下会出现卖方融资？
7. 什么是杠杆收购？杠杆收购融资有何特征？
8. 什么是财务整合？企业并购后的财务整合主要内容有哪些？

单项选择题

1. 兼并与收购的不同之处主要在于(　　)不同。

A. 动因　　B. 发生时间

C. 交易对象　　D. 控制程度

2. 对生产工艺或经营方式上有前后关联的企业进行的并购，是生产、销售的连续性过程中互为购买者和销售者的企业之间的并购属于(　　)。

A. 横向并购　　B. 纵向并购

C. 混合并购　　D. 杠杆并购

3. 并购方与被并购方处于同一行业、生产或经营同一产品，并购使资本在同一市场领域或部门集中，该并购属于(　　)。

A. 横向并购　　B. 纵向并购

C. 混合并购　　D. 杠杆并购

4. 并购活动能够完成的基本条件之一是并购对双方财务上都有利，为此(　　)。

A. 并购溢价应大于零

B. 并购净收益大于零

C. 并购溢价和并购净收益均应大于零

D. 并购溢价和并购收益均应大于零

5. 现金流量折现法除了适用于现金流量相对确定的资产之外，尤其适用于公司当前处于(　　)阶段，并无明显盈利或现金流量。

A. 早期发展　　B. 中期发展

C. 成熟期　　D. 衰退期

6. 用市盈率法评估目标企业的价值最适合的目标企业是(　　)。

A. 盈利企业　　B. 亏损企业

C. 上市公司　　D. 非上市公司

7. 能够充分考虑目标企业未来创造现金流量能力对其价值影响的评估方法是(　　)。

A. 市盈率法

B. 贴现现金流量法

C. q 比率法

D. 净资产账面价值调整法

8. 并购活动完成后，对资源整合中最重要的资源整合是(　　)。

A. 有形资源　　B. 人力资源

C. 无形资源　　D. 财务资源

业 务 题

1. ABC 公司和甲公司流通在外的普通股股数分别为 3 000 万股和 600 万股，现有净利润分别为 6 000 万元和 900 万元，市盈率分别为 15 和 10。ABC 公司拟采用增发普通股的方式收购甲公司，并计划支付给甲公司高于其市价 20% 的溢价。

(1) 计算股票交换比率和 ABC 公司需增发的普通股股数。

(2) 如果两公司并购后的收益能力不变，新 ABC 公司市盈率不变，则合并对原公司股东每股收益有何影响？股票市价交换比率为多少？该合并对哪一方有利？

(3) 如果两公司并购后的收益能力不变，新 ABC 公司市盈率上升为 16，则其每股市价为多少？

(4) 如果合并后新 ABC 公司市盈率不变，使并购前后每股收益相等的股票交换比率、股票市价交换比率和增发的股数分别是多少？

2. XYZ 公司正考虑与 MN 公司合并，两家公司有关的财务数据如表 14-6 所示。

表 14-6

XYZ 公司和 MN 公司有关财务数据

项　目	XYZ	MN
销售额(百万元)	250	30
净收益(百万元)	20	2.25
流通在外普通股(百万股)	5	1
每股收益(元)	4	2.25
每股股利(元)	1.2	0.4
普通股每股价格(元)	40	18

两家公司均有 20%边际税率,假设没有预期的协同效应。

(1) 如在股票对股票的交换中,MN 公司股东接受每股 20 元的报价,计算 XYZ 公司并购后的每股收益。

(2) 如果 XYZ 公司发行可转换优先股 200 000 股交换 MN 的普通股,同时支付每股 6 元的优先股股利,试计算交换比率和 XYZ 的每股收益。

(3) 如果 MN 公司的 50 股股票可换得面值 1 000 元,票面利率 8%的债券,计算 XYZ 公司的每股收益。

(4) 假设一投资者最初持有 100 股 MN 公司的股票,比较并购前后 MN 股票的预期股利收益。

第十五章　企业破产财务管理

引导案例

江苏中达新材料集团股份有限公司成立于1997年6月18日，至2007年6月末，中达股份历经10年的发展，总资产由当初的6亿元增加到近50亿元。然而，中达股份的发展并非一帆风顺。2005年以来，由于国内的软塑包装材料行业发展过快，使得市场呈现供过于求的状况。而国际原油价格的持续飞涨也使原材料价格大幅度上升，产品获利空间较小。与此同时，由于中达股份前期的投资过快，造成了公司负债偏高，结构不合理。在国家宏观紧缩的货币政策下，利率不断调高，公司负担加重，财务风险凸显。2006年9月，江苏太平洋建设集团资金链断裂，而中达股份的大股东申达集团与其存在互保关系，相关债权银行追究申达集团的连带担保责任，由于中达股份也为江苏太平洋建设集团提供了1亿多元的担保，内因、外因的积聚，使得中达股份财务危机终于爆发，公司股票于2007年9月11日起紧急停牌。为什么一家如此规模的企业集团仅仅因为1亿多元的担保就陷入了财务危机？中达股份陷入财务危机后，引起了银监会及上市公司监管部门的重视。为了保障公司的正常生产与经营，维护投资者的利益，中达股份积极采取措施，进行债务重组及相关资产重组，从而化解了财务危机。

思考与讨论

(1) 什么是财务危机？为什么会产生财务危机？

(2) 企业财务危机有哪些表现？如何防范财务危机？

(3) 什么是资产重组？什么是债务重组？具体有哪些方式？

第一节　企业财务危机

一、财务危机的概念

(一) 财务危机的含义

财务危机又称财务困境，它的含义有广义和狭义之分。广义的财务危机是指企业盈利能力的实质性减弱，偿付能力丧失，它涵盖了企业财务状况恶化的各个阶段，其表现形式包括：拍卖变现、无力支付短期债务、无力支付债务利息、无力支付债券本金或无力支付优先股股息等。从资产存量的角度静态来看，财务危机通常表现为企业总资产账面价值低于总负债账面价值，即企业净资产为负值，处于资不抵债的状况；从现金流量的角度动态地看，财务危机通常表现为企业的现金总流入小于现金总流出，即企业净现金流量为负值，企业在现金流上处于入不敷出的状况。而狭义的财务危机则是指企业丧失偿付能力的最严重状况，企业资不抵债导致企业不能清偿到期债务而发生破产。

（二）财务危机的表现形式

1. 企业连续亏损

企业亏损按其亏损时间，可分为偶然性亏损、间断性亏损和连续性亏损三类。偶然性亏损是指企业历史上没有亏损发生，只是目前1年发生亏损的企业；间断性亏损是指历史上亏损时有发生，但并非连续亏损的企业，即时盈时亏的企业；而连续亏损企业是指连续3年以上亏损的企业。这类企业在我国资本市场上要进行特别处理，即ST公司。

2. 负债比率过高且债务无力偿还

企业通过贷款或高负债进行高风险的投资扩张以期获得超常发展或超高收益，然而，这种超常发展稍有不慎或环境稍有变化，极易发生财务危机，导致债务无法按时清偿。

3. 销售不畅且应收账款大幅增加

企业由于经营不善，销售不畅，造成产成品存货过大，应收账款大幅增加；应收账款过大又进一步导致债务的增加或应付账款的无力支付；为维持经营企业又增加负债，这就出现了恶性循环。长此以往势必出现现金流短缺，从而陷入财务困境。

4. 经营活动的现金净流量长期为负数

经营活动的现金净流量小于零，说明企业通过正常的商品购、产、销所带来的现金流入量不足以支付因经营活动而引起的现金流出，这对于一个正常经营的企业来说是不应该的。短期企业可以通过投资活动或筹资活动产生的现金流量来解决，但长期来看经营活动现金流量"入不敷出"的状态难以维系，经营活动会陷入困境从而发生财务危机。

（三）财务危机与财务风险

财务风险的含义也有广义和狭义之分。狭义的财务风险指的是企业的筹资风险，是指由于负债筹资而引起的到期不能偿还债务的可能性。而广义的财务风险则包括企业财务活动中所面临的各种风险，包括筹资风险、投资风险、资金回收风险和收益分配风险。也就是说，企业资金运动过程中任何一个方面和任何一个环节出现问题，都可能促使这种风险累积并转化为财务危机。因此财务危机往往是财务风险发展到一定阶段的产物，是企业各类风险最直接的表现形式。当然财务风险并非一定会导致企业财务危机的发生。财务风险每时每刻都存在，但只要企业财务管理者的风险意识和抗风险能力较强，那么财务风险就不大可能会累积成财务危机。同样的风险，对那些风险意识和抗风险能力较弱的企业来说，就极易演变成财务危机。因此，建立财务危机预警系统，及时发现企业财务危机的预警信号，并采取有效措施加以应对，阻止财务危机发生，就显得尤为重要。

二、财务危机与财务预警

（一）财务预警的概念

财务预警是指及早地发现财务危机，预测财务危机，使企业经营者能够在财务危机出现的萌芽阶段采取有效措施，改善企业经营，预防企业发生财务危机。一个有效的财务预警系统，应该具有以下功能：

第一，预知财务危机的征兆。

第二，预防财务危机的发生或控制其进一步扩大。

第三，避免类似的财务危机再次发生。

（二）财务危机的演化规律

财务危机的形成发展有其自身的客观规律，我们把财务危机分为财务危机潜伏期、财务危机发生期、财务危机恶化期和财务危机实现期四个阶段。对应于不同的阶段，有不同的危机症状表现。具体症状如表 15-1 所示。

表 15-1

财务危机的四个阶段

财务危机潜伏期	财务危机发生期	财务危机恶化期	财务危机实现期
盲目进行扩张	自有资本不足	经营者无心关注业务，专心于财务周转	负债超过资产，丧失偿付能力
销售额下降	过分依赖外部资金，利息负担过重	账款拖欠，资金周转困难	宣布倒闭清盘
销售额上升，但利润下降	财务预警失灵	债务到期违约不支付	经营者外逃
外部环境发生重大变化	拖延偿付		
企业流动性差	利润下降或亏损加剧		
经营信誉持续降低	领导独断专行		
经营秩序混乱			
管理出现乱象			
疏于风险管理			

（三）财务危机与财务预警

财务风险积聚到一定程度，如果不能采取措施及时化解，企业就可能会陷入财务危机。财务预警与财务危机有着非常密切的关系，财务预警的理论基础大都建立在财务危机管理理论基础之上。作为财务预警的理论基础有：企业危机管理、震撼管理、风险管理等。可以说财务预警就是为应对财务危机而设立的，财务预警的设立又离不开对财务危机影响因素的分析。因此，防范财务危机的有效手段就是要建立财务预警系统。所谓财务预警系统就是通过对财务报表及其他资料的分析，利用相应的数据化管理方式，分析危机症状，判断企业财务危机所处的阶段，然后采取有效措施，帮助企业摆脱财务危机，恢复财务正常运作的一种财务分析系统。

三、财务预警方法

财务预警的方法很多，有定性分析法也有定量分析法。财务预警的定性分析法包括风险分析调查法和管理评分法等。风险分析调查法是由专业人员、咨询公司和管理专家对企业内外部环境进行分析，辨别企业是否存在财务危机发生的原因，找出财务危机发生的警兆，以此预测财务危机发生的可能性。而管理评分法也称 A 计分法，是一种对财务危机定性因素通过赋值量化，然后进行综合评分的方法。

财务预警的定量分析离不开财务数据或财务指标，其分析方法有：统计模型、财务指标矩阵以及财务报表分析等方法。本节主要介绍财务预警统计模型，该财务预警模型分为单变量模式和多变量模式两种。

（一）财务预警单变量模式

单变量模式是指运用单一变数、个别财务比率来预测财务危机的模型。按照这一模式，当企业模型中所涉及的几个财务比率趋势恶化时，通常是企业发生财务危机的先兆。美国学者比弗（Beaver）在排除行业因素和公司资产规模因素的前提下，对 1954—1964 年间 79 家失败企业和相对应的 79 家成功企业的 30 个财务比率进行了研究，于 1966 年提出了单变量预警模式，得出可以有效预测财务危机的财务比率依次为：

$$债务保障率 = 现金流量 \div 债务总额 \times 100\%$$
$$资产收益率 = 净收益 \div 资产总额 \times 100\%$$
$$资产负债率 = 负债总额 \div 资产总额 \times 100\%$$
$$\begin{aligned}资金安全率 &= 资产变现率 - 资产负债率 \\ &= (资产变现金额 - 负债总额) \div 资产总额\end{aligned}$$

按照单变量模式，良好的现金流量、净收益以及债务状况是判断企业财务危机的主要标准。除了以上单个财务指标预警财务危机外，还可以通过企业安全率来进行财务预警。安全率由两个因素交集而成：一是资金安全率；二是安全边际率，安全边际率的计算公式为：

安全边际率 = 安全边际额 ÷ 现有销售额 =（现有销售额 − 保本销售额）÷ 现有销售额

在企业的财务预警分析中，可将资金安全率与安全边际率结合起来，以图15-1中所处象限来判断企业的财务状况。

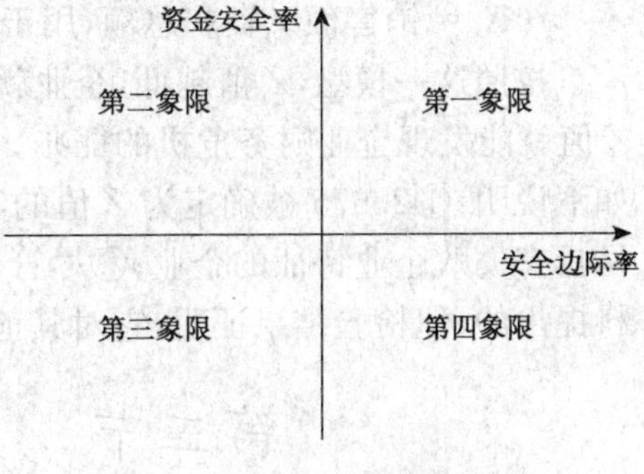

图 15-1 资金安全率与安全边际率相结合示意图

当两个指标共同确定的企业安全率落在第一象限时，表明企业的财务状况良好，几乎不会发生财务危机；当两个指标共同确定的企业安全率落在第二象限时，表明企业的财务状况尚好，但市场销售能力明显不足，应加强销售实力，但发生财务危机的可能性不大；当两个指标共同确定的企业安全率落在第三象限时，表明企业已陷入经营不善的境地，随时有可能发生财务危机；当两个指标共同确定的企业安全率落在第四象限时，表明企业财务状况已露出险兆，如果不能改善财务结构，现金流短缺则有可能发生财务危机。

（二）财务预警多变量模式

财务预警多变量模式即多元线性判别模式，是使用多个变量组成的鉴别函数来预测企业财务危机。美国学者爱德华·阿尔曼(A. Altman)在 20 世纪 60 年代首先使用鉴别分析技术研究企业的财务危机预警问题，他选取了 1946—1965 年间的 33 家破产的公司和正常经营的公司，使用了 22 个财务比率来分析公司潜在的失败危机。他利用逐步多元鉴别分析萃取了五种最具共同预测能力的财务比率，建立起了一个类似回归方程式的鉴别函数——Z 计分法模型。该模型是通过五个变量（财务比率）将反映企业偿债能力的指标、获利能力指标和营运能力指标有机联系起来，综合分析预测企业财务失败或破产的可能性。

Z 计分模型建立的判别函数为：

$$Z = 0.012X_1 + 0.014X_2 + 0.033X_3 + 0.006X_4 + 0.999X_5$$

式中 Z 值为判别函数值；

X_1 = 营运资金 ÷ 资产总额 × 100，用于衡量企业流动资产净额相对于资产总额的比例；

X_2 = 留存收益 ÷ 资产总额 × 100，用于衡量企业一段时间内的累计获利能力，其中留存收益数据来源于资产负债表的未分配利润；

X_3 = 息税前利润 ÷ 资产总额 × 100，该比率剔除了税收和杠杆因素的影响，用于衡量企业资产的增值能力；

X_4＝权益市价÷债务总额账面价值×100，用于衡量企业在负债超过资产、企业变得无偿债能力之前，企业资产可能的跌价程度。其中，权益由全部股份、优先股及普通股的合并市价构成，而债务则包括流动负债及长期负债；

X_5＝销售额÷资产总额，用于衡量企业资产取得销售收入的能力。

按照这一模型，Z 值越低，企业就越可能破产。通过计算某个企业若干年的 Z 值就能发现企业财务危机的征兆。根据计算结果，阿尔曼对 Z 计分模型作了如下说明：①2.675 被确定为 Z 值的实际截止点，Z 值低于 2.675 的企业被认为是具有失败企业特征的企业；②尽管 Z 计分模型最初只是依据制造业公司的资料提出的，但检验结果证明，它对其他类型的公司同样适用。

第二节 企业财务重整

我国《企业破产法》第七十条规定：债务人或者债权人可以依照本法规定，直接向人民法院申请对债务人进行重整。第九十五条还规定：债务人可以依照本法规定，直接向人民法院申请和解；也可以在人民法院受理破产申请后、宣告债务人破产前，向人民法院申请和解。当企业陷入财务困境后主要面临以下三种选择：私下和解、破产重组和破产清算，如图 15-2 所示。

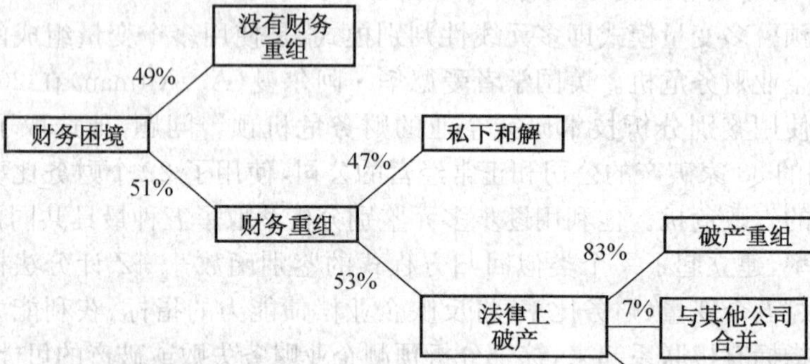

图 15-2 企业陷入财务困境后的选择

财务重整是指对陷入财务危机，但仍有转机和重建价值的企业根据一定程序进行重新整顿，使企业得以维持和复兴的做法。它是对已经达到破产界限企业的抢救措施，通过这种抢救，企业可能重新振作起来，摆脱破产厄运。重整按是否通过法律程序分为非正式财务重整和正式财务重整两种。

一、非正式财务重整

非正式财务重整即私下和解，它是指没有遵守债务契约或某条债务契约条款的债务人可与债权人在互谅互让的基础上，就企业延期清偿债务、减少债务数额、进行整顿等事项达成协议，以防止企业破产。非正式财务重整往往是企业只面临暂时性的财务危机，债权人更愿意直接同企业接触，避免因进入正式法律程序而发生庞大费用和冗长的诉讼时间。非正式财务重整的方法有以下几种。

1. 债务减让

债务减让是指债权人自愿减少对债务人的索取权。债务减让要通过债权人与债务人之间，或债权人之间达成和解协议来进行。债权人之所以同意减少债务，往往是债务人一般都资不抵债，一旦宣告破产，拍卖资产，其价值会大幅度贬值，破产债权也只有很少部分得到偿还。如果通过自愿减让债务，可以为陷入财务困境的企业赢得时间，使其调整财务结构，避免破产，走向继续发展之路。

2. 债务展期

债务展期是指债权人同意债务人推迟到期债务要求付款的日期。债务展期也要通过有关各方签署展期协议来进行。债权人之所以同意债务展期，是因为他们相信债务人具有良好的信誉，其产业尚有发展前途，其经营能力、市场状况等方面具有东山再起的条件。在债务展期期间，债权人通常会对企业的经营管理进行一定的干涉，以保证债权人的利益。

3. 债权人托管

债权人托管是指由债权人组成一个委员会负责债务企业的管理，直至债务企业付清全部债务之后，再将控制权归还给债务企业。债权人托管的原因是他们希望通过改善债务企业的经营管理，扩大销售，增加利润，债务得以偿还。债权人托管比债务减让和债务展期更加严厉，该项措施的关键是债权人托管后能否使债务企业摆脱困境。

4. 发行证券交换未偿还债务

当债务企业缺乏现金用于偿债时，可通过发行新证券来筹集资金用于偿债。这些新证券包括普通股股票、优先股股票、债券等。若通过股权筹资，可以降低企业的负债比率，提高偿债能力。

非正式财务重整可以为债权人和债务人双方都带来一定的好处。这主要表现在：①避免了履行正式手续所需发生的大量费用；②减少正式程序所需时间，使企业在短期内重新进入正常经营状况，有利于企业尽快摆脱困境；③谈判具有更大的灵活性，协议更容易达成。

非正式财务重整也存在一些弊端，主要表现在：当债权人比较多时，往往难以达成一致意见，另外没有法院的正式参与，协议的执行缺乏法律保障。

二、正式财务重整

正式财务重整是在法院受理债权人申请破产案件的一定时期内，经债务人及其委托人申请，与债权人会议达成和解协议，对企业进行整顿、重组的一种制度。在正式财务重整中法院起着重要的作用,特别是要对协议中的企业重整计划的公正性和可行性作出判断。

(一) 正式财务重整的程序

按照我国《企业破产法》的规定,重整程序如下:

(1) 向法院提出重整申请。法律规定:债权人申请对债务人进行破产清算的,在人民法院受理破产申请后、宣告债务人破产前,债务人或者出资额占债务人注册资本 1/10 以上的出资人,可以向人民法院申请重整。

(2) 法院任命破产企业的管理人。人民法院经审查认为重整申请符合《企业破产法》规定的,应当裁定债务人重整,并予以公告。在重整期间,经债务人申请,人民法院批准,债务人可以在管理人的监督下自行管理财产和营业事务。

(3) 制定企业重整计划。债务人或者管理人应当自人民法院裁定债务人重整之日起 6 个月内,同时向人民法院和债权人会议提交重整计划草案。债务人的经营方案重整计划的内容主要包括:债务人的经营方案、债权分类、债权调整方案、债权受偿方案、重整计划的执行期限、重整计划执行的监督期限、有利于债务人重整的其他方案。

(4) 执行企业重整计划。重整计划需经债权人会议表决,经表决通过的重整计划并经人民法院裁定批准,方可执行。重整计划由债务人负责执行,由管理人监督重整计划的执行。

(5) 经法院认定宣告终止重整。债务人不能执行或者不执行重整计划的,人民法院经管理人或者利害关系人的请求,应当裁定终止重整计划的执行,并宣告债务人破产。

(二) 正式财务重整的决策

企业濒临破产时,是否选择重整,是一项复杂的财务决策,需要考虑的因素如下:

(1) 重整价值与清算价值的比较。重整价值是企业通过重新整顿所能恢复的价值;而清算价值是指企业资产的变现价值扣除清算过程中所发生的资产清理费用及法律费用等后的价值。通常当重整价值大于清算价值时,才应考虑进行重整。

(2) 重整计划是否具有公平性和可行性。公平性是指企业重整过程中对所有债权人一视同仁,按照法律和财产合同规定的先后顺序,对债权人的求偿权进行确认。可行性是指重整应具备的条件,包括对债权人与债务人的要求两个方面。对债权人来讲,同意重整计划,愿意帮助债务人重建是重整可行的条件。而对债务人的要求则比较多,首先必须具有良好的道德信誉,债务人不能欺骗债权人,损害债权人利益。其次债务人应能提供详细的重整计划,且有一定的把握使重整成功。最后债务人还应评估经营环境,即经营环境是否能使债务人摆脱困境取得成功。

第三节 企业破产清算

企业清算是指在企业终止过程中,为保护债权人、所有者等利益相关者的合法权益,依法对企业财产、债务等进行清理、变卖,以终止其经营活动,并依法取消其法人资格的行为。

一、企业清算的类型

(一) 企业清算按其原因,可分为解散清算和破产清算

1. 解散清算

导致企业解散清算的原因主要有:公司章程规定的营业期限届满或公司章程规定的其他解散事项出现;公司股东大会决定解散;企业合并或分立需要解散;公司违法被依法撤销等。

2. 破产清算

破产清算是因经营不善造成严重亏损,不能偿还到期债务而进行的清算。这里的不能偿还到期债务是指企业缺乏偿债能力,对已经到期的债务,持续地不能偿还的客观状态。

(二) 企业清算按其是否自行组织,可分为普通清算和特别清算

1. 普通清算

普通清算是指企业在清算时,清算事务主要由企业自行确定的清算人按法律规定的一般程序进行,法院和债权人不直接干预的清算。

2. 特别清算

特别清算是指不能由企业自行组织,而由法院出面直接干预并进行监督的清算。企业不能清偿到期债务,债权人向法院申请破产清算的就属于特别清算。

普通清算与特别清算企业并无选择实行的权利,一般企业解散进行的是普通清算。但有特殊情况发生时,法院可命令实行特别清算。比如,当企业的负债超过资产有不实之嫌疑时,或者企业的利害关系人人数众多,债权债务关系比较复杂时,法院依债权人或股东的要求实行特别清算。

二、企业破产清算

(一) 破产界限

破产界限是指法院以宣告债务人破产的法律标准。在破产立法上,对破产界限有两种规定方式:一是列举方式,即在法律中规定若干种表明债务人丧失清偿能力的具体行为,凡出现之一者便认定破产;二是概括方式,即对破产界限作抽象性的规定,它着眼于破产发生的原因,而不是具体行为。比如,不能清偿或无力支付、债务超过资产即资不抵债、停止支付。

我国《企业破产法》规定:企业法人不能清偿到期债务,并且资产不足以清偿全部债务或者明显缺乏清偿能力的,依照本法规定清理债务。

(二) 破产清算的一般程序

根据我国《企业破产法》的有关规定,企业破产清算的基本程序大致分为三个阶段:一是破产申请阶段;二是和解重整阶段;三是破产清算阶段。主要工作流程如下。

1. 提出破产申请

债务人不能清偿到期债务,债权人可以向人民法院提出对债务人进行重整或者破产清算的申请。企业法人已解散但未清算或者未清算完毕,资产不足以清偿债务的,依法负有清算责任的人应当向人民法院申请破产清算。

2. 法院接受申请

债权人提出破产申请的,人民法院应当自收到申请之日起 5 日内通知债务人。债务人对申请有异议的,应当自收到人民法院的通知之日起 7 日内向人民法院提出。人民法院应当自异议期满之日起 10 日内裁定是否受理。

3. 法院指定管理人

人民法院裁定受理破产申请的,应当同时指定管理人。管理人可以由有关部门、机构的人员组成的清算组或者依法设立的律师事务所、会计师事务所、破产清算事务所等社会中介机构担任。

4. 债权人申报债权

人民法院受理破产申请后,应当确定债权人申报债权的期限。债权申报期限自人民法院发布受理破产申请公告之日起计算,最短不得少于 30 日,最长不得超过 3 个月。

5. 申请重整或和解

债务人或者债权人可以依照《企业破产法》的规定,直接向人民法院申请对债务人进行重整。债务人可以依照《企业破产法》的规定,直接向人民法院申请和解;也可以在人民法院受理破产申请后、宣告债务人破产前,向人民法院申请和解。

6. 法院裁定,宣告企业破产

出现企业破产法规定情形的,人民法院依法裁定并宣告企业破产。

7. 管理人履行其职责

管理人的主要职责有:①接管债务人的财产、印章和账簿、文书等资料;②调查债务人财产状况,制作财产状况报告;③决定债务人的内部管理事务;④决定债务人的日常开支和其他必要开支;⑤在第一次债权人会议召开之前,决定继续或者停止债务人的营业;⑥管理和处分债务人的财产;⑦代表债务人参加诉讼、仲裁或者其他法律程序;⑧提议召开债权人会议;⑨人民法院认为管理人应当履行的其他职责。

8. 破产程序终结

管理人在最后分配完结后,应当及时向人民法院提交破产财产分配报告,并提请人民法院裁定终结破产程序。人民法院应当自收到管理人终结破产程序的请求之日起 15 日内作出是否终结破产程序的裁定。裁定终结的,应当予以公告。

三、破产财产与破产债务

(一) 破产财产的界定和变现

1. 破产财产的界定

破产财产是指破产申请受理时属于债务人的全部财产,以及破产申请受理后至破产程序终结前债务人取得的财产。具体包括以下财产:

(1) 宣告破产时,破产企业经营管理的全部财产,包括流动资产、固定资产和无形资产等。

(2) 破产企业在破产宣告后至破产程序终止前所取得的财产,如在破产处理期间收回的货款等。

(3) 管理人通过行使撤销权所追回的、本属于破产企业而被非法处理的财产。企业破产法规定:人民法院受理破产申请前 1 年内,涉及债务人财产的下列行为,管理人有权请求人民法院予以撤销:①无偿转让财产的;②以明显不合理的价格进行交易的;③对没有财产担保的债务提供财产担保的;④对未到期的债务提前清偿的;⑤放弃债权的。

(4) 破产企业与其他企业联营时投入的财产。

(5) 应由破产企业行使的其他财产权利。下列财产不属于破产财产:①保管、加工、委托交易、代销、寄存、租赁等法律关系占有、使用的其他财产;②抵押物、留置物、出质物等;③担保物灭失后的保险金、补偿金、赔偿金等;④法律规定存在优先权的财产;⑤特定物买卖中,尚未转移占有但相对人已付对价的特定物;⑥尚未办理产权证但已向对方支付的财产;⑦尚未取得所有权的财产;⑧所有权专属国家不得转让的财产;⑨工会所有的财产。

2. 破产财产的变现

处理破产财产前,可以确定有相应评估资质的评估机构对破产清算财产进行评估。债权人会议对破产清算财产的市场价格无异议的,经人民法院同意后可以不进行评估。

《中华人民共和国企业破产法》还规定,变价出售破产财产应当通过拍卖进行。但是,债权人会议另有决议的除外。破产企业可以全部或者部分变价出售。企业变价出售时,可以将其中的无形资产和其他财产单独变价出售。

(二) 破产债务的界定

破产债务是指企业宣告破产时的各项债务。主要包括下列各项:①宣告破产前发生的无财产担保的债务;②宣告破产前发生的虽有财产担保但是债权人放弃优先受偿的债务;③宣告破产前发生的虽有财产担保但是债务数额超过担保物价值部分的债务;④票据出票人宣告破产,付款人或者承兑人不知道其事实而向持票人付款或承兑所产生的债务;⑤由于企业破产造成合同违约使对方造成的实际损失;⑥人民法院认可的其他债务。

下列债务不属于破产债务:①行政、司法机关对破产企业的罚款、罚金以及其他有关费用;②法院受理破产案件后企业未支付应付款项的滞纳金等;③破产宣告后的债务利息;④债权人参加破产程序所发生的费用;⑤破产企业股东权利;⑥破产财产分配后申报的债务;⑦超过诉讼时效的债务;⑧其他法院认定的债务。

(三)破产费用和公益债务

人民法院受理破产申请后发生的下列费用,为破产费用:①破产案件的诉讼费用;②管理、变价和分配债务人财产的费用;③管理人执行职务的费用、报酬和聘用工作人员的费用。

人民法院受理破产申请后发生的下列债务,为共益债务:①因管理人或者债务人请求对方当事人履行双方均未履行完毕的合同所产生的债务;②债务人财产受无因管理所产生的债务;③因债务人不当得利所产生的债务;④为债务人继续营业而应支付的劳动报酬和社会保险费用以及由此产生的其他债务;⑤管理人或者相关人员执行职务致人损害所产生的债务;⑥债务人财产致人损害所产生的债务。

企业破产法规定:破产费用和共益债务由债务人财产随时清偿。债务人财产不足以清偿所有破产费用和共益债务的,先行清偿破产费用。债务人财产不足以清偿所有破产费用或者共益债务的,按照比例清偿。债务人财产不足以清偿破产费用的,管理人应当提请人民法院终结破产程序。人民法院应当自收到请求之日起15日内裁定终结破产程序,并予以公告。

(四)破产财产的分配

1. 破产财产的清偿顺序

破产财产在优先清偿破产费用和共益债务后,依照下列顺序清偿:

(1)破产人所欠职工的工资和医疗、伤残补助、抚恤费用,所欠的应当划入职工个人账户的基本养老保险、基本医疗保险费用,以及法律、行政法规规定应当支付给职工的补偿金。

(2)破产人欠缴的除前项规定以外的社会保险费用和破产人所欠税款。

(3)普通破产债权。

破产财产不足以清偿同一顺序的清偿要求的,按照比例分配。

2. 破产财产的分配方案

管理人应当及时拟订破产财产分配方案,提交债权人会议讨论。破产财产分配方案应当载明下列事项：

（1）参加破产财产分配的债权人名称或者姓名、住所。

（2）参加破产财产分配的债权额。

（3）可供分配的破产财产数额。

（4）破产财产分配的顺序、比例及数额。

（5）实施破产财产分配的方法。

债权人会议通过破产财产分配方案后，由管理人将该方案提请人民法院裁定认可。

（五）剩余财产的分配

企业清偿债务后，剩余财产的分配一般按投资各方的出资比例或者合同、章程的规定比例分配。其中，有限责任公司除章程另有规定外，按投资各方出资比例分配；股份有限公司按照对优先股股东优先分配，剩余部分再对普通股股东分配；如果是国有企业其剩余财产应全部上缴财政。

案例讨论

广东风华高新科技集团有限公司破产重整案①

2006年11月7日，广东省肇庆市银华网络技术有限公司（以下简称"银华公司"）与广东风华高新科技集团有限公司（以下简称"风华集团"）签订《协议书》，约定：风华集团从2006年12月1日起按月分期偿还所欠银华公司款项，每期还款人民币1 000万元，直至还清全部欠款为止。此后，由于风华集团没有按照协议偿还到期欠款，银华公司多次向风华集团发出《催收通知书》，风华集团亦未能及时偿还。银华公司认为，风华集团欠其借款本息72 819 836元，无法偿还到期债务，为保护其合法权益，根据《中华人民共和国企业破产法（试行）》的有关规定，银华公司于2007年3月19日，向广东省肇庆市中级人民法院申请宣告风华集团破产还债。时隔2日，肇庆市金叶投资发展有限公司也认为，风华集团欠其借款本金18 611万元及相应利息，无法偿还到期债务，为保护其合法权益，公正清理债权债务，向肇庆市中院申请宣告风华集团破产还债。收到上述两申请书后，肇庆市中院于2007年6月29日依法裁定受理了该破产案。自此，处于国内电子界领先地位的风华集团，走向了破产边缘。

风华集团是于1996年12月28日经肇庆市工商行政管理局依法核准成立的国有独资有限公司。作为一个从事投资经营的集团公司，风华集团本部没有直接生产经营，收益渠道主要是通过对下属企业参股、控股而获得分红。它是上

① 广东企业破产重整第一案宣判，重整计划草案获准，2008年3月10日，新华网。

市公司广东风华高新科技股份有限公司的最大股东。但前几年因为电子元器件行业不景气，产品盈利能力下降，仅靠投资分红的收入已无法承载风华集团负债总额巨大、利息支出沉重的负担，多年的亏损造成企业严重资不抵债，明显缺乏清偿能力，已经无法清偿到期债务。截至2007年6月30日，风华集团债权人的债权总额为26.62亿元，企业净资产为—18.63亿元。

在企业进入破产程序之后，重整是债务人除直接破产清算外又一种可行的选择，这是新颁布的《企业破产法》的新增内容。据风华集团管理人代表黄日雄介绍，由于风华集团是肇庆举足轻重的企业，生产规模庞大，拥有9 000多名员工，每年税收过亿元，因此如果破产清算，将对地方经济的发展产生强烈的负面影响。基于这样的考虑，风华集团在2007年7月6日提出重整申请及其重整预案，肇庆市中院经全面审查和慎重考虑后于2007年7月11日裁定准许债务人风华集团重整，并发布公告，风华集团进入重整程序。通过上述案例，请回答以下问题：

(1) 我国《企业破产法》对重整是如何规范的?

(2) 重整对债权人和债务人的利弊如何?

(3) 如果直接进行破产清算其程序如何?

(4) 请上网查阅风华集团的重整过程及重整结果。

思 考 题

1. 什么是财务危机? 财务危机的表现形式有哪些?
2. 什么是财务风险? 它和财务危机有何关系?
3. 什么是财务预警? 为什么要进行财务预警?
4. 简述财务危机的演化规律。
5. 财务预警的方法主要有哪些?
6. 什么是财务重整? 为什么要进行财务重整?
7. 什么是非正式财务重整? 什么是正式财务重整? 两者有何区别?
8. 什么是破产清算? 破产清算的程序如何?
9. 什么是破产财产? 破产财产的清偿顺序如何?
10. 破产财产的分配方案包括哪些内容?

单项选择题

1. 下列各项中，不属于财务预警作用的是(　　)。

A. 预知财务危机的征兆　　B. 预防财务危机的发生

C. 避免类似的财务危机再次发生　　D. 阻止财务危机的发生

2. 下列各项中，属于财务预警定性分析方法的是(　　)。

A. 经营安全预警模型　　B. 单变量预警模型

C. 管理评分法　　D. 资金协调性预警模型

3. 企业因财务危机而实施债务重整，不会导致(　　)。

A. 资本结构的改变

B. 债权人权益减损

C. 债权人参与重整决策

D. 重整价值的估计不遵循持续经营原则

4. 企业在进行财务重整决策时，优先考虑的条件是(　　)。

A. 所处的经营环境是否有利于公司摆脱困境，保证重整成功

B. 债权人是否确信公司的重整计划有把握实现

C. 法院是否确信公司的重整计划具备公平性和可行性

D. 重整价值是否大于清算价值

5. 下列各项中，不属于破产财产的是(　　)。

A. 破产公司的无形资产

B. 破产程序终结前取得的财产

C. 已作为担保物的财产

D. 破产公司与其他公司联营时投入的财产

6. 下列各项中，不属于破产债务的是(　　)。

A. 无财产担保的债务

B. 破产宣告后的债务利息

C. 债权人放弃优先受偿的债务

D. 债务数额超过担保物价值部分的债务

业　务　题

2013 年 8 月 20 日，甲公司就自己不能支付到期债务向人民法院提出破产申请，人民法院于 2013 年 9 月 1 日裁定受理甲公司的破产申请，同时指定某会计师事务所为破产管理人。管理人接管甲公司后，对甲公司的资产、负债进行了清理，有关清理情况如下：

(1) 人民法院受理破产申请时，甲公司的资产总额为 5 600 万元(全部财产的变现价值)。其中，全部厂房变现价值为 520 万元，办公楼变现价值为 650 万元；全部机器设备变现价值为 480 万元。

(2) 人民法院受理破产申请时，负债总额为 11 000 万元。其中，流动负债的情况为：①应付职工工资 180 万元，未交税金 220 万元。②短期借款 900 万元。其中，2007 年 3 月 5 日，以甲公司全部厂房作抵押，向中国工商银行贷款

500万元；2007年6月1日，以全部机器设备作抵押，向中国建设银行贷款400万元。③应付账款640万元，其中包括但不限于：(A)应付乙公司到期货款380万元。乙公司经多次催要无效后向人民法院提起诉讼，2007年8月10日，人民法院终审判决甲公司支付乙公司欠款及违约金和赔偿金等共计400万元。乙公司申请强制执行，人民法院对甲公司办公楼予以查封。人民法院受理甲公司破产申请时，此判决尚未执行。(B)应付丙公司2005年9月18日到期货款180万元，2006年8月18日应丙公司的要求，甲公司与丙公司签订了一份担保合同，担保合同约定：以甲公司全部机器设备作抵押，若2007年8月18日前甲公司仍不能支付丙公司180万元的货款，则以甲公司机器设备变卖受偿。(C)应付丁公司2007年8月1日到期货款200万元。

(3) 2006年7月，甲公司为逃避债务而隐匿230万元的财产。

(4) 2007年6月，甲公司已经知道自己不能清偿到期债务、即将破产，仍向债权人戊公司清偿了90万元。

(5) 甲公司的股东用于出资的房产在出资时作价600万元，而当时的实际价值仅为520万元。

(6) 人民法院的诉讼费用30万元，管理人报酬20万元，为继续营业而支付的职工工资及社会保险费用150万元。经查：甲公司用于抵押的厂房、机器设备于合同签订的当天全部办理了抵押登记手续。

要求(根据以上事实，在不考虑债权利息的情况下，分别回答下列问题)：

(1) 人民法院查封的甲公司的办公楼可否用于偿还所欠乙公司的货款？并说明理由。

(2) 哪些属于破产费用？哪些属于共益债务？

(3) 对于甲公司向丙公司设定的抵押担保，管理人能否向人民法院申请撤销？并说明理由。

(4) 对于甲公司隐匿230万元财产的行为，管理人是否有权追回？并说明理由。根据《中华人民共和国刑法》的规定，其直接责任人员应承担何种刑事责任？

(5) 对于甲公司向其债权人戊公司清偿债务的行为，管理人能否向人民法院申请撤销？并说明理由。

(6) 甲公司的股东出资不实应如何处理？并说明理由。

(7) 甲公司的破产财产额是多少？并说明如何分配？

(8) 丁公司可分配的财产具体数额为多少？并列出计算过程。

第十六章　企业集团财务管理

引导案例

沃尔玛集团以网络为核心，总部实行扁平结构的管理体制，下设四个事业部，分别管理购物广场、山姆会员店、国际业务和物流业务。这种连锁经营的模式，使得沃尔玛公司具有了强大的市场竞争能力。

不管是全球采购战略、配送系统、商品管理，还是人力资源管理和天天平价战略，沃尔玛集团的管理体系在业界都是可圈可点的经典案例。可以说，所有的成功都是建立在沃尔玛集团总部的有效指挥和服务上。

在全球采购战略中，沃尔玛集团对供应商管理实行战略合作伙伴式的运行模式，即把供应商的生产成本、技术研发、管理费用纳入沃尔玛集团的管理体系中来，把沃尔玛集团的信息与供应商进行共享，从而降低了外部市场的交易成本，保证了产品质量和创新速度。

此外，沃尔玛集团总部利用信息技术整合优势资源，将信息技术战略与传统物流整合，打造出独具特色的物流体系，尤为业界所称道。沃尔玛集团的物流系统号称“第二方物流”，整个公司销售商品的85%由这些配送中心供应，不仅包括配送中心，还有更为复杂的资料输入采购系统、自动补货系统等。一般情况下，商店当天要货，配送中心当天就可以将货物送出。沃尔玛集团独特的配送体系，大大降低了成本，加速了存活周转，成为沃尔玛集团“天天低价”策略最有力的支持。

最后要强调的是沃尔玛集团的文化的协同性。集团总部专门在阿肯色大学成立了沃尔顿学院，进行系统培训，完善文化一体化培训的内容。

思考与讨论

(1) 沃尔玛集团的管控制度有何特色？

(2) 集团公司总部的功能定位对集团公司管控模式的定位有何影响？

第一节 企业集团财务管理概述

一、企业集团形成原因、特征、组织形式

我国《企业集团登记管理暂行规定》将企业集团定义如下：企业集团是指以资本为主要连接纽带的，以母公司为主体，以集团章程为共同行为规范的母公司、子公司、参股公司及其他成员企业或机构共同组成的具有一定规模的企业法人联合体。企业集团不具有企业法人资格。

（一）企业集团的形成原因

企业集团存在的原因是什么？为什么这些公司要联合成一个集团，而不各自为政？本节将从以下五个角度对企业集团存在的原因进行分析。

1. 控制权最大化

企业集团的所有权结构通常呈现金字塔形。在金字塔形的所有权结构中，一个公司控制另一个公司，而后者又控制其他公司，以此类推。对所有权链最顶端的那家公司拥有控制权，就意味着对整个金字塔中的所有公司都拥有控制权。一个投资者可以通过创建金字塔形所有权结构来增加它所能控制的资产数量。金字塔形结构使通过较少的股权控制多个公司成为可能。也可以说，金字塔结构把拥有公司股权（现金流权）和控制公司（投票权）区分开来了。人们有时也把金字塔结构等同于某种间接控制的所有权结构（例如，通过控制一个以上其他公司来控制某公司）。也正是这种间接控制使投票权和现金流权分离。尽管许多企业集团的所有权结构并非完全是金字塔形的，但他们大部分多少都呈现出对所属公司间接控制的特征。

2. 替代市场失灵

对企业集团形成的另一个观点是以交易成本理论为出发点。这一理论假设价格机制运行过程产生成本，它最先由 Coase(1937)提出。Coase 认为，“为了避免通过市场进行交易而产生的成本，这可以解释公司为何存在，内部管理决策决定因素的配置”。根据这一理论，公司的最优规模和经营范围由市场交易成本决定。若市场交易成本高，则把交易内部化更为有效。例如，把多个经营企业合并到等级制的企业集团中去。

企业集团可以被看作是一个对不完全和时令市场（如资本和劳动力市场）在组织结构上的反映。市场的有效运转失灵会带来高昂的交易成本，为了弥补这些制度空缺企业集团产生了。举一个例子，在消费者保护薄弱的产品市场中，企业集团可以依靠卓越的质量而获得声誉。由此，品牌成为了有价值的资产，为所有集团成员公司所共用。而且，把整个集团的声誉作为担保，强制执行契约的交易成本会低得多。企业集团也可能进行内部交易，这时子公司机会主义行为的

经济和社会成本都将十分昂贵。

3. 资源基础观

它强调企业集团有助于利用企业间共同或弥补资源，只要发展能让未充分利用的资源产生更大利润，公司就有动力不断发展下去。如果资源体现的规模经济和范围经济，那么，把不同公司集中到一个集团中去以充分利用这些资源是非常有效的。科技、品牌、声誉，还有诸如像分销体系、管理方法和企业家精神等这些都可以看作是资源。另外，企业集团建立的核心是企业家的特殊能力，正如其他一些无形资产一样，企业家的特殊能力即使在完全市场情况下也很难公平交易。

4. 政府影响观

企业集团是为规避政策的影响而自发产生的最优选择。不同公司捆绑在同一个集团旗下，可能是对国家产业或税收政策的反应。例如，一个产业政策旨在推动小企业发展，公司可能选择组成集团而不是合并成一家大型混合公司。其他可能组成集团组建的政策措施还有进口管制、执照政策、市场推出的法规限制和税收政策。我国上市公司多元化的方向与政府的产业政策密切相关。

另外，企业集团的规模经营会有利于企业集团通过寻租行为从中获益。寻租行为具有规模经济和范围经济，因为只要有一个企业与政府建立起关系，这层关系就会被运用于谋取其他企业的好处，或是某些公司的共同利益上。因此，把这些公司的寻租行为捆绑起来效率可以大大提升。这也解释了为什么各国企业集团总在不遗余力地搞好和政府机构间的关系。

5. 宽松的竞争环境

企业集团可以缓和竞争的激烈程度。首先，当不同集团在多个市场有业务联系时，更容易产生并保持某种默契的合作关系；其次，集团内相互持股使一个公司把它的产量决策对集团其他公司利润的影响给内部化了；另外，集团附属公司可以共同使用集团的一些资源。

由于企业集团产生的形式具有多样性，而且受环境的影响很大。因此，对于一个集团，它产生的原因往往是多方面的，而不仅仅是单一的原因。

（二）企业集团的基本特征

企业集团的具体特征与其所在国家、产业特性、所有制结构、内部组织结构等密切相关。但从最基本的层面来看，企业集团有以下特征。

1. 企业集团由多个法人组成

企业集团是由多个法人组合而成的经济实体，但其本身不具有法人资格，集团内各成员保持各自独立的法人地位。由于企业集团本身是以营利为目的的企业利益共同体，既不是行政性公司，也不是经济管理机构，其整体在法律上不具备法人资格，也没有法律地位，因此不需要统一纳税、统负盈亏。组成企业集团的成员可以多种多样，包括工商企业、科研单位、金融组织等，一般集团成员都是具有法人地位(企业法人或事业法人)、在法律上独立核算的单位,但作为整体的企业集团却不具有法人地位。

2. 企业集团的组织结构具有多样性与开放性

企业集团的开放性和多样性是由以下几个方面决定的:①集团内部的联结纽带是各种经济利益,包括资本、契约、产品、技术等,联结关系的多样化决定了集团内部组织的复杂性和多层次性;②企业集团的组建有合并、兼并、收购、分立、相互持股乃至直接新建等方式,多种组建形式最终必然形成多样化的组织结构;③由于企业集团如上所述不是独立的法人,因此集团内部不存在行政隶属关系,下属事业部或子公司是在集团共同的发展目标和规划下独立经营,对于企业集团的管理,也就不可能采用固定的方式和强制的关系,这更加促成了集团组织结构的多样化;④根据企业集团的具体经营情况、承接项目的要求和安排生产的情况,企业集团内部协作的形式也是多样化的,由此可能形成多种形式的纵横交错的组织结构并不断调整变动;⑤组成企业集团的各种经济利益在不断变化中,旧的经济利益会调整或消亡,新的经济利益会产生,经济利益的大小和重要性也不相同,因此企业集团的组织结构与单体企业相比更加多变,其边缘部分也存在模糊性(如某个法人企业有可能同时是两个企业集团的成员)。

3. 企业集团的规模巨大

这里既指整个集团的规模,也指集团中核心企业的规模。企业集团产生的原因就在于通过联合产生多方面的规模经济和聚合力,具有更好的稳定性与风险分散性,以更好地参与激烈的市场竞争。因此,无论在西方发达国家还是在国内,企业集团的平均规模都大大超出了可比的单位企业的平均规模。

从经营上看,企业集团的庞大规模和资金融通实力使其不仅可以形成从技术开发、产品生产到产品销售的有机整体,而且有必要也有可能通过多元化经营来分散经营风险和获取多种机会,所以企业集团的经营范围往往跨行业、跨国界。

从目的上看,企业集团有更高的获利能力和更多的获利方式。因为,企业集团有着内部、外部融通资金的便利条件,有着跨行业、跨地区、大范围、多角度经营的特殊功能和有进出口业务的经营权力乃至跨国经营权等特定内容。这些特征,使企业集团相对于单个大企业的优势十分明显。

4. 企业集团的生产经营具有连锁性和多元性

企业集团内部的生产经营联合既有纵向联合,又有横向联合。集团关系既可能是多家生产同类产品的企业的联合关系,也可能是由原料供应、生产加工、销售供应等企业组成的高度连锁相关的关系,还可能是多家企业共同处于一家控股公司控制之下,业务间几乎没有联系,当然也有不少企业集团是几者皆备。当集团形成以后,在外界环境压力下可能有实力向相关领域不断扩展,也可能有动力向其他不相关行业进军。

（三）企业集团的组织结构

企业集团的组织结构是根据企业集团的战略目标，指定企业和人在集团中的位置、明确责任、沟通信息、协调经营，以实现战略目标的有机结合体，是一个把各企业本身、企业集团的人、财、物与企业集团的其他资源相结合的平台。企业集团组织结构模式主要有以下几种。

1. U型结构

U型结构又称为直线职能制，是企业集团中各级领导指挥与各级职能人员（如财务、人力资源、技术人员）的业务指导相结合的企业集团组织结构形式，是一种高度集权的以职能为中心的组织结构。在U型结构中，按职能划分组织单位，并由最高经营者直接指挥各职能部门，集团的下级成员企业既接受上级管理人员的直接指挥，又接受上级职能人员的业务指导。最高决策层对职能部门和生产经营单位集中进行评价和监督。

U型结构适合于规模较小、产品品种少（或者经营领域单一）、生产连续性和专业性强的企业集团，如矿业、电力、汽车业等。

2. H型结构

H型结构就是母公司结构，其分权程度高。一般来讲，母公司只具有纯粹出资型功能，母公司作为核心企业，其实质是从事资本运作，即以较小的资本规模控制着大量的资本及资产资源，主要专注于战略管理，常常是一个多元化的控股公司，其下属子公司彼此业务互不相关，产品结构常属于无关产品型。子公司负责具体产业的生产经营活动，具有较大的经营自主权，在财务和经营上都有较大的独立性，其资源配置主要取决于子公司在财务上的表现。

H型结构适用于规模较大、产业相关性不强的多元化控股公司。

3. M型结构

M型结构是U型结构和H型结构发展和演变的产物，是集权与分权管理相结合的产物。M型结构是在集团母公司下面设立若干个自主营运的业务部门——事业部。这些事业部可以按产品、地区、服务，甚至生产程序来划分，每一事业部包含了相关的若干个子公司或其他集团成员。

M型结构强调集团企业整体的协调功能和效应，适合于那些产品品种丰富多样且差别大、市场覆盖广、营销环境变化快的大型企业集团。M型组织结构面临的难题是建立一套经营型的责任会计体系，以便既共享资源，又分清责任。

4. 超事业部结构

20世纪70年代中期，出现了事业部制的变种——超事业部制。其原因在于随着大企业的迅速扩张，事业部越来越多。以GE为例，自20世纪50年代初期共分20个事业部，到1967年便膨胀到50多个，这使得组织的协调成本加大；而美国20世纪70年代的经济停滞，更加剧了企业的困难。1978年1月，这种体制正式确立,其后一些大企业也相继采用类似结构,它反映了 20 世纪 70 年代大企业的集权倾向。

超事业部制又叫做执行部制。它是在组织最高管理层和各个事业部之间增加了一级管理机构,负责管辖和协调所属各个事业部的活动,使领导方式在分权的基础上又适当地集中。超事业部制相应地形成了多级利润中心,这样做的好处是可以集中几个事业部的力量共同研究和开发新产品,可以更好地协调各事业部的活动,从而能够增强组级活动的灵活性。当然,这种形式是在事业部制基础上根据实际情况所做的变革,通常是和一般的事业部制混合采用的,有些事业部的性质要求直接归母公司领导,就不会在其上设立事业本部了。

5. 矩阵型结构

矩阵型组织结构是指在企业集团中既有按职能设置的纵向系统,又有按某一项目划分的横向组织系统,两者结合形成了交叉式的组织结构。矩阵型组织结构在各子公司或事业部的某些部门之间横向形成专门的项目小组,以满足单个子公司或事业部难以满足的对特殊项目和特殊产品的需求。矩阵型组织结构是职能制与母子公司制的变形,它强调集团内部跨部门的协作以及总部的共享管理。

6. 混合型结构

在现实生活中,企业集团的组织结构并不是以单纯的职能式、事业部制或矩阵式的形式而存在的,而是在一个企业集团组织中可能同时强调产品和职能或产品和区域。综合两种特征的一种典型的结构,称作混合型结构。

企业集团组织构架的几种基本形式本身并无高下优劣之分,关键在于是否能够与集团企业本身的业务发展相吻合,是否能够为集团战略提供组织保证,是否能够为集团公司管控提供组织。

二、企业集团财务管理的特点和管理体制

企业集团的财务管理,并没有改变企业财务管理的本质和企业价值最大化的目标,因为从长远来看,企业集团的价值最大化与集团成员的价值最大化是内在一致的。

(一) 企业集团财务管理特点

企业集团财务管理体制是企业集团财务管理的重要部分。由于企业集团的规模扩大,打破了原有的行业、地区和所有制界限,给管理和经营这种类型的企业带来了许多新的问题。

企业集团财务管理与大型企业财务管理不同,其特点主要体现在以下几个方面。

1. 企业集团的核心层(核心企业或集团公司)有两个不同范围的管理主体

第一,集团企业本身的财务管理。集团公司作为一个法人主体,其本身的财

务管理既与一般企业的财务管理相同，又受集团企业管理权限和特点的影响而与一般企业财务管理有所区别。

第二，集团企业作为母公司或控股公司对所属公司的财务管理。企业集团的集团公司作为母公司，在对其全资子公司、控股及参股公司的财务管理方面都拥有相应的权力和责任。正确组织母子公司财务活动、处理财务关系是企业集团财务管理的关键。

2. 企业集团财务管理体制存在两个层次

第一，企业集团与其投资者之间的财务关系。企业集团作为多法人联合体，其投资与被投资关系及产权关系是相当复杂的。财务管理中研究企业集团与投资者或所有者之间的财务关系或权利是十分重要的。

第二，企业集团内部财务管理体制。企业集团内部管理体制是指企业集团的董事会、管理者在处理集团公司与所属企业之间财务权限与责任方面的规则，如采用集权、分权还是放权等。

3. 企业集团财务管理模式发生三个转变

第一，从封闭型管理向开放型管理转变。所谓封闭型管理是指在企业集团管理中不考虑集团发展的外部环境，如不考虑国际、国内政治环境、经济环境、文化环境、市场环境的变化，不能根据这些变化改变与完善集团内部管理程序、方法、手段等。开放型管理则十分重视外部环境对企业的影响，在考虑社会环境、企业文化、职工素质等情况下，采取相应的管理手段与方法。

第二，从生产经营型管理向资本经营型管理转变。中国最初的企业集团建立主要是行政性的企业集团和产品主导型的企业集团，因此集团管理也主要是生产经营方面的管理，忽视资产经营和资本经营的管理。在市场经济条件下按经济规律产生与发展起来的企业集团，更重视资本经营理念。企业集团的组建与管理处处围绕着资本增值进行，这使企业集团管理从生产经营型转向资本经营型成为必然。

第三，从静态管理向动态管理转变。静态管理是一种只关注现实的管理，动态管理是一种关注未来的管理。集团财务管理必须在明确集团财务目标的基础上，面向未来进行战略调整、企业重组、组织再造等，企业只有不断地运用各种动态管理手段与措施，才能保证企业的生命力、竞争力和持续经营能力。

（二）企业集团财务管理体制

财务管理体制是指企业处理财务活动中的组织框架和管理机制，主要包括组织框架的安排、财务管理权限的划分和财务管理机构的设立等内容。企业集团内复杂的产权关系、多元的财物主体等特征，使选择一种合适于企业集团的财务管理体制成为必然，建立企业集团财务管理体制的核心是决策权和控制权的划分问题，即解决集权和分权的关系问题。企业集团财务管理体制按管理权限的集中程度可分为集权型、分权型、混合型三种类型。

1. 集权型财务管理体制

在集权型财务管理体制下，财务管理决策权高度集中于母公司，母公司对子公司实行严格的控制，实施统一核算，统一调配资金，并实行集中管理。其特点如下：财务权力高度集中于母公司，对子公司人、财、物和产、供、销实行统一经营、管理、决策和核算，各成员单位只是执行集团公司的财务决策。

集权型财务管理体制的优点如下：①财务管理效率较高，企业信息能实现较充分的纵向沟通，有利于在重大事项上迅速果断地决策，并使各子公司与母公司的总体财务目标保持一致；②有利于母公司发挥财务调控功能，便于整体协调，能较好地发挥整体资源的整合优势，提高整体资源的利用效率；③通过集团产品结构和组织结构的整体优化，有利于降低成本、统一调剂集团资金，从而取得规模效益。

这种模式是基于对子公司经理层不信任的假设上，其最大缺陷在于无法调动子公司经理层的积极性。具体体现在以下三个方面：①因决策信息不灵带来的低效率。最高决策层(母公司)远离经营现场，信息掌握不完整易造成决策低效率甚至失误。②制约了子公司理财的积极性和创造性，部分剥夺了子公司的理财自主权，甚至侵犯了其独立法人的地位。③难以对子公司的经理人员的业绩进行评价和考核。子公司的经理人员实质上只是起到母公司"临工"的角色，对子公司的经理人员的业绩也就无从评价和考核，因此不可能使企业集团管理行为真正规范。

因此，这种模式主要适用于下列三种情况：①企业集团的规模不大，且处于组建初期，需要通过集权来规范子公司的财务行为；②子公司在集团整体的重要性使得母公司不能对其进行分权，如子公司是母公司的原料供应或采购单位，或是母公司产品的销售对象；③子公司的管理效能较差，需要母公司加大管理力度。

2. 分权型财务管理体制

在分权模式下，母公司只保留对子公司重大财务事项的决策权或审批权，不干预子公司日常的生产经营、财务事项的决策权与管理，其对于公司的管理强调的是结果控制，即对子公司完成受托责任的情况进行考核与评价。

分权型的主要优点有以下几点：①企业集团高层能够将有限的时间和精力集中于最重要的战略决策；②各子公司拥有充分的理财权，财务决策周期短，应付市场变化能力较强，减少了集团公司的决策压力；③有利于激发成员单位的工作热情和创造性，从而提高经济效益。

分权模式也有其明显的缺陷，主要体现在以下几个方面：①易形成诸侯割据、各自为政的局面，不利于整个集团资源的优化配置，可能难以产生财务协同效应；②难以统一指挥，由于纵向沟通不及时或不通畅，信息分散化和不对称的现象较为常见，重大事项的决策速度被减缓；③监管难以到位，容易导致经济活动不规范、成本开支失控、财务监督不力、资金分散等，增加了企业集团的资金风险，降低了资金使用效率，不利于及时发现成员单位面临的风险和可能出现的重大经营问题。

综上可知，这种模式主要适用于资本经营型企业集团和某些对集团没有重要影响的子公司。

3. 混合型财务管理体制

混合型财务管理体制是指集权和分权相结合的财务管理体制，其强调在分权基础上的集权，不仅发挥各成员单位的积极性和主动性，而且从严理财，是一种自下而上的多层次决策的体制。其特点如下：母公司对成员单位在所有重大问题的决策与处理上实行高度集权，子公司对其他一切经济活动具有较大的自主权。

此模式的优点如下：有利于综合吸收集权与分权的优点，克服或最大限度地消除过度集权或过度分权的弊端；由母公司对重大问题统一领导，有利于提高企业集团的整体经济利益，增强其在竞争中的实力和应变力；各子公司对其他经济活动拥有相对独立的自主权，能有效地调动其工作积极性并实现其自我约束。但是，母公司往往会造成管理链条较长，相关的监督成本较高，而且难以把握集权和分权尺度。

第二节 企业集团投融资管理

一、企业集团的融资管理

（一）企业集团融资管理的重点

融资是企业集团生存和发展的前提。一般企业的融资管理包括融资总量的确定、资本结构的安排、筹资方式和渠道的选择等。从企业集团的整体来看，融资管理的重点主要有以下几个方面。

1. 关注集团整体与集团成员资本结构之间的关系

在以资本为主要纽带的现代企业集团中，集团整体的资本结构与集团成员的资本结构形成互动的关系。首先，层层控股关系使得企业集团可以利用资本的杠杆作用——集团母公司以少量自有权益资本对更多的资本形成控制。其次，这种杠杆作用使得在集团金字塔形的组织结构中，处于塔尖的母公司收益率比处于塔底的子公司的收益率有更大的弹性，即一旦子公司的收益率有所变动，就会在母公司层面产生若干倍的放大效应。

2. 实行融资权的集中化管理

融资权的集中化是指大额融资的决策权集中在公司总部，这样有利于集团掌握各子公司的融资情况。融资权的集中化并不等于融资的集中化，更不等于所有融资都通过企业集团或集团母公司来进行。在使用权益融资时，基于集团整体利益可以将母公司或某一子公司包装上市；在使用债务融资时，某一个具体融资项目由独立的子公司来进行，可以锁定该项融资的财务风险，母公司只是以在该子公司中拥有的股权投资为限承担损失。这也是企业集团分散财务风险的重要形式，反映出集团战略制定上的灵活性。

3. 利用与集团模式改造相结合的方式融资

企业集团融资目的常常是既为投资又为改制。例如，子公司上市，一方面获得了大量资金；另一方面转化为子公司从而改变了与核心企业的关系，而子公司的上市往往使企业集团在获得大量资金的同时仍能保持对其资本的控制。又如，在企业集团的半紧密层或松散层需要融资时，核心层借机增大持股比例，改变集团的组织结构状况。

4. 发挥企业集团融资的各种优势

企业集团融资的方式和渠道相比单一企业来说，更加丰富。比如，集团成员利用内部资本市场相互融资、集团成员相互抵押或担保、相互租赁以及利用债务重组的方式进行债务转移等，甚至集团母公司出让子公司部分股权而不改变其控股地位，凡此种种都成为企业集团独有的融资管理中需要考虑的问题。

（二）企业集团融资的特点

1. 融资的内涵扩大

对于一般企业而言，内部融资主要是指企业的积累，而对于企业集团的内部，融资除了通常意义上的自我资金积累以外，还包括集团内部企业之间的内部融资，即母公司与子公司、子公司与子公司之间互相提供资金的融通。集团企业之间相互提供资金融通的方式是多种多样的，可采取相互持股、发行债券、短期商业信用等形式。集团内部融资可以更好地发挥内部融资的优势，即融资成本相对较低，交易费用减少，但在资金利用效果不佳及缺乏担保的情况下，也更易于造成不良的债权债务关系。

2. 财务杠杆效应更为显著

财务杠杆效应通常用财务杠杆系数来衡量，财务杠杆系数的计算如下：$DFL = EBIT/(EBIT - I)$。在资本总额、息税前利润相同的情况下，负债比率越高，财务杠杆函数 DFL 越高，财务风险越大，但预期 EPS 也越大。企业集团内以股权联结的多层次企业结构使得财务杠杆效应相对于单一企业来说影响更大。由于母公司的资本具有一定的负债能力，投入子公司形成子公司资本后，又产生新的负债能力，使集团资本的负债能力从整体上看扩大了。如果企业集团利润率较高，放大的负债能力会带来更多的财务杠杆利益，同时也增大了财务风险，当企业利润率下降较快时，可能导致集团发生破产倒闭的连锁反应。因此，债务融资对于企业集团可说是一把“双刃剑”，必须谨慎考虑，应根据资本结构理论，确定合理的自由资本与债务资本的比例，并协调好母子公司之间的利益关系。

3. 直接融资作用增强

根据融资活动是否以金融机构为媒介,可将融资分为直接融资和间接融资两种。从理论上说,这两种方式各有优势和不足,在企业集团中,两者通常并存且相互补充。间接融资的长处在于提供的资金成本较低。但企业集团的发展是和产业集中密切相关的。它需要大量风险资本和长期资本作支撑,而这是追求稳健经营、保证清偿能力的银行无法提供的,只能借助于资本市场的直接融资方式。因此,企业集团对外扩张、长期发展所需资本应主要来自直接融资。

二、企业集团的投资管理

(一) 企业集团投资管理的重点

投资战略关系到集团的经营内容和发展方向,企业集团的某些投资决策更是关系到集团这个企业群体中的单体企业规模、成员企业数量、集团成长方向等问题。企业集团投资管理的重点有以下几个方面。

1. 以投资带动企业集团发展

企业集团的投资可分为集团内生产性投资和集团发展的战略性投资两种,前者是单体企业或中小型投资考虑的重点,后者在企业集团中的重要性则大大增强。企业集体投资方向的选择有开辟新的经营领域或扩大现有的生产能力。与单一企业相比,在开辟新经营领域时,由于企业集团资金、技术的实力雄厚,因而可以考虑的投资范围更为开阔;当单体企业或中小型企业选择扩大现有生产能力时,在企业集团中可能是生产已经达到一定的规模效应,而将投资放在为现有生产能力服务的其他项目中,如投资于与原先产品生产相关的原料供应或成品销售领域。这就是企业集团发展多元化与专业化财务战略的问题。在战略性投资中,企业集团核心企业对内投资,即向其他企业成员投资,是增强企业集团凝聚力的有力手段;核心企业对外投资,即进行企业兼并和收购,是企业集团发展扩张的重要手段。可以说,企业集团,尤其是大型企业集团,必然是主要通过联合和兼并形成的,很少有自我发展积累形成的。所以,投资在集团中的战略地位更体现在对集团成长的作用上。

2. 从母子公司角度分别评价投资项目

关于如何确定投资项目的评价主体,理论界和实务界都存在不同观点。从理论上来看,主要有以下三种观点。

(1) 认为应以母公司为评价主体。这种观点认为,对投资的报酬和风险的考虑,归根结底是为了母公司股东的利益。这符合财富最大化的财务管理目标,因为母公司的现金流量最终是为了支付股利以及实现集团目标的其他用途提供基础。

(2) 认为应以子公司或者投资项目本身为评价主体。这种观点认为,母公司的投资者越来越分散化,投资目标应该比以前更多地反映这一点。许多国际性的企业集团都指定了长期而非短期的投资目标，子公司创造的利润趋向用于本地投资，而不是汇回母公司。基于这种考虑，从子公司或投资项目本身的角度来进行评价也是适当的。强调当地项目的报酬也符合使整个集团合并的收益最大的目标。

(3) 认为应分别以子公司为主体和以母公司为主体进行评价。这种观点认为，企业集团财务管理的目标是多元的、复杂的，这取决于构成公司和公司环境的投资集团和非投资集团的不同意愿。在母公司所在地以外的地区或国家投资的情况下，当地政府是其中的集团之一。为了保证企业集团的整体利益和子公司的利益，应从以下两个方面进行评价：一是以子公司为评价主体；二是以母公司为评级主体。

3. 结合具体情况选择投资评价标准

由于企业集团是多元法人结构，并且具有多层次的组织结构，具有法人资格的集团成员在集团中的地位和作用各不相同，集团内部利益的矛盾比单体企业内部利益的矛盾要复杂得多。这些矛盾反映到集团的投资上，使得无论是成员企业自身采用的投资评价标准，还是集团母公司用于评价子公司投资业绩的标准，都不可能完全统一。在某些领域，为了保证企业集团的总体利益，集团总部要确定统一的投资评价标准；在另一些领域，集团总部则可根据事业部和分公司所处的行业性质等来决定不同的投资评价标准。

一个突出的例子是，当使用一个固定的投资报酬率作为企业集团子公司的投资报酬率标准时，如果某个投资项目的投资报酬率高于这个子公司内设的投资报酬率而低于整个企业集团的投资报酬率，都容易导致该子公司只顾自身利益而忽视集团的整体利益。在前一种情况下，该子公司可能会投资该项目以提高自身的投资报酬率，但却降低了整个集团的投资报酬率；反之，子公司可能放弃这个可以使集团整体投资报酬率提高的项目，在这种情况下，只有引入其他投资指标，如剩余收益，才能保证集团利益的整体性。

4. 从集团全局的角度为投资项目进行功能定位

与单体企业相比，企业集团为投资的配套条件和实施的可能性拓宽了空间。而同一项目，在企业集团这个群体中可能会有不同的功能定位。在不同的功能要求下，同一项目建设的内容和要求是不一样的，如投资建造一个工厂，其产品是对外销售还是对集团内部销售，对投资方式、选址、设备选择等方面的影响都会有很大差异。子公司投资时确立的功能定期，可能与母公司的规划不一致，这是集团成员在投资时比单体企业更要深入考虑的问题。当发生矛盾时，必须从集团全局的角度为投资项目进行功能定位。

(二) 企业集团投资决策的特征

1. 集团投资战略注重多元化与归核化的统一

企业集团决策者在制定投资决策时，投资决策指标或者利润等财务指标不再是唯一的决策准则，他们在决策时不仅要考虑为社会创造财富、为股东创造财富、为顾客创造价格、为员工提供发展机会等因素，还要考虑保证自然资源、遵守国家的法律、法规和遵循社会道德准则等，使得企业集团的投资决策活动准则不再是单一的，而是以经济利益为中心的多元化标准，而且还可能涉及更为广阔的社会、非经济领域。为满足企业集团各利益相关者多重利益和分散风险的需要，企业集团投资战略一般都经历着从单一化向多元化发展的过程。在此过程中，不应忽视众多投资决策战略一般都经历着从单一化向多元化发展的过程。在此过程中，不应忽视众多投资决策的归一性，即核心性。这是因为，即使投资目标表现为多种多样，但最终目标仍应该是企业集团的总目标——核心竞争力的形成和企业集团的整体价值的提高。

2. 集团投资战略决策比单体企业更强调决策的战略性

企业集团的战略导向是企业集团投资的基础，一般企业的长期投资具有战略性特征，它要求企业投资时考虑企业的长远利益，但是企业集团投资的战略性要比一般企业投资的战略性高一个层次。也就是说，企业集团内各个成员企业的战略要服从于整个企业集团的发展战略要求。另外，企业集团的投资战略分析是站在整个集团的战略发展上对投资的考虑，而不仅仅是某一个企业的战略问题。因此，企业集团的战略性分析较单一企业的投资战略性分析更加复杂和全面。

3. 集团投资战略决策具有系统性

企业集团投资系统由各个投资要素组成一个集合，这些投资要素之间相互作用、相互联系并存在着复杂的特定关系。而且作为企业集团来讲由众多的事业部或子公司等成员单位组成，形成了一系列的企业集团投资系统的子系统，呈现为一元中心下的多层级复合结构特征，并由此生成了一定的投资决策权、投资主体等相对复杂的层次结构；但是，整个投资系统的整体性决定了系统内各个子公司等成员单位，各种产业之间的联系与作用都不能离开企业集团投资的整体性去考虑。

（三）企业集团多元化投资

由于企业集团是由母公司控制下的若干子公司组成，规模庞大。因此为了分散经营风险，企业集团在选择投资项目时会选择多元化的投资发展战略，注重产品的系列化、产业的多元化和市场的分散化。

多元化投资是指投资者（企业）在不同的领域、不同的产业（行业）开展投资业务，或在同一产业中投资生产不同的产品，用于扩大业务范围，开展多元化经营。多元化经营投资是企业集团增加收益机会、分散经营风险的必由之路，也是现代企业经营发展的一种趋势。

多元化最显著的优点就是分散风险。正如产品发展周期所分析的那样：每一产业都有一个由幼稚期、成长期、成熟期到衰退期的生命周期。如果企业过于依赖某单一产品,企业就要面对较高的经营风险,实现多元化经营,可以使企业及时的转向。即使一种产品或一个市场失利,其他的产品和市场还能够为企业集团提供保护,从而取得一定程度的风险互补。同时,多元化可迅速扩大企业规模。多元化发展往往是通过一系列的兼并、重组、联合方式展开的,它能够使企业在某一行业发展的初期,就占得先机,获得超额利润。

但是企业必须充分认识实施多元化的风险。首先是来自原有业务的风险。企业的资源总是有限的,多元化投资往往意味着原有业务会受到影响。这种影响不仅是资金方面的,管理层注意力的分散也是一个方面。甚至会出现由于盲目的多元化投资导致企业集团丧失规模经济和核心竞争力,非但起不到风险分散化的作用,反而会增大风险。其次是产业进入风险。多元化投资使企业的决策者进入一个陌生的新领域,隔行如隔山,由于对新产业不熟悉,在业务方向的把握上,在危机事件的处理上常常难以达到准确。还有产业退出风险。如果企业集团深陷一个错误的投资项目却无法做到全身而退,那么很可能导致企业全军覆没。例如,某集团当初看好卫星通信业务而发起了"铱星"计划,当最后"铱星"负债数十亿元而陨落时,该集团承受了巨大的损失。另外,内部经营整合风险也很重要。新投资的业务会通过财务流、物流、决策流、人事流给企业集团带来全面的影响。不同的业务有不同的业务流程和市场模式。企业集团能否将新老业务很好地融合,有效地避免冲突是多元化投资能否取得最终效果的关键。

第三节 企业集团财务公司的运作

在许多发展中国家,金融市场的功能较弱,企业不管是为短期的日常经营还是为长期的项目建设,从外部融资都较为困难,企业集团内部资本市场在某种程度上替代金融市场,而这种内部资本市场的重要组织表现形式是成立企业集团财务公司。

一、内部资本市场与企业集团财务公司

Modigliani 和 Miller(1958)认为,在完美资本市场条件下,公司投资决策和融资决策是不相关的,公司的投资应该只依赖于其盈利能力,融资特征不影响公司的投资行为。然而,由于信息不对称等因素的存在,资本市场是不完美的,外部融资成本要高于内部融资成本,内部资本比外部资本更具有吸引力。如果存在融资约束,有良好投资前景的公司则将会保留几乎所有的收益。企业通过自身发展、兼并、重组等方式形成企业集团,通常拥有多个经营单位,各经营单位之间为了争夺资源展开竞争,特别是当不同的经营单位拥有不同的投资机会时,总部为追求公司整体利益的最大化,需要将资金集中起来进行重新配置。这种资金再分配使得企业内部实际上形成了一个内部资本市场(Williamson, 1975)。

外部资本市场的不完善使内部资本市场显得更有吸引力。

财务公司最早的雏形见于1716年法国创设的通用银行，我国1987年开始设立第一家企业集团财务公司，现在已超过70家，净资产总额超过400亿元。在我国的金融体系中，企业集团财务公司是一类特别的非银行金融机构，也是一种特殊的金融制度安排，它是国家为促进国有大型企业集团改革和发展的一项重要配套措施。财务公司按照市场机制和集团总部要求来调节和管理企业内部不同利益主体的资本需求，促进企业的发展。

由中国银行业监督委员会制订的《企业集团财务公司管理办法》于2004年9月起实施，对我国的企业集团财务公司的定义是："企业集团财务公司是指以加强企业集团资金集中管理和提高企业集团资金使用效率为目的，为企业集团成员单位提供财务管理服务的非银行金融机构。"从这个定义可知，这些为了发展企业集团而设立的财务公司，在某种意义上，其发挥的就是内部资本市场的功能。

二、企业集团财务公司的有效性

在外部资本市场尚不发达、存在信息不对称和代理成本的情况下，企业集团建立内部资本市场财务公司，对缓解企业的融资约束和提升投资效率具有积极的意义。

（一）财务公司能降低企业集团外部的融资约束

内部资本市场为企业集团提供了降低融资约束的能力，有效解决企业集团投资不足的问题，使企业集团比非集团企业能更多地利用净现值为正的投资机会。

Hubbard和Palia(1999)通过对美国20世纪60年代的第三次购并浪潮进行实证研究，发现大多数企业实施的收购是为了构建内部资本市场，缓解由于资本市场尚未充分发达和外部资本市场难以获取企业内部信息而导致的融资约束问题。能够从内部资本市场上进行借贷的公司就比只从外部银行进行借贷的公司所受的融资约束要小。

同时，作为一个集团整体由于有较稳定的现金流保障、收益水平、较强的经济实力和较好的信用，因而也有较多的外部市场融资机会和渠道，以及融资规模也会更大，财务公司代表集团融资，讨价还价的权力较大，还能够降低企业集团成员分别融资的成本(Stein, 1997)。

（二）财务公司具有更高的资源配置效率

首先，在外部资本市场进行投融资，由于信息不对称问题的存在，需要进行信息搜集和业绩监督等活动使得企业必须承担较高的交易成本，并面临较大的风险。而相对于外部资本市场，企业集团财务公司有明显的信息优势，财务公司与各部门、成员企业同属一个集团，获取的信息更真实，既节省信息搜索成本，又在一定程度上规避了投资风险。Alehian(1969)发现,通用电气公司(GE)内部的投资资金市场竞争激烈,内部的借贷双方都比外部资本市场更容易获取信息,GE的财富增长更多地来自内部市场在资源交易与配置上的优势,尤其是更多更廉价的信息优势。

其次,财务公司代表企业集团拥有剩余索取权和控制权,保证它在分部之间重新分配资源的权威。因此,财务公司比银行有更大的激励和权力进行优秀项目的挑选,且处于信息优势的财务公司可以通过各个部门间的相互竞争,对企业内部各投资机会按回报率高低进行排序,将有限的资本分配到边际收益最高的项目上,实现所谓的胜利者选拔过程(Stein, 1997)。

最后,财务公司有利于更好地重新配置企业资产。当企业集团总部拥有多个相关的业务单位时,如果一个部门业绩不佳,由于业绩不佳和运行良好的项目由一位所有者提供融资,其资产将被有效地重新配置(直接与集团总部控制的其他资产合并)。相反,外部出资者则只能把资产出售给其他使用者,并且往往不能获得足值支付,因为,外部投资者必须同状况差的项目的经理分享得到的剩余。

(三)财务公司丰富了企业集团快速调整公司内部战略资源的手段

财务公司的存在使企业集团可对外界产业变化作出比其他公司更快的反应。当企业集团所经营的某一业务发生不利变化时,可以利用财务公司快速将资源重新配置到其他部门,从而规避业务变化对公司收益的负面影响。同时,由于财务公司的存在,可以在承受初期亏损和增加资本方面促进新的市场进入。如前所述,当市场上出现新兴产业时,企业集团财务公司能将大量的资源配置到收益较高的新兴产业部门,从而获得公司价值的增值。这时,企业集团的产业敏感系数高于专业经营的公司。

同时,企业集团多元化快速发展也促进了内部财务公司的成长。一方面多元化发展突出了财务公司的风险分摊功能;另一方面多元化扩大了财务公司进行现金流互补的运作空间,不相关业务经营活动的特点决定了集团成员在现金流的供应与需求上存在较大的时间差。

(四)财务公司能提供有效的监督

Williamson(1975)认为,由于企业集团总部有充分和廉价的信息,所以它具有外部资本市场所不具备的监督优势。当信息不对称严重时,处在外部资本市场中的投资者很可能难以对投资项目公司的经理进行控制。

但是,企业集团财务公司的经理出于自利目的,能利用其信息优势以及内部审计、绩效考核等多种内控工具更好地对那个项目公司的经理进行监控。同时,由于在财务公司里,出资者是资金使用部门资产的直接所有者,并拥有剩余索取权和控制权,财务公司具有更大的监督动力(Sehasrftein 和 Stein, 2000)。因为财务公司可以通过监管获取更多的收益,而且这些剩余索取权和控制权使得高层经理可以更容易地将一些经营不善的项目资源重新进行配置。

而外部资本市场,投资者是根据事先的契约获得投资收益,不能从监督中获得额外的收益,所以即便他有监督的能力,也不会付出100%的努力。

三、企业集团财务公司的管理成本

虽然企业集团成立财务公司能获得诸多的优势,但近来有学者研究发现,企业集团财务公司也会导致资源配置的低效率,甚至是给集团带来重大的损失。这是因为企业集团财务公司在运作时要发生一些管理成本,一旦这些管理成本失去了控制,对企业集团就会产生负面作用。

(一) 跨部门补贴(内部的“社会主义”)

我国企业集团可以分为三种类型:企业联合型、政府重组型、自然成长型,而且在不同程度上都进行了多元化的发展,尤其是前两种企业集团采取的多是非相关多元化战略(蓝海林,2007)。企业集团非相关多元化发展加剧了内部的信息不对称,同等规模下,跨行业的信息传递因信息复杂、渠道较多而使信息传递更加缓慢,而财务公司的突出优势正是在于较之外部资本市场充分快速的信息传递。这样一来,企业集团财务公司的积极作用就会下降。

而且实际上,内部资本市场是否存在信息优势要视投资项目的性质而言,Beskind(2000)认为,如果投资项目是某个企业特有的项目类型,如特定新产品的研发,这时内部人较外部投资者拥有信息优势,但如果投资项目是某个行业的常见型投资项目,则专业的金融中介机构可能做得更好,由于公司内部信息不对称,企业集团财务公司在资源配置过程中就会出现跨部门补贴的问题。公司的现金流并不遵从传统意义上的资金投入产出比率来进行分配,而是呈现出一种“平均化现象”,即公司内部的资金流往往会从投资机会较多、项目净现值为正的部门流向投资机会较少、项目净现值为负的部门,从而损害公司的整体价值。

(二) 过度投资

Myers(1984)认为,如果公司内部存在着较多的自由现金流,公司经理会采用过度投资的行为,甚至投资于净现值为负的项目。由于企业集团财务公司存在着较多的现金流入项目和融资规模效应的优势,就有较多的自由现金流,极易诱发经理的过度投资行为(Stein, 1997)。还有就是企业集团财务公司是一个内部的资本市场,对外信息不流畅,透明度低,加大了外部股东监管公司的难度,而管理层和大股东则更加容易为满足个人利益而掠夺公司的财富,这在新兴市场国家的企业集团里表现得尤为突出。

Matsusaka 和 Nanda(2002)认为,财务公司在资源配置方面可能会有两方面的消极影响:一方面由于高层管理者有灵活调配资源的权力,有可能为谋取私利而进行过度投资;另一方面公司为加强竞争力而耗费大量资源,导致公司无力参与进入其他产业的角逐。

（三）代理成本

已有理论表明代理问题是导致内部资本市场失效的一个重要方面（Hoskisson，1990）。由于财务公司的存在使得高层经理可以控制更多的经济资源，因此，可能加剧其机会主义行为的危害。更为重要的是，代理成本不仅包括股东与经营者之间的代理问题，还包括大股东与小股东之间的代理问题，也即是通常所说的利益输送问题。企业集团多行业经营的特性导致股东无力进行信息跟踪，不易评价公司管理层的管理情况。而且随着公司规模日益增大，涉及的行业日益增多，增加了公司管理者和大股东为满足个人利益而侵吞公司财富的机会。

在新兴市场经济国家，财务公司的存在还严重影响了公司治理水平。由于外部资本市场信息不通畅，监管不到位，缺乏投资者保护，控股股东更容易为满足私有收益，对其控股部门有很强的利益侵占动机，利用金字塔股权结构进行利益输送，侵占中小股东利益。这种利益侵占大部分是通过企业集团财务公司进行公司资金、资产的转移，使内部资本市场功能异化，严重地影响着企业集团的绩效。

四、企业集团财务公司的运作现状及局限性

（一）我国企业集团财务公司的运作现状

财务公司在金融改革大潮中获得了长足发展，取得的成绩是显著的。从1987年中国人民银行批准我国第一家财务公司成立至今，全国财务公司总数已经达到76家，产业规模达到2 200亿元，占全国非银行金融机构资产总额的30%。中国石油财务公司、中国石化财务公司等财务公司的总资产已在百亿元人民币以上，最大的中国石油财务公司的规模接近500亿元人民币。10多年来，财务公司累计向集团企业发放贷款6 500亿元，创利150亿元，累计上缴所得税40多亿元；到2000年6月底，共有23家财务公司累计91次为企业集团组织发行企业债券，发行额度242亿元，到期本金118亿元已经全部兑付完毕。截至2000年12月底，全国财务公司用于证券投资的资金已近60亿元。

（二）我国企业集团财务公司的局限性

虽然集团财务公司在企业集团内部资金的运作有着不可替代的作用，但是其业务的展开还存在着很大的问题，局限了财务公司更好地为企业集团服务。

1. 短期金融业务不应取消

中国人民银行于2000年修订的《企业集团财务公司管理办法》要求，财务公司的功能从短期信贷业务转向支持企业集团技术改造、新产品开发及产品销售融资等中长期业务，这种定性限制了财务公司短期业务的发展，使财务公司不得不放弃许多原来已打下良好基础的客户和业务。

2. 发行财务公司债券的难度较大

虽然允许财务公司可以以自身名义发行债券，然而债券的发行程序非常严

格，要经过中国人民银行、国家计委等许多部门的严格审批等，极大地限制了财务公司债券的发行。

3. 财务公司的发展受限制

企业集团财务公司的资产大多来源于集团，资金的来源和资金的运用受到人民银行的监管和限制，而分支机构的设置受到严格的控制，基本上不予审批，这就造成了财务公司即使实力雄厚，也难以产生规模效益。

4. 行政干预较多，贷款管理较弱

财务公司受制于企业的领导，财务公司放贷由集团领导决定，有时并不考虑其资产状况、贷款用途和效益回报，有的从财务公司借来的款项直接用于归还银行贷款利息等，贷款管理较弱。

5. 小集团利益思想在工作中造成阻力

有些成员企业怕置于集团的监控之下或是对财务公司缺乏信任，仍将少量资金留于商业银行，以维护自身利益的需要，这部分体外循环的资金，使集团下达的命令贯彻不彻底，影响了集团的整体利益。

五、中外财务公司的对比差异

目前，我国的财务公司与国外财务公司相比存在着很大的差异。

1. 财务公司的设立目的不同

国外设立财务公司的目的是为促进产品销售，其作用更多的是侧重于销售或消费环节，其面临的环境是竞争激烈。我国设立财务公司的目的是为扶持大型企业集团的发展，在业务品种上没有特别侧重于某一领域或某一环节。

2. 财务公司的资金来源不同

我国财务公司的资金主要来源于集团成员投放的资本、吸收的企业存款，其中吸收的企业存款约占全部负债的80%，其他还有金融同业拆借资金等，十分单一。国外接受存款的财务公司其存款主要来源是分期付款消费者的预付款或赊销的保证金款，此外，负债还包括同业拆借、递延收入、各种准备金及无优先权负债等。

3. 财务公司的服务范围不同

我国财务公司在行政上受企业集团的直接领导，在业务上受中国人民银行的制约，更类似于大集团内部的理财机构。而国外财务公司从产生之日起，即没有限定在单一企业或单一集团内，因而也就没有服务范围的限制，基本属于社会化的金融机构。

4. 财务公司的业务范围不同

国外财务公司的业务日趋综合化，传统的消费融资业务只占其业务的一部分。在美国，商业财务公司除了不能吸收存款外，其业务范围与商业银行类似，各种财务公司与商业及其他金融机构还可以相互兼并收购，进行业务渗透。而我国财务公司开展的业务则较为单一，主要是传统的存贷款业务及少量的委托代理业务，负债的吸收和信贷资金的投放主要在企业集团内部，与商业银行业务范围相比有一定的差距，所能运用的金融工具也十分有限。

5. 财务公司监管方式的不同

国外对财务公司的监管，偏重于对其贷款或投资的结构进行控制，以保证资金具有合理的安全性、流动性及盈利性。而我国企业集团财务公司的监管，除了对贷款的结构有所控制外，主要偏重于对总量的控制，即实行规模管理。

第四节 企业集团财务控制

一、企业集团财务控制概述

为保障企业集团战略的有效实施，企业集团母公司有必要适度干预子公司的财务决策，实施集团的财务控制。主要的原因在于以下两个方面。

1. 控制子公司经营者的道德风险和逆向选择

在现代企业制度下，所有权与经营权相分离，所有者拥有企业的财产所有权，企业作为独立的法人，拥有法人财产权，并由所有者雇佣的经营者负责日常经营管理。这种两权分离在客观上形成了所有者与经营者之间的委托代理关系，即企业集团的母公司(中间授权出资者)并不直接管理子公司的日常财务，而是授权委托下属子公司的经营者进行日常管理，这就容易造成母子公司之间的信息不对称。由于企业集团是一个多层次、产权网络化的法人联合体，在本质上是一组多重契约关系，具有多重委托代理关系，其委托代理的信息更加不对称。

一般而言，事前的信息不对称容易造成逆向选择问题，即子公司在年度经营目标设定时隐瞒其真实的经营能力，目的往往是低报预算，以期获得超额奖金；事后的信息不对称则往往引发道德风险问题，即子公司经营者采取偷懒，或者挥霍浪费公司财产的方式追求自身效用最大化。

2. 有助于企业集团实施战略管理，完成战略目标

企业集团的目标具有完整性、系统性、战略性的特点，为了实现企业集团的战略发展目标，必须将集团的发展目标以预算等形式分解到企业集团的各个子公司，使企业集团的经营目标与子公司的经验目标高度一致。

企业集团的财务控制包括根据战略目标编制企业集团的财务预算，并分解到每个子公司；对子公司执行预算的情况进行评价，根据预算执行情况调整经营策略，以致调整不合格部门和子公司的经理人员。这些财务控制的手段对企业集团实施战略管理具有良好的促进作用。

二、企业集团预算控制

（一）预算管理的含义

所谓预算控制或称预算管理，就是将集团企业的决策目标及其资源配置规划加以"量化"使之得以实现的内部管理活动或过程。此处"定量"包括"数量"与"金额"两个方面。

预算管理的指导思想：一个高效率的预算控制体系，必须遵循的基本指导思想是：以市场开拓为龙头，以效率和效益为核心，以财务管理为枢纽，将集团企业的经营理财活动全部纳入严格的预算控制体系，包括两层基本含义：①建立开放型的预算控制体系（全方位、全过程、全员参加）；②明确财务管理在预算控制体系中的枢纽地位。

（二）预算管理的组织体系

1. 预算管理的领导机构

1）母公司董事会

作为最高决策机构的母公司董事会居于集团整个预算组织体系的核心领导地位，掌握着集团各项预算的终审权以及涉及资本性支出、企业并购等重大资本预算的最后批准权，同时对集团预算的日常执行情况与执行结果拥有监督、检查权。

2）预算管理委员会

预算管理委员会是在母公司董事会或母公司经营者（总经理）直接领导下的专司集团预算管理事务的常设权力机构，对预算的编制、预算协调、预算执行、预算监控、预算信息反馈和考核奖惩等进行具体的管理。

2. 预算管理的执行机构

（1）预算编制机构。预算编制机构从各业务部门、财会部门到预算管理委员会。

（2）预算监控机构。预算监控机构从内部审计到预算管理委员会。预算监控的关键是建立起一套行之有效的激励与约束制度，实现由上到下逐层监督、约束与激励。整个监控工作应着重抓住销售进度、成本、质量、现金流这几项关键要素来展开。

（3）预算协调机构——预算管理委员会。预算协调组织的基本职责包括对各项资源间、每项资源内部的协调；各层次、环节预算组织间以及同一预算组织内部行为与利益的协调等。

（4）预算信息反馈机构——财会部门。集团企业除了应设置专司价值信息管理机构外，还应当进一步结合集团预算组织机构的设置情况与可能，构建一个预算责任核算网络。

（三）预算制定的程序

制定预算要求：上下结合、分级编制、逐级汇总。

1. 下达目标

每年第四季度将下一年度的预算目标由预算管理委员会下达到各预算责任单位。

2. 编制上报

各预算责任单位根据上级目标结合本单位的特点和具体情况提出本单位详细的预算方案。在规定的时间内上报。

3. 审查平衡

财务部门或预算管理委员会针对各预算执行单位上报的方案进行审查、汇总，提出调整方案或平衡建议并反馈给各单位进行修正。

4. 审议批准

财务部门根据各预算执行单位修正调整后的预算方案，综合汇总编制出整个集团的财务预算方案（草案），报预算委员会；进一步调整平衡后形成正式的财务预算草案，提交总经理办公会议或董事会审议批准。

5. 下达执行

经过审批的年度预算由预算委员会分解成一系列的指标体系，逐级下达给各预算执行单位进行具体执行。

（四）财务预算的分析和考核

1. 财务预算的分析

1）建立财务预算分析制度

由财务预算委员会定期召开财务预算执行分析会议，全面掌握财务预算的执行情况，研究、落实解决财务预算执行中存在问题的政策措施，纠正财务预算的执行偏差。

2）预算分析的方法

财务管理部门及各预算执行单位应当充分收集有关财务、业务、市场、技术、政策、法律等方面的信息资料。采用比率分析、比较分析、因素分析、平衡分析等方法从定量与定性两个层面充分反映预算执行单位的现状、存在的问题及其发展趋势。

3）预算分析结果的处理

针对财务预算的执行偏差，企业财务管理部门及各预算执行单位应当充分、客观地分析产生的原因，提出相应的解决措施或建议，提交董事会或经理办公会研究决定。

2. 财务预算的考核

（1）财务预算委员会应当定期组织财务预算审计，充分发挥内部审计的监督作用，维护财务预算管理的严肃性。

（2）财务预算审计可以全面审计，或者抽样审计。在特殊情况下，也可组织不定期的专项审计。

（3）内部审计机构应当形成审计报告，提交财务预算委员会以致董事会或者经理办公会，作为财务预算调整、改进内部经营管理和财务考核的重要参考。

（4）预算年度终了，财务预算委员会应当向董事会或者经理办公会报告财务预算执行情况，并依据财务预算完成情况和财务预算审计情况对预算执行单位进行考核。

（5）内部预算执行单位上报的财务预算执行报告，应经本部门、本单位负责人按照内部议事规范审议通过，作为财务考核的基本依据。

（6）财务预算按调整后的预算执行，财务预算完成情况以经过审计的企业年度财务会计报告为准。

（7）企业财务预算执行考核是企业效绩评价的主要内容，应当结合年度内部经济责任制进行考核，与预算执行单位负责人的奖惩挂钩，并作为企业内部人力资源管理的参考。

三、集团企业内部业绩考核与奖励

（一）集团企业内部业绩考核的一般方法

业绩考核是通过利用一系列的指标进行的。在选择指标时应注意以下几个方面的要求：所选指标能够激励子公司的经营行为，使其符合集团总部的战略目标。所选指标必须同时反映两个因素，不能选择只反映一个因素的指标，以便对比分析，如利润就是由两个或以上指标组成的一个综合性的指标；而销售额则是反映单个因素的指标。所选指标必须既简单、明确，又切实可行。所选指标不仅要反映当期财务成果，还应尽量反映预期的财务成果。所选指标不仅要考虑财务因素，还要考虑非财务因素。

（二）集团企业业绩考评的常用指标

1. 利润额（绝对值）

利润额有多个。毛利、产品销售利润、营业利润、息税前利润、利润总额、税后利润等。不同的指标可以考核不同的对象（单位和个人）和事业。比如，考核企业的总体获利能力应该用“EBIT”指标。利润指标能够反映投入和产出之间的关系，能够考核效益的大小。但缺陷也很明显：首先，利润＝收入（很难确切地衡量的）－成本费用（难以确切地衡量），所以，利润概念不是一个很不清晰的概念。因此，用它衡量业绩有不足。其次，利润只反映总体的获利，不反映其和投入的关系，可比性差。

2. 销售利润率

销售利润率是一个相对指标，便于反映绩效。它可以用于评价以销售为主的单位。比如,用销售利润/销售收入指标。但该指标是局部的。可以用于考核销售公司、营销部等。可以评价综合的效益。比如,用营业利润/销售收入指标,考核有生产同时又有销售权的单位和部门。可以用于评价总体效益,比如,用利润总额/销售收入指标或税后利润/销售收入指标。

3. 投资利润率(总资产报酬率)(资金利润率)

$$投资利润率=\frac{利润}{资产总额}$$

息税前利润÷总投资(总资产或负债和所有者权益)是一个综合性的指标。

$$投资利润率=销售利润率\times 资产周转率$$

投资利润率既反映了获利能力,又反映了营运效率。但也有缺陷:

(1) 单纯采用这一指标会诱导子公司的行为背离公司的战略要求。因为只要投资项目的预期报酬率低于原来的资金利润率项目就会被放弃。但是,该项目对于整个集团来说未必不是一个可以接受的项目。

(2) 可能会导致子公司通过部分减少投资的办法提高资金利润率。只要利润的下降慢于投资的下降,子公司就能够完成考核指标。而这对集团并不有利。

(3) 分母口径的不同、考核的结果也会有不同。在考虑是否接受新的投资项目时,前者的分母值增长幅度大于后者的分母值增长幅度。所以,按净值计算,刚刚上马时造成的投资收益率下降大于按原值计算情况下的投资收益率的下降。因此,采用原值计算有利于刺激子公司投资。

(4) 在考核子公司利润时可以采用"内部利润"指标。内部利润是按照"内部转移价格"以及内部折旧政策等计算的利润指标,又叫"认可利润"或"内部考核利润"。在集团内部,子公司对于有关成本费用指标,有些是可控的、有些是不可控的(尽管这些成本费用都是子公司发生的)。在考核子公司利润时应该在收入中只扣除其可控的成本费用,而不是其账面上的所有已发生的成本费用(对外报告的利润不一定是其考核利润)。此外,在计算利息时,除了扣除外部的借款利息,还应该对子公司利用集团总部的投资部分的"资金成本"(利息)计算(扣除)(子公司实际的利润应该小于账面利润)。

(5) 该指标只是考核当期的效益,还应该充分考虑可能的未来的经营业绩。即当期经营业绩可能会造成对未来经营业绩的影响。另外,还应该考虑不同子公司之间的差异。

(三) 以市场为基础的业绩考核方法

前面的指标都是财务指标,没有考虑非财务因素,如市场因素、企业发展前景等。

1. 经济增加值的含义

EVA(economic value added)经济增加值是指企业调整后税后营业利润

(NOPAT)减去企业现有资产经济价值的机会成本后的余额。现有资产经济价值:指对现有资产负债表中有关项目进行必要调整后的资产价值。调整项目包括:扣除无利息负担的流动负债、将研究与开发支出资本化、对按照后进先出法计价的存货价值进行调整、商誉摊销的调整。

经济增加值的计算公式为:

$$EVA = NOPAT - K_W \times N_A$$

式中　K_W 为企业的加权平均资金成本;

N_A 为企业资产的经济价值。

2. 运用 EVA 衡量企业业绩的基本思路

企业投资者可以通过股票市场,自由地将其投资于企业的资本加以变现,进而转作其他投资。因此,投资者至少应从企业获得投资的机会成本(市场投资收益率)。

若 EVA 是负值,那么,企业没有为股东实现必要的价值增值;

若 EVA 是正值,那么,就表明企业为股东创造的价值超过了股东的基本预期。

所以,EVA 是一个较好的评价企业业绩的基本指标。

3. 修正的经济增加值($REVA$)

$$REVA = NOPAT_t - K_W \times MV_{t-1}$$

式中　$NOPAT_t$ 为 t 期末调整后的税后营业利润;

MV_{t-1}为($t-1$)期末企业资产的市场价值,等于企业所有者权益的市场价值加上经过调整的企业负债价值(总负债减去无利息的流动负债)。

对 EVA 和 $REVA$ 的评价如下:

(1) 两项指标都考虑了资金成本,从而真正地以股东财富增加来衡量企业的经营业绩。

(2) 两项指标在不同程度上将业绩考评有内部推向市场。

(3) 两个指标都将利润和资产占用以机会成本的方式联系起来,以一种较容易理解的方式促进了经营这对投资效益和对资产充分利用的关注,并有助于沟通具体投资项目决策和股东财富最大化之间的联系,促进经营战略和经营决策的协调。

(4) 两个指标的缺陷:首先,不能通过财务报表数据直接计算出来,而需要加以分析、调整,在数据搜集和计算方面有一定困难。其次,经营利润和市场价值的调整都因企业而异,在一定程度上增加了指标计算的工作量,影响了指标在不同企业之间的可比性。

案例讨论

宝钢股份的财务管理①

宝山钢铁股份有限公司(以下简称“宝钢股份”),法定代表人徐乐江,上海证券交易所上市,股票代码600019。母公司上海宝钢集团公司(以下简称“宝钢集团”)是国家授权投资机构和国家控股公司,主要经营国务院授权范围内的国有资产,并开展有关业务。本案例分析主要利用公司理财中的资本预算,依据公司公开披露的资料,聚焦关注宝钢股份2003年至2006年4年里的长期投资、长期融资及其财务结果。

一、2004—2007年宝钢股份的重大融资活动与结果

1. 2005年的股票增发

宝钢股份董事会计划增发50亿股股票来收购集团公司的资产以达到整体上市的目的。50亿增发普通股发行结构分两块,不低于实际增发股数的50%向宝钢集团定向增发,宝钢集团将按照本次增发确定的价格全部认购,该部分股份暂不上市流通。不超过实际增发股数的50%向社会公众增发,其中部分按适当比例向原社会公众股东优先配售。最终宝钢股份以5.12元的单价增发50亿A股普通股,实际募集资金总额达到256亿元人民币。

整体上市收购集团公司的资产,迅速提升了宝钢股份的核心竞争能力。首先,收购集团资产快速壮大宝钢的规模,实现跨越式发展,提升宝钢股份在全球本行业中的地位;其次,拓宽宝钢股份的产品领域,强化市场地位,获得新的利润增长点;再次,完善宝钢股份的产品链,向钢铁行业上下游扩张;最后,能极大地减少内部交易和同业间的竞争。

宝钢股份主要控股公司和合营公司效益如表16-1所示。

表16-1

宝钢主要控股公司和合营公司效益

单位:亿元

项 目	梅钢	宝新不锈钢	新日铁	烟台鲁宝	黄石涂镀板	宝新国际	宝信软件	合计
投资金额	55.00	17.60	15.00	7.20	0.92	37.00	2.20	134.92
2007年净利润	10.9	—1.3	6.4	1.9	0.2	10.1	1.4	29.6
投资回报率	0.17	0.06	0.12	0.21	0.14	0.34	0.36	0.20

① 案例资料来源于汤谷良主编:《公司财务管理案例评析》,北京大学出版社2008年版。

2. 2003 年至 2007 年宝钢股份没有通过发行债券融资

3. 长期银行贷款融资(如表 16-2 所示)

表 16-2

2004—2007 年宝钢股份“长期借款”数据

单位:亿元

年份	期初数字		期末数字	
	合并报表	母公司报表	合并报表	母公司报表
2004	60.00	60.00	39.05	39.05
2005	39.05	39.05	161.90	132.20
2006	161.90	132.20	150.90	127.80
2007	150.90	132.20	164.32	153.14

宝钢股份融资的第二大渠道就是债务融资。宝钢股份自成立以来只在 1999 年发行了 5 年期的 20 亿元企业债券,其他的债务融资都是靠银行贷款取得。国际评级机构标准普尔公司已将宝钢集团和宝钢股份公司的国际资本市场长期信用等级提升至“A—”。由于宝钢股份的信用优良,2006 年可使用的银行授信额度达到了 518 亿元,实际使用的只有 224 亿元。

4. 宝钢股份占用控股公司款(如表 16-3 所示)

表 16-3

2004—2007 年宝钢股份“长期应付控股公司款”数据

单位:亿元

年份	期初数字		期末数字	
	合并报表	母公司报表	合并报表	母公司报表
2004	154.0	94	62.00	62
2005	62.0	62	31.30	30
2006	31.2	30	16.11	16
2007	16.11	16	8	8

二、宝钢股份 2004—2006 年的财务指标与业务数据(合并会计报表财务指标如表 16-4 和表 16-5 所示)

表 16-4

2004—2007 年宝钢股份财务指标(一)

金额单位:百万元

项　　目	2007 年	2006 年	2005 年	2004 年
主营业务收入	191 273.49	157 791.00	126 608.00	58 638.00
利润总额	19 477.73	19 008.00	18 311.00	13 586.00
净利润	13 422.63	13 010.00	12 666.00	9 395.00
扣除非经常性损益的净利润	12 718.33	13 247.00	12 743.00	9 352.00
每股收益	0.73	0.74	0.72	0.75
每股经营活动产生的现金流量净额(元)	1.11	1.23	1.30	1.34
净资产收益率(%)(摊薄)	14.37	15.87	17.01	22.44
净资产收益率(%)(加权)	15.22	16.84	20.63	24.67
扣除非经常性损益后的净资产收益率(%)(摊薄)	14.17	16.16	17.11	22.34
扣除非经常性损益后的净资产收益率(%)(加权)	15.01	17.15	20.75	24.56

表 16-5

2004—2007 年宝钢股份财务指标(二)

单位:百万元

项　　目	2007 年末	2006 年末	2005 年末	2004 年末
总资产	188 336.00	151 060.00	142 024.00	64 255.00
股东权益(不含少数股东权益)	88 504.00	81 961.00	74 475.00	41 861.00
每股净资产(元)	5.05	4.68	4.25	3.35
调整后每股净资产(元)	5.02	4.65	4.21	3.33

三、2004—2007 年宝钢股份"现金流量表"概括资料(如表 16-6 所示)

表 16-6

2004—2007 年宝钢股份"现金流量表"简表数据

单位:亿元

年份	经营现金流净额		投资现金流净额		筹资现金流净额		现金流净增减额	
	合并报表	母公司报表	合并报表	母公司报表	合并报表	母公司报表	合并报表	母公司报表
2004	167.98	167.10	−82.80	−67.8	−72.50	−86.60	12.77	12.85
2005	227.20	173.30	−349.10	−411.0	137.80	231.50	17.84	−7.00
2006	216.00	156.90	−172.10	−155.0	−39.30	−5.90	4.80	−3.30
2007	216.68	195.06	−223.09	−212.78	16.36	14.36	10.71	18.04

表 16-7

2004—2007 年宝钢股份“自由现金流量”简表数据

单位:亿元

年份	经营现金流净额		投资现金流净额		FCF		现金流净增减额	
	合并报表	母公司报表	合并报表	母公司报表	合并报表	母公司报表	合并报表	母公司报表
2004	167.98	167.10	−82.80	−67.8	85.18	99.30	12.77	12.85
2005	227.20	173.30	−349.10	−411.0	−121.90	−237.70	17.84	−7.00
2006	216.00	156.90	−172.10	−155.0	43.90	1.90	4.80	−3.30
2007	216.68	195.06	−223.09	−212.78	222.63	197.33	10.71	18.04

自由现金流量(FCF)是充分考虑到公司的持续经营或必要的投资增长对现金需求后的余额。资料显示,首先,自由现金流量的创造力显示了宝钢股份在投资决策方面的能力,成功的投资项目能在长期给企业带来正的现金流量,失败的投资决策则会造成企业的自由现金流量减少,宝钢股份逐年增大的自由现金流量正是企业投资决策能力的有力证明。其次,拥有稳定和大量的自由现金流量的宝钢股份能借此增强自己的实力,因为其可以利用这些现金流量降低负债率、改善和协调与债权人的关系;或者提高鼓励分配比率、增加股东回报;或根据市场环境抢占有利的投资机会,从而在以后的生产经营中产生更多的现金流量,使得企业的实力不断增强。根据上述案例,请思考与讨论以下问题:

(1) 结合集团企业的战略目标分析宝钢股份的资本结构。

(2) 分析债券融资和银行贷款融资方式对企业的不同影响。

(3) 分析企业集团财务风险控制的重点。

思 考 题

1. 企业集团形成的原因是什么?它的基本特征有哪些?
2. 简述企业集团财务管理的特点和管理体制。
3. 什么是企业集团的融资管理?重点和特点分别是什么?
4. 什么是企业集团的投资管理?重点和特点分别是什么?
5. 简述企业集团财务公司的有效性。
6. 企业集团财务公司的运作现状怎样?局限性有哪些?
7. 企业集团财务控制的含义是什么?简述它的组织体系和分析考核。

单项选择题

1. 当投资企业拥有被投资企业有表决权的资本比例超过50%以上时，母公司对被投资企业拥有的控制权为(　　)。

A. 相对控股　　B. 绝对控股

C. 全资控股　　D. 共同控股

2. 对于金融控股型企业集团，母公司选择何种企业进入企业集团，根本的依据是潜在成员企业的(　　)。

A. 财务业绩表现　　B. 业务协同程度

C. 融资筹资能力　　D. 资源优化配置

3. 依照企业集团总部管理的定位，(　　)功能是企业集团管理的保障。

A. 人力资源管理　　B. 战略决策与管理

C. 资本运营管理　　D. 财务控制与管理

4. 将部分资产或子公司出售给同行业的其他公司属于(　　)投资战略。

A. 扩张型　　B. 积极型

C. 收缩型　　D. 稳固发展型

5. 预算管理离不开组织内部每个人的高度参与，体现了集团预算管理的(　　)特征。

A. 全程性　　B. 战略性

C. 全员性　　D. 机制性

6. 在企业集团的存在与发展中，主流的解释性理论有(　　)。

A. 交易成本理论　　B. 规模经济理论

C. 角色缺失理论　　D. 范围经济理论

7. 企业集团整体财务管理分析着眼于集团总体的财务健康状况，其基本特征不包括(　　)。

A. 以分部报表为依据　　B. 以集团战略为导向

C. 以合并报表为基础　　D. 以提升集团整体价值创造为目标

附录

附录1 现值、终值系数表

复利终值系数表 $(F/P, i, n) = (1+i)^n$

i \ n	1	2	3	4	5	6	7	8	9	10	11	12	13	14	n / i
1%	1.01000	1.02010	1.03030	1.04060	1.05101	1.06152	1.07214	1.08286	1.09369	1.10462	1.11567	1.12683	1.13809	1.14947	1%
2%	1.02000	1.04040	1.06121	1.08243	1.10408	1.12616	1.14869	1.17166	1.19509	1.21899	1.24337	1.26824	1.29361	1.31948	2%
3%	1.03000	1.06090	1.09273	1.12551	1.15927	1.19405	1.2297	1.26677	1.30477	1.34392	1.38423	1.42576	1.46853	1.51259	3%
4%	1.04000	1.08160	1.12486	1.16986	1.21665	1.26532	1.31593	1.36857	1.42331	1.48024	1.53945	1.60103	1.66507	1.73168	4%
5%	1.05000	1.10250	1.15763	1.21551	1.27628	1.34010	1.40710	1.47746	1.55133	1.62889	1.71034	1.79586	1.88565	1.97993	5%
6%	1.06000	1.12360	1.19102	1.26248	1.33823	1.41852	1.50363	1.59385	1.68948	1.79085	1.89830	2.01220	2.13293	2.26090	6%
7%	1.07000	1.14490	1.22504	1.31080	1.40255	1.50073	1.60578	1.71819	1.83846	1.96715	2.10485	2.25219	2.40985	2.57853	7%
8%	1.08000	1.16640	1.25971	1.36049	1.46933	1.58687	1.71382	1.85093	1.99900	2.15892	2.33164	2.51817	2.71962	2.93719	8%
9%	1.09000	1.18810	1.29503	1.41158	1.53862	1.67710	1.82804	1.99256	2.17189	2.36736	2.58043	2.81266	3.06580	3.34173	9%
10%	1.10000	1.21000	1.33100	1.46410	1.61051	1.77156	1.94872	2.14359	2.35795	2.59374	2.85312	3.13843	3.45227	3.79750	10%
12%	1.12000	1.25440	1.40493	1.57352	1.76234	1.97382	2.21068	2.47596	2.77308	3.10585	3.47855	3.89598	4.36349	4.88711	12%
14%	1.14000	1.29960	1.48154	1.68896	1.92541	2.19497	2.50227	2.85259	3.25195	3.70722	4.22623	4.81790	5.49241	6.26135	14%
16%	1.16000	1.34560	1.56090	1.81064	2.10034	2.43640	2.82622	3.27841	3.80296	4.41144	5.11726	5.93603	6.88579	7.98752	16%
18%	1.18000	1.39240	1.64303	1.93878	2.28776	2.69955	3.18547	3.75886	4.43545	5.23384	6.17593	7.28759	8.59936	10.1472	18%
20%	1.20000	1.44000	1.72800	2.07360	2.48832	2.98598	3.58318	4.29982	5.15978	6.19174	7.43008	8.91610	10.6993	12.8392	20%
24%	1.24000	1.53760	1.90662	2.36421	2.93163	3.63522	4.50767	5.58951	6.93099	8.59443	10.6571	13.2148	16.3863	20.3191	24%
28%	1.28000	1.63840	2.09715	2.68435	3.43597	4.39805	5.62950	7.20576	9.22337	11.8059	15.1116	19.3428	24.7588	31.6913	28%
32%	1.32000	1.74240	2.29997	3.03596	4.00746	5.28985	6.98261	9.21704	12.1665	16.0598	21.1989	27.9825	36.9370	48.7568	32%
36%	1.36000	1.84960	2.51546	3.42102	4.65259	6.32752	8.60543	11.7034	15.9166	21.6466	29.4393	40.0375	54.4510	74.0534	36%
40%	1.40000	1.96000	2.74400	3.84160	5.37824	7.52954	10.5414	14.7579	20.6610	28.9255	40.4957	56.6939	79.3715	111.120	40%
50%	1.50000	2.25000	3.37500	5.06250	7.59375	11.3906	17.0859	25.6289	38.4434	57.6650	86.4976	129.746	194.620	291.929	50%

（续表）

n / i	15	16	17	18	19	20	21	22	23	24	25	26	27	28	n / i
1%	1.16097	1.17258	1.18430	1.19615	1.20811	1.22019	1.23239	1.24472	1.25716	1.26973	1.28243	1.29526	1.30821	1.32129	1%
2%	1.34587	1.37279	1.40024	1.42825	4.45681	1.48595	1.51567	1.54598	1.57690	1.60844	1.64061	1.67342	1.70689	1.74102	2%
3%	1.55797	1.60471	1.65285	1.70243	1.75351	1.80611	1.86029	1.91610	1.97359	2.03279	2.09378	2.15659	2.22129	2.28793	3%
4%	1.80094	1.87298	1.94790	2.02582	2.10685	2.19112	2.27877	2.36992	2.46472	2.56330	2.66584	2.77247	2.88337	2.99870	4%
5%	2.07893	2.18287	2.29202	2.40662	2.52695	2.65330	2.78596	2.92526	3.07152	3.22510	3.38635	3.55567	3.73346	3.92013	5%
6%	2.39656	2.54035	2.69277	2.85434	3.02560	3.20714	3.39956	3.60354	3.81975	4.04893	4.29187	4.54938	4.82235	5.11169	6%
7%	2.75903	2.95216	3.15882	3.37993	3.61653	3.86968	4.14056	4.43040	4.74053	5.07237	5.42743	5.80735	6.21387	6.64884	7%
8%	3.17217	3.42594	3.70002	3.99602	4.31570	4.66096	5.03383	5.43654	5.87146	6.34118	6.84848	7.39635	7.98806	8.62711	8%
9%	3.64248	3.97031	4.32763	4.71712	5.14166	5.60441	6.10881	6.65860	7.25787	7.91108	8.62308	9.39916	10.2451	11.1671	9%
10%	4.17725	4.59497	5.05447	5.55992	6.11591	6.72750	7.4025	8.14027	8.95430	9.84973	10.8347	11.9182	13.1100	14.4210	10%
12%	5.47357	6.13039	6.86604	7.68997	8.61276	9.64629	10.8038	12.1003	13.5523	15.1786	17.0001	19.0401	21.3249	23.8839	12%
14%	7.13794	8.13725	9.27646	10.5752	12.0557	13.7435	15.6676	17.8610	20.3616	23.2122	26.4619	30.1666	34.3899	39.2045	14%
16%	9.26552	10.7480	12.4677	14.4625	16.7765	19.4608	22.5745	26.1864	30.3762	35.2364	40.8742	47.4141	55.0004	63.8004	16%
18%	11.9737	14.1290	16.6722	19.6733	23.2144	27.3930	32.3238	38.1421	45.0076	53.1090	62.6686	73.9490	87.2598	102.967	18%
20%	15.4070	18.4884	22.1861	26.6233	31.9480	38.3376	46.0051	55.2061	66.2474	79.4968	95.3962	114.475	137.371	164.845	20%
24%	25.1956	31.2426	38.7408	48.0386	59.5679	73.8641	91.5915	113.574	140.831	174.631	216.542	268.512	332.955	412.864	24%
28%	40.5648	51.9230	66.4614	85.0706	108.890	139.380	178.406	228.360	292.300	374.144	478.905	612.998	784.638	1004.34	28%
32%	64.3590	84.9538	112.139	148.024	195.391	257.916	340.449	449.393	593.199	783.023	1033.59	1364.34	1800.93	2377.22	32%
36%	100.713	136.969	186.278	253.338	344.540	468.574	637.261	866.674	1178.68	1603.00	2180.08	2964.91	4032.28	5483.90	36%
40%	155.568	217.795	304.913	426.879	597.630	836.683	1171.36	1639.90	2295.86	3214.20	4499.88	6299.83	8819.76	12347.7	40%
50%	437.894	656.841	985.261	1477.89	2216.84	3325.26	4987.89	7481.83	11222.7	16834.1	25251.2	37876.8	56815.1	85222.7	50%

附录 2 复利现值系数表

$(P/F, i, n) = (1+i)^{-n}$

i \ n	1	2	3	4	5	6	7	8	9	10	11	12	13	14	n / i
1%	0.99010	0.98030	0.97059	0.96098	0.95147	0.94205	0.93272	0.92348	0.91434	0.90529	0.89632	0.88745	0.87866	0.86996	1%
2%	0.98039	0.96117	0.94232	0.92385	0.90573	0.88797	0.87056	0.85349	0.83676	0.82035	0.80426	0.78849	0.77303	0.75788	2%
3%	0.97087	0.94260	0.91514	0.88849	0.86261	0.83748	0.81309	0.78941	0.76642	0.74409	0.72242	0.70138	0.68095	0.66112	3%
4%	0.96154	0.92456	0.88900	0.85480	0.82193	0.79031	0.75992	0.73069	0.70259	0.67556	0.64958	0.62460	0.60057	0.57748	4%
5%	0.95238	0.90703	0.86384	0.82270	0.78353	0.74622	0.71068	0.67684	0.64461	0.61391	0.58468	0.55684	0.53032	0.50507	5%
6%	0.94340	0.89000	0.83962	0.79209	0.74726	0.70496	0.66506	0.62741	0.59190	0.55839	0.52679	0.49697	0.46884	0.44230	6%
7%	0.93458	0.87344	0.81630	0.76290	0.71299	0.66634	0.62275	0.58201	0.54393	0.50835	0.47509	0.44401	0.41496	0.38782	7%
8%	0.92593	0.85734	0.79383	0.73503	0.68058	0.63017	0.58349	0.54027	0.50025	0.46319	0.42888	0.39711	0.36770	0.34046	8%
9%	0.91743	0.84168	0.77218	0.70843	0.64993	0.59627	0.54703	0.50187	0.46043	0.42241	0.38753	0.35553	0.32618	0.29925	9%
10%	0.90909	0.82645	0.75131	0.68301	0.62092	0.56447	0.51316	0.46651	0.42410	0.38554	0.35049	0.31863	0.28966	0.26333	10%
12%	0.89286	0.79719	0.71178	0.63552	0.56743	0.50663	0.45235	0.40388	0.36061	0.332197	0.28748	0.25668	0.22917	0.20462	12%
14%	0.87719	0.76947	0.67497	0.59208	0.51937	0.45559	0.39964	0.35056	0.30751	0.26974	0.23662	0.20756	0.18207	0.15971	14%
16%	0.86207	0.74316	0.64066	0.55229	0.47611	0.41044	0.35383	0.30503	0.26295	0.22668	0.19542	0.16846	0.14523	0.12520	16%
18%	0.84746	0.71818	0.60863	0.51579	0.43711	0.37043	0.31393	0.26604	0.22546	0.19106	0.16192	0.13722	0.11629	0.09855	18%
20%	0.83333	0.69444	0.57870	0.48225	0.40188	0.33490	0.27908	0.23257	0.19381	0.16151	0.13459	0.11216	0.09346	0.07789	20%
22%	0.81967	0.67186	0.55071	0.45140	0.37000	0.30328	0.24859	0.20376	0.16702	0.13690	0.11221	0.09198	0.07539	0.06180	22%
24%	0.80645	0.65036	0.52449	0.42297	0.34111	0.27509	0.22184	0.17891	0.14428	0.11635	0.09383	0.07567	0.06103	0.04921	24%
26%	0.79365	0.62988	0.49991	0.39675	0.31488	0.24991	0.19834	0.15741	0.12493	0.09915	0.07869	0.06245	0.04957	0.03934	26%
28%	0.78125	0.61035	0.47684	0.37253	0.29104	0.22737	0.17764	0.13878	0.10842	0.08470	0.06617	0.05170	0.04039	0.03155	28%
30%	0.76923	0.59172	0.45517	0.35013	0.26933	0.20718	0.15937	0.12590	0.09430	0.07254	0.05580	0.04292	0.03302	0.02540	30%
35%	0.74074	0.54870	0.40644	0.30107	0.22301	0.16520	0.12237	0.09064	0.06714	0.04974	0.03684	0.02729	0.02021	0.01497	35%

（续表）

n / i	15	16	17	18	19	20	21	22	23	24	25	26	27	28	n / i
1%	0.86135	0.85282	0.84438	0.83602	0.82774	0.81954	0.81143	0.80340	0.79544	0.78757	0.77977	0.77205	0.76440	0.75684	1%
2%	0.74301	0.72845	0.71416	0.70016	0.68643	0.67297	0.65978	0.64684	0.63416	0.62172	0.60950	0.59758	0.58586	0.57437	2%
3%	0.64186	0.62317	0.60502	0.58739	0.57029	0.55368	0.53755	0.52189	0.50669	0.49193	0.47761	0.46369	0.45019	0.43708	3%
4%	0.55526	0.53391	0.51337	0.49363	0.47464	0.45639	0.43883	0.42196	0.40573	0.39012	0.37512	0.36069	0.34682	0.33348	4%
5%	0.48102	0.45811	0.43630	0.41552	0.39573	0.37689	0.35894	0.34185	0.32557	0.31007	0.29530	0.28124	0.26785	0.25509	5%
6%	0.41727	0.39365	0.37136	0.35034	0.33051	0.31180	0.29416	0.27751	0.26180	0.24698	0.23300	0.21981	0.20737	0.19563	6%
7%	0.36245	0.33873	0.31657	0.29586	0.27651	0.25842	0.24151	0.22571	0.21095	0.19715	0.18425	0.17220	0.16093	0.15040	7%
8%	0.31524	0.29189	0.27027	0.25025	0.23171	0.21455	0.19866	0.18394	0.17032	0.15770	0.14602	0.13520	0.12519	0.11591	8%
9%	0.27454	0.25187	0.23107	0.21199	0.19449	0.17843	0.16370	0.15018	0.13778	0.12640	0.11597	0.10639	0.09761	0.08955	9%
10%	0.23939	0.21763	0.19784	0.17986	0.16351	0.14864	0.13513	0.12285	0.11168	0.10153	0.09230	0.08391	0.07628	0.06934	10%
12%	0.18270	0.16312	0.14564	0.13004	0.11611	0.10367	0.09256	0.08264	0.07379	0.06588	0.05882	0.05252	0.04689	0.04187	12%
14%	0.14010	0.12289	0.10780	0.09456	0.08295	0.07276	0.06383	0.05599	0.04911	0.04308	0.03779	0.03315	0.02908	0.02551	14%
16%	0.10793	0.09304	0.08021	0.06914	0.05961	0.05139	0.04430	0.03819	0.03292	0.02838	0.02447	0.02109	0.01818	0.01567	16%
18%	0.08352	0.07078	0.05998	0.05083	0.04308	0.03651	0.03094	0.02262	0.02222	0.01883	0.01596	0.01352	0.01146	0.00971	18%
20%	0.06491	0.05409	0.04507	0.03756	0.03130	0.02608	0.02174	0.01811	0.01509	0.01258	0.01048	0.00874	0.00728	0.00607	20%
22%	0.05065	0.04152	0.03403	0.02789	0.02286	0.01874	0.01536	0.01259	0.01032	0.00846	0.00693	0.00568	0.00466	0.00382	22%
24%	0.03969	0.03201	0.02531	0.02082	0.01679	0.01354	0.01092	0.00880	0.00710	0.00573	0.00462	0.00372	0.00300	0.00242	24%
26%	0.03122	0.02478	0.01967	0.01561	0.01239	0.00983	0.00780	0.00619	0.00491	0.00390	0.00310	0.00246	0.00195	0.00155	26%
28%	0.02465	0.01926	0.01505	0.01175	0.00918	0.00717	0.00561	0.00438	0.00342	0.00267	0.00209	0.00163	0.00127	0.00100	28%
30%	0.01954	0.01503	0.01156	0.00889	0.00684	0.00526	0.00405	0.00311	0.00239	0.00184	0.00142	0.00109	0.00084	0.00065	30%
35%	0.01109	0.00822	0.00609	0.00451	0.00334	0.00247	0.00183	0.00136	0.00101	0.00074	0.00055	0.00041	0.00030	0.00022	35%

附录3 年金终值系数表

$(F_A/A, i, n) = [(1+i)^n - 1]/i$

i \ n	1	2	3	4	5	6	7	8	9	10	11	12	13	14	n / i
1%	1.00000	2.01000	3.03010	4.06040	5.10101	6.15202	7.21354	8.28567	9.36853	10.4622	11.5668	12.6825	13.8093	14.9474	1%
2%	1.00000	2.02000	3.06040	4.12161	5.20404	6.30812	7.43428	8.58297	9.75463	10.9497	12.1687	13.4121	14.6803	15.9739	2%
3%	1.00000	2.03000	3.09090	4.18363	5.30914	6.46841	7.66246	8.59234	10.1591	11.4639	12.8078	14.1920	15.6178	17.0863	3%
4%	1.00000	2.04000	3.12160	4.24646	5.41632	6.63298	7.89829	9.21423	10.5828	12.0061	13.4864	15.0258	16.6268	18.2919	4%
5%	1.00000	2.05000	3.15250	4.31012	5.52563	6.80191	8.14201	9.54911	11.0266	12.5779	14.2068	15.9171	17.7130	19.5986	5%
6%	1.00000	2.06000	3.18360	4.37462	5.63709	6.97532	8.39384	9.89747	11.4913	13.1808	14.9716	16.8699	18.8821	21.0151	6%
7%	1.00000	2.07000	3.21490	4.43994	5.75074	7.15329	8.65402	10.2598	11.9780	13.8164	15.7836	17.8885	20.1406	22.5505	7%
8%	1.00000	2.08000	3.24640	4.50611	5.86660	7.33593	8.92280	10.6366	12.4876	14.4866	16.6455	18.9771	21.4953	24.2149	8%
9%	1.00000	2.09000	3.27810	4.57313	5.98471	7.52333	9.20043	11.0285	13.0210	15.1929	17.5603	20.1407	22.9534	26.0192	9%
10%	1.00000	2.10000	3.31000	4.64100	6.10510	7.71561	9.48717	11.4359	13.5795	15.9374	18.5312	21.3843	24.5227	27.9750	10%
12%	1.00000	2.12000	3.37440	4.77933	6.35285	8.11519	10.0890	12.2997	14.7757	17.5487	20.6546	24.1331	28.0291	32.3926	12%
14%	1.00000	2.14000	3.43960	4.92114	6.61010	8.53552	10.7305	13.2328	16.0853	19.3373	23.0445	27.2707	32.0887	37.5811	14%
16%	1.00000	2.16000	3.50560	5.06650	6.87714	8.97748	11.4139	14.2401	17.5185	21.3215	25.7329	30.8502	36.7862	43.6720	16%
18%	1.00000	2.18000	3.57240	5.21543	7.15421	9.44197	12.1415	15.3270	19.0859	23.5213	28.7551	34.9311	42.2187	50.8180	18%
20%	1.00000	2.20000	3.64000	5.36800	7.44160	9.92992	12.9159	16.4991	20.7989	25.9587	32.1504	39.5805	48.4966	59.1959	20%
22%	1.00000	2.22000	3.70840	5.52425	7.73958	10.4423	13.7396	17.7623	22.6700	28.6574	35.9620	44.8737	55.7459	69.0100	22%
24%	1.00000	2.24000	3.77760	5.68422	8.04844	10.9801	14.6153	19.1229	24.7125	31.6434	40.2379	50.8950	64.1097	80.4961	24%
26%	1.00000	2.26000	3.84760	5.84798	8.36845	11.5442	15.5458	20.5876	26.9404	34.9449	45.0306	57.7386	73.7506	93.9258	26%
28%	1.00000	2.28000	3.94840	6.01555	8.69991	12.1359	16.5339	22.1634	29.3692	38.5926	50.3985	65.5100	84.8529	109.612	28%
30%	1.00000	2.30000	3.99000	6.18700	9.04310	12.7560	17.5828	23.8577	32.0150	42.6195	56.4053	74.3270	97.6250	127.913	30%
35%	1.00000	2.35000	4.17250	6.63288	9.95438	14.4384	20.4919	28.6640	39.6964	54.5902	74.6967	101.841	138.485	187.954	35%

（续表）

i \ n	15	16	17	18	19	20	21	22	23	24	25	26	27	28	n / i
1%	16.0969	17.2579	18.4304	19.6147	20.8109	22.0190	23.2392	24.4716	25.7163	26.9735	28.2432	29.5256	30.8209	32.1291	1%
2%	17.2934	18.6393	20.0121	21.4123	22.8406	24.2974	25.7833	27.2990	28.8450	30.4219	32.0303	33.6709	35.3443	37.0512	2%
3%	18.5989	20.1569	21.7616	23.4144	25.1169	25.1169	28.6765	30.5368	32.4529	34.4265	36.4593	38.5530	40.7096	42.9309	3%
4%	20.0236	21.8245	23.3975	25.6454	27.6712	29.7781	31.9692	34.2480	36.6179	39.0826	41.6459	44.3117	47.0842	49.9676	4%
5%	21.5786	23.6755	25.3404	28.1324	30.5390	33.0660	35.7193	38.5052	41.4305	44.5020	47.7271	51.1135	54.6691	58.4026	5%
6%	23.2760	25.6725	28.2129	30.9057	33.7600	36.7856	39.9927	43.3923	46.9958	50.8156	54.8645	59.1564	63.7058	68.5281	6%
7%	25.1290	27.8880	30.8402	33.9990	37.3790	40.9955	44.8652	49.0057	53.4361	58.1767	63.2490	68.6765	74.4838	80.6977	7%
8%	24.2149	30.3243	33.7502	37.4502	41.4463	45.7620	50.4229	55.4568	60.8933	66.7648	73.1059	79.9544	87.3508	95.3388	8%
9%	29.3609	33.0034	36.9737	41.3013	46.0185	51.1601	56.7645	62.8733	69.5319	76.7898	84.7009	93.3240	102.723	112.968	9%
10%	31.7725	35.9497	40.5447	45.5992	51.1591	57.2750	64.0025	71.4027	79.5430	88.4973	98.3471	109.182	121.100	134.210	10%
12%	37.2797	42.7533	48.8837	55.7497	63.4397	72.0524	81.6987	92.5026	104.603	118.155	133.334	150.334	169.374	190.699	12%
14%	43.8424	50.9804	59.1176	68.3941	78.9692	91.0249	104.768	120.436	138.297	158.659	181.871	208.333	238.499	272.889	14%
16%	51.6595	60.9250	71.6730	84.1407	98.6032	115.380	134.841	157.415	183.601	213.978	249.214	290.088	337.502	392.503	16%
18%	60.6953	72.9390	87.0580	103.740	123.414	146.628	174.021	206.345	244.487	289.494	342.603	405.272	479.221	566.481	18%
20%	72.0351	87.4421	105.331	128.117	154.740	186.688	255.026	271.031	326.237	392.484	471.981	567.377	681.853	819.223	20%
22%	85.1922	104.935	129.020	15.405	194.254	237.989	291.347	356.443	435.861	532.750	650.955	795.165	971.102	1185.74	22%
24%	100.815	126.011	157.253	195.994	244.033	303.601	377.465	469.056	582.630	723.461	898.092	1114.63	1383.15	1716.10	24%
26%	119.347	151.377	191.735	242.585	306.658	387.389	489.110	617.278	778.771	982.251	1238.64	1561.68	1968.72	2481.59	26%
28%	141.303	181.868	233.791	300.252	385.323	494.213	633.593	811.999	1040.36	1332.66	1706.80	2185.71	2798.71	3583.34	28%
30%	167.286	218.472	285.014	371.518	483.973	630.165	820.215	1067.28	1388.46	1806.00	2348.80	3054.44	3971.78	5164.31	30%
35%	254.738	344.897	466.611	630.925	852.748	1152.21	1556.48	2102.25	2839.04	3833.71	5176.50	6989.28	9436.53	12740.3	35%

附录 4　年金现值系数表

$(P_A/A, i, n) = [1-(1+i)^{-n}]/i$

i \ n	1	2	3	4	5	6	7	8	9	10	11	12	13	14	n / i
1%	0.99010	1.97040	2.94099	3.90197	4.85343	5.79548	6.72819	7.65168	8.56602	9.47130	10.36760	11.25510	12.13370	13.00370	1%
2%	0.98039	1.94156	2.88388	3.80773	4.71346	5.60143	6.47199	7.32548	8.16224	8.98259	9.78685	10.57530	11.34840	12.10620	2%
3%	0.97087	1.91347	2.82861	3.71710	4.57971	5.41719	6.23028	7.01969	7.78611	8.53020	9.25262	9.95400	10.63500	11.29610	3%
4%	0.96154	1.88610	2.77509	3.62990	4.45182	5.24214	6.00206	6.73275	7.43533	8.11090	8.76048	9.38507	9.98565	10.56310	4%
5%	0.95238	1.85941	2.72325	3.54595	4.32948	5.07569	5.78637	6.46321	7.10782	7.72173	8.30641	8.86325	9.39357	9.89864	5%
6%	0.94340	1.83339	2.67301	3.46511	4.21236	4.91732	5.58238	6.20979	6.80169	7.36009	7.88687	8.38384	8.85268	9.29498	6%
7%	0.93458	1.80802	2.62432	3.38721	4.10020	4.76654	5.38929	5.97130	6.51523	7.02358	7.49867	7.94269	8.35765	8.74547	7%
8%	0.92593	1.78326	2.57710	3.31213	3.99271	4.62288	5.20637	5.74664	6.24689	6.71008	7.13896	7.53608	7.90378	8.24424	8%
9%	0.91743	1.75911	2.53130	3.23972	3.88965	4.48592	5.03295	5.53482	5.99525	6.41766	6.80519	7.16073	7.48690	7.78615	9%
10%	0.90909	1.73554	2.48685	3.16987	3.79079	4.35526	4.86842	5.33493	5.75902	6.14457	6.49506	6.81369	7.10336	7.36669	10%
12%	0.89286	1.69005	2.40183	3.03735	3.60478	4.11141	4.56376	4.96764	5.32825	5.65022	5.93770	6.19437	6.42355	6.62817	12%
14%	0.87719	1.64666	2.32163	2.91371	3.43308	3.88867	4.28830	4.63886	4.94637	5.21612	5.45273	5.66029	5.84236	6.00207	14%
16%	0.86207	1.60523	2.24589	2.79818	3.27429	3.68474	4.03857	4.34359	4.60654	4.83323	5.02864	5.19711	5.34233	5.46753	16%
18%	0.84746	1.56564	2.17427	2.69006	3.12717	3.49760	3.81153	4.07757	4.30302	4.49409	4.65601	4.79322	4.90951	5.00806	18%
20%	0.83333	1.52778	2.10648	2.58873	2.99061	3.32551	3.60459	3.83716	4.03097	4.19247	4.32706	4.43922	4.53268	4.61057	20%
22%	0.81967	1.49154	2.04224	2.49364	2.86364	3.16692	3.41551	3.61927	3.78628	3.92318	4.03540	4.12737	4.20277	4.26456	22%
24%	0.80645	1.45682	1.98130	2.40428	2.74538	3.02047	3.24232	3.42122	3.56550	3.68186	3.77569	3.85136	3.91239	3.96160	24%
26%	0.79365	1.42353	1.92344	2.32019	2.63507	2.88498	3.08331	3.24073	3.36566	3.46481	3.54350	3.60595	3.65552	3.69485	26%
28%	0.78125	1.39160	1.86844	2.24097	2.53201	2.75938	2.93702	3.07579	3.18421	3.26892	3.33509	3.38679	3.42718	3.45873	28%
30%	0.76923	1.36095	1.81611	2.16624	2.43557	2.64275	2.80211	2.92470	3.01900	3.09154	3.14734	3.19026	3.22328	3.24867	30%
35%	0.74074	1.28944	1.69588	1.99695	2.21996	2.38516	2.50752	2.59817	2.66531	2.71504	2.75188	2.77947	2.79939	2.81436	35%

（续表）

i \ n	15	16	17	18	19	20	21	22	23	24	25	26	27	28	n / i
1%	13.8651	14.7179	15.5623	16.3983	17.2260	18.0456	18.8570	19.6604	20.4558	21.2434	22.0232	22.7952	23.5596	24.3164	1%
2%	12.8493	13.5778	14.2919	14.9920	15.6785	16.3514	17.0112	17.6580	18.2922	18.9139	19.5235	20.1210	20.7069	21.2813	2%
3%	11.9379	12.5611	13.1661	13.7535	14.3238	14.8775	15.4150	15.9369	16.4436	16.9355	17.4131	17.8768	18.3270	18.7641	3%
4%	11.1184	11.6523	12.1657	12.6593	13.1339	13.5903	14.0292	14.4511	14.8568	15.2420	15.6221	15.9828	16.3296	16.6631	4%
5%	10.3797	10.8378	11.2741	11.6896	12.0853	12.4622	12.8212	13.1630	13.4886	13.7986	14.0939	14.3752	14.6430	14.8981	5%
6%	9.71225	10.1059	10.4773	10.8276	11.1581	11.4699	11.7641	12.0416	12.3034	12.5504	12.7834	13.0032	13.2105	13.4062	6%
7%	9.10791	9.44665	9.76322	10.0591	10.3356	10.5940	10.8355	11.0612	11.2722	11.4693	11.6536	11.8258	11.9867	12.1371	7%
8%	8.55948	8.85137	9.12164	9.37189	9.60360	9.81815	10.0168	10.2007	10.3711	10.5288	10.6748	10.8100	10.9352	11.0511	8%
9%	8.06069	8.31256	8.54363	8.75563	8.95011	9.12855	9.29224	9.44243	9.58021	9.70661	9.82258	9.92897	10.0266	10.1161	9%
10%	7.60608	7.82371	8.02155	8.20141	8.36492	8.51356	8.64869	8.77154	8.88322	8.98474	9.07704	9.16095	9.23722	9.30657	10%
12%	6.81086	6.97399	7.11963	7.24967	7.36578	7.46944	7.56200	7.64465	7.71843	7.78432	7.84314	7.89566	7.94255	7.98442	12%
14%	6.14217	6.26506	6.37286	6.46742	6.55037	6.62313	6.68696	6.74294	6.79206	6.83514	6.87293	6.90608	6.93515	6.96066	14%
16%	5.57546	5.66850	5.74870	5.81785	5.87746	5.92884	5.97314	6.01133	6.04425	6.07263	6.09709	6.11818	6.13636	6.15204	16%
18%	5.09158	5.16235	5.22233	5.27316	5.31624	5.35275	5.38368	5.40990	5.43212	5.45095	5.46691	5.48043	5.49189	5.50160	18%
20%	4.67547	4.72956	4.77463	4.81219	4.84350	4.86958	4.89132	4.90943	4.92453	4.93710	4.94759	4.95632	4.96360	4.96967	20%
22%	4.31552	4.35673	4.39077	4.41866	4.44152	4.46027	4.47563	4.48822	4.49854	4.50700	4.51393	4.51962	4.52428	4.52810	22%
24%	4.00129	4.03330	4.05911	4.07993	4.09672	4.11026	4.12117	4.12998	4.13708	4.14281	4.14743	4.15115	4.15415	4.15657	24%
26%	3.72607	3.75085	3.77052	3.78613	3.79851	3.80834	3.81615	3.82234	3.82725	3.83115	3.83425	3.83670	3.83865	3.84020	26%
28%	3.48339	3.50265	3.51769	3.52945	3.53863	3.54580	3.55141	3.55579	3.55921	3.56118	3.56397	3.56560	3.56688	3.56787	28%
30%	3.26821	3.28324	3.29480	3.30369	3.31053	3.31579	3.31984	3.32296	3.32535	3.32719	3.32861	3.32970	3.33054	3.33118	30%
35%	2.82545	2.83367	2.83975	2.84426	2.84760	2.85008	2.85191	2.85326	2.85427	2.85502	2.85557	2.85598	2.85628	2.85650	35%

附录5 业务题参考答案

第三章 解读财务报表

1. 解答:(1) 两家公司的营业成本占营业收入的比重都比较稳定,其中苏宁公司的营业成本占营业收入的比重基本上保持在81%~83%,国美的营业成本占营业收入的比重基本上保持在87%~90%,其变动幅度都比较小。

(2) 总体来说,苏宁公司和国美公司对销售费用和管理费用的控制都比较好,苏宁的销售费用比例控制在9%~12%,国美的销售费用比例控制在10%~14%,如果非要分个高低,那苏宁公司应该来说控制得更加出色。

2. 解答:

资产		负债和所有者权益	
项目		项目	
流动资产	34.95%	流动负债	16.94%
其中:速动资产	11.89%	长期负债	13.85%
固定资产净值	41.01%	负债合计	30.79%
无形资产	24.04%	所有者权益	69.21%
总计	100%	总计	100%

评价:(1) 企业资产结构中有形资产结构占76%,无形资产结构占24%,流动资产结构占35%,非流动资产结构占65%。与行业中流动资产结构平均值相比,说明该企业的资产流动性较好。

(2) 企业权益结构中负债占31%,所有者权益占69%,说明该企业总体或长期偿债能力还比较好。

第四章 资金时间价值

1. 解答:利率=9.61%

2. 解答:$P = A \cdot [(P/A, i, n-1)+1]$

$= 25\,000 \times [(P/A, 5\%, 4)+1]$

$= 25\,000 \times (3.546+1)$

$= 113\,650$(元)

3. 解答:74.52万元

4. 解答:17.2036万元

5. 解答:46.9964万元

第五章 投资风险价值

1. 解答:(1) 项目收益期望值=80

(2) 项目收益标准离差＝17.32

(3) 计算标准离差率＝21.65%

(4) 计算风险收益率＝2.165%

(5) 计算风险收益额＝2.165

(6) 计算投资收益率＝10.165%

2. 解答:(1) $\beta_{ABC} = 20\% \times 0.5 + 30\% \times 0.8 + 50\% \times 1.5 = 1.09$

通常认为,当$\beta = 1$时,证券组合为市场平均风险组合;当$\beta < 1$时,表示证券组合报酬率的波动小于整个市场的平均波动水平,为低风险组合;当$\beta > 1$时,表示证券组合报酬率的波动大于整个市场的平均波动水平,为高风险组合。例中,$\beta_{ABC} = 1.09 > 1$,为高风险组合。

(2) 组合β系数 $= 20\% \times 1.2 + 30\% \times 0.8 + 50\% \times 1.5 = 1.23 > 1$ 为高风险组合。

3. 解答:根据期望报酬率分别计算A项目和B项目的期望报酬率:

$$\begin{aligned}\text{A项目的期望报酬率} &= K_1P_1 + K_2P_2 + K_3P_3 \\ &= 0.2 \times 0.15 + 0.6 \times 0.1 + 0.2 \times 0 = 9\%\end{aligned}$$

$$\begin{aligned}\text{B项目的期望报酬率} &= K_1P_1 + K_2P_2 + K_3P_3 \\ &= 0.3 \times 0.2 + 0.4 \times 0.150 + 0.3 \times (-0.1) = 9\%\end{aligned}$$

A、B两个项目期望报酬率相同,都是9%,如果不考虑其他因素,这两个项目在报酬率上相同,投资价值也相同。但如果要在两个项目之间作出决策,应当通过计算,比较其风险的大小。相比之下,A项目在不同经济情况下报酬率相对集中,而B项目的投资报酬率却比较分散,这意味着A项目风险较小,而B项目的风险较大。

A项目的方差:

$$\begin{aligned}\sigma_A^2 &= \sum_{i=1}^{n}[(K_i - K)^2 \times P_i] \\ &= 0.2 \times (0.15 - 0.09)^2 + 0.6 \times (0.10 - 0.09)^2 + 0.2 \times (0 - 0.09)^2 \\ &= 0.0024\end{aligned}$$

A项目的标准差:

$$\sigma_A = \sqrt{\sum_{i=1}^{n}[(K_i - K)^2 \times P_i]} = \sqrt{0.0024} = 0.049$$

B项目的方差:

$$\begin{aligned}\sigma_B^2 &= \sum_{i=1}[(K_i - K)^2 \times P_i] \\ &= 0.3 \times (0.2 - 0.09)^2 + 0.4 \times (0.15 - 0.09)^2 + 0.3 \times (-0.1 - 0.09)^2 \\ &= 0.0159\end{aligned}$$

B项目的标准差:

$$\sigma_B = \sqrt{\sum_{i=1}^{n}[(K_i - K)^2 \times P_i]} = \sqrt{0.0159} = 0.126 > 0.049$$

可见,B项目的标准差大于A项目的标准差,说明B项目的风险高于A项目的风险。但标准差的大小与投资报酬率的绝对水平有关，必须是在期望值相等或接近相等的情况下比较标准差的大小，才能确定风险的程度，这就需要比较不同的标准离差率。

4. 解答：(1) 该组合的预期报酬率 ＝（预期报酬率 × 投资比重）之和

$R_P = 15\% \times 0.20 + 20\% \times 0.80 = 19\%$

其组合标准差 $= \sqrt{a^2\delta_A^2 + 2ab\delta_A\delta_B r + b^2\delta_B^2}$

$= \sqrt{0.2^2 \times 10\%^2 + 2 \times 0.2 \times 0.8 \times 10\% \times 22\% \times 0.4 + 0.8^2 \times 22\%^2}$

$= 18.49\%$

(2) 该组合的预期报酬率 ＝（预期报酬率 × 投资比重）之和

$R_P = 15\% \times 0.40 + 20\% \times 0.60 = 18\%$

其组合标准差 $= \sqrt{0.4^2 \times 10\%^2 + 2 \times 0.4 \times 0.6 \times 10\% \times 22\% \times 0.4 + 0.6^2 \times 22\%^2}$

$= 15.25\%$

5. 解答：

年份	股票收益率 y_j	市场收益率 x_j	$(x_j - x)(y_j - y)$	$(x_j - x)^2$	$(y_j - y)^2$
1	1.5	1.2	−0.06	0.01	0.36
2	−0.5	1.5	−1.04	0.16	6.76
3	1.4	0.5	0.42	0.36	0.49
4	−2.2	−4.6	24.51	32.49	18.49
5	5	4.5	9.86	11.56	8.41
6	7.4	3.5	12.72	5.76	28.09
合计	12.6	6.6	46.41	50.34	62.60
平均数	$Y=2.1$	$X=1.1$			
样本标准差	3.538 4	3.173 0			

星星公司的5年股票收益率样本标准差 $= \sqrt{\dfrac{62.60}{6-1}} = 3.5384$

市场收益率样本标准差 $= \sqrt{\dfrac{50.34}{6-1}} = 3.1730$

(2) 相关系数 $= \dfrac{46.41}{\sqrt{50.34} \times \sqrt{62.60}} = 0.8267$

β系数 $= (3.5384 \div 3.1730) \times 0.8267 = 0.92$

第六章　资本成本与资本结构

1. 解答：(1) 长期借款成本 $= 10\% \times (1 - 25\%) = 7.5\%$

债券成本 $= 12\% \times (1 - 25\%) \div (1 - 2\%) = 9.18\%$

普通股成本 $= 12\% \div (1 - 4\%) + 5\% = 17.5\%$

(2) 加权平均资金成本 $=1\,000\div 6\,000\times 7.5\%+1\,500\div 6\,000\times 9.18\%+3\,500\div 6\,000\times 17.5\%=13.75\%$

2. 解答：$K(1)=500\div 2\,700\times 6\%\times(1-25\%)+600\div 2\,700\times 8\%\times(1-25\%)+400\div 2\,700\times 5\%\times(1-25\%)+200\div 2\,700\times 9\%+[1\,000\div 2\,700\times(12\%+3\%)]=8.94\%$

$K(2)=400\div 2\,700\times 10\%+100\div 2\,700\times 5.5\%\times(1-25\%)+600\div 2\,700\times 8\%\times(1-25\%)+400\div 2\,700\times 5\%\times(1-25\%)+200\div 2\,700\times 9\%+1\,000\div 2\,700\times 12\%=8.63\%$

由于 $K(1)>K(2)$，故选择方案二。

3. 解答：

(1) 计算筹资总额分界点。

资金种类	资金结构	资金成本	新筹资额	筹资分界点
长期借款	15%	3%	45 000 元以内	300 000 元
		5%	45 000～90 000 元	600 000 元
		7%	90 000 元以上	
长期债券	25%	10%	200 000 元以内	800 000 元
		11%	200 000～400 000 元	1 600 000 元
		12%	400 000 元以上	
普 通 股	60%	13%	300 000 元以内	500 000 元
		14%	300 000～600 000 元	1 000 000 元
		15%	600 000 元以上	

(2) 计算筹资总额范围的加权平均资金成本。

筹资总额范围	资金种类	资金结构	资金成本	加权平均资金成本
300 000 元以内	长期借款	15%	3%	3%×15%＝0.45%
	长期债券	25%	10%	10%×25%＝2.5%
	普通股	60%	13%	13%×60%＝7.8%
				10.75%
300 000～500 000 元	长期借款	15%	5%	5%×15%＝0.75%
	长期债券	25%	10%	10%×25%＝2.5%
	普通股	60%	13%	13%×60%＝7.8%
				11.05%
500 000～600 000 元	长期借款	15%	5%	5%×15%＝0.75
	长期债券	25%	10%	10%×25%＝2.5%
	普通股	60%	14%	14%×60%＝8.4%
				11.65%

（续表）

筹资总额范围	资金种类	资金结构	资金成本	加权平均资金成本
600 000～800 000元	长期借款 长期债券 普通股	15% 25% 60%	7% 10% 14%	7%×15%=1.05% 10%×25%=2.5% 14%×60%=8.4% 11.95%
800 000～1 000 000元	长期借款 长期债券 普通股	15% 25% 60%	7% 11% 14%	7%×15%=1.05% 11%×25%=2.75% 14%×60%=8.4% 12.2%
1 000 000～1 600 000元	长期借款 长期债券 普通股	15% 25% 60%	7% 11% 15%	7%×15%=1.05% 11%×25%=2.75% 15%×60%=9% 12.8%
1 600 000元以上	长期借款 长期债券 普通股	15% 25% 60%	7% 12% 15%	7%×15%=1.05% 12%×25%=3% 15%×60%=9% 13.05%

（3）投资决策。

项目	投资报酬率	投资额(万元)	累计投资额(万元)	边际资金成本
B	16%	60	60	11.65%
A	15%	30	90	12.2%
D	13.5%	50	140	12.8%
C	12%	40	180	13.05%

应选择B、A、D三个投资方案，放弃C方案。

4. 解答：（1）年利息 $I=1\,000\times40\%\times8\%=32$(万元)

息税前利润 $EBIT=2.5\times32=80$(万元)

（2）经营杠杆系数 $DOL=(80+400)\div80=6$

（3）财务杠杆系数 $DFL=80\div(80-32)=1.67$

（4）复合杠杆系数 $DCL=DOL\times DFL=6\times1.67=10$

5. 解答：（1）$\text{发行债券每股收益}=\dfrac{(1\,600+400-3\,000\times10\%-4\,000\times11\%)(1-20\%)}{800}$

$=1.26$(元/股)

发行优先股每股收益 $=[(1\,600+400-3\,000\times10\%)(1-20\%)-4\,000\times12\%]\div800$

$=1.10$(元/股)

增发普通股的每股收益 $=(1\,600+400-3\,000\times10\%)(1-20\%)\div1\,000=1.36$(元/股)

(2) 债券筹资与普通筹资的每股利润无差别点：

$(EBIT-3\,000\times10\%-4\,000\times11\%)\times(1-20\%)\div800=(EBIT-3\,000\times10\%)\times(1-20\%)\div1\,000$

$EBIT=2\,500$(万元)

优先股筹资与普通股筹资的每股利润无差别点：

$[(EBIT-3\,000\times10\%)\times(1-20\%)-4\,000\times12\%]\div800=(EBIT-3\,000\times10\%)\times(1-20\%)\div1\,000$

$EBIT=3\,300$(万元)

(3) 筹资前的财务杠杆$=1\,600\div(1\,600-300)=1.23$

筹资后债券 $DFL=2\,000\div(2\,000-300-4\,000\times11\%)=1.59$

筹资后优先股的 $DFL=2\,000\div[2\,000-300-4\,000\times12\%\div(1-20\%)]=1.82$

筹资后普通股的 $DFL=2\,000\div(2\,000-300)=1.18$

(4) 该公司应采用增发普通股筹资。该方式在新增利润 400 万元时，每股收益较高，财务风险较低(DFL 较小)，符合财务目标。

(5) 当甲产品新增利润为 1 000 万元或 4 000 万元时，都应选择债券筹资方案。因为此时，$EBIT=1\,600+1\,000=2\,600(万元)>2\,500(万元)$。

第七章　财务估价理论与应用

1. 解答：(1) 持有期收益率$=\dfrac{(21-20)+0.5}{20}\times100\%=\dfrac{1.5}{20}\times100\%=7.5\%$

$$持有期年均收益率=\frac{7.5\%}{5/12}=18\%$$

(2) 采用插值法的计算。

年　份	股利及出售股票的现金流量(万元)	测试 20%		测试 18%	
		系数	现值(万元)	系数	现值(万元)
2013	60	0.833 3	50	0.847 5	50.85
2014	350	0.694 4	243.04	0.718 2	251.37
合计	—	—	293.04	—	302.22

$$\left.\begin{array}{l}18\% \\ K \\ 20\%\end{array}\right\} X \quad \Big\} 2\% \qquad \left.\begin{array}{l}302.22 \\ 300.00 \\ 293.04\end{array}\right\} 2.22 \quad \Big\} 9.18$$

$$投资的投资收益率\ K=18.48\%$$

2. 解答：(1)股票的价值 $P=\dfrac{2}{0.10}=20$(元)

该股票的市场价格 25 元，高于股票的价值 20 元时，甲投资者不应该购买股票。

(2) 该股票的内在价值为：

$$P=\frac{D_0\times(1+g)}{K-g}=\frac{D_1}{K-g}=\frac{2\times(1+0.05)}{0.15-0.05}=21(元)$$

当股票的市场价格低于 21 元时，乙投资者才能进行该股票的投资。

3. 解答：首先计算非正常增长期的股利现值。

非正常增长期的股利现值

年次	股利(D_t)(元)	现值系数(15%)	现值(P)(元)
1	1.5×1.2=1.8	0.870	1.566
2	1.8×1.2=2.16	0.756	1.633
3	2.16×1.2=2.592	0.658	1.706
3 年股利的现值计算			4.905

其次，计算第 3 年年末的普通股内在价值：

$$P_3 = \frac{D_{3\times(1+g)}}{K-g} = \frac{D_4}{K-g} = \frac{2.592\times 1.10}{0.15-0.10} = 57.024(\text{元})$$

计算其现值：$P = 57.024\times(P/F,\ 15\%,\ 3) = 129.02\times 0.658 = 37.522$(元)

最后，计算股票目前的内在价值：$P_0 = 4.905+37.522 = 42.43$(元)$>40$(元)，可以购买。

4. 解答：持有期收益率 $= \dfrac{100\times 8\%\div 2+(112.5-108)}{108}\times 100\% = 7.87\%$

持有期年收益率 $= 7.87\%\times 12/8 = 11.81\%$

5. 解答：(1) 根据长期债券的持有年均收益率公式：

$$11\,000 = \sum_{t=1}^{3}\frac{10\,000\times 12\%}{(1+K)^t} + \frac{10\,000}{(1+K)^3}$$
$$= 1\,200\times(P/A,\ K,\ 3)+10\,000\times(P/F,\ K,\ 3)$$

当 $K = 10\%$ 时：

$$1\,200\times(P/A,\ 10\%,\ 3)+10\,000\times(P/F,\ 10\%,\ 3)$$
$$= 1\,200\times 2.486\,9+10\,000\times 0.751\,3 = 10\,497.28(\text{元})$$

当 $K = 8\%$ 时：

$$1\,200\times(P/A,\ 8\%,\ 3)+10\,000\times(P/F,\ 8\%,\ 3)$$
$$= 1\,200\times 2.577+10\,000\times 0.793\,8$$
$$= 11\,030.52(\text{元})$$

按照内插法，计算当现值=11 000(元)时，K=？

$$\begin{array}{ll} \text{利率} & \text{现值} \\ \left\{\begin{array}{l} \left\{\begin{array}{l} 8\% \\ K \end{array}\right. \\ \ \ 10\% \end{array}\right. & \left.\begin{array}{r} \left.\begin{array}{r} 11\,030.52 \\ 11\,000 \end{array}\right\} \\ 104\,997.28 \end{array}\right\} \end{array}$$

$$\frac{K-8\%}{10\%-8\%} = \frac{11\,000-11\,030.52}{10\,497.28-11\,030.52}$$

计算得 $K = 8.11\%$

即债券投资持有期年均收益率为 8.11%

(2) 市场利率 10%,债券的价值=1 200×2.486 85+10 000×0.751 31=10 497.32(元)

(3) 市场利率 14%,债券的价值=1 200×2.321 63+10 000×0.674 97=9 535.656(元)

第八章 筹资管理与决策

1. 解答:2014 年留用利润 = 20 000 ×(1+30%)× 12% ×(1−60%)= 1 248(万元)

2013 年年末及预计 2014 年年末预计资产负债表 单位:万元

项 目	2013 年年末数	销售百分比	2014 年年末数
货币资金	1 000	5%	1 300
应收账款	3 000	15%	3 900
存货	6 000	30%	7 800
固定资产	7 000		7 150
无形资产	1 000	—	1 000
资产总计	**18 000**		**21 150**
应付账款	1 000	5%	1 300
应付票据	2 000	10%	2 600
长期借款	9 000	—	9 000
实收资本	4 000	—	4 000
未分配利润	2 000		3 248
负债和股东权益总计	**18 000**		**20 148**

2014 年需要从外部筹集的资金量=21 150−20 148=1 002(万元)

2. 解答:每年利息 = 1 000 × 5% = 50(元)

债券发行价格= 50 ×(P/A, 4%, 10)+1 000 ×(P/F, 4%, 10)

= 1 081.15(元)

3. 解答:发行价格 =(5 600 500 + 3 020 450)÷[15 000 000 + 5 000 000 ×(12 − 9)÷ 12]× 22 = 11.67(元)

4. 解答:方案一之现值:

$P(1)$ = 70 ×(P/A, 10%, 5)+1 000 ×(P/F, 10%, 5)= 886.27(万元)

方案二之现值:

$P(2)$ = 150 ×(P/A, 10%, 10)+ 50 ×(P/F, 10%, 10)= 940.96(万元)

由于 $P(1) < P(2)$,故应选择方案一。

第九章 投资管理与决策

1. 解答:(1) 甲方案的每年折旧费=4(万元)

甲方案的营业现金净流量=(9－3－4)×(1－25%)+4=5.5(万元)

甲方案的现金净流量为：

年　份	0	1～5年
设备投资	－200 000	
营业现金流量		55 000
现金净流量	－200 000	55 000

乙方案的每年折旧费=4(万元)

乙方案的营业现金净流量为：

年　份	1	2	3	4	5
销售收入	110 000	110 000	110 000	110 000	110 000
付现成本	35 000	37 000	39 000	41 000	43 000
折旧	40 000	40 000	40 000	40 000	40 000
税前利润	35 000	33 000	31 000	29 000	27 000
所得税(25%)	8 750	8 250	7 750	7 250	6 750
税后利润	26 250	24 750	23 250	21 750	20 250
营业现金流量	66 250	64 750	63 250	61 750	60 250

乙方案的营业现金净流量为：

年　份	0	1	2	3	4	5
设备投资	－240 000					
垫支营运资本	－20 000					
营业现金流量		66 250	64 750	63 250	61 750	60 250
设备残值						40 000
营运资本回收						20 000
现金净流量	－260 000	66 250	64 750	63 250	61 750	120 250

(2) NPV(甲)$=-200\,000+55\,000\times(P/A,10\%,5)=8\,494$(元)

NPV(乙)$=18\,102.2$(元)

由于NPV(乙)$>NPV$(甲)>0，故应选择乙方案。

2. 解答：(1) 税后现金流量计算：

年折旧费$=5\,400\times(1-10\%)\div5=972$(万元)

单位:万元

年　数	0	1	2	3	4	5
税前现金流量	−6 000	1 000	2 000	3 000	4 000	5 000+600+540
折旧增加		972	972	972	972	972
税前利润增加		28	1 028	2 028	3 028	4 028
所得税(25%)		7	257	507	757	1 007
税后现金流量	−6 000	993	1 743	2 493	3 243	3 993+600+540

(2) 项目的投资回收期 $PP=3.24$(年)

(3) 净现值$NPV = -6\,000 + 993 \div (1+10\%) + 1\,743 \div (1+10\%)^2 + 2\,493 \div (1+10\%)^3 + 3\,243 \div (1+10\%)^4 + 5\,133 \div (1+10\%)^5 = 3\,618.45$(万元)

(4) 现值指数 $PI = 1.60$

(5) 由于 $NPV > 0$，故项目可以接受。

3. 解答:旧设备年平均成本$= 10 \times (A/P, 10\%, 5) + 3 - 0.5 \times (A/F, 10\%, 5) = 5.56$(万元)

新设备年平均成本$= 30 \times (A/P, 10\%, 10) + 2 - 1 \times (A/F, 10\%, 10) = 6.82$(万元)

由于旧设备年平均成本小于新设备年平均成本,故不应进行更新。

4. 解答:(1) $\Delta_{年折旧} = (150\,000 - 60\,000) \div 5 = 18\,000$(元)

$\Delta_{投资} = 150\,000 - 60\,000 = 90\,000$(元)

$\Delta_{年NCF} = (16\,000 + 9\,000 - 18\,000) \times (1 - 25\%) + 18\,000 = 23\,250$(元)

(2) $(P/A, \Delta IRR, 5) = 90\,000 \div 23\,250 = 3.870\,97$

采用插值法计算得:

$\Delta IRR = 9.19\%$

(3) ΔIRR 大于 8%,应以新设备替换旧设备;

ΔIRR 小于 10%,应继续使用旧设备。

5. 解答:2012 年 1 月 1 日的基金净资产价值总额 $= 27\,000 - 3\,000 = 24\,000$(万元)

2012 年 1 月 1 日的基金单位净值 $= 24\,000 \div 8\,000 = 3$(元)

2012 年 1 月 1 日的基金认购价 $= 3 + 3 \times 2\% = 3.06$(元)

2012 年 1 月 1 日的赎回价 $= 3 - 3 \times 1\% = 2.97$(元)

2012 年 12 月 31 日的基金单位净值 $= (26\,789 - 345) \div 10\,000 = 2.64$(元)

投资者预计基金投资收益率 $= (3.05 - 2.64) \div 2.64 \times 100\% = 15.53\%$

6. 解答:组合的 β 系数 $= 1.5 \times 30\% + 1.2 \times 30\% + 0.8 \times 40\% = 1.13$

风险收益率 $= 1.13 \times (14\% - 8\%) = 6.78\%$

组合的收益率 $= 8\% + 6.78\% = 14.78\%$

第十章 营运资金管理与决策

1. 解答:最佳现金持有量 $=\sqrt{\frac{2\times 800\,000\times 50}{5\%}}=40\,000$(元)

最低现金持有成本 $=\sqrt{2\times 800\,000\times 50\times 5\%}=2\,000$(元)

有价证券最佳交易次数 $=800\,000\div 40\,000=20$(次)

2. 解答:A方案较B方案减少的现金折扣费用 $=1\,800\times(90\%\times 2\%-75\%\times 1\%)$
$=18.9$(万元)

A方案较B方案增加的应收账款机会成本 $=1\,800\div 360\times 80\%\times 10\%$
$\times(21-12)=3.6$(万元)

A方案较B方案增加的坏账损失费用 $=1\,800\times(0.5\%-0.1\%)=7.2$(万元)

A方案较B方案增加的费用 $=3.6+7.2=10.8$(万元)<18.9(万元)

故应选择A方案。

3. 解答:收益增加 $=720\times 10\%\times(1-70\%)=21.6$(万元)

收入增加使资金占用机会成本增加 $=[720\times(1+10\%)\times 70\%\times 35\div 360$
$-720\times 70\%\times 40\div 360]\times 10\%$
$=-0.21$(万元)

增加的收账费用 $=720\times 10\%\times 2\%=1.44$(万元)

增加的坏账损失 $=720\times 10\%\times 2.5\%=1.8$(万元)

增加的现金折扣 $=720\times(1+10\%)\times 50\%\times 2\%+720\times(1+10\%)$
$\times 30\%\times 1\%=10.296$(万元)

增加的各项费用合计 $=-2.1+1.44+1.8+10.296=13.326$(万元)

改变信用政策的净损益 $=21.6-13.326=8.274$(万元)>0

故应改变信用政策。

4. 解答:(1) 经济订货批量=600(千克)

(2) 经济订货批量的总成本=1 800(元)

(3) 采购经济订货批量所需的资金=30 090(元)

(4) 经济订货批量的平均占用资金=150 000(元)

(5) 年度最佳订货批次=10(次)

第十一章 利润分配管理与决策

1. 解答:(1) $2\,000\times 60\%=1\,200$(万元)

公司需要1 200万元的留存收益满足资本预算。

(2) $1\,400-1\,200=200$(万元)

每股股利 $=200\div 200=1$(元/股)

股利支付率 $=200\div 1\,400=14.29\%$

(3) 公司不能保持当前的资本结构。

(4) 需通过负债筹集的资本 $=1\,400-2\times 200=1\,000$(万元)

占资本预算的比重 $=(2\,000-1\,000)\div 2\,000=50\%$

(5) 1 400－2×200＝1 000(万元)

需增发新的普通股：

1 200－1 000＝200(万元)

2. 解答：(1) 发放股票股利(每 10 股送 1 股)，现行市价每股 10 元。

	股利发放前	股利发放后
普通股	5 000	5 500
资本公积	20 000	24 500
未分配利润	10 000	5 000
股东权益合计	35 000	3 500

股本＝5 500(万元)(增加 500 万元)；资本公积＝24 500(万元)(增加 4 500 万元)

未分配利润＝5 000(万元)(减少 5 000 万元)；股东权益总额＝3 500(万元)(不变)

(2) 股票分割(1 股换成 2 股)。

	股票分割前	股票分割后
普通股	10 000	10 000
资本公积	20 000	20 000
未分配利润	10 000	10 000
股东权益合计	40 000	40 000

(3) 股票股利与股票分割的相同之处：都未导致公司的现金流出；股东的股权比例未发生变化；增加了流通在外的普通股股票数量；每股股票所代表的股东权益账面价值下降，股票市场价格也下降。股票股利与股票分割的不同之处：股票股利使股东权益内部结构发生了变化，而股票分割不会使股东权益内部结构发生变化；股票股利以公司盈利为前提，而股票分割没有此限制。

第十二章　企业财务分析(一)：基本分析

解答：(1) 计算该公司 2013 年年初与年末的流动比率、速动比率和资产负债率，并分析公司的偿债能力。

年初流动比率＝844÷470×100％＝179.57％

年末流动比率＝1 020÷(610＋50)×100％＝154.55％

根据一般经验判定，流动比率应在 200％以上，这样才能保证企业既有较强的偿债能力，又能保证企业生产经营顺利进行。

年初速动比率＝(110＋80＋350)÷470×100％＝114.89

年末速动比率＝(116＋100＋472)÷(610＋50)＝104.24

速动比率一般应保持在 100％以上。

年初资产负债率＝934÷1 414×100％＝66.05％

年末资产负债率＝(1 360＋50)÷1 860×100%＝75.81%

一般认为，资产负债率的适宜水平是40%～60%。对于经营风险比较高的企业，为减少财务风险应选择比较低的资产负债率；对于经营风险低的企业，为增加股东收益应选择比较高的资产负债率。

(2) 计算该公司2013年应收账款周转率、存货周转率和总资产周转率，并分析公司的营运能力。

应收账款周转率＝5 680÷[(350＋472)÷2]＝13.82

应收账款周转一般，应加强管理。

存货周转率＝3 480÷[(304＋332)÷2]＝10.94

存货周转良好。

总资产周转率＝5 680÷[(1 414＋1 860)÷2]＝3.47

超过同行业的2.56，总体运营能力比较强。

(3) 计算该公司2013年资产净利率、销售净利率和净资产收益率，并分析该公司的获利能力。

资产净利率＝514÷[(1 414＋1 860)÷2]×100%＝31.4%

销售净利率＝514÷5 680×100%＝9.05%

净资产收益率＝514÷[(480＋500)÷2]×100%＝104.9

均超过同行业的比率，获利能力比较强

(4) 通过上述计算分析，评价该公司财务状况存在的主要问题，并提出改进意见。存在的问题：应收账款收回周期过长，存货库存过大，负债较多。

改进意见：尽量减少应收账款收回周期，完善仓库的收发存工作，鉴于公司目前运营装况良好，可偿式归还部分借款等不是必要的负债。

第十三章　企业财务分析(二)：综合分析

解答：(1) ① 净资产收益率＝净利润÷平均股东权益＝500÷[(3 500＋4 000)÷2]
＝13.33%

② 资产净利率＝净利润÷资产平均余额＝500÷[(8 000＋10 000)÷2]＝5.56%

③ 销售净利率＝净利润÷营业收入净额＝500÷20 000＝2.5%

④ 总资产周转率＝营业收入净额÷资产平均余额＝20 000÷9 000＝2.22(次)

⑤ 权益乘数＝资产平均余额÷平均股东权益＝9 000÷3 750＝2.4

(2) 净资产收益率＝资产净利率×权益乘数
＝销售净利率×总资产周转率×权益乘数

由此可以看出，要提高企业的净资产收益率要从销售、运营和资本结构三方面入手：

① 提高销售净利率，一般主要是提高销售收入、减少各种费用等。

② 加快总资产周转率，结合销售收入分析资产周转状况，分析流动资产和非流动资产的比例是否合理、有无闲置资金等。

③ 权益乘数反映的是企业的财务杠杆情况，但单纯提高权益乘数会加大财务风险，所以应该尽量使企业的资本结构合理化。

第十四章 企业并购财务管理

1. 解答:(1) 合并前:

ABC公司每股收益=6 000÷3 000=2(元)

ABC公司每股市价=15×2=30(元)

甲企业每股收益=900÷600=1.5(元)

甲企业每股市价=10×1.5=15(元)

股票交换比率=15×(1+20%)÷30=0.6

ABC公司需增发普通股股数=600×0.6=360(万股)

(2) 合并后新ABC公司每股收益:

$$EPS=\frac{6\ 000+900}{3\ 000+360}=2.05(\text{元})$$

高于合并前ABC公司每股收益,使股东在每股收益方面获得好处。

合并后原甲企业股东实际每股收益=2.05×0.6=1.23(元)

低于合并前甲企业每股收益。

股票市价交换比率=30×0.6÷15=1.2>1

说明合并可使甲企业股东在每股市价方面获得好处,对甲企业有利。

总之,只要合并后市盈率不降低,特别是提高时,合并可提高原ABC公司股东的每股收益,并使原甲企业股东在每股市价方面获得好处,故能成交。

(3) 合并后新ABC公司每股市价:

$$16\times 2.05=32.8(\text{元})$$

比原ABC公司每股市价高2.8元(32.8-30)。

(4) 设股票交换比率为R,则:

$$\frac{6\ 000+900}{3\ 000+600R}=2$$

解上式得:

$$R=0.75$$

$$\text{股票市价交换比率}=30\times 0.75\div 15=1.5$$

$$\text{ABC公司需增发普通股股数}=600\times 0.75=450(\text{万股})$$

2. 解答:(1) 按每股20元交换,XYZ公司的股票交换率为0.5。

XYZ公司流通的股票数增加:

$$0.5\times 1\ 000\ 000=500\ 000(\text{股})$$

$$EPS=\frac{20\ 000\ 000+2\ 250\ 000}{5\ 000\ 000+500\ 000}=4.045(\text{元/股})$$

(2) 优先股交换比例=1 000 000÷200 000=5

优先股股利=6×200 000=1 200 000(元)

$$EPS=\frac{22\ 250\ 000-1\ 200\ 000}{5\ 000\ 000}=4.21(\text{元/股})$$

（3）可交换债券数＝1 000 000÷50＝20 000（份）

债券利息＝20 000×80＝1 600 000（元）

税后利息成本＝1 600 000×（1－20％）＝1 280 000（元）

EPS＝（22 250 000－1 280 000）÷5 000 000＝4.194（元/股）

（4）持有 100 股 MN 公司股票，并购前股利总额为 40 元。

并购后预期总额：

股票换股票：50×1.2＝60（元）

优先股交换：20×6＝120（元）

债券交换：2×80＝160（元）

第十五章　企业破产财务管理

解答：（1）人民法院查封的甲公司的办公楼不能用于偿还所欠乙公司的货款。根据规定，人民法院受理破产申请后，有关债务人财产的保全措施应当解除，执行程序应当中止。在本题中，保全措施解除后，办公楼应计入破产财产，债权人乙公司可以申报 400 万元的破产债权。

（2）人民法院的诉讼费用 30 万元、管理人报酬 20 万元属于破产费用，合计 50 万元；为继续营业而支付的职工工资及社会保险费用 150 万元属于共益债务。

（3）管理人不能向人民法院申请撤销。根据规定，人民法院受理破产申请前 1 年内，债务人对没有财产担保的债务提供财产担保的，管理人有权请求人民法院予以撤销。在本题中，甲公司向丙公司设定抵押担保的时间超过了 1 年。

（4）①管理人有权追回。根据规定，债务人为逃避债务而隐匿、转移财产的，其行为无效，管理人有权追回。②根据《刑法》的规定，公司、企业通过隐匿财产、承担虚构的债务，实施虚假破产，严重损害债权人的，对直接负责的主管人员和其他直接责任人员，处 5 年以下有期徒刑或者拘役，并处或者单处 2 万元以上 20 万元以下的罚金。

（5）管理人有权请求人民法院予以撤销。根据规定，人民法院受理破产申请前 6 个月内，债务人仍对个别债权人进行清偿的，管理人有权请求人民法院予以撤销。

（6）破产管理人应当要求该股东补缴出资额 80 万元。根据规定，人民法院受理破产申请后，债务人的出资人尚未完全履行出资义务的，管理人应当要求该出资人缴纳所认缴的出资，而不受出资期限的限制。

（7）甲公司的破产财产额为 6 000 万元（5 600＋230＋90＋80）。清偿顺序如下：

① 清偿有财产担保的债权人：将 520 万元的厂房拍卖价款向中国工商银行清偿 500 万元；480 万元的机器设备拍卖价款先清偿丙公司 180 万元，其余的 300 万元清偿中国建设银行（不足的 100 万元申报普通破产债权）。

② 支付破产费用 50 万元、共益债务 150 万元。

③ 支付职工工资 180 万元。

④ 支付税款 220 万元。

⑤ 剩余的 4 420 万元支付普通破产债权 9 710 万元（11 000－500－480－180－220＋90）。

（8）丁公司可以分配的财产为 91.04 万元。计算公式为：

4 420÷9 710×200 ＝ 91.04（万元）

参 考 文 献

[1] 成兵.财务管理理论与实务[M].北京:北京大学出版社,2012.

[2] 陆正飞.财务管理[M].大连:东北财经大学出版社,2010.

[3] 马忠.公司财务管理理论与案例[M].北京:机械工业出版社,2008.

[4] 俞雪华,等.现代企业财务管理[M].上海:复旦大学出版社,2012.

[5] 刘淑莲.高级财务管理理论与实务[M].大连:东北大学出版社,2005.

[6] 中国注册会计师协会.财务成本管理[M].北京:中国财政经济出版社,2013.

[7] 斯蒂芬·A·罗斯,等.公司理财[M].8版.北京:机械工业出版社,2010.

[8] 斯坦利·B·布洛克,等.财务管理基础[M].13版.北京:机械工业出版社,2010.

[9] 李延喜.财务管理[M].北京:科学出版社,2010.

[10] 楚义芳.公司理财[M].北京:机械工业出版社,2009.

[11] 陈玉菁.财务管理[M].北京:中国人民大学出版社,2008.

[12] 刘淑莲.公司理财[M].北京:北京大学出版社,2007.

[13] 王化成,等.高级财务管理学[M].3版.北京:中国人民大学出版社,2011.

教学课件索取单

敬爱的老师：

感谢您使用我们出版社的教材。为了方便您的教学，本书配有相关的教学课件。如果您需要，请您填写下面表格中的相关信息，并以电子邮件的形式发到我社，我们在核对您的信息后，会免费向您提供教学课件。

我社网站上提供电子版的课件索取单以及所有课件清单。

我们的联系方式：

地址：上海市中山西路 2230 号 1 号楼 1507 室　　　邮编：200235

　　　立信会计出版社　　　　　　　　　　　　电话：(021)6441197

电子邮件：zzm__321@126.com

教材名称					作者姓名	
教师姓名		性别		身份证号		
学　　校		院系			教 研 室	
学校地址					邮　　编	
职　　务		职称			办公电话	
E-mail		手机			宅　　电	
通信地址					邮　　编	
教材用量	册	委托订购单位				

您对本教材的意见和建议是：